GERD SCHWANEWEDE

Finanzmärkte in der Bundesrepublik Deutschland

Untersuchungen über das Spar-, Giro- und Kreditwesen

Abteilung A: Wirtschaftswissenschaft

Schriften des Instituts für das Spar-, Giro- und Kreditwesen
an der Universität Bonn

Herausgegeben von Prof. Dr. Dr. Dr. h. c. Fritz Voigt

Band 83

Finanzmärkte in der Bundesrepublik Deutschland

im Rahmen von Geldvermögensbildung und Verschuldung innerdeutscher Sektoren

Ein Beitrag zur Analyse von Finanzierungsrechnungen der Deutschen Bundesbank

Von

Dr. Gerd Schwanewede

DUNCKER & HUMBLOT / BERLIN

CIP-Kurztitelaufnahme der Deutschen Bibliothek

Schwanewede, Gerd

Finanzmärkte in der Bundesrepublik Deutschland im Rahmen von Geldvermögensbildung und Verschuldung innerdeutscher Sektoren. — 1. Aufl. — Berlin: Duncker und Humblot, 1976.
(Untersuchungen über das Spar-, Giro- und Kreditwesen: Abt. A, Wirtschaftswiss.; Bd. 83)
ISBN 3-428-03732-4

Redaktion: Dr. Stefan Jokl

Gedruckt 1976 bei Buchdruckerei A. Sayffaerth - E. L. Krohn, Berlin 61
Printed in Germany

ISBN 3 428 03732 4

Vorwort

Die hier vorgelegte Untersuchung hat sich zur Aufgabe gestellt, Erklärungen für das Geschehen an Finanzmärkten in der Bundesrepublik zu ermitteln. Wirtschaftliche, politische und psychologische Gegebenheiten werden in die Betrachtung einbezogen. Der Verfasser geht aus von Finanzierungsrechnungen der Bundesbank über das Volumen von Geldvermögensbildung und Verschuldung in der Bundesrepublik. Diese zeigen auf, wie und in welchem Umfang in den einzelnen Wirtschaftssektoren Geldvermögen gebildet und finanzielle Belastungen erfolgt sind.

Dem Verfasser ist nicht daran gelegen, das von der Bundesbank gelieferte Material durch empirische Untersuchungen zu ergänzen. Ihm geht es darum, Bilanzdispositionen von Wirtschaftssubjekten und damit Transaktionen an Finanzmärkten zu erklären. Kritisch betrachtet wird dabei die Portfolio-Selektionstheorie, die die Bilanzdispositionen mit Hilfe unterschiedlicher Liquiditäts- und Ertragsnutzen sowie deren Änderungen zu erklären versucht. Eine Reihe gängiger Deutungen wird als tautologisch nachgewiesen; für andere wird deutlich gemacht, daß sie sich auf Zirkelschlüssen gründen. Im Positiven ergeben sich Aussagen, die, auch nach Auffassung des Verfassers, zwar nicht allen Wünschen an Erhellen komplexer Zusammenhänge genügen, die aber doch viel Klarheit vermitteln.

Für die ins einzelne gehenden Untersuchungen wurde der überschaubare Zeitraum der Jahre 1966 bis 1971 gewählt, wobei viele Ergebnisse eine Widerspiegelung der Entwicklung in der letzten Zeit finden. Unabhängig von allem Wandel der Dinge dürfte überdies die Arbeit insoweit von Wert bleiben, als in ihr eine an Popper geschulte Denkweise vorgeführt wird. Sie macht deutlich, daß der Einfluß vordergründiger, wenig ergiebiger Erklärungen wirtschaftlicher Vorgänge groß ist, obwohl sich durchaus, ohne sich dabei in wirklichkeitsfernen Abstraktionen zu verlieren, tiefergehende Einsichten gewinnen lassen.

Mainz 1976

Rudolf Meimberg

Inhaltsverzeichnis

Zweiter Teil

Erklärungen und Bilanzdispositionen im Zusammenhang mit Finanzmärkten 69

Tabellenverzeichnis

Einleitung

Finanzmärkte bilden innerhalb des volkswirtschaftlichen Kreditnetzes die Ebenen, auf denen Angebot und Nachfrage nach Finanzierungsmitteln im weitesten Sinne zusammentreffen. Anbieter von Finanzierungsmitteln erwerben dabei finanzielle Titel gegen Hingabe von Geld im weitesten Sinne, während Nachfrager eben diese Titel für die Verfügung über Geld anbieten. Die Hingabe von Geld im weitesten Sinne kann auch darin bestehen, daß Geldforderungen aufgrund von Leistungen nicht sofort zu Zahlungen des Zahlungsverpflichteten führen.

In diesem Zusammenhang spielen nun die Begriffe „Geldvermögensbildung" und „Verschuldung" eine Rolle.

Mit den Ausdrücken „Geldvermögen" und „Geldvermögensbildung" werden dabei zwei teilweise verschiedene Dinge bezeichnet. Die Bundesbank versteht darunter den Bestand bzw. den Zuwachs an Forderungen[1]. In der wirtschaftswissenschaftlichen Literatur, die sich mit saldenmechanischen, kreislauftheoretischen und Fragen der Vermögensrechnung befaßt[2], stehen diese Ausdrücke für die „Nettoposition" (bzw. deren Veränderung) von einzelnen Wirtschaftssubjekten oder Sektoren, d. h. für den *Saldo* von Forderungen und Verbindlichkeiten (bzw. für die Veränderung dieses Saldos) von Personen oder Gruppen[3]. In unserer Abhandlung werden beide Aspekte behandelt[4].

---

[1] Vgl. *Deutsche Bundesbank*, Methodische Erläuterungen zu den Berechnungen über die Vermögensbildung und ihre Finanzierung, *in:* Monatsberichte, 13. Jg., Nr. 12 (Dezember 1961), S. 18: „Die Zunahme der Forderungen wird in unseren Analysen als Geldvermögensbildung, die Zunahme der Verpflichtungen als Kreditaufnahme bezeichnet."

[2] Vgl. z. B. *W. Stützel*, Volkswirtschaftliche Saldenmechanik. Ein Beitrag zur Geldtheorie, Tübingen 1958, S. 59 f.; *A. Stobbe*, Volkswirtschaftliches Rechnungswesen, 2. Aufl., Berlin-Heidelberg-New York 1969, S. 52 f. und S. 113 ff.

[3] Vgl. dazu u. a. auch *R. Wagenführ* und *E. Stalf*, Finanzierungsrechnung und volkswirtschaftliche Gesamtrechnung — gezeigt am Beispiel der Bundesrepublik Deutschland, *in:* Statistische Hefte, 9. Jg. (1968), S. 274: „In diesem Zusammenhang (mit den Finanzierungsrechnungen, der Verf.) ist auf die unterschiedliche Bedeutung hinzuweisen, die mit dem Wort „Geldvermögen" und „Geldvermögensbildung" verbunden wird. Teils wird damit der Forderungsbestand bzw. der entsprechende Zuwachs bezeichnet (Gegensatz Kredite und Kreditaufnahme); dieser Sprachgebrauch findet sich etwa in den Veröffentlichungen der Deutschen Bundesbank. Andererseits aber ..., versteht man darunter den Saldo der Bestände bzw. Veränderungen von Forderungen und Verbindlichkeiten."

Änderungen in Höhe und Struktur von Verbindlichkeiten und Forderungen werden dabei aus der Sicht der Finanzierungsrechnung der Deutschen Bundesbank betrachtet *(Betrachtungsebene)*. Diese Rechnung faßt die Wirtschaftssubjekte nach bestimmten Kriterien in Wirtschaftssektoren zusammen und zeigt sowohl die Verpflichtungen dieser Sektoren als auch die Bildung von Forderungen in Höhe und Struktur auf.

Die Wirtschaftssubjekte der einzelnen Sektoren (unserer Betrachtungsebene) werden in Hinblick auf ihre wirtschaftlichen Verhaltensweisen untersucht, die im Zusammenhang mit der Aufnahme von Krediten im weitesten Sinne (Eingehen von Verpflichtungen) und der Überlassung finanzieller Mittel im weitesten Sinne (Bildung von Forderungen) stehen. Beim Eingehen von Verpflichtungen und Erwerb von Forderungen handelt es sich um Dispositionen, die die Bilanzen der Wirtschaftssubjekte (respektive -sektoren) betreffen. Derartige Bilanzdispositionen stellen aber nichts anderes dar als die Ausstattung von Portefeuilles mit Forderungs- und Verschuldenstiteln, d. h. sie sind „portfolio selection“ im weitesten Sinne.

Ziel unserer Arbeit ist es, Erklärungsansätze für die Bildung von Forderungen und das Eingehen von Verpflichtungen aufzuzeigen, teilweise neu zu entwickeln und anhand der tatsächlich vorgefundenen Realität in der Bundesrepublik Deutschland der Tendenz nach zu überprüfen[5].

Die mit der Bildung von Forderungen und dem Eingehen von Verpflichtungen einhergehenden Transaktionen finden ihren Niederschlag auf den Finanzmärkten, den Märkten für Angebot und Nachfrage nach finanziellen Mitteln („Geld im weitesten Sinne“) verschiedener Formen und Fristen. Finanzmärkte sollen daher *Betrachtungsobjekt* unserer Untersuchung sein.

Die notwendige Terminologie sowie die genauere Bestimmung der Betrachtungsebene, das sind die Sektoren im Sinne der Finanzierungsrechnung, und die Begrenzung der Finanzmärkte untereinander, stehen — zwangsläufig — am Anfang der Untersuchung.

Ausgangspunkt für unsere eigentliche Analyse sollen dann die nutzentheoretischen Überlegungen sein, mit deren Hilfe in letzter Zeit der Versuch unternommen wurde, den Umfang sowie die Struktur von

---

[4] Lediglich der Ausdruck „Geldvermögen“ wird im Rahmen der Arbeit nur noch als Bezeichnung für „Nettoposition“ gebraucht, wenn nicht ausdrücklich auf die andere Art der Definition Bezug genommen wird. (Vgl. weiter unten in dieser Arbeit unter 1.1.1.)

[5] Unsere Erklärungsansätze werden wir in Form von empirisch nachprüfbar erscheinenden Aussagen (von uns so bezeichneten „Hypothesen“) formulieren.

Forderungen und Verpflichtungen zu erklären[6]. Die diesem Erklärungsversuch zugrunde liegende Portefolio-Selection-Theorie, mit deren Hilfe auch eine Bestimmung der Zinsstruktur unter marktmäßigen Bedingungen möglich sein soll[7], die einen modellartigen, generellen Ansatz für das von uns erörterte Problem darstellt, werden wir einer wissenschaftstheoretischen Kritik in Hinblick darauf unterziehen, in wieweit hiermit empirisch überprüfbare und nicht bloß tautologische Aussagen gemacht werden.

Aufgrund der aus dieser wissenschaftstheoretischen Kritik sich ergebenden Konsequenzen werden wir im Anschluß an diese Kritik weniger generelle und empirisch nachprüfbar erscheinende und der Nachprüfung bedürftige, zeitraumbezogene Erklärungsansätze („vorläufige Hypothesen") aufstellen und erörtern.

Den Abschluß unserer Untersuchung bildet die empirische Überprüfung für geeignet gehaltener Hypothesen. Dabei wird die wirtschaftliche Entwicklung des von uns bestimmten Beobachtungszeitraums von Ende 1966 bis Ende 1971 abrißmäßig vorangestellt, damit die Transaktionen an den Finanzmärkten innerhalb des gesamten wirtschaftlichen Geschehens in der Bundesrepublik Deutschland betrachtet werden können.

---

[6] Die hiermit angesprochene Theorie des Portefeuilleaufbaus aufgrund von Liquiditäts- und Ertragsnutzen finanzieller Anlagen findet sich aufbauend auf die angelsächsische Literatur der Portfolio-Selection bei *E. M. Claassen*, Probleme der Geldtheorie, Berlin-Heidelberg-New York 1970, insbesondere S. 101 - 169.

[7] Vgl. hierzu *derselbe*, Liquiditätstheorie der Zinsstruktur, *in:* Jahrbücher für Nationalökonomie und Statistik, Bd. 177 (1965), S. 101 - 240; *F. A. Lutz*, Zinstheorie, 2. Aufl., Tübingen 1967, S. 182 ff.

ERSTER TEIL

Begriffsbestimmungen und Untersuchungsbereich

1. Definitionen — Finanzierungsrechnung — Finanzmärkte

1.1. Terminologie: Geldvermögensbildung Verschuldung, Bilanzdispositionen

1.1.1. Einnahmen und Ausgaben Geldvermögensbildung und Verschuldung

Eine Leistungstransaktion zwischen zwei Wirtschaftssubjekten hat zur Folge, daß für den Leistungsempfänger eine Ausgabe und für den Leistenden eine Einnahme in gleicher Höhe entsteht. Einnahmen und Ausgaben sind damit die Äquivalente der Leistungstransaktionen (Käufe und Verkäufe im weitesten Sinne)[1].

Isoliert betrachtet bildet der Leistende (Verkäufer) dabei Geldvermögen in Höhe des Leistungswertes, während der Leistungsempfänger (Käufer) sich im selben Ausmaß verschuldet. War der Leistende zum Zeitpunkt der Leistungstransaktion gegenüber anderen Wirtschaftssubjekten bereits verschuldet, d. h. hatte er von anderen Wirtschaftssubjekten bis dahin mehr Leistungen empfangen als abgegeben, so wird durch die oben angeführte Leistungstransaktion lediglich seine Verschuldung netto verringert. Sollte andererseits der Leistungsempfänger bereits ein positives Geldvermögen durch einen Überschuß von Leistungen an andere Wirtschaftssubjekte gebildet haben, so vermindert sich sein Geldvermögen lediglich durch die erwähnte Leistungstransaktion.

---

[1] Vgl. *E. Schneider*, Einführung in die Wirtschaftstheorie, I. Teil, Theorie des Wirtschaftskreislaufs, 11. Aufl., Tübingen 1964, S. 36 f.; zum weiteren vgl. auch *W. Stützel*, Volkswirtschaftliche Saldenmechanik, S. 57 ff.; *ders.*, Geldstrom-Analyse, *in:* Enzyklopädisches Lexikon für das Geld-, Bank- und Börsenwesen, 3. Aufl., Bd. I, Frankfurt a. M. (1967), S. 596 ff.; *A. Stobbe*, Volkswirtschaftliches Rechnungswesen, S. 113 ff., insbesondere S. 116 - 119; *F. Holzheu*, Vermögensdispositionen, Kreditmärkte und internationale Kreditbeziehungen, Tübingen 1971, S. 7 ff. (Die Habilitationsschrift von Holzheu wurde während der Entstehungszeit dieser Arbeit veröffentlicht. Die dort entwickelten Verhaltenshypothesen, insbesondere für den Finanzsektor, beruhen vornehmlich auf angelsächsischen Untersuchungen (vgl. daselbst S. 67 und Fußnote 8 auf S. 66), während die hier vorliegenden Erörterungen sich an den Verhältnissen in der Bundesrepublik Deutschland orientieren.)

Geldvermögen wird demzufolge durch Leistungstransaktionen gebildet, ebenso wie die Verschuldung die Folge von Leistungstransaktionen ist.

Da Geldvermögen auf der einen und Verschuldung auf der anderen Seite als Bestandsgrößen durch gleich hohe Einnahmen und Ausgaben als Stromgrößen gebildet werden, sind beide Bestandsgrößen gleich groß und ist demnach ihre Summe gleich Null. Ebenso sind alle Ausgaben und Einnahmen pro Periode gleich groß.

Diese beiden Sätze treffen allerdings nur für alle Wirtschaftssubjekte zu. Einzelne (oder auch Gruppen von) Wirtschaftssubjekte(n) können in einer Periode höhere Einnahmen als Ausgaben (Einnahmeüberschüsse) erzielen. Aufgrund des oben dargestellten Zusammenhanges von Gleichzeitigkeit und gleicher Höhe von Einnahmen und Ausgaben haben in derselben Periode die anderen (oder die anderen Gruppen von) Wirtschaftssubjekte(n) Ausgabenüberschüsse (höhere Ausgaben als Einnahmen), die genau so groß sind wie die Einnahmeüberschüsse der übrigen.

Wir sprechen in diesem Zusammenhang davon, daß die ersteren einen Finanzierungsüberschuß und die anderen ein Finanzierungsdefizit in der betreffenden Periode haben, oder anders ausgedrückt, in dem Zeitraum war die Ersparnisbildung für die einen positiv (Einnahmen > Ausgaben) bzw. für die anderen negativ (Ausgaben > Einnahmen).

Im Rahmen der gesamten Leistungstransaktionen kann ein Wirtschaftssubjekt gegenüber einem anderen Wirtschaftssubjekt einen Einnahmeüberschuß erzielen, während es gegenüber einem weiteren einen Ausgabeüberschuß aufweist. Das gleiche gilt für eine Gruppe von Wirtschaftssubjekten gegenüber anderen Gruppen von Wirtschaftssubjekten. Auf der einen Seite bilden sich so Forderungen, andererseits Verpflichtungen. Die Bilanz weist nach den bisherigen Erörterungen deshalb Forderungen als Folge von Einnahmen und Verpflichtungen als Folge von Ausgaben aus. Sind die Forderungen eines Wirtschaftssubjektes zu einem Zeitpunkt höher als seine Verpflichtungen, so sprechen wir davon, daß der Betreffende eine positive Nettoposition hat. Im umgekehrten Fall sprechen wir von einer negativen Nettoposition.

1.1.2. Einzahlungen und Auszahlungen; Finanztransaktionen

(1) In den einzelnen Bilanzen der Wirtschaftssubjekte stehen — nach dem Stand unserer Darstellung — einerseits Forderungen gegenüber denjenigen Wirtschaftssubjekten, an die einzelne Wirtschaftssubjekte Leistungen erbrachten und andererseits Verpflichtungen gegenüber denjenigen, von denen sie Leistungen bezogen haben.

Nun sind die Leistenden in den meisten Fällen nicht bereit, ihre Leistungen den Leistungsempfängern auf Dauer oder mindestens so lang, bis diese entsprechende Einnahmen aus Leistungstransaktionen gegenüber den voraus Leistenden erzielt haben, zu kreditieren. Sie werden vielmehr darauf dringen, daß sie eine fungiblere Forderung, und zwar am liebsten Geld erhalten, um evtl. bestehenden oder in Zukunft eintretenden Verpflichtungen in Geld nachkommen zu können oder Geldvermögen in Form von Zahlungsmitteln zu erhalten oder Forderungen anderer Art (z. B. Pfandbriefe, Spareinlagen) zu erwerben.

„Savers do not decide to finance others' deficits, and surplus sectors do not decide to finance deficit sectors. Savers, or sectors with surpluses, decide to buy financial assets or to reduce their financial liabilities to suit their preferences for liquidity and yield[2]."

Zahlungen führen in diesem Zusammenhang, falls sie bar geleistet werden, zu einer Erhöhung der Kasse und zu einer Verminderung des Forderungsbestandes beim Empfänger und zu einer Verminderung von Kasse und Verpflichtungen beim Zahlenden. Sie stellen für den Bezahlenden Auszahlungen und für den Zahlungsempfänger Einzahlungen dar. Während beim Empfänger — bilanzmäßig gesehen — ein Aktivtausch (Kasse gegen Forderungen) vorliegt, erfolgt beim Zahlenden eine Bilanzverkürzung (Verpflichtungen gegen Kasse).

Leistet der Zahlende seine Zahlung aufgrund einer eingeräumten Kreditlinie bei einer Bank, so tritt an die Stelle der Forderung des Leistenden (Verkäufer im weitesten Sinne) eine Forderung der Bank (Passivtausch: Bilanzsumme des Zahlenden bleibt gleich). Wird dem Zahlungsempfänger die Einzahlung auf einem debitorischen Konto bei seiner Bank gutgeschrieben, so findet eine Bilanzverkürzung beim Verkäufer statt (Bankschulden gegen Forderungen).

Bei allen Transaktionen, sei es mit oder ohne Veränderung der Bilanzsummen, verändert sich das Geldvermögen der einzelnen Wirtschaftssubjekte, das sich — wie ausgeführt — als Saldo von Forderungen und Verpflichtungen darstellt, nicht[3]. Es liegen keine Leistungstransaktionen (Einnahmen und Ausgaben), sondern finanzielle Transaktionen („bloße Finanztransaktionen"[4]) vor.

(2) Diese Finanztransaktionen verändern zwar das Geldvermögen der einzelnen Wirtschaftssubjekte nicht in seiner Höhe, jedoch in seiner

[2] *Earl Hicks*, The Theory and Use of Financial Accounts, *in:* International Monetary Fund (IMF), Staff Papers, Vol. VII (1959 - 1960), S. 162.

[3] Vgl. *W. Stützel*, Volkswirtschaftliche Saldenmechanik, S. 62; *F. Holzheu*, S. 9.

[4] *W. Stützel*, Volkswirtschaftliche Saldenmechanik, S. 62.

Zusammensetzung[5]. Ebenso bedeuten Käufe und Verkäufe von Effekten und anderen Schuldtiteln sowie die Umwandlung von Bargeld zu Bankeinlagen et vice versa keine Veränderung im Gesamtbetrag des Geldvermögens des einzelnen, da hierbei eine Forderung durch eine andere ersetzt wird. Dabei wird allerdings die Struktur des Geldvermögens der an diesen Transaktionen teilnehmenden Wirtschaftssubjekte geändert[6], dadurch, daß Liquidität, Fungibilität, Rentabilität und/ oder Bonität der verschiedenen Anlagen unterschiedlich sind.

Auch der Kauf von Schuldtiteln mit Hilfe eines Kredits ändert nicht die Höhe des Geldvermögens des Käufers (Kreditnehmers), des Verkäufers und des Kreditgebers, sofern wir davon absehen, daß der Käufer über die Kreditaufnahme einen Leistungspreis (Zins) zu zahlen (Ausgabe), und der Kreditgeber einen solchen zu erhalten hat (Einnahme). Die Übertragung der Kreditsumme ist lediglich eine Finanztransaktion. In der Bilanz des Verkäufers des Schuldtitels wird dieser Titel durch Kasse ersetzt. Beim Käufer erscheint — bilanzmäßig gesehen — auf der Aktivseite der Schuldtitel und auf der Passivseite eine Verpflichtung in Höhe der Kreditsumme. Der Kreditgeber erwirbt gegenüber dem Kreditnehmer eine Forderung und tritt dafür Kasse an den Veräußerer des Wertpapiers ab. Das jeweilige Geldvermögen — sei es ausgedrückt als Saldo von Forderungen und Verpflichtungen oder als Saldo aller bereits erfolgten Einnahmen und Ausgaben der drei betrachteten Wirtschaftssubjekte — wird in seiner Höhe unter der Abstraktion von Zinsforderung und Zinsverpflichtung nicht verändert, dagegen ist ganz deutlich zu sehen, daß sich die Struktur jeweils geändert hat.

(3) Für die Überlassung der Kreditsumme wird der Kreditgeber in der Regel jedoch eine Leistung (Zins) verlangen. Dieser Zins stellt als Leistungsentgelt eine Einnahme für ihn dar, sowie sie eine Ausgabe für den Kreditnehmer ist. Hierdurch werden die Geldvermögen der Beteiligten im Betrag verändert, ebenso wie durch Einnahmen des Kreditnehmers aus seinen erworbenen Schuldtiteln.

Übertragungen von Forderungen im weitesten Sinne, einschließlich Geld in Form von Kasse, gegen andere Forderungen sind demzufolge Finanztransaktionen. Einnahmen und Ausgaben ergeben sich in diesem Zusammenhang nur, wenn für die Überlassung von finanziellen Mitteln Zinsen, Provisionen und ähnliches als Leistungsentgelte erhoben werden. Dabei entstehen die Einnahmen und Ausgaben bei der

---

[5] Sie sind soweit keine „geldvermögens*neutralen* Transaktionen (*W. Stützel*) ebenda; vgl. hierzu *A. Stobbe*, Volkswirtschaftliches Rechnungswesen, S. 116, Fußnote 3.

[6] Vgl. *A. Stobbe*, ebenda.

Verfügung über den Kredit (bzw. im Falle der Einräumung einer Kreditlinie bei Bereitstellung des Kredits).

Eine Bezahlung der Zinsen, die der Abdeckung der Zins- oder Provisionsforderung dient, stellt dagegen eine Finanztransaktion dar, die beim Zahlenden zu einer Auszahlung (und Verpflichtungsverminderung) und beim Zahlungsempfänger zu einer Einzahlung (und Forderungsverminderung) führt.

Selbst bei der Einräumung und Ausnutzung von Zahlungszielen (Lieferantenkredite) fallen normalerweise Zinsen als Leistungsentgelte in Form von nicht ausgenutzten Skonti an[7]. Die Ausgabe für diesen Zins erfolgt zu dem Zeitpunkt, zu dem die Skontierungsfrist beendet ist. Die Auszahlung des Zinses erfolgt dagegen bei der Bezahlung des Kaufpreises.

1.1.3. Leistungstransaktionen und Finanztransaktionen als Bilanzdispositionen von Wirtschaftssubjekten

(1) Wie schon im vorigen Abschnitt aufgezeigt wurde, bestehen enge Verbindungen zwischen Leistungs- und Finanztransaktionen. Erzielt ein Wirtschaftssubjekt Einnahmeüberschüsse gegenüber anderen, so wird es vermutlich — wie oben dargelegt — über sein Geldvermögen disponieren wollen und zwar nicht nur in der Weise, wie es die Wirtschaftssubjekte wünschen, die Ausgabeüberschüsse haben. Das o. a. Wirtschaftssubjekt kann versuchen, für seine Einnahmen auch Einzahlungen zu erlangen, um u. a. damit noch zu tätigende Ausgaben finanziell abzudecken, wobei die erzielten Einnahmeüberschüsse der Anreiz für eigene zukünftige Ausgaben sein können.

Diese Ausgaben brauchen aber nicht denjenigen Wirtschaftssubjekten Einnahmen zu bringen, gegen die das erstgenannte Wirtschaftssubjekt Einnahmeüberschüsse erzielt hat, d. h. die Salden zwischen den Wirtschaftssubjekten brauchen nicht durch entsprechende gegenläufige Leistungstransaktionen in den nächsten Perioden eliminiert zu werden. Ebenso brauchen diese Salden nicht dadurch zu verschwinden, daß die Leistungsströme über mehrere Stationen verschiedenster Wirtschaftssubjekte zum Ausgleich von Einnahmen und Ausgaben führen. Es ist denkbar, daß einige Wirtschaftssubjekte grundsätzlich pro Periode höhere Einnahmen als Ausgaben haben et vice versa.

---

[7] Lauten die Zahlungsbedingungen z. B. 3 % Skonto bei Zahlung des Kaufpreises innerhalb von 7 Tagen oder Bezahlung der vollen Kaufpreissumme innerhalb von 8 Wochen, so wird ein Kredit von 7 Wochen für einen Zins von 3 % gewährt, der als Jahreszins umgerechnet 22,29 % beträgt; (52 Wochen = 1 Jahr / 7 Wochen = Faktor 7,43; 7,43 × 3 % = 22,29 %).

(2) Zu diesen Diskrepanzen, die zu einer laufenden Veränderung der Nettopositionen der Wirtschaftssubjekte führen, kommt das oben schon angeführte Verlangen, über das Geldvermögen frei disponieren zu wollen. Dies wiederum führt dazu, daß die Wirtschaftssubjekte neben den Ausgabe- und Einnahmedispositionen auch Dispositionen über die Liquidität treffen müssen, um Zahlungsverpflichtungen nachkommen zu können. Dies trifft nun nicht nur für diejenigen Wirtschaftssubjekte zu, die laufend Ausgabenüberschüsse haben, sondern auch für diejenigen, deren Einnahmen und Ausgaben sich annähernd zu jedem Zeitpunkt ausgleichen oder die laufend Einnahmeüberschüsse erzielen, da nicht sichergestellt ist, daß eigene Einnahmen zu entsprechenden Einzahlungen führen, die alle Auszahlungsverpflichtungen zu jedem Zeitpunkt abdecken. Anders ausgedrückt: Die „terms of payment" (Zahlungsmodalitäten) der Ausgabenseite können von denjenigen der Einnahmeseite divergieren.

(3) Wie wir weiter oben schon angeführt haben, sind mit der Anlage von Geldvermögen normalerweise auch monetäre Erträge verbunden. Dadurch kann neben das Liquiditätsmotiv auch noch das Ertragsmotiv bei der Disposition über Geldvermögen treten. Beide Motive können[8] nicht nur für die Forderungen, sondern auch für die Verpflichtungen gelten, d. h. also für die beiden Komponenten, die das Geldvermögen von Wirtschaftssubjekten ausmachen (Forderungen einschließlich Kasse minus Verpflichtungen = Geldvermögen).

Die Erträge aus Forderungen sind auf der anderen Seite Aufwendungen für Verpflichtungen genau wie bei allen anderen Einnahmen und Ausgaben. Der zeitliche Abstand zwischen Ausgabe bzw. Einnahme und Zahlungsverpflichtung hat gleichermaßen Einfluß auf die Liquiditätsdispositionen von denjenigen, die Forderungen halten und denjenigen, die Verpflichtungen haben. Der Zeitpunkt der Zahlungsverpflichtungen ist auch dort von Einfluß, wo Forderungen und Verbindlichkeiten aufgrund von Finanztransaktionen zustande gekommen sind (etwa im Falle eines Aktienerwerbs mit Hilfe eines Bankkredits) oder wo eine Lieferantenforderung mit Hilfe eines Bankkredits bezahlt wurde.

Zahlungsverpflichtungen, die durch Finanzdispositionen (Auszahlungen gegen Forderungen) erfüllt werden, brauchen und werden nicht *nur* Bilanzdispositionen in Form von Finanztransaktionen zur Folge haben (etwa Beitreiben einer bestehenden Forderung, Aufnahme eines Bankkredits). Ebenso können im ersten Schritt Leistungstransaktio-

[8] Welche Motive bei den Verhaltensweisen der Wirtschaftssubjekte unterschiedlicher Art eine Rolle spielen, werden wir im 3. Kap. erörtern. Daß eine Erklärung für verschiedene Bilanzdispositionen allein aufgrund dieser beiden Motive nicht ausreicht, wird im 2. Kap. dargestellt.

nen vorgenommen werden, die zu Einnahmen (Erhöhung von Geldvermögen) und dann zu Einzahlungen (Erhöhung der Kasse) führen.

(4) Diese kurzen und vereinfachenden Beispiele, die noch nichts Näheres über die Höhe und Struktur der Einnahme- und Ausgabeströme und der Einzahlungs- und Auszahlungsströme sowie die Umstrukturierungen von Forderungen und Verpflichtungen aussagen, sollen nur darstellen, daß die Bilanzdispositionen von Wirtschaftssubjekten, auch wenn sie vorderhand nur eine Transaktionsart betreffen, Transaktionen der anderen Kategorien nach sich ziehen können. Welche Transaktionen die einzelnen Wirtschaftssubjekte dabei vornehmen, hängt aber nicht nur von ihren eigenen Bilanzdispositionen, sondern auch von den Bilanzdispositionen der anderen Wirtschaftssubjekte ab. Einnahmen sind nicht zu erzielen, falls andere Wirtschaftssubjekte keine Leistungen nachfragen; Kredite nicht zu erhalten, falls sie nicht gewährt werden (und umgekehrt).

(5) Solange das gebildete Geldvermögen nur direkt bei den Finanzdefizite aufweisenden Wirtschaftssubjekten angelegt werden kann, ist es notwendig, daß einerseits Forderungen und andererseits Verpflichtungen nicht nur der Höhe nach, sondern auch in ihrer Ausstattung kongruent sind. Dadurch aber, daß in einer modernen Wirtschaft durch das Vorhandensein von Kapitalsammelstellen, die man im sog. Finanzsektor begrifflich zusammenfaßt, Forderungen von vielen Wirtschaftssubjekten in unterschiedlichen Formen bei einem entsprechenden Institut des Finanzsektors angelegt und der Kreditbedarf von einer großen Anzahl von Wirtschaftssubjekten in verschiedenen Arten bei eben demselben Institut gedeckt werden kann, ist diese Kongruenz der Fristen und Formen von Forderungen und Verpflichtungen nicht mehr erforderlich.

Die Bilanzdispositionen der Institute des Finanzsektors betreffen in der Hauptsache Finanztransaktionen. Leistungstransaktionen sind — zumindest zum überwiegenden Teil, sofern man von den Personalausgaben absieht — direkt durch diese Finanztransaktionen bedingt. Die Hereinnahme von Forderungen und die Verleihung finanzieller Mittel über verschiedene Fristen und zu unterschiedlichen Konditionen, führt hier zu Zins- und Provisionseinnahmen und -ausgaben.

Durch die Fähigkeit auf beiden Seiten des Geschäfts zu prolongieren und revolvieren, schaffen die Institute eine Transformation der Fristen und anderen Konditionen[9], solange sie beachten, daß ihre Zahlungsbereitschaft durch alle Bilanzdispositionen dauernd gewährleistet ist.

Die Fähigkeit der Transformation kommt dem Bestreben der einzelnen Wirtschaftssubjekte der sog. nichtfinanziellen Sektoren entgegen,

[9] Inwieweit entsprechende Transformationen erfolgen, werden wir in Kapitel drei, Abschnitt 5 (3.5.) näher erörtern.

einmal über die Formen der Forderungsanlage und der Deckung von Finanzierungsdefiziten unabhängiger von den Leistungstransaktionen, als daß ohne das Bestehen der Finanzinstitute möglich wäre, zu entscheiden, zum weiteren aber auch ohne Leistungstransaktionen Forderungen zu erwerben, wodurch allerdings eine gleich hohe, ihrer Ausgestaltung nach jedoch in vielen Fällen differierende Verbindlichkeit entsteht[10].

1.1.4. Ersparnis und Investition

Als Ersparnis wird derjenige Teil des Einkommens bezeichnet, der nicht konsumiert wird. Eine Zunahme des Realvermögens wird als Bruttoinvestition bezeichnet. Die Bruttoinvestitionen bestehen sowohl aus in Geld bewerteten Anlagegütern wie Gebäuden, Grundstücken, Maschinen u. ä. (Anlageinvestitionen) als auch aus Lagerinvestitionen wie eingekauften aber noch nicht verbrauchten Vorprodukten und fertiggestellten aber noch nicht an den Verbraucher abgesetzten Erzeugnissen. Werden von den in einer Periode vorgenommenen Bruttoinvestitionen die periodengleichen (verdienten) Abschreibungen abgezogen, so sprechen wir von den Nettoinvestitionen der Periode.

Für ein Wirtschaftssubjekt bildet der Überschuß der Nettoinvestitionen über seine Ersparnis sein Finanzierungsdefizit, d. h. auch, daß dieser Überschuß der Differenz zwischen Einnahmen und Ausgaben (alles pro Periode) entspricht.

Ein Finanzierungsdefizit liegt in den Termini von Ersparnis und Investition dann vor, wenn die Nettoinvestitionen die Ersparnis eines Wirtschaftssubjektes übersteigen. Je geringer das Finanzierungsdefizit desto höher ist die sog. Eigenfinanzierungsrate einer Bruttoinvestition bzw. Selbstfinanzierungsrate einer Nettoinvestition.

Ausgedrückt in den Termini von Einnahmen und Ausgaben ist die Eigenfinanzierungsrate um so größer, je geringer der Ausgabenüberschuß einer Periode ist. Die Ersparnis ist um so größer, je höher der Einnahmeüberschuß ist.

1.2. Betrachtungsebene: Die Finanzierungsrechnung der Deutschen Bundesbank als Darstellung der Veränderungen von Forderungen und Verpflichtungen von Wirtschaftssektoren

1.2.1. Methodologisches

(1) Eine Untersuchung über Märkte im allgemeinen wird sich vordergründig damit zu befassen haben, in welcher Konstellation Angebot,

[10] Das Geldvermögen als Saldo von Forderungen und Verbindlichkeiten bleibt gleich.

Nachfrage und Preise zueinander gestanden haben, respektive zueinander stehen. Normalerweise wird der Untersuchende nur feststellen können, zu welchem Preis und in welchem Umfang Angebot und Nachfrage zum Zuge gekommen sind[11].

Für die von uns betrachteten Märkte für finanzielle Mittel besteht die befriedigte Nachfrage nach finanziellen Mitteln in der Höhe der erfolgten Kreditaufnahme im weitesten Sinne (einschließlich der Veräußerung von verbrieften Eigentumsrechten) und als Pendant dazu das am Markt plazierte Angebot in Höhe der Geldvermögensbildung (gemäß dem Sprachgebrauch der Deutschen Bundesbank), d. h. in Höhe des Erwerbs von finanziellen Aktiva (Forderungen im weitesten Sinne)[12].

Eine Finanzierungsrechnung soll nun Auskunft darüber geben, in welcher Höhe innerhalb eines Zeitraums verschiedene Forderungen erworben und gleichzeitig Verpflichtungen eingegangen worden sind, und zwar von verschiedenen Gruppen von Wirtschaftssubjekten (Wirtschaftssektoren)[13].

„Kern der Aussage sind die volkswirtschaftlichen Finanzierungsvorgänge, d. h. die einzelnen Finanzierungsströme zwischen den Wirtschaftssektoren[14].“ Dabei kann die Finanzierungsrechnung (quantitative) Antworten auf Fragen geben, wie:

— Wie hoch waren in einer beobachteten Periode die Nettoüberschüsse von Ersparnis über Investitionen (Finanzierungsüberschüsse) und von welcher Höhe waren Finanzierungsdefizite (Überschüsse der Investitionen über die Ersparnis) einzelner Sektoren[15]?

---

[11] Lediglich der Börsenmakler wird anhand seines „Maklerskontros“ feststellen können, wie hoch zu verschiedenen Preisen effektiv vorhandene Nachfrage und vorhandenes Angebot nicht zum Zuge gekommen sind, d. h. wie die Angebots- und Nachfrage-„Kurven“ zu einem ganz bestimmten Zeitpunkt verlaufen sind.

[12] Vgl. *Earl Hicks,* The Theory and Use of Financing Accounts, *in:* International Monetary Fund, Staff Papers, Vol. VII (1959 - 1960), S. 162: „Savings not directly invested must take the form of some financial asset (or of a reduction of some financial liability). Investment not financed from income must be financed by the sale of some financial asset or by incurring some financial liability.“

[13] Vgl. *A. Stobbe,* S. 167. Darüber hinaus werden in Finanzierungsrechnungen auch Angaben über Veränderungen in Rein- und Realvermögen veröffentlicht. „Finanzierungsrechnungen können dann definiert werden als makro-ökonomische Strömungsrechnungen, die ex post die Veränderungen der Forderungen und Verbindlichkeiten sowie die Rein- und Realvermögensänderung der Sektoren aufzeigen.“ *U. Baßeler,* Finanzierungsrechnung und Volkswirtschaftliche Gesamtrechnung, Dissertation Kiel 1970, S. 32 f.

[14] *M. Murtfeld,* Grundsätze und Methoden finanzieller Gesamtrechnung unter Berücksichtigung der amtlichen Volkswirtschaftlichen Gesamtrechnungen für Frankreich, Norwegen und die Bundesrepublik Deutschland, Dissertation Frankfurt a. M. 1963, S. 27.

[15] Vgl. *ebenda,* S. 51.

— Welche Transaktionen haben die einzelnen Sektoren unternommen, um ihre Finanzierungsüberschüsse anzulegen bzw. ihre Finanzierungsdefizite auszugleichen[16]?

— Welche Änderungen haben sich dadurch im volkswirtschaftlichen Kreditnetz ergeben und welche Rolle haben dabei finanzielle Institutionen, insbesondere Banken eingenommen[17]?

(2) Die Finanzierungsrechnung gibt als ex post Betrachtung bei Beantwortung der oben angegebenen Fragen nur Antworten auf das, was sich zahlenmäßig auf den Konten der Wirtschaftssektoren niedergeschlagen hat. Sie gibt für sich alleinstehend keine Antworten darauf, weshalb Wirtschaftssubjekte bzw. Gruppen von Wirtschaftssubjekten sich in der Höhe verschuldet bzw. Geldvermögen gebildet, Kredit in dieser oder jener Form aufgenommen bzw. verschiedene Aktiva in einer dargestellten Struktur erworben haben.

Weist z. B. nach der Finanzierungsrechnung der Sektor der privaten Haushalte in einer Periode einen Finanzierungsüberschuß, der Sektor der Unternehmen dagegen ein Defizit auf, so ist eine Aussage in der Form unzulässig, daß das Finanzierungsdefizit der Unternehmen *eine Folge* des Finanzierungsüberschusses der privaten Haushalte sei. Da es sich hier um *Identitätsgleichungen* handelt, d. h. konkret: da arithmetisch die Summe der Finanzierungsdefizite gleich der Summe der Finanzierungsüberschüsse ist, könnte ebenso (unzulässigerweise) gesagt werden, daß der Überschuß der privaten Haushalte die Folge des Defizits der Unternehmen sei. Ursachen und Folgen sind demnach allein aufgrund der Salden nicht feststellbar[18]. Den Wirtschaftsanalytiker interessieren nun aber gerade Antworten auf Fragen in bezug auf die Hintergründe der Veränderungen der Nettopositionen und die Struktur in den Kreditbeziehungen.

„Borrowings and lendings, however, are more than financial flows. They are changes in the assets and liabilities of individual economic units. As such they are significant[19].“

[16] Vgl. *Earl Hicks*, The Theory and Use ..., S. 162 f.

[17] Vgl. *A. Stobbe*, S. 197; *H. Bartels*, Das Kontensystem für die Volkswirtschaftlichen Gesamtrechnungen der Bundesrepublik Deutschland, Erster Teil: Das angestrebte Kontensystem, *in:* Wirtschaft und Statistik, N. F., 12. Jg. (1960), S. 342; *R. A. Young*, Federal Reserve Flow-of-Funds Accounts, *in:* International Monetary Fund, Staff Papers, Vol. V (1956/57), S. 323 - 342.

[18] Vgl. hierzu *W. Stützel*, Volkswirtschaftliche Saldenmechanik, S. 72 ff., insbesondere S. 84 - 116. Vgl. auch dazu die auf *W. Stützel* fußende Literatur: z. B. *G. Tichy*, Die Geldstromrechnung im Rahmen der Volkswirtschaftlichen Gesamtrechnung, *in:* Wirtschaftspolitische Blätter, 12. Jg. (1965), S. 164 f.; *G. S. Maier-Rigaud*, Makroökonomische Finanzierungsanalysen als Instrumente der monetären Wirtschaftspolitik, Diss. Hohenheim (LH) 1970, S. 42 ff.

[19] *G. S. Dorrance*, Financial Accountings: Its Present State and Prospects, *in:* International Monetary Fund, Staff Papers, Vol. XIII (1966), S. 209 und

Demzufolge gelten die Fragen eher dem Verhalten der Wirtschaftssubjekte im Zusammenspiel, ihren Reaktionen auf Ereignisse, wobei die Reaktionen wiederum zu Ereignissen werden, deren Gesamtergebnis sich dann ex post in der Finanzierungsrechnung niederschlägt.

Wir werden dabei Hypothesen zu erarbeiten haben, die (möglicherweise) das Verhalten der Wirtschaftssubjekte erklären können. Bei der Betrachtung der realen Entwicklung haben wir, wenn wir die Zahlen aus der Finanzierungsrechnung heranziehen, soweit es sich um die Salden aus Einnahmen und Ausgaben handelt, auch die anderen Sektoren in ihrem Verhalten zu berücksichtigen.

Die in einem Sektor zusammengefaßten Wirtschaftssubjekte können z. B. die Nettoposition ihres Sektors dann nicht verbessern, wenn die Wirtschaftssubjekte der anderen Sektoren auf die Ausgabeneinschränkung des ersten Sektors ihrerseits mit Ausgabeneinschränkungen reagieren[20].

Eine kritische Prüfung von Verhaltenshypothesen einer bestimmten Gruppe von Wirtschaftssubjekten anhand der Finanzierungsrechnung kann also nur unter Berücksichtigung des Verhaltens anderer Gruppen sowie unter Einbeziehung von im Zeitablauf eintretenden Ereignissen[21] geschehen.

Für eine derartige Analyse ist es allerdings notwendig, daß einer Finanzierungsrechnung — sei es in der Zusammenfassung von Wirtschaftssubjekten zu Sektoren (Transaktoren) oder in der Zusammenfassung und Gliederung von Forderungs- und Verpflichtungspositionen sowie bei der Zurechnung der Ersparnisbildung — nicht von vornherein Hypothesen zugrunde liegen, die nur Aussagen in einer ganz bestimmten Richtung zulassen[22]. Die Klassifizierung der Sektoren und Trans-

---

weiter: „Only a miser is willing to continue accumulating assets for their own sake. Only an irresponsible spendthrift is willing to incur unlimited liabilities."

[20] Vgl. *R. Pohl*, Einige Probleme der Saldenrechnung, *in:* Konjunkturpolitik, 4. Jg. (1958), S. 183: „Denn der Umfang des Saldos eines bestimmten Bereiches (A) ist immer die Resultante der Entscheidungen *mehrerer* Bereiche: er ist hinsichtlich der Einnahmeseite primär abhängig von der Bereitschaft anderer Bereiche, Ausgaben an den Bereich A zu leisten, er wird, was die Ausgabenseite anlangt, primär durch die Ausgabenneigung des Bereiches A selber beeinflußt. Der kausale oder genauer funktionale Zusammenhang zwischen den einzelnen Sektoren kann demnach nur durch eine Analyse der *Ausgaben* und der *Einnahmen* und ihrer Bestimmungsgründe aufgedeckt werden."

[21] Mit diesen Ereignissen sind z. B. geplante und in Kraft gesetzte Gesetzgebungs- und Verordnungsentscheidungen von Parlament und Regierung, aber auch Vorfälle „höherer Gewalt", wie Erkrankung von Staatsmännern, gemeint, d. h. Ereignisse, die nicht Aktionen und Reaktionen von Marktparteien sind.

[22] Vgl. *R. A. Young*, Federal Reserve Flow-of-Funds Accounts, S. 325.

aktionen sowie die Ermittlung des Ausgangsmaterials und dessen Aufbereitung sollte daher nicht vom Blickpunkt einer ganz bestimmten Theorie geschehen, sondern es zulassen, daß mit Hilfe der Finanzierungsrechnung verschiedene Hypothesen bezüglich ihrer Realitätsnähe getestet werden können.

Wir werden daher bei der Darstellung der Finanzierungsrechnung der Deutschen Bundesbank auch näher zu untersuchen haben, inwieweit bestimmte Hypothesen explizit oder implizit unterstellt werden und welche Einschränkungen sich daraus für unsere Untersuchung insbesondere unter der von uns gewählten Themenstellung ergeben.

1.2.2. Überblick über den Aufbau der Finanzierungsrechnung der Deutschen Bundesbank[23]

(1) Die Finanzierungsrechnung der Deutschen Bundesbank wird in Form einer Matrix dargeboten, deren Zeilen verschiedene Forderungspositionen (Bargeld, Spareinlagen, Anlage in Wertpapieren u. a.) und Verschuldenspositionen (Verpflichtungen in Form von Wertpapieren und Buchkrediten u. a.) aufführen und deren Spalten verschiedene Wirtschaftssektoren (Private Haushalte, Unternehmen, Öffentliche Haushalte, Ausland, Banken, Bausparkassen und Versicherungen) bezeichnen.

Ausgangspunkt ist die Sachvermögensbildung der einzelnen Wirtschaftssektoren, die den Nettoinvestitionen entspricht (Bruttoinvestitionen minus verbrauchsbedingten Abschreibungen), wobei die Investitionen sich aus den Anlageinvestitionen und den Veränderungen der Lagerbestände zusammensetzen. Damit sind die Nettoinvestitionen aber nichts anderes als derjenige Teil der Produktion einer Periode, der nicht abgesetzt worden ist. Von den Nettoinvestitionen werden nun die Ersparnisse des einzelnen Sektors abgezogen, wobei die Ersparnisse die Selbstfinanzierung der Nettoinvestitionen des Sektors darstellen. Um die Finanzierungssalden der einzelnen Sektoren für die betreffende Periode zu ermitteln, ist es notwendig, daß die zwischen den Sektoren empfangenen und geleisteten Vermögensübertragungen[24] (in ihrer Gesamtsumme definitionsgemäß = 0) bei den einzelnen Sektoren als Zu- oder Abgänge mit berücksichtigt werden. Aus eigener Ersparnis plus

[23] Vgl. hierzu: *Deutsche Bundesbank,* Methodische Erläuterungen zu den Berechnungen über die Vermögensbildung und ihre Finanzierung, *in:* Monatsberichte, 13. Jg., Nr. 12 (Dezember 1961), S. 13 - 25 und *dies.*, Zahlenübersichten und methodische Erläuterungen zur gesamtwirtschaftlichen Finanzierungsrechnung der Deutschen Bundesbank 1960 bis 1969, Sonderdruck (o. J.), erschienen 1970; weitere Einzelheiten vgl. dort.

[24] Vgl. *R. Richter,* Volkswirtschaftliche Gesamtrechnung. Volkswirtschaftliche Finanzierungsrechnung. Zahlungsbilanz, Wiesbaden (1966), S. 25.

empfangener Vermögensübertragung minus Nettoinvestition minus geleistete Vermögensübertragung ergibt sich dann der Finanzierungssaldo des betreffenden Sektors. Er ist entweder positiv, d. h. es handelt sich um einen Finanzierungsüberschuß, wenn die Ersparnis und die empfangenen Vermögensübertragungen größer sind als die Nettoinvestitionen und die geleisteten Vermögensübertragungen. Im umgekehrten Fall wird von einem Finanzierungsdefizit gesprochen.

Ein weiterer Weg, den Finanzierungssaldo eines Sektors in einer Periode zu bezeichnen, kann in der Weise erfolgen, daß man die Nettoveränderungen der Verpflichtungen eines Sektors von den Nettoveränderungen seiner Forderungen abzieht[25].

(2) In den einzelnen Spalten der Matrix wird nun dargestellt, wie sich die monetären Aktiva (Forderungen) der jeweiligen Sektoren auf die verschiedenen Positionen (Bargeld, Sichteinlagen, Anlage bei Bausparkassen u. a.) verteilen, bzw. welche Anlageform die Wirtschaftssubjekte eines Sektors für ihre monetären Aktiva „gewählt" haben. Darunter ist abzulesen, welche Veränderungen in den verschiedenen Verpflichtungen eines Wirtschaftssektors während der betrachteten Periode eingetreten sind, bzw. welche finanziellen Mittel in welcher Form der einzelne Sektor aufgenommen hat.

(3) In ihren Zeilen weist die gesamtwirtschaftliche Finanzierungsrechnung aus, wie sich die Veränderungen der einzelnen Forderungspositionen und die Veränderungen der einzelnen Verschuldungspositionen auf die jeweiligen Sektoren verteilen[26].

Durch die besondere Ausweisung der Finanzierungsinstitute (Banken, Bausparkassen und Versicherungen) als sog. finanzielle Sektoren, wird ihre Bedeutung für die Kreditverflechtung der Wirtschaft hervorgehoben, da sie auf der einen Seite finanzielle Mittel in den verschiedenen Formen hereinnehmen und damit Verpflichtungen eingehen und auf der anderen Seite durch Kreditvergabe und den Kauf von Wertpapieren Forderungen gegenüber anderen Sektoren erwerben[27].

---

[25] Vgl. zu den Berechnungsmöglichkeiten *M. Murtfeld*, S. 223; *Earl Hicks*, The Theory and Use ..., S. 161; *Deutsche Bundesbank*, Methodische Erläuterungen zu den Berechnungen ..., S. 18: „Die Finanzierungssalden bringen somit zum Ausdruck, in welcher Höhe die einzelnen Sektoren sich per Saldo an andere Sektoren verschuldet oder Forderungen erworben haben."

[26] Vgl. hierzu auch die Darstellungen in arithmetischer Form bei *W.-A. Prautzsch*, Die Struktur der Nachfrage von Wirtschaftsunternehmen und privaten Haushalten nach finanziellem Vermögen in der Bundesrepublik Deutschland, Berlin 1971, S. 34 ff.

[27] Sie werden deshalb auch „Financial Intermediaries" bezeichnet, weil sie zwischen den eigentlichen Kreditgeber und den eigentlichen Kreditnehmer treten. Vgl. dazu *U. Baßeler*, Finanzierungsrechnung und Volkswirt-

1.2.3. Einzelfragen der finanziellen Gesamtrechnung der Deutschen Bundesbank

1.2.3.1. Sektorenbildung und -gliederung im allgemeinen

(1) Wie wir im Überblick dargestellt haben, werden die einzelnen Wirtschaftssubjekte zu sog. Wirtschaftssektoren zusammengefaßt und zwischen diesen Wirtschaftssektoren die jeweilige Forderungsbildung und Verschuldung in verschiedenen Positionen dargestellt. Die Zusammenfassung geschieht im Hinblick darauf, daß sich ein Kreditnetz zwischen allen einzelnen Wirtschaftssubjekten im Inland und zusätzlich gegenüber dem Ausland nicht sinnvoll darstellen läßt[28].

Allerdings gehen bei jeder Zusammenfassung Informationen verloren. Wirtschaftssubjekte, die nach äußeren Kriterien, z. B. nach den von ihnen überwiegend ausgeübten Funktionen (Produzieren, Konsumieren) zusammengefaßt werden, verhalten sich bei der Ausübung ihrer Funktionen wohl in den seltensten Fällen — auch in bezug auf ihr „Finanzgebaren" — gleichartig. Einige werden eher bereit sein, sich höher und auf andere Weise zu verschulden als andere. Einige Wirtschaftssubjekte des gleichen Sektors werden liquidere Anlagen bevorzugen, andere eher weniger liquide vorziehen. Diese Einschränkungen sind bei der Auswertung von aggregierten Zahlenwerten zu berücksichtigen[29].

Aber auch für die Aggregierung selbst ist die Frage, nach welchen Kriterien Wirtschaftssubjekte in Sektoren zusammengefaßt und wie die Sektoren gegeneinander abgegrenzt werden, wichtig. Ohne differenzierte Kenntnis der Abgrenzungen kann der Untersuchende andererseits keine sorgfältige Analyse erstellen.

(2) Die Bundesbank geht von der Sektorengliederung der Volkswirtschaftlichen Gesamtrechnung des Statistischen Bundesamtes aus, gruppiert aber die Sektoren im Hinblick auf die speziellen Erfordernisse einer Finanzierungsrechnung etwas anders. So werden die Banken, Versicherungen und Bausparkassen wegen ihrer Bedeutung im

---

schaftliche Gesamtrechnung (Kieler Studien Nr. 119), Tübingen 1971, S. 36 f. und die dort angegebene Literatur. Siehe auch in dieser Untersuchung weiter unten (Abschnitt 1.2.3.).

[28] Vgl. z. B. auch *M. Zucker,* Die Finanzierungsrechnung im Rahmen der volkswirtschaftlichen Gesamtrechnung, *in:* Umrisse einer Wirtschaftsstatistik, Festgabe für Paul Flaskämper zur 80. Wiederkehr seines Geburtstages, hrsg. von *A. Blind,* Hamburg (1966), S. 320.

[29] Vgl. dazu *R. Wagenführ* und *E. Stalf,* S. 283: „Aus einer sehr fein gegliederten und möglicherweise unübersichtlichen Darstellung lassen sich relativ leicht durch Aggregierungen zusammenfassende Übersichten gewinnen; sehr feingegliederte Zahlenwerte mit ihrem hohen Informationsgehalt sind aber für wirtschaftstheoretische Zwecke häufig unentbehrlich."

Kreditnetz als spezielle Gruppe ausgewiesen, „während sie das Statistische Bundesamt als Untersektoren des Hauptsektors ‚Unternehmen' betrachtet"[30]. „Die Aussonderung (der Kapitalsammelstellen als finanzielle Sektoren, der Verf.) entspricht der besonderen Funktion der Kapitalsammelstellen als Mittler zwischen den — wirtschaftlich gesehen — letzten Schuldnern und Gläubigern, die in den „nichtfinanziellen" Sektoren: Private Haushalte, Unternehmen (ohne Kapitalsammelstellen), Öffentliche Haushalte, Ausland ... zusammengefaßt sind. In der Finanzierungsrechnung ist die Zwischenstellung deutlich daran zu erkennen, daß der größte Teil der Forderungen der nicht finanziellen Sektoren seinen Gegenposten in den Verpflichtungen der Kapitalsammelstellen findet und umgekehrt[31]."

Eine fiktive Aufspaltung der Kapitalsammelstellen, in der Art, daß der „Teil ihrer Aktivität, der sich nicht von anderen Unternehmen unterscheidet (Investitionen, Gewinnerzielung usw.), ... im Sektor Unternehmen (bleibt), der Teil ihrer Aktivität, der ihre Funktion als Kapitalsammelstelle ausmacht (Finanzierungsmittel anzunehmen und auszuleihen)"[32], dem Finanzsektor zugerechnet wird, erfolgt seit 1970 nicht mehr[33]. Damit wird in diesem Bereich die Aufteilung nach Institutionen, d. h. nach Wirtschaftssubjekten als Entscheidungsträgern verfolgt, eine Unterteilung nach Funktionen aufgegeben[34].

Eine solche institutionelle Aufteilung wird aber nicht durchgehend unternommen[35] (z. B. bei der Abgrenzung von Haushalten und Unternehmen). Eine funktionelle Gliederung ist insoweit problematisch, als hier Entscheidungsträger, die zugleich verschiedene Funktionen wahrnehmen, aufgespalten werden, während der Analytiker nach den Entscheidungen der Wirtschaftssubjekte und ihren Hintergründen fragt.

---

[30] *Deutsche Bundesbank*, Zahlenübersichten und methodische Erläuterungen zur gesamtwirtschaftlichen Finanzierungsrechnung ..., S. 1; zur Sektorengliederung des Statistischen Bundesamtes vgl. *H. Bartels*, Das Kontensystem für die Volkswirtschaftlichen Gesamtrechnungen der Bundesrepublik, Erster Teil: Das angestrebte Kontensystem, *in:* Wirtschaft und Statistik, 12. Jg. N. F., (1960), S. 321 f. und *H. Bartels, K. H. Raabe, O. Schörry* und Mitarbeiter: Das Kontensystem für die Volkswirtschaftlichen Gesamtrechnungen der Bundesrepublik Deutschland, Zweiter Teil: Das ausgefüllte vereinfachte Kontensystem, *in:* Wirtschaft und Statistik, 12. Jg. N. F., (1960), S. 572.

[31] *Deutsche Bundesbank*, Methodische Erläuterungen ..., S. 21.

[32] *Ebenda.*

[33] Vgl. *Deutsche Bundesbank*, Zahlenübersichten und methodische Erläuterungen zur Gesamtwirtschaftlichen Finanzierungsrechnung ..., S. 4.

[34] Vgl. auch zur Kritik an der finanziellen Aufgliederung der Kapitalsammelstellen, *R. Wagenführ, E. Stalf*, S. 288.

[35] Vgl. *Deutsche Bundesbank*, Zahlenübersichten und methodische Erläuterungen zur Gesamtwirtschaftlichen Finanzierungsrechnung ..., S. 1.

„The behavior of each unit must be observed through all of the transactions in which it may engage[36]." Daher fordert *Young* auch für eine Finanzierungsrechnung, „the sectoring or allocation of transactions is on an institutional basis rather than an activity basis"[37]. Wir haben daher darauf zu achten, inwieweit die Bundesbank institutionelle Einheiten und damit Entscheidungsträger ihren verschiedenen Aktivitäten gemäß auf unterschiedliche Sektoren aufteilt, und dies bei unseren Analysen mit zu berücksichtigen[38].

1.2.3.2. Die Sektoren im einzelnen[39]

(1) Die Finanzierungsrechnung gliedert die Wirtschaftssubjekte in folgende Sektoren und Untersektoren:

„1. Private Haushalte (einschließlich private Organisationen ohne Erwerbscharakter)

2. Nichtfinanzielle Unternehmen
   a) Unternehmen ohne Wohnungswirtschaft
   b) Wohnungswirtschaft

3. Öffentliche Haushalte
   a) Gebietskörperschaften
   b) Sozialversicherungen

4. Zwischensumme 1 - 3:
   Inländische nichtfinanzielle Sektoren insgesamt

5. Ausland (einschließlich Mitteldeutschland)

6. Zwischensumme 4 + 5:
   Nichtfinanzielle Sektoren insgesamt

7. Banken
   a) Deutsche Bundesbank
   b) Kreditinstitute

8. Bausparkassen

9. Versicherungen

10. Zwischensumme 7 - 9:
    Finanzielle Sektoren insgesamt

11. Summe 6 + 10:
    Sektoren insgesamt[40]."

---

[36] *R. A., Young,* S. 328.

[37] *Ebenda.*

[38] Zu den Anforderungen an die Sektorenbildung vgl. *M. Murtfeld,* S. 40 ff.

[39] Vgl. dazu: *Deutsche Bundesbank,* Zahlenübersichten und methodische Erläuterungen zur gesamtwirtschaftlichen Finanzierungsrechnung ..., S. 1 ff.; vgl. dort wegen weiterer Details.

[40] *Ebenda,* S. 2.

(2) Die Deutsche Bundesbank nimmt bei ihrer grundsätzlich institutionell bestimmten Aufteilung in einem bedeutsamen Falle eine Aufspaltung institutioneller Einheiten nach funktionellen Gesichtspunkten vor.

Ein Erfordernis dafür ergibt sich durch die „Selbständigen", die sowohl den Haushalten zugerechnet werden müssen, da sie die Funktion „Verbrauchen" aufweisen, als auch den Unternehmen, da sie „Waren und nichtfinanzielle Dienstleistungen für den Markt produzieren"[41].

Anders als das Statistische Bundesamt rechnet die Deutsche Bundesbank neben dem Verbrauch nur die Ersparnisbildung aus entnommenen Gewinnen der selbständigen Unternehmer und aller übrigen Selbständigen dem Haushaltssektor zu, während die nichtentnommenen Gewinne dieser Wirtschaftssektoren voll als Ersparnis des Unternehmenssektors gerechnet werden[42].

Das Statistische Bundesamt begründet seine Zurechnung der „nichtentnommenen Gewinne aus privaten Unternehmen ohne eigene Rechtspersönlichkeit" (zu den Haushalten) damit, daß „diese eindeutig den privaten Haushalten der Unternehmer zuzurechnen sind und die Haushaltsgesichtspunkte die Entscheidung über Entnahme oder Nicht-Entnahme wesentlich beeinflussen dürften"[43].

Gegen die Hypothese des Statistischen Bundesamtes könnte ebenso hypothetisch eingewendet werden, daß für die Höhe der nichtentnommenen Gewinne dieser Unternehmensgruppe der Selbstfinanzierungsbedarf der Unternehmen ohne eigene Rechtspersönlichkeit maßgebend sein könnte[44].

Eine Beurteilung der Hypothesen in Hinblick darauf, welche realitätsnäher ist, kann nur eine entsprechende empirische Untersuchung bringen. Als systematisches Argument für die Zurechnung der nichtentnommenen Gewinne dieser Unternehmen zur Ersparnis des Unter-

---

[41] *Ebenda,* S. 2; dort zitiert aus: Europäisches System Volkswirtschaftlicher Gesamtrechnungen (ESVG). Dokument 3556/ST/68 des *Statistischen Amtes der Europäischen Gemeinschaft,* S. 32.

[42] Vgl. *Deutsche Bundesbank,* Zahlenübersichten und methodische Erläuterungen zur gesamtwirtschaftlichen Finanzierungsrechnung ..., S. 2 und *dieselbe,* Methodische Erläuterungen zu den Berechnungen ..., S. 16 ff.

[43] *H. Bartels,* Das Kontensystem ..., 1. Teil, S. 335.

[44] Vgl. hierzu *R. Wagenführ* und *E. Stalf,* S. 279 und S. 286 f. und S. 280: „Außerdem ist nicht erwiesen, ob bei Unternehmungen ohne eigene Rechtspersönlichkeit nicht unternehmerische Überlegungen ebenso stark in den Betrieb der Haushaltswirtschaft hineinreichen wie das umgekehrte, wovon das Statistische Bundesamt ausgeht." Allerdings erscheint uns eine Trennung von Haushalt und Unternehmen aufgrund der Privatentnahme (zum Haushalt der „Selbständigen" gerechnet), wie sie *R. Wagenführ* und *E. Stalf* vorschlagen, auch willkürlich, da nicht bestimmt werden kann, von welchen Haushalts- und Unternehmens-Funktionen die Höhe der Privatentnahme determiniert ist. (Vgl. *ebenda,* S. 286 f.)

nehmensbereichs, so wie es die Bundesbank tut, kann man anführen, daß auch die nichtausgeschütteten Gewinne der sog. Familien-GmbHs oder -AGs, die zu den Unternehmen mit eigener Rechtspersönlichkeit zählen, obwohl doch auch für die Ausschüttung Verbrauchsgesichtspunkte der Haushalte Einfluß haben könnten, ganz zur Ersparnis des Unternehmenssektors gezählt werden, schon allein aus dem Grunde, weil sich die Gruppe der Unternehmen mit eigener Rechtspersönlichkeit schwierig in Familien- und andere Betriebe aufteilen ließe.

Durch diese andere Abgrenzung weist nun die Ersparnis des Unternehmensbereichs in der Finanzierungsrechnung der Deutschen Bundesbank größere Beträge auf als entsprechende Berechnungen des Statistischen Bundesamtes.

Eine weitere Unterteilung des Haushaltssektors nach soziologischen Gesichtspunkten oder nach Einkommensklassen nimmt die Finanzierungsrechnung der Deutschen Bundesbank zur Zeit noch nicht vor[45], wodurch nähere Analysen über das Sparverhalten allein aufgrund dieser Rechnung noch nicht möglich sind.

(3) Außerdem wird der Untersektor „2. b) Wohnungswirtschaft" gegenüber den anderen Sektoren funktional abgegrenzt. Er umfaßt die Aktivitäten im Wohnungsbau von den gewerblichen Wohnungsbauunternehmen bis zum privaten Eigenheimbau[46].

Da die privaten Haushalte in der Finanzierungsrechnung gemäß der funktionalen Abgrenzung vom Unternehmenssektor entweder sparen oder konsumieren aber nicht investieren (d. h. kein Sachvermögen bilden) können, fallen die Aktivitäten von privaten Haushalten für den Wohnungsbau unter den Untersektor Wohnungswirtschaft[47].

Die Bereitstellung der Mittel vom Sektor der privaten Haushalte zum Sektor Wohnungswirtschaft wird im Rahmen der Finanzierungsrechnung durch Vermögensübertragungen dargestellt[48].

1.2.3.3. Die Konsolidierung von innersektoralen Forderungen und Verpflichtungen

(1) Die Finanzierungsrechnung der Deutschen Bundesbank zeigt die Veränderungen von Forderungen und Verpflichtungen aufgrund der Sektoreinteilung nur zwischen den Sektoren auf. Veränderungen in den

[45] Vgl. *R. Wagenführ* und *E. Stalf*, S. 287.

[46] Vgl. *Deutsche Bundesbank*, Zahlenübersichten und methodische Erläuterungen zur gesamtwirtschaftlichen Finanzierungsrechnung ..., S. 2.

[47] Vgl. *J. Robinson*, The Rate of Interest, *in:* Econometrica, Vol. 19 (1951), S. 95, Fußn. 6: „Where a citizen lives in his own house, we may regard him as an owner of wealth lending to himself as an entrepreneur who sells to himself as a consumer."

[48] Vgl. hierzu *R. Richter*, S. 25.

Forderungen und Verpflichtungen zwischen Wirtschaftssubjekten ein und desselben Sektors werden nicht aufgezeigt, d. h. innersektorale Ströme werden aufgerechnet, „konsolidiert“.

Dadurch werden in der Finanzierungsrechnung der Deutschen Bundesbank z. B. darüber keine Aussagen gemacht, in welcher Höhe es innerhalb des Unternehmenssektors zur Gewährung und gleich hoher Inanspruchnahme von Lieferantenkrediten zwischen Unternehmen in der betrachteten Periode gekommen ist. Es wird lediglich der Finanzierungssaldo (Finanzierungsdefizit oder -überschuß) eines Sektors gegenüber den anderen Sektoren ausgewiesen und die Veränderungen der Verpflichtungen bzw. Geldvermögensanlagen in ihrer Art und jeweiligen Höhe für eine Periode aufgezeigt.

Daraus ergibt sich, daß, „je mehr Sektoren gebildet werden, um so größer wird — infolge der daraus resultierenden finanziellen Verpflichtungen zwischen den Sektoren — in der Gesamtrechnung der Betrag, um den sich die Forderungen und Verpflichtungen verändern. Die Summen dieser Veränderungen — sei es für einen Sektor, sei es für alle sog. nichtfinanziellen Sektoren zusammen — können deshalb bei einer einmal festgelegten Sektorengliederung nur im zeitlichen Vergleich sinnvoll beurteilt werden; die absoluten Ziffern haben für sich betrachtet oder im Vergleich zu anderen Größen (z. B. dem Sozialprodukt) keinen wesentlichen Aussagewert“[49].

Zur Beurteilung der Finanzmärkte unter Gesichtspunkten der Geldvermögensbildung und Verschuldung ist daher die Finanzierungsrechnung lediglich ein wichtiges Hilfsmittel.

Die Finanzmärkte aus der Sicht der hier aufgeführten Wirtschaftssektoren zu betrachten, ist aufgrund des nur so vorliegenden Zahlenmaterials notwendig; eine kritische, wenn auch nur fallweise Überprüfung von Hypothesen auf anderem Wege ist zur Zeit in einem Gesamtrahmen nicht möglich.

Die Veränderungen in den Kreditverflechtungen, soweit sie über Kapitalsammelstellen gehen, werden dabei in der Finanzierungsrechnung voll aufgezeigt. Zur Ergänzung müssen wir aber immer bemüht sein, soweit es möglich ist, Angaben über innersektorale Veränderungen bei Forderungen und Verpflichtungen für eine tiefergehende Analyse mit heranzuziehen[50].

(2) Eine *Ausnahme* von der innersektoralen Konsolidierung bilden die Veränderungen in der Anlage und Verschuldung in Geldmarkt-

[49] *Deutsche Bundesbank,* Methodische Erläuterungen zu den Berechnungen . . ., S. 18 und S. 21.

[50] Zur allgemeinen Problematik in der Konsolidierung vgl. auch *M. Murtfeld,* S. 14.

papieren, festverzinslichen Wertpapieren und Aktien. „Im Gegensatz zu allen übrigen Kreditbeziehungen werden sie in der Finanzierungsrechnung nicht konsolidiert, d. h. Forderungen und Verbindlichkeiten dieser Art werden in voller Höhe ohne Rücksicht darauf ausgewiesen, ob sie sich gegen Einheiten des gleichen oder eines anderen Sektors richten[51].“ Die Bundesbank begründet dies damit, daß durch eine Konsolidierung „wichtige Teile des Wertpapiermarktes — wie der Erwerb von Bankschuldverschreibungen durch Kreditinstitute oder von Aktien durch Unternehmen — statistisch ausgeschaltet (würden)“[52]. Leider steht uns für die in starker Konkurrenz zu den festverzinslichen — fungiblen — Wertpapieren stehenden Schuldscheindarlehen keine vergleichbare Bruttorechnung zur Verfügung, wodurch wir zumindest die innersektoralen, längerfristigen Kreditströme größtenteils erfaßt hätten. Lediglich Schuldscheindarlehen, die von Unternehmen begeben und von Banken übernommen werden, finden in der Finanzierungsrechnung unter den längerfristigen Bankkrediten bzw., soweit Versicherungen als Gläubiger auftreten, unter den „Darlehen der Versicherungen“ ihren Niederschlag.

(3) Der in der Finanzierungsrechnung der Bundesbank dargestellte Ausweis der unter (2) angegebenen Wertpapiere hat allerdings den Nachteil, daß direkte finanzielle Beziehungen zwischen den einzelnen Sektoren über die Märkte nicht nachgewiesen werden. So ist z. B. nicht festzustellen, ob die vom Unternehmensbereich erworbenen festverzinslichen Wertpapiere von öffentlichen Haushalten oder von Unternehmen stammen. Ebenso ist nicht zu erkennen, welche Gläubigergruppe die jeweiligen Emissionen eines Sektors erwerben. Dagegen ist z. B. bei den Forderungen und Verpflichtungen von finanziellen Sektoren (Kredite, Einlagen, Geldanlagen bei Versicherungen und Bausparkassen) der Anteil der einzelnen Sektoren bekannt, da eine entsprechende finanzielle Position bei einem nichtfinanziellen Wirtschaftssektor eindeutig als Strom vom oder zum Finanzsektor (Banken, Bausparkassen, Versicherungen) festgelegt ist[53].

Dies ist allerdings bei Wertpapieren, die von verschiedenen Sektoren emittiert werden, im Rahmen der vorliegenden Finanzierungsrechnung nicht mehr möglich, so daß für eine genauere Marktanalyse (von wem werden die Emissionen des Sektors A. vorwiegend gekauft und evtl. warum?) zusätzliche Angaben (evtl. Depotstatistik) erforderlich werden können[54].

---

[51] *Deutsche Bundesbank,* Zahlenübersichten und methodische Erläuterungen zur gesamtwirtschaftlichen Finanzierungsrechnung ..., S. 7.

[52] *Ebenda,* vgl. auch *M. Zucker,* S. 329.

[53] Vgl. *R. Wagenführ* und *E. Stalf,* S. 294.

[54] Eine derart differenzierte Analyse kann im Rahmen dieser Arbeit nicht vorgenommen werden.

1.2.3.4. Inhalt und Gliederung der finanziellen Positionen der Finanzierungsrechnung

(1) Inhalt der finanziellen Positionen der einzelnen Sektoren sind bei den Forderungen „Titel“ (monetäre Aktiva), die Wirtschaftssubjekte entweder auf den finanziellen Märkten erworben oder durch Leistungstransaktionen erhalten haben (Forderungen aus Lieferungen) und bei den Verpflichtungen Kredite, die die Wirtschaftssubjekte über die finanziellen Märkte aufgenommen haben oder die ihnen im Rahmen des Leistungsempfangs von den Leistenden (Lieferantenkredite) direkt eingeräumt worden sind.

Zu finanziellen Transaktionen, die zum Erwerb der finanziellen Positionen führen, kommt es immer dann, wenn aus den Leistungstransaktionen nicht lediglich direkte Kreditbeziehungen bestehen bleiben, sondern Zahlungen erfolgen und auch dann, wenn schon bestehende Forderungen umgeschichtet bzw. Verpflichtungen umgestaltet werden, z. B. im Rahmen einer Konsolidierung eines Bankkredites am Kapitalmarkt. Auch ist das gleichzeitige Eingehen von Forderungserwerb (z. B. Aktienkauf) und Kreditaufnahme (z. B. Lombardkredit) denkbar. Zu Umschichtungen kommt es aber auch dann, wenn Wirtschaftssubjekte eines Sektors ihre Forderungen vermindern, um damit Schulden bei Wirtschaftssubjekten anderer Sektoren zurückzuzahlen.

Damit braucht aber nicht der Bar- oder Buchgeldbestand des entsprechenden Sektors in seiner Höhe geändert zu werden, da zur Bezahlung auch Termineinlagen aufgelöst oder Wertpapiere an die Banken verkauft werden können, um mit den Erlösen Verpflichtungen gegenüber anderen Sektoren abzulösen. Wie wir oben schon einige Male ausgeführt haben, ändern solche Transaktionen das Geldvermögen des entsprechenden Sektors in seiner Höhe nicht — wohl aber in seiner Struktur.

Wie ist nun die Struktur der Veränderungen in den Verpflichtungen und Forderungen der Wirtschaftssektoren gegliedert, d. h. nach welchen Kriterien sind die einzelnen finanziellen Positionen unterteilt?

E. Hicks stellt in seinem Beitrag für die Expert Group on Statistics of Changes in Financial Assets and Liabilities, einberufen von der Conference of European Statisticians, Genf, im Februar 1959 die Forderung auf: „Financing should record assets and liabilities in a form which makes it possible to measure the liquidity and yield choises of holders[55].“ *M. Zucker* formuliert sogar, „daß fast überall (in den Finan-

---

[55] *Earl Hicks*, S. 163; ebenso *G. S. Dorrance*, Financial Accounting: It Present State and Prospects, *in:* IMF, Staff Papers Vol. XIII (1966), S. 211 f.; obwohl er sagt: „Both assets and liabilities vary in type, and may be classified by diverse criteria.“ Aber er führt dann weiter aus: „Probably the most

zierungskontensystemen der Länder, der Verf.) als wichtigstes Kriterium für die Gliederung der finanziellen Forderungen und Verbindlichkeiten das der Liquidität der Anlage gewählt wurde“[56].

Die Verfasser bestimmen dabei die Liquidität zum größten Teil nach der Fristigkeit und Marktgängigkeit der einzelnen finanziellen Objekte. Wie wir noch bei unseren Erörterungen über die Einteilung der finanziellen Märkte sehen werden (Betrachtungsobjekt: Finanzmärkte), können zwischen formeller (nur diese ist von Außenstehenden erkennbar) und materieller Fristigkeit erhebliche Diskrepanzen bestehen. Die Marktgängigkeit hängt auf der einen Seite nicht nur von dem Vorhandensein eines großen Marktes ab, der es jederzeit ermöglicht, finanzielle Objekte abzusetzen, sondern auch von den Preisen (Kursen, Zinsen), die auf diesen Märkten gezahlt werden.

So wird ein Halter eines Geldmarktpapiers (dem im allgemeinen ein hoher Liquiditätsgrad zugesprochen wird) mit dem Verkauf dieses Papiers unter Umständen warten, wenn er aufgrund einer Zinserhöhung und durch die sich daraus ergebende Kursverminderung eine entsprechende Ertragseinbuße erleiden muß; d. h. Zinserhöhungen vermindern über ihren Ertragseffekt auch die Liquidität bei Anlagen in marktgängigen Titeln.

Deshalb verwendet die Bundesbank in ihren Rechnungen kein einheitliches Kriterium für „die Klassifizierung der finanziellen Veränderungen“[57], ebenso wie das Statistische Bundesamt in seinen Erörterungen über die Kreditveränderungskonten u. E. richtig erkennt, daß „mit der Art der Forderungen und Verbindlichkeiten ... die *Liquidität* des Kredittitels, der *Ertrag* (bzw. der Wert des Kapitals), das *Risiko,* die Möglichkeit der wirtschaftlichen *Einflußnahme* auf Unternehmen usw. eng verknüpft (sind)“[58].

Die Bundesbank gliedert in ihrer gesamtwirtschaftlichen Finanzierungsrechnung die Forderungen und Verbindlichkeiten wie folgt[59]:

significant classification is one which identifies financial assets and liabilities by liquidity.“

[56] *M. Zucker,* S. 324.

[57] *Deutsche Bundesbank,* Methodische Erläuterungen zu den Berechnungen..., S. 22.

[58] *H. Bartels,* Das Kontensystem ..., Erster Teil: S. 324 (Hervorhebungen im Original).

[59] Vgl. *Deutsche Bundesbank,* Zahlenübersichten und methodische Erläuterungen zur gesamtwirtschaftlichen Finanzierungsrechnung..., S. 5. Zum Inhalt der Forderungen und Verbindlichkeiten sowie zur Methode der Ermittlung des jeweiligen Umfangs für jeden Sektor vgl. *ebenda,* S. 6 ff.

Gliederung der Forderungen und Verbindlichkeiten in der Finanzierungsrechnung

Art der Forderungen oder Verbindlichkeiten	*Forderungen nichtfinanzieller Sektoren*	
1. Bargeld und Sichteinlagen	an Banken	an finanzielle Sektoren
2. Termingelder (einschl. Sparbriefe)		
3. Spareinlagen		
4. Geldanlage bei Bausparkassen	an Bausparkassen	
5. Geldanlage bei Versicherungen	an Versicherungen	
6. Erwerb von Geldmarktpapieren	Fungible Forderungen gegenüber finanziellen und nichtfinanziellen Sektoren	
7. Erwerb von a) festverzinslichen Wertpapieren b) Aktien		
8. Sonstige Forderungen	Kreditbeziehungen zwischen nichtfinanziellen Sektoren	
9. Innersektorale Forderungen	Kreditbeziehungen zwischen Untersektoren des gleichen Hauptsektors	
	Verbindlichkeiten nichtfinanzieller Sektoren	
10. Absatz von Geldmarktpapieren	verbriefte Verbindlichkeiten gegenüber finanziellen und nichtfinanziellen Sektoren	
11. Absatz von a) festverzinslichen Wertpapieren b) Aktien		
12. Gold- und Devisenbestand der Deutschen Bundesbank	gegenüber Banken	gegenüber finanziellen Sektoren
13. Kurzfristige Bankkredite		
14. Längerfristige Bankkredite		
15. Darlehen der Bausparkassen	gegenüber Bausparkassen	
16. Darlehen der Versicherungen	gegenüber Versicherungen	
17. Sonstige Verpflichtungen	Kreditbeziehungen zwischen nichtfinanziellen Sektoren	
18. Innersektorale Verpflichtungen	Kreditbeziehungen zwischen Untersektoren des gleichen Hauptsektors	

(2) Unter den einzelnen Positionen ist in aller Kürze folgendes zu finden[60]:

— *Bargeld und Sichtguthaben* umfassen einmal den Bargeldumlauf, soweit er sich außerhalb des Bankensystems bewegt, weiter Nicht-

[60] *Ebenda*, S. 6 ff., vgl. *G. S. Maier-Rigaud*, S. 24 - 28.

bankeneinlagen bei Banken mit einer Laufzeit bis zu einem Monat und den „Saldo aus dem Verrechnungsverkehr mit Banken ..., der hauptsächlich aus zeitlichen Buchungsdiskrepanzen und Postlaufzeiten resultiert“[61]. Die Aufteilung dieser Position auf die einzelnen Sektoren erfolgt zum Teil aufgrund von Schätzungen, wodurch der Grad der Exaktheit sicherlich nicht zu hoch veranschlagt werden darf.

— *Termingelder* betreffen Verbindlichkeiten von Banken mit Laufzeiten oder Kündigungsfristen, die einen Monat und mehr betragen, soweit sie nicht Spareinlagen (siehe dort) sind. Neben Termineinlagen gehören dazu Durchleitkredite öffentlicher Stellen, Namensschuldverschreibungen und Sparbriefe.

— *Spareinlagen* gemäß der Finanzierungsrechnung sind ebenso wie nach § 21 KWG „Einlagen, die durch Ausfertigung einer Urkunde, insbesondere eines Sparbuches, als solche gekennzeichnet sind“[62].

— *Geldanlagen bei Bausparkassen* sind die angesparten Guthaben von Bausparern.

— Zu den *Geldanlagen bei Versicherungen* zählen die zurechenbaren Verbindlichkeiten von Versicherungen[63].

— „Die Positionen *‚sonstige Forderungen‘* und *‚sonstige Verbindlichkeiten‘* umfassen Direktbeziehungen zwischen nichtfinanziellen Sektoren[64].“ Dazu gehören Direktkredite Öffentlicher Haushalte und des Auslandes an Unternehmen und umgekehrt, ebenso wie Beteiligungen und Einlagen von privaten Haushalten im Sektor Wohnungswirtschaft und umgekehrt „die Gewährung von Konsumentenkrediten des Einzelhandels an private Haushalte“[65].

Während die Veränderungen in der Kreditgewährung zwischen dem Ausland und den Unternehmen auf Veränderungen der „Terms of Payment“ schließen lassen, so werden die Angaben insgesamt doch dadurch verzerrt, daß aufgrund der Ermittlungsmethode „auch Fehler und Auslassungen, zeitliche Buchungsdiskrepanzen u. ä.“[66] in diese Position eingehen.

— *Innersektorale Forderungen und Verbindlichkeiten* treten nur zwischen Untersektoren auf (sonst Prinzip der Konsolidierung). Hierzu

---

[61] *Deutsche Bundesbank*, Zahlenübersichten und methodische Erläuterungen zur gesamtwirtschaftlichen Finanzierungsrechnung ..., S. 6.

[62] § 21 Abs. 1 des Gesetzes über das Kreditwesen vom 10. Juli 1961 (BGBl. I, S. 881).

[63] Vgl. hierzu unsere Ausführungen zum Sektor Versicherungen 1.2.3.2. (7).

[64] *Deutsche Bundesbank*, Zahlenübersichten und methodische Erläuterungen zur gesamtwirtschaftlichen Finanzierungsrechnung ..., S. 7.

[65] *Ebenda*, S. 7.

[66] *Ebenda*.

gehören z. B. Postscheckguthaben und Lombard- und Rediskontkredite als Forderungen der Bundesbank gegenüber Banken und die Mindestreserven in umgekehrter Richtung; Darlehen und Beteiligungen des Untersektors Unternehmen an der Wohnungswirtschaft; außerdem Forderungen der Sozialversicherungen gegen den Bund.

— *Geldmarktpapiere* sind Schatzwechsel und unverzinsliche Schatzanweisungen von in- und ausländischen Emittenten mit einer Laufzeit von unter zwei Jahren. Die Papiere inländischer Emittenten (Bund, Länder, Bahn, Post, Kreditanstalt für Wiederaufbau und Einfuhr- und Vorratstellen) sowie die Privatdiskonten „sind im Normalfall in die Geldmarktregulierung der Deutschen Bundesbank einbezogen“[67]. Sog. Mobilisierungstitel werden als Emissionen der Zentralbank behandelt.

— Als *festverzinsliche Wertpapiere* werden Bankschuldverschreibungen, öffentliche Anleihen und Industrieobligationen innerhalb der Finanzierungsrechnung erfaßt. Die Berechnung erfolgt unter Berücksichtigung der Tilgungen, d. h. netto.

— Unter *Aktien* fallen die Beteiligungspapiere in- und ausländischer Aktiengesellschaften[68].

— *Kurzfristige Bankkredite* sind Kredite von Banken mit einer Laufzeit bis zu einem Jahr.

Vor 1969 wurden hierzu allerdings nur noch Laufzeiten bis zu einem halben Jahr gerechnet. Da kurzfristige Bankkredite normalerweise einer vierteljährlichen Überprüfung unterliegen, dürfte die Änderung im Ausweis der Finanzierungsrechnung nicht so sehr in ihrer Höhe zugunsten der kurzfristigen Kredite und Darlehen ins Gewicht gefallen sein.

— *Längerfristige Bankkredite* schließen Kredite von Banken mit einer Laufzeit von über einem (bis 1969: einem halben) Jahr ein.

— Unter die *Darlehen der Bausparkassen* fallen zugeteilte Darlehen, Zwischenkredite und Sofortkredite von Bausparkassen.

— „*Darlehen der Versicherungen* enthalten Hypotheken- und Schuldscheindarlehen, Policendarlehen, Ausgleichsforderungen, Prämienforderungen, geleistete Anzahlungen für Bauten und Grundstücke sowie Beteiligungen der Versicherungsgesellschaften und Pensionsfonds, jedoch ohne Beteiligungen in Form von Aktien[69].“

---

[67] *Deutsche Bundesbank*, Zahlenübersichten und methodische Erläuterungen zur gesamtwirtschaftlichen Finanzierungsrechnung, S. 7.

[68] Bezüglich der Bewertung des Aktienerwerbs bzw. der Emission vgl. *ebenda*, S. 8.

[69] *Deutsche Bundesbank*, Zahlenübersichten und methodische Erläuterungen zur gesamtwirtschaftlichen Finanzierungsrechnung ..., S. 8.

Welche Finanzmärkte zu welchen Positionen gehören, wollen wir im Anschluß an die Darstellung des Beobachtungsobjekts „Finanzmärkte" erörtern.

1.3. Betrachtungsobjekt: Finanzmärkte in der Bundesrepublik Deutschland — Abgrenzungskriterien und Gliederung

1.3.1. Begriffsbestimmung für Finanzmärkte

Unter einem Markt soll hier das Zusammentreffen von Angebot an und Nachfrage nach einem „Gut" verstanden werden. Angebot und Nachfrage beziehen sich in unserem Fall auf „finanzielle Mittel", d. h. jene Mittel, die Wirtschaftssubjekten zur Finanzierung ihrer wirtschaftlichen Transaktionen (Leistungs- und Finanztransaktionen) dienen. Dabei werden von den Nachfragern an den Finanzmärkten immer Zahlungsmittel bzw. deren Bereitstellung gewünscht, wofür sie entweder das Versprechen auf Rückzahlung oder eine Beteiligung anbieten und sich zu einer Leistung entweder in Form eines Zinses oder einer Gewinnbeteiligung verpflichten. Dazu können Nebenbedingungen wie Überlassung von Sicherheiten, erweiterte Mitspracherechte usw. treten. Anbieter auf diesen Märkten bieten Zahlungsmittel oder deren Bereitstellung zur Verfügung an und fordern dafür Rückzahlung oder Beteiligung und ein Entgelt sowie evtl. die Einräumung von Nebenrechten.

„Auf den fraglichen Märkten treffen sich also zwei Gruppen von Wirtschaftssubjekten: (1) Anbieter von Zahlungsmitteln = Nachfrager nach Titeln und (2) Nachfrager nach Zahlungsmitteln = Anbieter von Titeln. Das Marktobjekt liegt mithin im *Tausch von Zahlungsmitteln gegen Titel* zu einem besonderen Preis, dem Zins[70]."

Da wir es hier aber nicht mit einem einheitlichen Markt zu tun haben, sondern damit, daß sowohl unterschiedliche Titel gehandelt als auch die verschiedensten Wirtschaftssubjekte als Anbieter und/oder Nachfrager auftreten, müssen wir zwischen den Finanzmärkten differenzieren.

Innerhalb der wirtschaftswissenschaftlichen Literatur ist nun nach unterschiedlichen Kriterien abgegrenzt worden. Nach einem kurzen Blick auf die dort angeführten Abgrenzungskriterien wollen wir unsere Einteilung darstellen, die sich sowohl an der Bankpraxis orientiert als auch durch die Wahl der Betrachtungsebene leiten läßt.

---

[70] *W. Dannemann,* Struktur- und Funktionsweise des Kapitalmarktes in der BRD, Tübingen 1959, S. 14 f.

1.3.2. Abgrenzungskriterien für Finanzmärkte ausgewählter wirtschaftswissenschaftlicher Autoren

(1) Eine erste, grobe Unterteilung der von uns betrachteten Märkte kann in Unternehmungs- und Leihkapital erfolgen[71]. „Das Unternehmungskapital ... hängt in seinem Ertrag nicht nur, sondern auch in seinem Bestande ... (vom) Gewinn oder Verlust (der Unternehmung) ab. ... Das Leihkapital wird im Wege des Kredites zur Verwertung gebracht[72].“ Wir wollen die erste Kategorie als Beteiligungskapital, die zweite als Fremdkapital oder Kredit bezeichnen. Die zugehörigen Finanzmärkte weisen sich als Märkte für Beteiligungen und Kreditmärkte aus. Eine solche Klassifizierung reicht aber für unsere Untersuchung bei weitem nicht aus, so daß weitere Unterteilungen notwendig werden. Dabei werden wir allerdings abweichend von *Spiethoff*[73] vorgehen.

(2) Einen interessanten Versuch der Abgrenzung stellt eine Einteilung der Finanzmärkte nach der Verwendung der erhaltenen Finanzmittel dar[74].

So führt z. B. *H. v. Beckerath* 1916 aus:

„Man wird im allgemeinen sagen können, daß diese Wirtschaften (private Erwerbswirtschaften, der Verf.) den Kapitalmarkt zur Beschaffung solcher Mittel in Anspruch nehmen, welche im Betriebe dauernd investiert sein müssen, während man an den Geldmarkt gehen wird, um eine vorübergehende Verstärkung der Betriebsmittel in Fällen außerordentlicher Anspannung zu bewirken[75].“

Er kommt zum Schluß, daß „für die Beurteilung der Erscheinungen des gesamten Kreditmarktes (der) so überaus wichtige Gegensatz von Kapitalmarkt und Geldmarkt in der Verwendungsart der im Kredit überstellten Mittel“[76] besteht. In ähnlicher Weise führt *H. Schacht* 1957 aus:

„Wenn wir aber vom Kapitalmarkt sprechen, so meinen wir immer das Geldkapital, nämlich dasjenige Geld, das sich im Wirtschaftsprozeß in Kapital, also in Produktionsgüter und Produktionseinrichtungen verwandelt, bzw. zu verwandeln bestimmt ist. Mit dieser Unterscheidung grenzen wir, glaube ich, den Kapitalmarkt am sichersten vom Geldmarkt ab. Auf dem Geldmarkt

---

[71] Vgl. hierzu u. a. *A. Spiethoff*, Die äußere Ordnung des Kapital- und Geldmarktes, *in:* „Schmollers Jahrbuch“, 33. Jg., 1909, S. 450 f.

[72] *Ebenda*, S. 451.

[73] Vgl. *ebenda*, S. 451 ff., Spiethoff unterscheidet weiter den „Markt des Unternehmungskapitals“ nach verschiedenen Wirtschaftszweigen, den „Leihkapitalmarkt“ nach den unterschiedlichen Kriterien.

[74] Vgl. *H. v. Beckerath*, Kapitalmarkt und Geldmarkt, Jena 1916; ähnlich auch *H. Schacht*, Kapitalmarktpolitik, Hamburg 1957, S. 6.

[75] *H. v. Beckerath*, S. 29.

[76] *Ebenda*, S. 169.

wird Geld gehandelt, das auch weiterhin Geld, also Umlaufmittel, bleibt. Auf dem Kapitalmarkt wird Geld gehandelt, das dem Umlauf entzogen wird und in Produktionsgüter umgetauscht werden soll. Hieraus folgt, daß auf dem Kapitalmarkt nur solches Geld auftauchen kann, das für den Umlauf nicht benötigt wird[77]."

Hiernach dient der Kapitalmarkt der Beschaffung von Anlagekapital und einem „Mindestbetrag ... (auf) Betriebskapital"[78], während der Geldmarkt die kurzfristigen Kredite für den Erwerb von fungiblen Gütern und Verbrauchsgütern bereitstellt.

Dieser Ansatz ist einer heftigen Kritik unterzogen worden[79]. Grundsätzlich kann wohl ausgeführt werden, daß einem Zahlungsmittelbetrag, der einmal in ein Unternehmen geflossen ist, nicht mehr angesehen werden kann, ob er nun für Käufe von Grundstücken und Maschinen oder andererseits für die Beschaffung von Roh- oder Hilfsstoffen oder Halbfabrikaten verwendet worden ist[80]. Anders ausgedrückt: den mit Geld beschafften Gütern ist es nicht mehr anzusehen, ob sie aus laufenden Einnahmen, Wechseldiskontkrediten oder z. B. Gesellschaftereinlagen finanziert worden sind et vice versa.

Grundsätzlich dient die gesamte Kapitalherkunft einer Unternehmung — beschafft über welchen Finanzmarkt auch immer — der gesamten Kapitalverwendung. Das Liquiditätspostulat ist dabei immer dann erfüllt, wenn ein Wirtschaftssubjekt jederzeit seinen effektiven Zahlungsverpflichtungen nachkommen kann.

Die Überlegung von *H. Schacht*, die hinter seiner Einteilung steht, könnte wohl darin gesehen werden, daß er mit der Zurechnung von „Geldkapital" zum Kapitalmarkt eine längere „Verweildauer" dieses Geldes bei den Wirtschaftssubjekten unterstellt als bei solchen Mitteln, die für sich schnell umschlagende und damit wieder kurzfristig zu Geld werdende Güter verwendet werden. Hierdurch wäre die Finanzierungsstruktur in Verbindung mit der Leistungsstruktur angesprochen und damit ein Zusammenhang hergestellt, der zum Teil das Untersuchungsfeld unserer Arbeit direkt betrifft.

Indem wir nämlich nach Erklärungen für die Wahl verschiedener Forderungs- und Verschuldenstitel suchen, die einerseits als Portefeuilleanlage und andererseits als Beschaffungsinstrument dienen, fra-

---

[77] *H. Schacht*, S. 6 (Hervorhebung im Original).

[78] *H. v. Beckerath*, S. 29. Dieser Mindestbetrag besteht aus dem für die Unternehmung *dauernd* unentbehrlichen Betrag an „umlaufendem Waren- und Geldkapital".

[79] Vgl. *A. Spiethoff*, Der Begriff des Kapital- und Geldmarktes, *in:* „Schmollers-Jahrbuch", 44. Jg., 1920, S. 981 - 1000; insbesondere S. 997 f.

[80] Vgl. auch *A. Spiethoff*, Der Begriff ..., S. 998: „Unmöglich ist es einem Kreditgeschäft äußerlich anzusehen, ob es der Beschaffung der einen oder anderen Güterart dient."

gen wir u. a. auch danach, weshalb verschulden sich Wirtschaftssubjekte in verschiedenem Umfang in unterschiedlichen Titeln. Hierbei könnte auch die Art der Kapitalverwendung eine Rolle spielen. Wie wir aber weiter oben[81] noch darstellen und untersuchen werden, ist der Konnex zwischen Finanzmittelverwendung und Finanzmittelherkunft der Struktur nach temporär und auch in anderer Beziehung unterschiedlich, was dann von uns zu hinterfragen wäre.

Hierzu kommt noch, daß je nach Art des Wirtschaftssubjektes ein und dasselbe Gut (seiner äußerlichen Form nach) einmal „Produktionsgut" und Anlagekapital, in einem anderen Falle jedoch fungibles Gut oder Verbrauchsgut sein kann. Insbesondere sind z. B. Fertigfabrikate am Lager eines Produktionsunternehmens eher „Betriebskapital", während sie für ein Handelsunternehmen, das auf dauernde und sofortige Lieferbereitschaft sehen und einen entsprechend großen Lagerbestand halten muß, schon eine Art „Anlagekapital" darstellen.

Gegenüberstellungen von verschieden-„fristigen" Aktiva (Vermögen) und Passiva (Kapital), wie sie anhand der Bilanz einer Unternehmung vorgenommen werden, sind daher eher formalistisch zu nennen. Welche Vermögensgegenstände zur Aufrechterhaltung eines Betriebes dauernd dienen und welche leicht veräußerlich sind, kann die Bilanzanalyse nur nach einer Untersuchung des Einzelfalles ergeben[82]. Eine Einteilung der Finanzmärkte nach dem Kriterium der Verwendung des Kredites erscheint daher nicht möglich.

(3) Das am häufigsten verwendete Kriterium für die Einteilung von Finanzmärkten ist die Fristigkeit des gehandelten Titels[83]. Grundsätzlich wird ein Beobachter bei der Untersuchung der Märkte für finanzielle Mittel bemerken, daß eine Diskrepanz zwischen juristisch-formaler (de jure) Fristigkeit und materieller (de facto) Fristigkeit besteht. Insbesondere nach der Beobachtung sog. kurzfristiger Bankkredite (z. B. Kontokorrentkredite) müßte er feststellen, „daß dem *formell kurzfristig realisierbaren Anspruch des Gläubigers ein keineswegs gleich kurzfristig zahlungsfähiger Schuldner gegenübersteht*"[84].

---

[81] Vgl. oben das 3. Kapitel; für die Unternehmen Abschnitt 3.2.

[82] Vgl. zu dem Komplex auch *E. Preiser*, Der Kapitalbegriff und die neuere Theorie, *in:* Die Unternehmung im Markt; Festschrift für *W. Rieger*, Stuttgart und Köln 1953, S. 14 ff., insbesondere S. 20 - 22; *D. Härle*, Finanzierungsregeln und Liquiditätsbeurteilung, *in:* Finanzierungshandbuch, hrsg. von *H. Janberg*, Wiesbaden 1964, S. 139 ff., insbesondere S. 148 - 153; *H. Voß*, Finanzstruktur und Liquidität, 2. neubearbeitete und erweiterte Auflage, Düsseldorf 1966.

[83] Vgl. hierzu den schon o. a. Aufsatz von *A. Spiethoff*, Die äußere Ordnung ..., S. 452 ff., wo der „Leihkapitalmarkt" in „Geldmarkt" (kurze Frist) und „Kapitalmarkt" (lange Frist) gegliedert wird.

[84] *H. H. Hohlfeld*, Die Systematik des Kreditmarktes, *in:* Zeitschrift für handelswissenschaftliche Forschung, N. F., 7. Jg. (1955), S. 24. Hervorhebungen im Original.

Im Normalfall, d. h. so lange wie der Kunde nicht in die Nähe der Zahlungsunfähigkeit rückt, werden Kontokorrentkredite verlängert. Der Vorteil der Kurzfristigkeit besteht für den Kreditgeber vorrangig darin, die Konditionen, insbesondere bezüglich der Zinsen und Provisionen, im Hinblick auf die allgemeine wirtschaftliche Lage und sowohl auf die Lage des Kreditinstituts als auch des Schuldners laufend anzupassen. Dies gilt auch dann, wenn sog., meistens vom Diskontsatz abhängige, Zinsgleitklauseln bestehen, da der Diskontsatz nicht alle Faktoren widerspiegelt, die die Kreditkonditionen bestimmen.

Ähnliche „Prolongationen" finden beim Wechseldiskontkredit statt, insbesondere für Fälle, bei denen von vornherein nach den Liquiditätsplänen des Schuldners feststeht, daß dieser den gesamten Kredit nicht innerhalb der kurzen Frist abdecken will, Kreditgeber und Kreditnehmer aber für die Fungibilität des Wechsels einen solchen mit dreimonatiger Laufzeit wählen[85]. Desgleichen steht bei sog. Zwischenkrediten, z. B. beim Hausbau, auch nicht ein entsprechend kurzfristig liquider Schuldner bereit. Hier erstreckt sich die Frist eben nur bis zur konsolidierten Finanzierung.

Jedoch ist auch der Fall denkbar, bei dem der Gläubiger einen de jure langfristigen Schuldtitel de facto nur für eine kürzere Frist erwirbt.

Werden z. B. langfristige Inhaberschuldverschreibungen aus Rentabilitätsgründen von geldmarktabhängigen Instituten übernommen, die sie dann bei einer entsprechenden Anspannung ihrer Liquidität weitergeben, so bekommen Teile des Kapitalmarktes geldmarktähnlichen Charakter[86].

Eine Gliederung der Finanzmärkte nach der formalen Fristigkeit wird bei unserer Abhandlung aber insoweit eine Rolle spielen, als in der Finanzierungsrechnung der Bundesbank[87] die Bankkredite in kurzfristige und längerfristige Bankkredite eingeteilt werden.

Wie wir oben schon dargestellt haben, gehören zur ersten Kategorie „alle Kredite und Darlehen mit einer Laufzeit bis zu einem Jahr (vor 1969 mit einer Laufzeit bis zu einem halben Jahr), und zwar sowohl Kontokorrent- als auch Wechsel und Akzeptkredite. ... *Längerfristige*

---

[85] Vgl. *H. H. Hohlfeld,* S. 23; vgl. auch *W. Dannemann,* S. 18 f.; *E. Schmalenbach,* Kapital, Kredit und Zins in betriebswirtschaftlicher Beleuchtung, 4. verbesserte und erweiterte Aufl., Köln und Opladen 1961, S. 137 ff.; *N. Kopp,* Die Auswirkungen der Notenbankpolitik auf den Kapitalmarkt, Diss. Mainz 1967, S. 22 f.

[86] Vgl. *D. Gamerdinger,* Der Kapitalmarkt in der BRD und die Voraussetzungen seiner Funktionsfähigkeit, Diss. Tübingen 1959, S. 10 f.; Geschäftsbericht der Bank Deutscher Länder 1955, S. 25; *H. H. Hohlfeld,* S. 25.

[87] *Deutsche Bundesbank,* Methodische Erläuterungen zu den Berechnungen ..., S. 13 - 25.

Bankkredite sind Kredite und Darlehen mit einer Laufzeit von mehr als einem Jahr (vor 1969 von mehr als einem halben Jahr) einschließlich durchlaufender Kredite“[88].

Für eine empirische Arbeit muß daher der Verfasser, sofern er keine eigenen, abgesicherten Erhebungen vornehmen kann, vom vorliegenden Material ausgehen. Eine exakte Untersuchung der de jure-Fristigkeit ist in diesem Falle auch eine „*Frage* der *statistischen Erfaßbarkeit der verschiedenen Kreditarten*“[89]. Wir können wohl in den meisten Fällen davon ausgehen, daß die formale Fristigkeit, auf die die Statistiken abgestellt sind, nicht mit der materiellen Fristigkeit übereinstimmt.

1.3.3. Eine fallweise Gliederung von Finanzmärkten in der BRD

1.3.3.1. Grundsätzliches

(1) Aufgrund der oben angestellten Erörterungen bezüglich verschiedener Einteilungskriterien für die Märkte finanzieller Mittel sind wir der Meinung, daß wir die Märkte nicht nach einem einheitlichen Kriterium systematisieren sollten. Ausgangspunkt ist vielmehr eine gedankliche Bestandsaufnahme der in der Bundesrepublik Deutschland vorgenommenen Geschäfte in finanziellen Mitteln. Insoweit als die Geschäfte charakteristische Unterschiede aufweisen, sollen die zugehörigen Märkte bestimmten Oberbegriffen zugeordnet werden. Alle Teilmärkte bilden wiederum den sog. „monetären Markt“, der die Gesamtheit des Angebotes von und der Nachfrage nach Geld ist[90].

Wir nehmen dabei eine Einteilung vor, die zu einem großen Teil auch in der Bankpraxis üblich ist[91], und die, soweit sie den Bankenbereich und den Effektenmarkt betrifft, auch in den Statistiken der Bundesbank vorgenommen wird.

(2) Gemäß der von uns gewählten Definition des Marktes, die den Markt als Zusammentreffen von Nachfrage nach und Angebot an einem „Gut“ begrifflich bestimmt, wäre ein auf ein Gut begrenzter Markt zuerst durch das „Gut“ bestimmt.

Märkte an denen Zahlungsmittel gegen Titel gehandelt werden, könnten dann einmal durch die Art der Zahlungsmittel (Zentralbank-

---

[88] *Deutsche Bundesbank,* Zahlenübersichten und methodische Erläuterungen zur gesamtwirtschaftlichen Finanzierungsrechnung . . ., S. 8.

[89] *E. Schmalenbach,* S. 34 (Hervorhebungen im Original).

[90] Vgl. *C. Köhler,* Geldwirtschaft, 1. Bd.: Geldversorgung und Kreditpolitik, Berlin 1970, S. 131 f.

[91] Vgl. z. B. *M. Scholz,* Der Bankkredit, Frankfurt a. M. (1963); *H. Lipfert,* Geld- und Kapitalmarkt, *in:* Handwörterbuch der Sozialwissenschaften, 4. Bd., Stuttgart - Tübingen - Göttingen 1965, S. 258 - 270.

geld[92] oder Giralgeld von Kreditbanken im weitesten Sinne) und andererseits durch die Art der Titel voneinander abgegrenzt werden. Als weiteres Abgrenzungskriterium böte sich die Unterscheidung zwischen unterschiedlichen Teilnehmerkreisen an, die Zahlungsmittel anbieten, bzw. nachfragen und dafür Titel erwerben, bzw. anbieten wollen.

Wenn wir jeweils die deckungsgleichen Eigenarten heraussuchen, kommen wir bei der Betrachtung der in der BRD angebotenen und nachgefragten Titel und Gruppen von Wirtschaftssubjekten zu einer Vielzahl von Finanzmärkten, für die es sich aus Gründen der Übersichtlichkeit anbietet, Zusammenfassungen unter Verbreiterung der jeweiligen Merkmale (Art eines Titels, Determinanten einer Gruppe von Wirtschaftssubjekten) vorzunehmen.

Für die Art des Titels bietet sich seine rechtliche Ausgestaltung an (wie z. B. Vermittlung von Eigentumsrechten, Aktie, Kreditanteil usw.), Buch- oder Wertpapierkredite (Kontokorrentkredit, Wechselkredit, Schuldverschreibung usw.), Sicherheiten (Blankokredit, Hypothekarkredit usw.), formale Fristigkeit (Rückzahlung nach Tagen, Monaten, Jahren, ohne Rückzahlungsfrist usw.).

Bezüglich der Gruppen von Gläubigern und Schuldern kämen u. a. in Betracht: private Haushalte, nichtfinanzielle Unternehmen (unter besonderer Berücksichtigung der Wohnungswirtschaft), Öffentliche Haushalte (Bund, Länder, Gemeinden, Sozialversicherung), Ausland (bei evtl. Unterscheidung von ausländischen Gruppen wie: Staaten, Kommunen, Unternehmen, mit evtl. besonderer Berücksichtigung der Finanzierungsinstitute), Banken (Landeszentralbanken, Geschäftsbanken verschiedener Gruppen, Hypothekenbanken), Bausparkassen, Versicherungen.

Als letzte Einteilung könnten wir noch zwischen Märkten mit einem hohen Organisationsgrad und entsprechender Institutionalisierung[93]

---

[92] So werden am Bankengeldmarkt nur Guthaben von Banken an Zentralbankgeld nachgefragt, während sonst Wirtschaftssubjekte durch Verfügungen über Guthaben und Kreditlinien bei Kreditinstituten über finanzielle Mittel disponieren, es sei denn mit Bargeld oder selten mit Guthaben von Nichtbanken bei der Bundesbank (bei gewissen staatlichen Institutionen auch über Kreditlinien bei der Bundesbank).

[93] Vgl. *H. H. Hohlfeld,* S. 30 und S. 34 ff.; als Ansatzpunkt für eine Unterscheidung von Märkten in „nichtorganisierte“ und „organisierte“ Märkte kann die Definition des Marktes von *H. Albert* dienen: Markt ist ein Gebilde ohne zentrale Führung, während für eine Organisation eine zentrale Führung und Kontrolle existent ist. Organisierte Märkte sind — sofern wir den Begriff nicht als ein Paradoxon auffassen — eben dadurch gekennzeichnet, daß durch Kontrollinstanzen ihr Ablauf mitbestimmt wird. Vgl. Die Vorschriften nach dem Börsengesetz, dem Kreditwesengesetz, die Vorschriften über Inhaberschuldverschreibungen usw. Vgl. zum Marktbegriff: *H. Albert,* Marktsoziologie und Entscheidungslogik, Neuwied und Berlin 1967, S. 392 ff.

(z. B. Markt für Inhaberschuldverschreibungen des Staates, der Hypothekenbanken, aber auch Märkte für Spareinlagen oder Termineinlagen) und solchen ohne derartige Institutionalisierung[94] (z. B. Märkte für Kommanditanteile, GmbH-Beteiligungen usw.) unterscheiden.

1.3.3.2. Gliederungsschema und Kurzbeschreibung der eingeordneten Finanzmärkte

Monetärer Markt (Finanzmärkte)

a) Eigenkapitalmärkte

aa) Nichtorganisiert (1)

(1) Märkte für GmbH-Anteile und nichtnotierte Aktien

(2) Märkte für Kommanditanteile (z. B. von sog. „Abschreibungsgesellschaften“)

(3) Märkte für stille Beteiligungen

ab) Organisiert (2)

Märkte für börsennotierte Aktien

b) Fremdkapitalmärkte

ba) Nichtorganisiert (3)

(1) Märkte für Privatdarlehen

(2) Lieferantenkredite

(3) Märkte für Schuldscheindarlehen, soweit nicht organisiert

bb) Organisiert

bba) Märkte für Schuldverschreibungen (Rentenmärkte) (4)

(1) Inhaberschuldverschreibungen verschiedener Emittentengruppen (Industrieobligationen, Inhaberschuldverschreibungen des Staates, Pfandbriefe, Kommunalobligationen)

(2) Namensschuldverschreibungen

(3) Wandelanleihen (durch Recht auf Wandelung der Schuldverschreibung zu Aktien besteht hier eine Verbindung zu den Eigenkapitalmärkten)

bbb) Märkte im Rahmen der Grundgeschäfte von Kapitalsammelstellen

(1) Märkte für Einlagen und aufgenommene Gelder der Kapitalsammelstellen
(Einlagegeschäfte der Banken, der Bausparkassen; Geldanlagen bei Versicherungen) (5)

(2) Kreditgeschäfte der Kapitalsammelstellen (6)
(Bankkredite: Kontokorrentkredite, Wechseldiskontkredite, Bankdarlehen verschiedener Fristen, Hypothekardarlehen; Zwischenkredite und Hypothekardarlehen der Bausparkassen; Kredite der Lebensversicherungen: Hypothekarkredite, Darlehen auf Schuldscheinbasis, Policendarlehen)

---

[94] Angebot und Nachfrage treffen hier durch persönlichen Kontakt, Finanzanzeigen in der Presse usw. zusammen. Vgl. hierzu auch: *F. Somary*, Bankpolitik, 3. Aufl., Tübingen 1934, S. 242 ff., der vom „nichtorganisierten Kapitalmarkt“ spricht.

Sonderform: Märkte für Investmentanteile
(indirekte Anlagemärkte für monetäre Mittel an anderen finanziellen Märkten sowie für Immobilien)

bbc) Geldmärkte im weitesten Sinne (7)

(1) Bankengeldmarkt
(Tagesgeld, täglich fälliges Geld, Monatsgeld, Drei- oder Sechs-Monatsgeld, Ultimogeld)

(2) Markt der Zentralbank
(Geldmarkt zwischen der Zentralbank und den Kreditinstituten mit Hilfe von Geldmarktpapieren)

Die hier aufgeführten und näher bestimmten Finanzmärkte werden von uns deshalb erläutert, da es die an diesen Märkten gehandelten Titel sind, die uns insbesondere in bezug auf die Bilanzdispositionen der Wirtschaftssubjekte interessieren.

Hierbei spielen insbesondere die Titel eine Rolle, die sich in Positionen der Finanzierungsrechnung niederschlagen. Es handelt sich dabei vor allem um Titel, die an den Märkten der Schuldverschreibungen und für Aktien, den Märkten im Rahmen der Grundgeschäfte von Kreditinstituten (Einlagen verschiedener Arten auf der einen und Kredite auf der anderen Seite) sowie im Rahmen der Grundgeschäfte von Bausparkassen und Versicherungen gehandelt werden.

Erklärungsansätze für Dispositionen, die diese Märkte betreffen, zu finden und zu prüfen, soll Hauptinhalt unserer Untersuchung sein. Insoweit ist die hier nun folgende Darstellung des „Betrachtungsobjektes“ Finanzmärkte zu sehen.

(1) Im Rahmen der nichtorganisierten Eigenkapitalmärkte werden Beteiligungskapitalien gehandelt, für die keine institutionell organisierten Märkte, d. h. hier Aktienmärkte an Börsen im Rahmen der amtlichen Notierung oder des Freiverkehrs bestehen. Sofern es sich nicht um diejenigen Aktien handelt, die entweder aufgrund ihrer Nichtzulassungsfähigkeit zum amtlichen Handel[95] oder geregelten Freiverkehr oder daher, daß von seiten der Eigentümer der Aktiengesellschaften (z. B. Familiengesellschaften[96], Konzerntöchter in Form einer Aktiengesellschaft) kein Interesse an einer Zulassung besteht, sind die Betei-

---

[95] Bezüglich der Börsenzulassung von Wertpapieren vgl. §§ 36 - 49 Börsengesetz vom 22. Juni 1896 (RGBl., S. 157); Bekanntmachung betreff der Zulassung von Wertpapieren zum Börsenhandel vom 4. Juli 1910 (RGBl., S. 917), hier insbesondere § 14. Vgl. auch zum Zulassungsverfahren *H. Rodrian,* Art. „Börse“, *in:* Enzyklopädisches Lexikon für das Geld-, Bank- und Börsenwesen, 1. Bd., 3. Aufl., Frankfurt a. M. 1966/67, S. 252 ff.

[96] Da Aktien aufgrund ihrer *potentiellen* Fungibilität als Wertpapiere an institutionalisierten Märkten gehandelt werden könnten, rechnet z. B. *Somary* zum organisierten Kapitalmarkt alle Kapitalanlagen in Form von Effekten. Vgl. *F. Somary,* Bankpolitik, 3. Aufl., Tübingen 1934, S. 242.

ligungsrechte der nichtorganisierten Eigenkapitalmärkte derart individuell verschieden, so daß sich keine Institutionalisierung, etwa in einer der Börse vergleichbaren Form, herausgebildet hat[97]. Insbesondere das Fehlen von Fungibilitätsinstrumenten (wie z. B. die Aktie) läßt eine Abwicklung von Geschäften mit GmbH- und Kommanditanteilen usw. nach gleichförmigen Gesichtspunkten nicht zu. Deshalb wird das Zusammenkommen von Angebot und Nachfrage für entsprechende Objekte über Inserate in dafür geeigneten Zeitungen und Zeitschriften und durch die Vermittlung von Finanzmaklern und Kreditinstituten versucht.

Da die Individualität gerade ein Kennzeichen dieser Märkte ist, ist eine genaue Ermittlung der Anbieter- und Nachfragegruppen sowie der Preise, die sich an den Märkten jeweils bilden, kaum möglich. Hier soll deshalb auch nur grob unterschieden werden zwischen (A) Unternehmen, die eine tätige Beteiligung suchen, und Anbietern finanzieller Mittel, die eine solche Beteiligung nachfragen, (B) Anbietern und Nachfragern von stillen Beteiligungen und (C) dergleichen bei Kommanditeinlagen.

Im Falle von (A) tritt neben die Transaktionen zur Vergabe und Übernahme einer Beteiligung (Bilanzdispositionen bei Anbieter und Nachfrager) auch die Vergabe und Übernahme von Leistungen für das Unternehmen, bei dem die Beteiligung eingegangen wurde. Neben dem Preis für die Beteiligung und deren Rechte am Gewinn sind hier für Anbieter und Nachfrager auch die Befugnisse des eintretenden Gesellschafters sowie dessen Vergütung von Bedeutung.

Das Eingehen von stillen Beteiligungen (Fall B) wird heutzutage normalerweise über die obligatorischen Rechte und Pflichten nach dem Gesellschaftsrecht[98] (Leistung einer ins Geschäftsvermögen übergehenden Einlage, Gewinnbeteiligung) hinaus mit zusätzlichen Rechten ausgestattet[99]. So kann die stille Gesellschaft heute mit einer gewissen Beteiligung am Vermögen der Unternehmung, erweiterten Informationsrechten und Mitspracherechten verbunden sein.

Eine gewisse Institutionalisierung dieser Eigenart von Beteiligungen bildet sich dort heraus, wo Kapitalbeteiligungsgesellschaften stille Beteiligungen übernehmen[100]. Hierbei streben derartige Gesellschaften

[97] Vgl. dazu z. B. *E. Gutenberg*, Grundlagen der Betriebswirtschaftslehre, 3. Bd.: Die Finanzen, Berlin - Heidelberg - New York 1969, S. 137; *H. H. Hohlfeld*, S. 35 f.

[98] Vgl. Handelsgesetzbuch vom 10. Mai 1897 (RGBl., S. 219), 2. Buch, 5. Abschnitt (§§ 335 - 342).

[99] Vgl. *E. Gutenberg*, Grundlagen der Betriebswirtschaftslehre, 3. Bd.: Die Finanzen, S. 139 f.

[100] Vgl. u. a. *D. Münker*, Das langfristige Kreditgeschäft der Großbanken, Stuttgart 1967, S. 250 f.

einmal an, Unternehmer mit größeren Zukunftsaussichten (z. B. aufgrund von Erfindungen, Patenten usw.) aber geringen Eigenmitteln für den Start oder zur Erweiterung der Geschäftsbasis entsprechende Mittel zu besorgen, wobei sie den Unternehmern mit weiteren Dienstleistungen (Managementhilfen, Vermittlung von Krediten, Aufbau einer Verwaltung, Eröffnung von Vertriebswegen) zur Verfügung stehen. Nach Erfolg der Maßnahmen, d. h. dann, wenn das Unternehmen konsolidiert und in der Lage ist, die stille Beteiligung zurückzuzahlen, scheiden die Kapitalbeteiligungsgesellschaften normalerweise wieder aus.

Ein anderer Fall liegt dort vor, wo eine stille Beteiligung zum Zwecke der Sanierung übernommen wird. Normalerweise übernimmt hier die Hausbank oder deren Tochtergesellschaft von einem in Schwierigkeit geratenen Unternehmen eine solche Beteiligung, um dem Unternehmen überhaupt noch eine existenznotwendige Eigenkapitalausstattung zu gewährleisten.

Die Märkte für Kommanditeinlagen (Fall C) gewinnen in letzter Zeit innerhalb der Finanzmärkte der BRD deshalb an Bedeutung[101], weil durch die Übernahme solcher Beteiligungen auch Rechte auf Verlustzuweisungen, die durch Abschreibungen bestimmter Anlageobjekte entstehen, verbunden sind.

Solche Verlustzuweisungen an das Einkommen des Kommanditisten übersteigen in den ersten Jahren meist dann die Kommanditeinlage, wenn die Anlageobjekte neben Eigenmitteln auch mit einem hohen Anteil an Fremdmitteln finanziert worden sind, da die Abschreibungen sich auf das gesamte Objekt beziehen, die Eigenkapitalbasis (die auch Zurechnungsbasis für die durch die Abschreibung entstehenden Verluste ist) aber nur einen Bruchteil der Gesamtfinanzierung ausmacht. Die Verlustzuweisungen sind insofern für einen Anleger finanzieller Mittel interessant, als dessen Steuerschuld damit *temporär* vermindert wird. Je stärker das Einkommen eines Wirtschaftssubjektes im Zeitraum der Verlustzuweisungen von der Einkommenssteuerprogression betroffen wird, desto lukrativer können einem Wirtschaftssubjekt derartige Verlustzuweisungen erscheinen. Folglich wird die Nachfrage nach Kommanditeinlagen bei „Abschreibungsgesellschaften" durch Bezieher hoher Einkommen im Vergleich zu Einkommensbeziehern, deren Einkommen einer geringeren Besteuerung unterliegt, besonders groß sein. Da die Höhe der Verlustzuweisungen neben den steuerlich zulässigen Abschreibungsmöglichkeiten vom Anteil der möglichen Fremd-

[101] Für das Jahr 1971 wird der Absatz von Kommanditanteilen in der BRD an Private mit mehr als 4 Mrd. DM geschätzt, während z. B. das Aktien-Emissionsvolumen im selben Jahr „nur" über 3 Mrd. DM betragen hat. Vgl. *o. V.*, Mehr Kommanditanteile als neue Aktien abgesetzt, *in:* FAZ, Nr. 300 vom 28. 12. 1971, S. 13.

finanzierung abhängt, bedeutet ein hoher Anteil an Fremdfinanzierung zwar erhöhte Verlustzuweisungen, aber damit auch ein erhöhtes Risiko. Darüber hinaus ist nicht zu übersehen, daß es für den Ertrag einer solchen Anlage nicht nur auf die Abschreibungen und damit Verlustzuweisungen allein ankommt, sondern auch darauf, daß die Abschreibungen auch wirtschaftlich verdient und darüber hinaus noch Gewinne in späteren Jahren erzielt werden, damit die *Gesamtrentabilität* solcher Objekte für den Anleger gesichert wird.

Ob das Verhalten von Nachfragern sich an der Gesamtrendite oder nicht doch primär an den Verlustzuweisungen ausrichtet, kann eo ipso nicht gesagt werden. Zahlungseinstellungen von Gesellschaften, deren Objekte mit hohen Sonderabschreibungsmöglichkeiten versehen waren, haben gezeigt, daß viele Kommanditisten über die Risiken einer Anlage bei derartigen Gesellschaften keine genauen Vorstellungen hatten, sondern sich in ihrer Nachfrage von den hohen Verlustzuweisungen haben leiten lassen.

(2) Bezüglich der organisierten Eigenkapitalmärkte haben wir mehrere Unterscheidungen zu treffen.

Da sich ein Preis jeweils für ein oder eine Mehrzahl ganz bestimmter Wertpapiere bildet, zerfällt der „Aktienmarkt“ in die Teilmärkte für die einzelnen Aktien. Außerdem können die sich bildenden Preise lokal verschieden sein, wobei es der Arbitrage zufällt, lokale Preisdiskrepanzen auszugleichen.

Als weitere Unterscheidung ist die Trennung in Primär- und Sekundärmärkte wichtig[102], wobei die erste Kategorie die Neuemission von Wertpapieren (hier: Aktien) und die zweite die umlaufenden Wertpapiere betrifft. Beim Handel am Primärmarkt wird das Angebot an Aktien einer Gesellschaft vergrößert. Anbieter ist im ersten Schritt die emittierende Aktiengesellschaft. Sollten an der Emission einzelne Banken oder Konsortien von Banken beteiligt sein, so können diese Banken einmal sich allein mit der Begebung der Aktien (Begebungskonsortien) begnügen, indem sie für Namen und Rechnung des Emittenten handeln. Sie können aber auch die Aktien bei eigenem Risiko und unter Gegenleistung des Übernahmepreises selbst übernehmen (Übernahmekonsortien), um die Aktien dann zu plazieren oder ggf. selbst zu behalten[103]. Wenn neu emittierte Aktien unterhalb des Börsenkurses ausgegeben werden und das den Alt-Aktionären zustehende Be-

---

[102] Vgl. *G. Bröker*, Art. „Kapitalmarkt“, *in:* Enzyklopädisches Lexikon für das Geld-, Bank- und Börsenwesen, 2. Bd., 3. Aufl., Frankfurt a. M. 1967/68, S. 940 und 947.

[103] Vgl. hierzu auch *Obst / Hintner*, Geld-, Bank- und Börsenwesen, 36. Aufl., Stuttgart 1968, S. 457 f. und 538 ff.

zugsrecht nicht ausgeschlossen wird, so findet mit einer Neuemission ein Bezugsrechtshandel statt, sofern die Alt-Aktionäre nicht anteilsmäßig die neuen Aktien fest übernehmen[104].

Der Sekundärmarkt (Zirkulationsmarkt) wickelt sich entweder an der Börse oder telefonisch oder telegraphisch zwischen Anbietern und Nachfragern bzw. den Beauftragten (Kommissionären) ab. Sofern die An- und Verkäufe über die Börse abgewickelt werden, erfolgt die Preisfeststellung nach den Börsenusancen in Form der variablen Notiz oder zu Kassakursen[105]. Sofern es von einer Gesellschaft Aktien mit unterschiedlichen Rechten gibt („junge", noch nicht voll dividendenberechtigte Aktien, Vorzugs- und Stamm-Aktien) erfolgen auch unterschiedliche Notierungen insoweit, als alle Aktienkategorien zum Börsenhandel zugelassen und eingeführt sind[106]. Inwieweit überhaupt Geschäfte in an den Börsen eingeführten Aktien abgewickelt werden, hängt vom Bedürfnis der Aktienanleger ab, von der Fungibilität dieser Anlage Gebrauch zu machen. Werden Aktien von Daueranlegern erworben, wobei die Daueranleger verschiedene Motive (Beteiligungen, kein Interesse an laufender Beobachtung der Börse) haben können, so werden sie damit dem Handel entzogen, wodurch die jeweiligen Märkte „eng" werden können. Auf solchen Märkten können schon kleine Änderungen in Angebot und Nachfrage erhebliche Kursschwankungen hervorrufen[107].

Eine weitere Kategorie von Märkten bilden die Effektentermingeschäfte[108], bei denen zwischen Abschluß des Wertpapiergeschäftes und Erfüllung ein Zeitraum liegt[109]. Der Umfang der Termingeschäfte ist

---

[104] Zum Emissionsgeschäft vgl. u. a. O. *Hintner*, Wertpapierbörsen, Wiesbaden 1960, S. 85 ff.

[105] Zur Kursfeststellung *ebenda*, S. 129 - 132.

[106] Zur Börsenzulassung und -einführung vgl. *ebenda*, S. 95 - 105; *H. Rodrian*, S. 252 - 261.

[107] Zur Größe des Dauerbesitzes vgl. *D. Gamerdinger*, Der Kapitalmarkt in der Bundesrepublik und die Voraussetzungen seiner Funktionsfähigkeit, Diss. Tübingen 1959, S. 84 f. mit der dort angegebenen Literatur.

[108] Zum Effektentermingeschäft vgl. *O. Hintner*, S. 110 - 116.

[109] Vgl. zur Wiederzulassung des Terminhandels in der Bundesrepublik Deutschland u. a.: *A. Hartmann* und *K. Martens*, Der Börsenterminhandel in der Bundesrepublik Deutschland, München 1970. Bei den in der Bundesrepublik Deutschland seit 1970 wieder zugelassenen Effektentermingeschäften in Form des Optionshandels muß für die Ausübung eines Verkaufs oder Kaufs von Effekten auf Termin (d. h. in dem vorher festgelegten Zeitraum) dem Vertragspartner eine Prämie (Optionspreis) gezahlt werden, damit letzterer entweder die Wertpapiere zum vorher vereinbarten Kurs kauft bzw. verkauft. Die Erfüllung eines Termingeschäftes auf Basis des Optionshandels kommt dadurch zustande, daß der Erwerber einer Kaufoption diese dadurch ausübt, daß er den vor einer Monats-, Dreimonats- oder Sechsmonatsfrist vereinbarten Kaufpreis bezahlt und sein Vertragspartner die Wertpapiere während der vereinbarten Frist überträgt. Wenn die Kurse unter dem ver-

im Vergleich zu den Kassa-Geschäften am Sekundärmarkt seit seiner Einführung bis zum Ende unseres Berichtszeitraums relativ klein geblieben.

Als Anbieter auf den Primärmärkten treten nichtfinanzielle und finanzielle Unternehmen in der Rechtsform einer Aktiengesellschaft auf. Erwerber an Primärmärkten sind mit unterschiedlichem Gewicht Wirtschaftssubjekte aller Sektoren.

Die Bestimmungsgründe für Angebot und Nachfrage und die durch die entsprechenden Knappheitsgrade sich bildenden Kurse wollen wir weiter unten im Rahmen der Verhaltensweisen von Wirtschaftssektoren sowie der Untersuchung unseres Betrachtungszeitraumes analysieren.

(3) Wir wollen hier zu den unorganisierten Fremdkapitalmärkten jene Kreditvergaben und -aufnahmen rechnen, die weder durch eigenverantwortliches Eintreten einer Kapitalsammelstelle (Finanzsektor: Banken, Bausparkassen, Versicherungen) noch mit Hilfe eines an einem organisierten Markt gehandelten Mobilisierungstitels erfolgen. Demzufolge rechnen zu diesem Bereich Direktkredite zwischen Wirtschaftssubjekten nichtfinanzieller Sektoren: Privatdarlehen, Lieferantenkredite und Abnehmerkredite, Kredite im Rahmen eines Industrieclearings[110].

Privatdarlehen reichen von Krediten, die ein Privatmann seinem Bekannten gibt, bis zu großen Darlehen, die von privaten Haushalten, Selbstständigen usw. an Unternehmen gegeben werden (z. B. an eine GmbH von ihren Gesellschaftern). Die Motivationen für die Kreditvergabe und -aufnahme sind dementsprechend vielgestaltig (Freundschaftsdienst, Verminderung von körperschaftssteuerpflichtigen Gewinnen). Wegen der großen Anzahl der möglichen Arten von Privatdarlehen sind sowohl Usancen der Kreditaufnahme und -hergabe als auch

---

einbarten Kaufpreis (unter Einrechnung der Prämie) liegen, so verzichtet der Erwerber auf seine Kaufoption, da er jetzt die Wertpapiere zum gültigen Tageskurs billiger einkaufen könnte. Der Erwerber einer Verkaufsoption verzichtet dann darauf diese auszuüben, d. h. die Wertpapiere während der vereinbarten Frist zu liefern, wenn der Kurs über dem Verkaufspreis (unter Einrechnung der Prämie) liegt, da er zu den gültigen Tageskursen günstiger verkaufen könnte.

[110] Ähnlich wie auch bei den nichtorganisierten Eigenkapitalmärkten läßt sich über Größe und Struktur nichtorganisierter Fremdkapitalmärkte relativ wenig aussagen. Dies liegt einmal an der mangelnden Institutionalisierung dieser Märkte. Anders aber als bei den Eigenkapitalmärkten ist bei den Fremdkapitalmärkten auch nicht die Möglichkeit von Größenschätzungen aufgrund der Steuerstatistik usw. gegeben. So liegt über dem Bereich der Lieferantenkredite nur unvollkommenes Material und dies auch nur für Aktiengesellschaften vor. Vgl. *V. Timmermann*, Lieferantenkredit und Geldpolitik, Berlin - New York 1971, S. 3.

die Höhe und Form der zu leistenden Zinsen so unterschiedlich, daß hierüber keine generalisierenden Aussagen gemacht werden können.

Lieferanten- und Abnehmerkredite entstehen beim Erwerb von Leistungen (Gütern und Diensten)[111]. Beim Lieferantenkredit räumt der Verkäufer dem Käufer ein Zahlungsziel ein. Die Kosten für diesen Kredit können entweder im Verlust des Skontos bei unmittelbarer Bezahlung (wobei dann ein festes Zahlungsziel gesteckt wird)[112] oder in der Leistung eines Periodenzinses liegen, wobei sich im ersten Fall nach Ablauf des festen Zahlungszieles eine Verlängerung des Kredites unter Anrechnung eines Periodenzinses anschließen kann. Der Lieferantenkredit kann sowohl ein reiner Buchkredit sein als auch durch ein Wertpapier (Wechsel) verbrieft werden. Ähnlich wie Bankkredite können auch Lieferantenkredite gesichert werden[113]. In erster Linie kommt hier wohl, soweit dies möglich ist, der Eigentumsvorbehalt an der gelieferten Ware in Betracht. Bei dauernden Geschäftsverbindungen wäre auch die Stellung von anderen Sicherheiten, z. B. die Einräumung von (nachrangigen) Hypotheken, die Stellung von Bürgschaften usw. denkbar[114].

Soweit die Forderungen z. B. an eine Factoring-Bank abgetreten werden oder Wechsel von Lieferanten an Banken verkauft werden, verläßt der Lieferantenkredit den Bereich der unorganisierten Finanzmärkte und geht zum Bereich der (aktiven) Grundgeschäfte der Banken über.

Beim Abnehmerkredit handelt es sich um Vorauszahlungen an Lieferanten, die insbesondere bei der längerfristigen Erstellung von Investitionsgütern vor deren Fertigstellung geleistet werden. Auch hier ist die Stellung von Sicherheiten (z. B. Bankbürgschaften) denkbar.

Lieferantenkredite haben wohl ihre größte Bedeutung zwischen Unternehmen verschiedener Produktions- und Handelsstufen. Allerdings kommt es auch zur Kreditierung von Lieferungen zwischen Unterneh-

---

[111] Vgl. zum Gesamtkomplex: *H. Jonas,* Der Handelskredit, *in:* Finanzierungshandbuch, hrsg. von *H. Janberg,* Wiesbaden 1964, S. 195 ff.

[112] Lauten z. B. die Zahlungs-(=Kredit)bedingungen: Zahlung innerhalb 7 Tagen unter Abzug eines Skontos von 3 %, innerhalb von 8 Wochen bar netto Kasse, so betragen die Zinsen aufs Jahr umgerechnet: 52 : (8 - 1) (Wochen) x 3 % = 22,29 %. Vgl. auch oben 1.1.1. (3).

[113] Anders als *V. Timmermann* (*derselbe,* Lieferantenkredit ..., S. 13) sehen wir in der urkundlichen „Sicherung" eines Lieferantenkredites durch einen Wechsel noch keine über das Vertrauen in den Partner hinausgehende Sicherheit, da beim Akzept des Debitors nur der Verfahrensvorteil der Wechselstrenge besteht, nicht aber eine von der Person des Schuldners unabhängige Sicherheit im Falle einer Zahlungsunfähigkeit erworben wird.

[114] Auf die eingeschränkten Möglichkeiten der dinglichen Sicherung in der Praxis weist *H. Jonas* hin (*Derselbe,* Der Handelskredit, S. 219).

men und Haushalten, wobei der Teil der von nichtfinanziellen Unternehmen gewährten Abzahlungskredite eine Sonderform darstellt.

Bei der Finanzierungsform des Industrieclearings handelt es sich um „die Geldkreditgewährung zwischen befreundeten Großunternehmen, vornehmlich der Industrie“[115]. Unter Ausschaltung der Banken als Einlagenehmer und Kreditgeber wird der Kredit direkt von einem Unternehmen einem anderen gewährt, wobei für den Forderungsbesitzer ein höherer Zins als bei einer Einlage zu erzielen und für den Kreditnehmer ein niedrigerer Zins als für einen Bankkredit zu leisten ist. Allerdings erfordert dies auch eine bankmäßige Überwachung der gewährten Kredite durch die kreditgewährenden Unternehmen. Da aufgrund des Tatbestandes, daß normalerweise nur Unternehmen, die in Geschäftsbeziehungen zueinander stehen, als Marktparteien auftreten, nicht von einer entsprechend breiten Streuung der Anlagen, wie dies durch eine Bank geschieht, ausgegangen werden kann, liegen hier erhöhte Liquiditäts- und Bonitätsrisiken sowohl für den Kreditgeber als auch wegen der fraglichen Anschlußfinanzierung (Prolongation) und der Gefahr vorzeitiger Kündigung auch für den Kreditnehmer vor[116].

(4) In die Märkte für Schuldverschreibungen sind eingeschlossen auch solche Schuldverschreibungen, die Nebenrechte (wie z. B. bei Wandelanleihen das Recht auf Wandlung in Aktien) besitzen[117]. Wir unterscheiden weiter nach Emittentengruppen[118] Bankschuldverschreibungen (Pfandbriefe und Kommunalobligationen, die vornehmlich von Realkreditinstituten emittiert werden, sowie Kassenobligationen, deren Ausgabe sich insbesondere Spezialkreditinstitute widmen)[119], öffentliche Anleihen von Bund, Bundesbahn, Bundespost, Ländern und Gemeinden, einschließlich entsprechender Kassenobligationen dieser Stellen und Industrieobligationen sowie Auslandsanleihen unter Einschluß der sog. Wandelanleihen. Diese Teilmärkte stellen zusammen mit den Aktienmärkten den Effekten-(Wertpapier)markt im Sinne der Praxis dar.

---

[115] Vgl. *O. Hahn*, 1. Abschnitt: Einführung und Überblick, C, Die Kapitalquellen: Außen- und Innenfinanzierung, *in:* Handbuch der Unternehmensfinanzierung, hrsg. von demselben, München 1971, S. 68.

[116] Vgl. *ebenda*, S. 68 f.

[117] Zu den technischen Details vgl. *Obst / Hintner*, S. 625 - 632, zum Recht von Inhaberschuldverschreibungen vgl. §§ 793 ff. des BGB vom 18. 8. 1896 (RGBl., S. 195).

[118] Vgl. *M. Overhaus*, Entwicklung des Kapitalmarktes in der Bundesrepublik Deutschland seit 1958, Tübingen 1969, S. 3 f.

[119] Vgl. *o. V.*, Art. „Bankobligationen“, *in:* Enzyklopädisches Lexikon für das Geld-, Bank- und Börsenwesen, 1. Bd., 3. Aufl., Frankfurt a. M. 1967/68, S. 166 f.

Ähnlich wie am organisierten Eigenkapitalmarkt kann hier zwischen Primär-(Emissions-) und Sekundär-(Zirkulations-)markt unterschieden werden.

Am Emissionsmarkt können wir außerdem zwischen sog. Einmalemittenten (Emittenten, deren Anleihen en bloc zu einem bestimmten Zeitpunkt dem Anlagepublikum angeboten werden) und Daueremittenten (Emittenten, die laufend eigene Schuldverschreibungen verkaufen) unterscheiden. Zu den Daueremittenten zählen in erster Linie die Realkreditinstitute aber auch der Bund, der seit Anfang 1959 Schuldverschreibungen in der Sonderform der Bundesschatzbriefe emittiert.

Bei einer Analyse von Finanzmärkten in der BRD stellen die Anleihen ausländischer Schuldner, die einen Markt in der BRD finden, eine besondere Gruppe dar, da zwar der „lokale" Markt, an dem Ausländerschuldverschreibungen ver- und gekauft werden, sowie die Währung, auf die die Forderungen lauten, bundesrepublikanisch sind; die Anbieter am Primärmarkt sind aber keine Gebietsansässigen der BRD. Anbieter und Nachfrager am Sekundärmarkt brauchen keine Gebietsansässigen zu sein. Im allgemeinen nehmen aber auch Gebietsansässige als Anleger und später auch als Verkäufer am Zirkulationsmarkt Transaktionen mit Auslandsanleihen vor, wodurch es zu Bilanzdispositionen von Gebietsansässigen kommt.

Unter den Wirtschaftssektoren[120] traten bisher die Banken sowohl als stärkste Anbieter- als auch Nachfragergruppe auf. Ende 1970 waren die weiteren Hauptverschuldeten an diesen Märkten Unternehmen und öffentliche Haushalte und (vorläufig) mit einigem Abstand das Ausland, während bei den Gläubigergruppen nach den Banken die privaten Haushalte kamen. Erst mit weitem Abstand folgten Versicherungen, Öffentliche Haushalte, Unternehmen, das Ausland und Bausparkassen in der aufgeführten Reihenfolge.

(5) Auf den Märkten für Einlagengeschäfte der Kapitalsammelstellen werden Zahlungsmittel von nichtfinanziellen Sektoren sowie von Kapitalsammelstellen anderer Art für Titel angeboten, die Unternehmen des Finanzsektors begeben.

Der erste Markt ist der der Sichteinlagen[121] bei Banken. Obwohl Sichteinlagen eine Form von Zahlungsmitteln sind, wollen wir sie zu den Forderungstiteln rechnen, die auf Märkten gehandelt werden, da erstens Sichteinlagen Forderungen gegenüber Kreditinstituten darstel-

[120] Zu den folgenden Angaben vgl. *Deutsche Bundesbank*, Gesamtwirtschaftliche Finanzierungsrechnung sowie Bestand an Geldvermögen und Verpflichtungen 1970. *in:* Monatsberichte, 23. Jg., Nr. 5, Mai 1971, S. 53.

[121] Zum Depositengeschäft der Banken vgl. z. B. *Obst / Hintner, S. 385 ff.*

len und zweitens mehrere Nachfrager um diese Sichteinlagen konkurrieren.

Auch wenn für Sichteinlagen kein oder nur ein äußerst geringer Zins gezahlt wird, so stellen doch Nebenkonditionen, die mit der Führung eines Sichteinlagenkontos verbunden sind, Wettbewerbsfaktoren dar (Gratisleistungen der Kreditinstitute für Informationsbeschaffung, Werbemittel; Höhe der Provisionen für Verfügungen über die Einlagen im Wege des Scheck- und Giroverkehrs oder Zahlbarstellung von Wechseln). Auch wenn die Haltung von Sichteinlagen mit Provisionen verbunden sein sollte, die höher sind als die erreichten Zinsen, so kann sie doch gegenüber der Bargeldhaltung aus Gründen der Sicherheit von Verlust von Zahlungsmitteln, Bequemlichkeiten aber auch evtl. Erhältlichkeit von Krediten bevorzugt werden.

Befristete Einlagen[122] (Termineinlagen, Festgelder, Kündigungsgelder) bilden weitere Märkte im Rahmen der Grundgeschäfte von Kreditinstituten. Die Märkte unterscheiden sich hier bezüglich der vereinbarten (de jure) Festlegungs- bzw. Kündigungsfrist. Da im Rahmen von Bankgeschäften ein ganzes Bündel von Leistungen angeboten wird, haben auch hier Nebenkonditionen Einfluß auf die Verzinsung von derartigen Einlagen für die einzelnen Wirtschaftssubjekte bei den verschiedenen Instituten[123].

Die nächste Gruppe von Märkten betrifft die Spardepositen unterschiedlicher Fristen[124]. Im Laufe der Zeit haben die Banken als Ergänzung und in Konkurrenz zu den Einlagegeschäften andere Formen von Forderungstiteln für ihr Publikum kreiert (Sparbriefe, „Kapitalsparbücher“ usw.), die eigene Teilmärkte bilden.

Liegen den Passivgeschäften von Kreditinstituten mit Nichtbanken Kreditverträge zugrunde, so sprechen wir von aufgenommenen Darlehen der Banken. Auch hier können Teilmärkte nach (de jure) Fristen unterschieden werden. Einlagen bei Bausparkassen dienen den Einlegern nicht nur zur vorübergehenden Anlage von Zahlungsmitteln zum Zwecke einer Verzinsung, sondern auch zum Erhalt einer von vornherein vereinbarten Kreditlinie zu im voraus bestimmten Konditionen für wohnungswirtschaftliche Zwecke[125]. Aufgrund staatlicher Förderungs-

---

[122] Vgl. *Obst / Hintner*, S. 386 ff.

[123] Vgl. *H.-J. Krümmel*, Bankzinsen, Köln - Berlin - Bonn - München 1964; zu den Einlagemärkten insbesondere S. 210 ff.

[124] Vgl. *Obst / Hintner*, S. 388 ff.

[125] Vgl. zu diesem Komplex *W. Lehmann*, Art. „Bausparkassen“, *in:* Enzyklopädisches Lexikon für das Geld-, Bank- und Börsenwesen 1. Bd., 3. Aufl., Frankfurt a. M. 1967/68, S. 182 - 184; *derselbe:* Art. „Bausparwesen“, *in:* Enzyklopädisches Lexikon für das Geld-, Bank- und Börsenwesen, 1. Bd., 3. Aufl., Frankfurt a. M. 1967/68, S. 185.

maßnahmen in der BRD ist diese Form der Geldanlage aber auch aus Renditegesichtspunkten für private Anleger von Interesse.

Ähnlich wie bei den Einlagen bei Bausparkassen treten bei der Anlage monetärer Mittel bei Versicherungen neben das Motiv einer rentierlichen Anlage von Zahlungsmitteln andere Leistungen. Wenn wir von den Geldanlagen bei Versicherungen abstrahieren, die sich aus der technischen Abwicklung des Versicherungsgeschäftes ergeben (Rückstellungen für Beitragsrückgewährungen und noch nicht abgewickelte Versicherungsfälle), sind dies insbesondere Kapitalleistungen für Ausbildung, Aussteuer oder Todesfall des Versicherungsnehmers. Im Erlebensfall richtet sich die ausgezahlte Versicherungssumme (insoweit die Erträge der Anlagen nicht laufend ausgeschüttet wurden) auch nach den von der Versicherungsgesellschaft erzielten (und ausgeschütteten) Erträgen der bei der Versicherung angelegten Geldmittel.

Einen besonderen Markt stellen die Investmentzertifikate dar. Wir reihen diesen Markt in den Rahmen der passiven Grundgeschäfte von Kapitalsammelstellen mit ein, da wir die Investmentgesellschaften zu den Kapitalsammelstellen zählen wollen und ihre Geschäfte darauf gerichtet sind, „*bei ihnen eingelegtes Geld* im eigenen Namen für *gemeinschaftliche Rechnung der Einleger* nach dem Grundsatz der Risikomischung in Wertpapieren gesondert von dem eigenen Vermögen anzulegen“[126]. Die Gesellschaften treiben also ihre Geschäfte mit eingelegten Geldern. Die Besonderheit besteht darin, daß die Gewinne und Verluste der mit den eingelegten und von den Investmentgesellschaften angelegten Geldern erzielt werden, den Kapitalwert der Einlagen für den einzelnen Anleger verändern. Aufgrund der gesetzlichen Vorschriften können die Gelder nur in ganz bestimmten Arten von Wertpapieren und Bezugsrechten angelegt werden. Es erfolgt über die Investmentzertifikate überwiegend[127] eine Transformation von Zahlungsmitteln in Wertpapiere und Bezugsrechte.

(6) *Kreditmärkte der Kapitalsammelstellen.* Das Überlassen von Geldbeträgen durch Banken an Wirtschaftssubjekte anderer Sektoren, das verbunden ist mit dem gleichzeitigen Versprechen der Rückzahlung der Geldbeträge in der Zukunft und der Leistung vereinbarter Zinsen und Provisionen, geschieht in vielfältigen Formen[128]. Grund-

[126] § 1 des Gesetzes über Kapitalanlagegesellschaften vom 16. April 1957 (BGBl. I, S. 378), (Hervorhebung von mir, der Verf.).

[127] Die Transformation erfolgt nur teilweise, da ein Teil des eingelegten Geldes als Barreserve gehalten wird.

[128] Vgl. z. B. *Obst / Hintner*, S. 399 f. Da es über das Kreditgeschäft der Banken eine fast unüberschaubare Literatur gibt (vgl. u. a. *Obst / Hintner*, S. 389 - 472 mit der dort angegebenen Literatur), bei der *äußerlichen* Beschreibung der Kreditgeschäfte u. E. sich aber kaum strittige Punkte ergeben, wollen wir es hier mit einer Aufzählung der wichtigsten Arten von

sätzlich können wir zwischen den de jure kurzfristigen Bankkrediten in Form von Kontokorrent-, Wechseldiskont-, Lombard- und kurzfristigen Ratenkrediten und den de jure längerfristigen (mittel- und langfristigen) Bankkrediten, seien es Objektkredite (besonders im Wohnungsbau), seien es mittel- bis langfristige Ratenkredite (etwa Anschaffungsdarlehen) oder langfristige Ausleihungen unterscheiden.

Nach der Kreditstatistik der Deutschen Bundesbank gelten als (immer de jure) kurzfristige Kredite solche mit einer Laufzeit bis zu unter 6 Monaten, als mittelfristige solche mit einer Laufzeit von 6 Monaten bis unter 4 Jahre und als langfristige solche mit einer Laufzeit von 4 Jahren und länger[129].

Akzept- und Avalkredite gelten unserer Kreditdefinition nach[130] für sich genommen nicht als Bankkredite, da hierbei keine Überlassung von Zahlungsmitteln durch Banken vorliegt. Erst wenn z. B. eine Bank einen Wechsel, den sie mit einem Akzept versehen hat, auch ankauft, erfolgt die Überlassung von Geldbeträgen durch sie an den Kreditnehmer. Deshalb wird bei den Aval- und Akzeptkrediten auch von „Kreditleihe" im Gegensatz zu „Geldleihgeschäften"[131] (letztere sind Kreditgeschäfte gemäß unserer Definition) gesprochen. Solange eine Bank aufgrund ihrer bedingten Zahlungsversprechen (Akzepte und Avale) nicht von Gläubigern ihres Kunden in Anspruch genommen wird, entstehen keine geldmäßigen Forderungen und Verpflichtungen zwischen „Kreditleihnehmer" und Bank, wenn wir von den für die Garantien zu leistenden Provisionen absehen.

Wenn wir anfangs die Kreditmärkte der Banken auch grob nach kurz-, mittel- und langfristigen Titeln unterteilt haben, so ist noch nicht damit gesagt, daß die Preisbildung sich entsprechend den Laufzeiten entwickeln muß. Ähnliche Laufzeiten können auch einmal für die verschiedenen Titelarten (Buch- oder beurkundete Kredite), gestellte Sicherheiten (Faustpfandrechte, Hypotheken, Forderungsabtretungen), aber auch von Bank zu Bank und Kunden zu Kunden unterschiedlich ausfallen. Dabei können Änderungen von sog. Leitzinsen, wie z. B. dem Diskontsatz unterschiedlich durchschlagen[132]. Erststellige Hy-

---

Bankkrediten bewenden lassen. Die Bedeutung einzelner Märkte für Wirtschaftssubjekte verschiedener Sektoren werden wir dann in den folgenden Kapiteln über Verhaltensweisen und über die Entwicklung von 1967 - 1971 näher erörtern.

[129] Vgl. *D. Münker*, S. 67 f.

[130] Vgl. 1.3.3.2. (6), 1. Satz.

[131] Vgl. *K. F. Hagenmüller*, Bankbetrieb und Bankpolitik, Wiesbaden 1959, S. 99; *ebenda*, S. 124 (Akzeptkredit) und S. 133 (Avalkredit).

[132] Vgl. z. B. die unterschiedliche Entwicklung der Zinsen für Diskont- und Kontokorrentkredite 1969 und 1970, wobei die Zinsen für Diskontkredite eine höhere Flexibilität aufwiesen; vgl. dazu *Deutsche Bundesbank*, Geschäftsbericht für das Jahr 1970 (Frankfurt a. M. 1971), S. 59.

potheken für Objekte, deren Rentierlichkeit von den Qualitäten des Unternehmensmanagements sowie von technischen und Modeschwankungen in hohem Maße unabhängig sind (z. B. Objekte im Bereich der Wohnungswirtschaft), bieten höhere Sicherheiten als Rechte an Fabrikgebäuden und Maschinen. Die Einschätzung der Qualität eines Kunden wird, da sie teilweise auf subjektiven Kriterien beruht, bei jeder Bankleitung unterschiedlich sein, ebenso wie das Verhandlungsgeschick eines Bankkunden. Insgesamt ist festzustellen, daß die Zinsen für Kredittitel gleicher Art zu einem Zeitpunkt entsprechend differieren. Zinserhebungen weisen daher eine mehr oder weniger große Streuung für jede Kreditart auf[133].

Anders sieht es bei den Darlehen von Bausparkassen im Zuteilungsgeschäft aus. Genauso wie die Einlagezinsen (siehe oben) hier festgelegt sind, sind auch die Kreditzinsen von vornherein bestimmt. Für die Vor- und Zwischenfinanzierung von Bauvorhaben stellen die Bausparkassen allerdings ihre Mittel aus der Trägheitsreserve zu ähnlich schwankenden Zinsen wie die Banken zur Verfügung, wobei ihre Konditionen normalerweise etwas niedriger sind[134].

In enger Beziehung zu einigen Kreditmärkten der Banken stehen die Kreditmärkte der Versicherungen. Insbesondere Märkte für Hypothekar- und Schuldscheindarlehen von Versicherungen treten in enge Konkurrenz zu den entsprechenden Darlehen von Banken. Einen Sonderfall stellen sog. Policendarlehen dar, die Versicherungsnehmern zur (Teil-)Mobilisierung ihrer bei den Versicherungsgesellschaften eingezahlten Mitteln dienen.

(7) *Geldmärkte.* Die hier besprochenen Geldmärkte sind einmal dadurch gekennzeichnet, daß an ihnen nur Kreditinstitute und die Zentralbank als Geschäftspartner teilnehmen[135]. Sind beide Marktpartner Kreditinstitute, so spricht die Praxis vom Bankengeldmarkt. Steht auf einer Seite des Marktes die Zentralbank (Bundesbank), so wird der Markt als Markt der Zentralbank bezeichnet.

Am Bankengeldmarkt werden zwischen Banken Zentralbankguthaben für verschiedene Fristen aufgenommen und ausgeliehen[136]. Am Markt der Zentralbank erfolgt der Handel in Geldmarktpapieren, das

---

[133] Vgl. *Deutsche Bundesbank,* Struktur und Entwicklung der Bankzinsen, *in:* Monatsberichte, 21. Jg., Nr. 1, Januar 1969, S. 6.

[134] Vgl. *H. Jaschinski,* Art. „Bauzwischenkredit", *in:* Enzyklopädisches Lexikon für das Geld-, Bank- und Börsenwesen, 1. Bd., 3. Aufl., Frankfurt a. M. 1967/68, S. 191.

[135] Vgl. *H. Lipfert,* Der Geldmarkt, 4. Aufl., Frankfurt a. M. 1965, S. 8.

[136] Zu den verschiedenen Befristungen vgl. *B. Benning,* Art. „Geldmarkt", *in:* Enzyklopädisches Lexikon für das Geld-, Bank- und Börsenwesen, 1. Bd., 3. Aufl., Frankfurt a. M. 1967/68, S. 589 f.

sind Titel, die von der Zentralbank als geldmarktfähig erklärt worden sind[137], wobei der Gegenposten wiederum Zentralbankguthaben sind. Geldmarktpapiere in der BRD sind (waren) Schatzwechsel und unverzinsliche Schatzanweisungen des Bundes sowie seiner Sondervermögen und der Länder, Kassenobligationen derselben Stellen, soweit sie vor Jahresfrist 1968 begeben worden sind und noch eine Restlaufzeit bis zu 18 Monaten hatten, Vorratsstellenwechsel der Einfuhr- und Vorratsstelle und Privatdiskonten, die die Privatdiskont-AG aufgekauft hat[138]. In Form von Schatzwechseln und unverzinslichen Schatzanweisungen werden auch für Zwecke der Offenmarktpolitik der Bundesbank sog. Mobilisierungspapiere für Ausgleichsforderungen[139] und Liquiditätspapiere[140] begeben. „Die Gegenwerte aus den abgegebenen Mobilisierungs- und Liquiditätspapieren fließen (dabei) nicht dem Bund zu[141]."

Transaktionen am Bankengeldmarkt sind innersektorale Transaktionen im Untersektor Kreditinstitute. Diese Transaktionen stehen aber — was wir weiter unten in dieser Arbeit noch untersuchen werden — in besonders engem Zusammenhang mit dem Verhalten und der Preisbildung auf anderen Finanzmärkten und dabei insbesondere auf den Finanzmärkten im Rahmen der Grundgeschäfte der Kreditinstitute. Danach würde die Verfassung der Geldmärkte ein bedeutender Indikator für die Geschäftspolitik der Banken in ihren Grundgeschäften sein.

An den Geldmärkten werden Überschüsse und Defizite an Zentralbankguthaben von Banken ausgeglichen[142]. Für die bezüglich ihres Sollbestandes an Zentralbankgeld defizitären Institute bedeutet dies die Beschaffung von Primärliquidität durch Erwerb von Zentralbankguthaben anderer Banken oder durch Verkauf von Geldmarktpapieren an die Zentralbank, sofern weder Rediskont- noch Lombardkredite bei der Zentralbank in Anspruch genommen werden sollen oder können. Den Banken, die Überschüsse an Zentralbankgeld besitzen, bietet der Geldmarkt eine schnelle und je nach Marktverfassung mehr oder weni-

---

[137] Vgl. *H. Lipfert,* Der Geldmarkt, S. 18.

[138] Vgl. *Deutsche Bundesbank,* Geschäftsbericht für das Jahr 1970, Frankfurt a. M. 1971, S. 112.

[139] Gemäß §§ 42 und 42 a des Gesetzes über die Deutsche Bundesbank vom 26. Juli 1957 (BGBl. I, S. 754).

[140] Gemäß § 29 des Gesetzes zur Förderung der Stabilität und des Wachstums der Wirtschaft vom 8. Juni 1967 (BGBl. I, S. 582).

[141] *Deutsche Bundesbank,* Geschäftsbericht für das Jahr 1970, S. 113.

[142] Vgl. z. B. *F. Lehmann,* Der Mechanismus des Geldmarktes, *in:* Festschrift für Eugen Schmalenbach, Leipzig 1933, S. 214, S. 217 ff. (Obwohl sich die Erörterungen auf die Zwischenkriegszeit beziehen, gibt dieser Aufsatz doch eine weitgehende Übersicht in Gelddispositionen der Banken und der öffentlichen Hand sowie [im Zusammenhang mit der Politik der Zentralbank und der Verfassung der internationalen Geldmärkte] deren Einfluß auf die Entwicklung der Geldmärkte).

ger rentierliche Anlage dieser Mittel[143]. Obwohl die Liquiditätslage aufgrund schwankender Ein- und Auszahlungen täglich wechselt, sind einige Institutsgruppen normalerweise Geber und andere der Tendenz nach Nehmer von Zentralbankguthaben an den Geldmärkten[144]. Durch Strukturverschiebungen im Einlagen- und Kreditgeschäft sind allerdings auch die Grundpositionen der einzelnen Institutsgruppen Änderungen unterworfen.

Die Entwicklung an den Geldmärkten wird neben sog. marktmäßigen Faktoren[145] auch von der Politik der Zentralbank aktiv mitbestimmt. Neben Maßnahmen im Rahmen der Mindestreservepolitik, der Änderung von Rediskont- und Lombardbedingungen und der Kreditgewährung an öffentliche Stellen, versucht die Bundesbank, durch Offenmarktgeschäfte in Geldmarktpapieren zu von ihr gesetzten Konditionen Angebot und Nachfrage an den Geldmärkten zu beeinflussen. Da die Verfassung des nationalen bundesrepublikanischen Geldmarktes auch vom Ausland her Einflüssen unterliegt, unternimmt die Bundesbank durch ihr Auftreten als Marktpartner an den Devisen- und Devisenterminmärkten (Swapsatz-Politik) den Versuch auch hierüber steuernd einzugreifen. Aufgrund der Tatsache, daß die Bundesbank am Offenmarkt als Marktpartner und nicht als Verfügender auftritt, hängt der Erfolg entsprechender Geschäfte vom (freiwilligen) Verhalten der Kreditinstitute ab.

1.3.4. Zuordnung von Finanzmärkten zu den finanziellen Positionen der Finanzierungsrechnung

(1) Wie wir zu den Positionen der Finanzierungsrechnung der Deutschen Bundesbank schon ausgeführt haben[146], stellen diese Positionen eine Zusammenfassung einzelner Kategorien von Forderungs- bzw. Verschuldungstiteln dar. Dabei fallen nicht nur marktmäßige Vorgänge an Finanzmärkten, sondern auch sich aus Leistungstransaktionen ergebende temporäre Abgrenzungen unter einige Positionen der Finanzierungsrechnung. Dies ist besonders bei der Position „Geldanlagen bei Versicherungen" der Fall. Ebenso können Diskrepanzen aufgrund von Postlaufzeiten und durch Buchungsverschiebungen u. ä. in den Positionen „Bargeld und Sichteinlagen" und „sonstige Forderungen" und „sonstige Verbindlichkeiten" nicht zu marktmäßigen Transaktionen gerechnet werden, die durch den freien Willen der einzelnen Wirt-

[143] Vgl. *H. Lipfert*, Der Geldmarkt, S. 24 ff.

[144] Vgl. hierzu die etwa alle zwei Jahre erscheinenden Veröffentlichungen in den Monatsberichten der Deutschen Bundesbank, Dezember 1961, Dezember 1963, Dezember 1965, Dezember 1967 und Dezember 1970.

[145] Vgl. *B. Benning*, Art. „Geldmarkt", S. 592 f.; *H. Lipfert*, Der Geldmarkt, S. 50 ff.

[146] Vgl. oben 1.2.3.4., insbesondere (2) unserer Ausführung.

schaftssubjekte in bezug auf Angebot und Nachfrage nach finanziellen Mitteln bestimmt werden.

Die Transaktionen an den Finanzmärkten, die durch die passiven Grundgeschäfte der Kreditinstitute bestimmt sind, schlagen sich in verschiedenen Positionen nieder. Die Position „Bargeld und Sichteinlagen" wird teilweise über den Markt der Sichteinlagen im Rahmen dieser Grundgeschäfte bestimmt. Veränderungen in der Forderungsposition der nichtfinanziellen Sektoren auf den Märkten für befristete Einlagen schlagen sich in der Position „Termingelder" nieder, ebenso die der Märkte für Sparbriefe und Namensschuldverschreibungen von Banken. Das Ergebnis von Angebot und Nachfrage nach Spareinlagen, soweit es nicht über Sparbriefe abgewickelt wurde, zeigt sich als Veränderung in der Position „Spareinlagen". Einlagenmärkte im Rahmen der Grundgeschäfte der Bausparkassen werden als „Geldanlagen bei Bausparkassen", dergleichen bei Versicherungen als „Geldanlagen bei Versicherungen" ausgewiesen.

(2) Märkte für Schuldverschreibungen, soweit es sich nicht um Namensschuldverschreibungen von Banken handelt, werden in den Positionen „Erwerb von festverzinslichen Wertpapieren" (getätigte Nachfrage) und „Absatz von festverzinslichen Wertpapieren" (erfolgter Verkauf) als Brutto-Veränderungen einer Periode dargestellt. Das gleiche gilt für die organisierten Eigenkapitalmärkte (= Aktienmärkte) in den Positionen „Erwerb von Aktien" bzw. „Absatz von Aktien".

(3) In den Positionen „Absatz von Geldmarktpapieren" und „Erwerb von Geldmarktpapieren" werden Emissionen und Käufe derjenigen Gruppen (Öffentliche Haushalte, Unternehmen, Ausland, Bundesbank, Kreditinstitute), die Geldmarktpapiere ausgeben und erwerben, ausgewiesen. Soweit die Geldmärkte in unserer engen Definition davon betroffen werden, zeigt sich dies lediglich in den Veränderungen bei der Zentralbank und bei den Kreditinstituten, wobei jedoch die Papiere aus Emissionen der anderen Sektoren stammen und auch dort (mit Ausnahme der Liquiditäts- und Mobilisierungspapiere) ausgewiesen werden, jedoch in ihrer Bedeutung für den Markt der Zentralbank noch nicht erkennbar sind, da sie auch von anderen Gruppen von Wirtschaftssubjekten erworben werden (z. B. von Sozialversicherungen).

Dagegen findet der Bankengeldmarkt keinen Niederschlag in der Finanzierungsrechnung, da die Transaktionen auf diesem Markt sich in innersektoralen Forderungen und Verbindlichkeiten niederschlagen.

(4) Die Kreditmärkte der Kapitalsammelstellen finden ihren Niederschlag in den Positionen „kurzfristige Bankkredite" und „längerfristige Bankkredite", „Darlehen der Bausparkassen" und „Darlehen der Versicherungen".

Zu den kurzfristigen Bankkrediten (Krediten mit einer — de jure — Laufzeit bis zu einem Jahr; vor 1969 bis zu 6 Monaten) gehören der größte Teil der Kontokorrent- und Wechseldiskontkredite, da auch bei stillschweigender Prolongation der Kreditlinien im allgemeinen „Kontokorrentkredite täglich fällig sind ... (und) ihre in der Kreditzusage festgelegten Konditionen für den Zeitraum von 3 Monaten gelten“[147]. Für den Wechseldiskontkredit, der im Ankauf eines Wechsels durch die kreditgewährende Bank besteht, dürften schon allein aufgrund der Erfordernisse für eine evtl. Rediskontierung bei der Bundesbank (Restlaufzeit höchstens 3 Monate) entsprechend kurze Fristen gelten. Ebenso wird man die meisten Fälle von Lombardkrediten in diese Position einreihen können. Insoweit private Haushalte als Kreditnehmer am Markt für kurzfristige Bankkredite sich verschulden, kann es sich sowohl um Kontokorrentkredite (Kontoüberziehungen) als auch um kurzfristige Ratenkredite handeln.

Transaktionen auf Märkten für Schuldschein- und Hypothekendarlehen der Kapitalsammelstellen schlagen sich dagegen sowohl in der Position „längerfristige Bankkredite“ als auch in der Position „Darlehen der Versicherungen“ nieder, je nachdem, welcher Sektor die Zahlungsmittel zur Verfügung gestellt hat. Dies gilt allerdings nur insoweit, als die vereinbarte Kreditfrist bei den Bankkrediten über 12 Monate (bis 1969 über 6 Monate) beträgt (betrug).

In diese Positionen fallen auch Ratenkredite, Policendarlehen u. ä. mit einer entsprechend langen Laufzeit. Märkte für Darlehen der Bausparkassen fallen unter die Position „Darlehen der Bausparkassen“.

(5) Transaktionen an den nichtorganisierten Finanzmärkten zeigen sich in ihrem realisierten Angebot und ihrer realisierten Nachfrage unter den Positionen „sonstige Forderungen“ und „sonstige Verbindlichkeiten“, allerdings nur in dem Ausmaß, als solche Transaktionen zwischen Wirtschaftssubjekten zweier verschiedener Sektoren stattgefunden haben.

Lieferantenkredite zwischen Unternehmen sowie das sog. Industrieclearing weist dagegen aufgrund ihrer Eigenschaften als innersektorale Forderungen und Verbindlichkeiten die Finanzierungsrechnung nicht aus.

Transaktionen innerdeutscher Sektoren auf internationalen Kreditmärkten, d. h. auf Märkten, die wir nicht zu den Finanzmärkten in der BRD zählen, werden auch in den Positionen „sonstige Forderungen“ und „sonstige Verbindlichkeiten“ ausgewiesen, wobei der Sektor Ausland als ein Marktpartner entweder eine Forderung bildet oder eine Verbindlichkeit eingeht.

---

[147] *K. F. Hagenmüller,* Bankbetrieb und Bankpolitik, S. 111.

Mit dem ersten Kapitel ist die Beobachtungsebene (Sektoren der Finanzierungsrechnung der Deutschen Bundesbank) und das Beobachtungsobjekt (Finanzmärkte in der Bundesrepublik Deutschland) abgesteckt worden.

Wir wenden uns jetzt der Fragestellung zu, wodurch Transaktionen der Wirtschaftssubjekte an Finanzmärkten erklärt werden könnten. Die erste Frage lautet, ob es einen theoretischen Ansatz der Erklärung gibt, der allgemein als eine Art „Gesetzmäßigkeit" auf alle Bilanzdispositionen und damit auch auf alle Finanzmärkte angewendet werden kann. Versuche in dieser Hinsicht sind durch die „Portfolio-Selection-Theorie" unternommen worden. Das nächste Kapitel soll die wichtigsten Grundlagen dieser Theorie als *Erklärungsansatz*[148] darstellen und diese einer kritischen Prüfung unter wissenschaftstheoretischen Gesichtspunkten unterziehen.

Das Ergebnis dieser Kritik führt uns dann dazu, vom Anspruch auf Allgemeinheit her gesehen weniger anspruchsvolle, dafür aber für die von uns gewählte Betrachtungsebene und unser Betrachtungsobjekt sowie unseren Betrachtungszeitraum (Ende 1966 bis Ende 1971) überprüfbar erscheinende und von uns der Nachrüfung für bedürftig erachtete Erklärungsansätze (Hypothesen) zu finden und zu diskutieren, ehe wir diese Hypothesen dann in dem von uns gesteckten Feld der empirischen Überprüfung in bezug auf ihre tendenzielle Gültigkeit unterwerfen.

---

[148] Es geht uns also nicht um eine Darstellung und kritische Diskussion dieser Theorie als *Entscheidungslehre,* d. h. als Handlungslehre für ein Portefeuille-Management unter dem Kriterium einer „optimalen Portfolio-Selection".

ZWEITER TEIL

Erklärungen für Bilanzdispositionen im Zusammenhang mit Finanzmärkten

2. Optimale Struktur und Größe eines Portefeuilles

Ein nutzenanalytischer Erklärungsversuch von Bilanzdispositionen einzelner Wirtschaftssubjekte und zur Determinierung der Zinsstruktur

2.1. Der theoretische Ansatz und eine erste Kritik

2.1.1. Liquiditätsdifferentialpräferenzen sollen den Aufbau eines Portefeuilles[1] bestimmen

(1) Der hier zur Darstellung kommende Ansatz geht von der realistischen Annahme aus, daß die Wirtschaftssubjekte keine vollständige Voraussicht über ihre Ausgaben und Einnahmen sowie ihre Einzahlungen und Auszahlungen besitzen[2]. Danach dient das Halten von Geld dazu, jederzeit, ohne jede größere Mühe und ohne Kosten Zahlungen — auch wenn sie nicht vorhersehbar waren — leisten zu können (Zahlungssicherheit). Dagegen ist die Umwandlung anderer Aktiva als Geld, seien es nun Finanzaktiva (Forderungen, Aktien) oder Sachaktiva (mobile Güter oder Immobilien) in Zahlungsmittel (Geld) immer mit Mühe verbunden. Nicht alle derartigen Aktiva lassen sich jederzeit in Geld verwandeln. Bei einer Veräußerung muß der Verkäufer weiterhin Informationen einholen, die oftmals mit Ausgaben verbunden sind. Wei-

[1] Vgl. *E. M Claassen,* Probleme der Geldtheorie, Berlin - Heidelberg - New York 1970, insbesondere S. 101 - 169; siehe hierzu auch: *derselbe,* Die Liquiditätstheorie der Zinsstruktur, *in:* Jahrbücher für Nationalökonomie und Statistik, Bd. 177 (1965), S. 101 - 240.

[2] Vgl. *J. R. Hicks,* Value and Capital, 2nd. ed., Oxford 1946, reprinted 1948, S. 160, der (allerdings im Zusammenhang mit der Realzinstheorie) sagt, „the assumption of no risk is more than a limitation — it is a source of actual error". Siehe hierzu auch das sog. Morgenstern-Paradoxon bei der „wechselseitigen Einbeziehung der Voraussicht vermutlichen fremden Verhaltens"; *O. Morgenstern,* Vollkommene Voraussicht und wirtschaftliches Gleichgewicht, *in:* Zeitschrift für Nationalökonomie, Bd. VI (1935), S. 337 - 357, insbes. S. 343 f.

tere Ausgaben können dadurch entstehen, daß der Verkauf selbst sogenannte Transformationskosten (Maklercourtage, Provisionen) erfordert[3].

Zu diesen Komponenten einer eingeschränkten Liquidität solcher Aktiva tritt noch eine weitere hinzu, die sich aus dem Preis ergibt, der für das zu veräußernde Aktivum zu erzielen ist. Sollten die Preise der verschiedenen Aktiva schwanken, was realistischerweise angenommen werden muß, so ist bei Ungewißheit nicht vorauszusagen, welchen Preis ein Wirtschaftssubjekt bei Veräußerung eines Aktivums erzielen wird[4]. Die Unsicherheit der Geldhaltung besteht lediglich darin, daß aufgrund von Geldwertschwankungen der Realwert des Geldes (der Wert des Geldes ausgedrückt in Gütern) nicht sicher ist. Im Falle einer Inflation sinkt dieser Wert. Volle Realwertsicherheit ist jedoch auch bei den anderen Aktiva nicht gegeben. Inflationäre Tendenzen drücken sich in einer Erhöhung des Preisniveaus aus, nicht dagegen in einer *gleichmäßigen* Erhöhung *aller* Preise. Realwertsicher wären demzufolge nur diejenigen Aktiva, deren Preise sich gleichartig wie das Preisniveau verändern. Da wir realistischerweise bei dem dargestellten Ansatz von Ungewißheit ausgegangen sind, kann aber nicht im voraus gesagt werden, welche Aktiva dies sein werden.

Außerdem haben Aktiva, die nicht Geld sind, den Nachteil, daß ihre Umwandlung in Geld zur Erfüllung von Zahlungsverpflichtungen evtl. nur mit einer zeitlichen Verzögerung und/oder unter Aufwendung von Transaktionskosten für Information und Transformation erfolgen kann.

Geld bietet keine Realwertsicherheit, es sei denn, das Preisniveau wäre konstant. Geld ist aber ohne Zeitverzögerung und Kosten zu Zahlungen verwendbar[5].

Der Nutzen der Geldhaltung für ein einzelnes Wirtschaftssubjekt ergibt sich demzufolge aus dem individuellen Bedürfnis nach Zahlungs- und Kapitalwertsicherheit. Ein Wirtschaftssubjekt, das ein hohes Sicherheitsbedürfnis in bezug auf seine Zahlungsfähigkeit hat und evtl. anfallende Transaktionskosten sowie Mühen der Umwandlung von anderen Aktiva in Geld vermeiden will, wird entsprechend seinen Vorstellungen mehr Geld und weniger andere Aktiva halten als andere Wirtschaftssubjekte, bei denen diese Bedürfnisse nicht entsprechend ausgeprägt sind[6].

---

[3] Vgl. *E. M. Claassen*, Probleme ..., S. 106 ff.

[4] Vgl. *J. Robinson*, The Rate of Interest, in: Econometrica, Vol. 19 (1951), S. 94; *E. M. Claassen*, Probleme ..., S. 122 - 124.

[5] Vgl. hierzu und zu den oben gemachten Ausführungen *W. Stützel*, Art. „Liquidität", *in:* Handwörterbuch der Sozialwissenschaften, Bd. 6, Stuttgart - Tübingen - Göttingen 1959, S. 622 - 629, über Liquiditätsgrad, Umwandlungsbetrag und Umwandlungsfrist; S. 622 - 624.

(2) Andere Aktiva als Geld, seien es Finanzaktiva (Forderungen und Aktien), seien es Realaktiva, können gemäß dem hier dargestellten Ansatz neben ihrem Nutzen aus ihrer Fähigkeit, in Geld umgewandelt und damit dem Bedürfnis nach Zahlungsfähigkeit im unterschiedlichen Ausmaß nachzukommen, einen weiteren Nutzen, bezeichnet als „pekuniären Ertrag ... in Form von ‚Einkommen' (Zinsen, Dividenden) und von Veränderungen im Kapital- und Realwert"[7] haben[8]. Da bei dem dargestellten Ansatz von Ungewißheit ausgegangen wird, können diese pekuniären Erträge nur erwartet werden[9].

Hieraus ergibt sich, daß auch diese Art von Nutzen von Wirtschaftssubjekt zu Wirtschaftssubjekt verschieden ausfallen muß, da realistischerweise angenommen werden kann, daß die Erwartungen unterschiedlich sein werden[10].

(3) Frage ist nun, in welcher Kombination die unterschiedlichen Aktiva von einzelnen Wirtschaftssubjekten gehalten werden.

Einen ertrags- und risikoorientierten Ansatz für eine sog. optimale Zusammensetzung eines *individuellen* Portefeuilles von Aktiva unter dem Gesichtspunkt mit verschieden großer (subjektiver) Wahrscheinlichkeit *erwarteter* pekuniärer Erträge und unterschiedlicher individueller Risikobereitschaft bietet die sog. Portfolio-Selection-Theorie[11].

---

[6] Vgl. *E. M. Claassen*, Probleme ..., S. 122.

[7] *Ebenda*, S. 143.

[8] U. E. können Aktiva aber nicht nur diese beiden Nutzenarten haben, da bei den Realaktiva auch noch ein „Gebrauchsnutzen" hinzukommen kann und Finanzaktiva Machtpositionen verleihen können. Darüber hinaus könnte der Besitz von Aktiva eine Art „Prestige"-Nutzen verleihen. Ebenso könnte es möglich sein, daß auch das Geld einen sog. pekuniären Ertrag abwirft, z. B. bei der Verzinsung von Sichtguthaben oder dort, wo geldgleiche Finanzaktiva bestehen, die ohne Informations- und Transformationskosten und mit geringen Mühen zu Zahlungen verwendet werden können (Sparguthaben bis zu 1000,— DM).

[9] Die Unsicherheit des Eintretens von Erwartungen wird bezüglich der verschiedenen Komponenten des „pekuniären" Ertrags wohl als unterschiedlich zu betrachten sein. Kontraktbestimmte Zinserträge sog. erster Adressen werden eine größere Sicherheit haben als Erträge aus Realwertsteigerungen von Gütern, die starken spekulativen Einflüssen unterliegen u. ä.

[10] Vgl. *E. M. Claassen*, Probleme ..., S. 147 und *J. Robinson*, The Rate of Interest, S. 98 und S. 103.

[11] Hier sei nur der Hinweis auf einige aus der mittlerweile großen Anzahl von Veröffentlichungen über dieses Thema gegeben: *H. M. Markowitz*, Portfolio Selection. Efficient Diversification of Investments, New York, London, Sidney 1959, 3rd printing 1967; *ders.*, Portfolio Selection, *in:* The Journal of Finance, Vol. VII (1952), S. 77 - 91; *J. Tobin*, The Theory of Portfolio Selection, *in:* The Theory of Interest Rates, ed. by *F. H. Hahn* and *F. P. R. Brechling*, London 1965, S. 3 - 51. Abhandlungen in deutscher Sprache: *U. Hielscher*, Das optimale Aktienportefeuille. Grundlagen der Kapitalanlage am Aktienmarkt, Frankfurt a. M. 1969; *H. Müller*, Portfolio Selection als Entscheidungsmodell deutscher Investmentgesellschaften, Wiesbaden 1970; *ders.*, Portfolio Selection — Entscheidungshilfe bei der Vermö-

Dieser Ansatz hat zum Ziel, „einen Kapitalbetrag so auf verschiedene Einzelanlagen aufzuteilen, daß zu einer vorgegebenen Rendite der Gesamtanlage das Risiko minimiert, oder daß zu einem vorgegebenen Risiko der Erwartungsgewinn maximiert wird“[12]. Da es sich bei einem solchen auf die ungewisse Zukunft gerichteten Ansatz lediglich um „Gewinn- bzw. Verlust*hypothesen,* welchen entsprechend dem jeweils vorhandenen Informationsniveau nur mehr oder minder große *Wahrscheinlichkeit* beigelegt werden kann“[13], handelt, sind Fehldispositionen bei Befolgung eines solchen Entscheidungsmodells nicht ausgeschlossen.

Einen solchen Ansatz zur Klärung der Realität heranzuziehen, erscheint uns aufgrund der oftmals divergierenden Erwartungen und Risikoeinschätzungen der verschiedenen Wirtschaftssubjekte sehr problematisch[14], insbesondere, da Anlageentscheidungen, wie wir schon weiter oben angedeutet haben[15], nicht nur vom Nutzen aus den Erträgen allein, sondern auch von Machtmotiven u. ä. beeinflußt sein können.

Entsprechende Erklärungsversuche der Realität[16] implizieren dann auch Annahmen über gleichgerichtete Erwartungen und die Vorstellung von einem „normalen“, sich auf längere Zeit auch durchsetzenden Zinsfuß[17], der sich aus den im zeitlichen Abstand zur Betrachtungs-

---

gensanlage?, *in:* Bank-Betrieb, 9. Jg. (1969), S. 428 - 434; *H. E. Büschgen,* Zum Problem der Planung von Wertpapierbeständen, insbesondere durch Kreditinstitute und Investmentgesellschaften, *in:* Kredit und Kapital, 2. Jg. (1969), S. 1 - 59.

[12] *H. Müller,* Portfolio Selection — Entscheidungshilfe bei der Vermögensanlage?, S. 430; vgl. auch *H. Markowitz,* Portfolio Selection, Efficient Diversification of Investments, S. 6.

[13] *H. E. Büschgen,* Zum Problem der Planung von Wertpapierbeständen . . ., S. 57.

[14] Eine Kapitalmarkttheorie, die den Portfolio-Ansatz zur Erklärung heranzieht, muß von vornherein einschneidende Bedingungen in der Form unterstellen, daß sich die Wirtschaftssubjekte in einer ganz bestimmten Art und Weise in bezug auf Risiko und Ertragserwartungen und deren Streuung verhalten. Vgl. *W. F. Sharpe,* Portfolio Theory and Capital Markets, New York usw. 1970, insbes. S. 77 f., S. 102 ff., S. 105, S. 202: „Capital market theory depends on a symplifying assumption about investors of expected returns and standard deviation of return. As indicated in the previous chapter, this is an heroic (!) assumption — one justified primarily by its ability to produce useful (!) implications.“ Ausrufezeichen vom Verf.

[15] Vgl. in diesem Abschnitt 2.1.1. (2).

[16] Vgl. *G. O. Bierwag* und *M. A. Grove,* A Model of the Term Structure of Interest Rates, *in:* The Review of Economics and Statistics, Vol. XLIX (1967), S. 50 - 62; *W.-A. Prautzsch,* Die Struktur der Nachfrage von Wirtschaftsunternehmen und privaten Haushalten nach finanziellem Vermögen in der Bundesrepublik Deutschland, Berlin 1971.

[17] *W.-A. Prautzsch,* Die Struktur der Nachfrage . . ., S. 93; vgl. auch *G. O. Bierwag* und *M. A. Grove,* A Model of Term Structure of Interest Rates, S. 54. Zur Kritik: Vgl. *F. Holzheu,* S. 113; im allgemeinen: Vgl. *J. Robinson,* The Rate of Interest, insbes. S. 98 und 103.

periode verschieden gewogenen Zinsen ergibt. Bei entsprechend hoher Gewichtung der der Betrachtungsperiode am nächsten liegenden Zinssätze erfüllen sich dann solche „Theorien“ von selbst, das heißt, daß das Falsifizierbarkeitskriterium der Wissenschaftstheorie hierauf wohl kaum noch angewendet werden kann[18].

Nach diesem kurzen Hinweis auf die grundsätzliche Problematik von pekuniären Ertragssätzen bei Ungewißheit und unterschiedlichen individuellen Erwartungen sowie Modellansätzen zu deren Erklärung[19] führen wir die Darstellung des Ansatzes von *Claassen* fort, da die wissenschaftliche Literatur zur Zeit diesen „neo-klassischen“ Ansatz zugrunde legt[20]. Er bedarf daher auch einer eingehenden Kritik.

(4) Je nach Aktivum soll gemäß dem nutzentheoretischen Ansatz der Anteil des nichtpekuniären Ertrags aus „Liquiditätsdienste(n) ... (Zahlungssicherheit, Wertsicherheit, Ersparnis von Transaktionskosten)“[21] und des pekuniären Ertrags am Gesamtertrag und damit an der gesamten Nutzenstiftung dieses Aktivums verschieden sein. Geld bietet danach den höchsten nichtpekuniären Ertrag und keinen pekuniären Ertrag[22]. Das Halten von anderen Aktiva erbringt einen geringeren Liquiditätsnutzen, da diese Aktiva erst mit Mühe und evtl. nur mit Kosten sowie in einigen Fällen nur mit Zeitverzögerungen verwendet werden können. Dafür werfen sie aber einen pekuniären Ertrag ab.

Gemäß dem Ansatz von *Claassen* sollen sich die Wirtschaftssubjekte nun allgemein so verhalten, daß sie durch ihre Bilanzdispositionen den Nutzen[23] ihres Portefeuilles (d. h. der Gesamtheit der Aktiva) maximieren. „Die Bedingungen für die optimale Zusammensetzung eines Portefeuilles sind erfüllt, wenn die verschiedenen im Portefeuille gehaltenen

---

[18] Dies gilt auch dann, wenn sich ein Verfasser ausdrücklich auf dieses Kriterium beruft: Vgl. *W.-A. Prautzsch*, Die Struktur der Nachfrage ..., S. 138 in Verbindung mit S. 93 und *K. R. Poppers* Äußerungen über den Falsifizierbarkeitsgrad: *K. R. Popper*, Logik der Forschung, 3. Aufl., Tübingen 1969, S. 213 sowie S. 50 f. und S. 100 ff. Siehe zu derartigen Berechnungen auch *J. S. Duesenberry*, Methods of Testing Aggregate Hypotheses, *in:* Theorie und Realität, hrsg. von *H. Albert*, Tübingen 1964, S. 153 f.; „But, when our data cover only short periods, the connection between economic variables may be so close that the differences in correlations between the two sorts of relations may be too small to be statistically significant.“

[19] Diese Ansätze erscheinen uns auch eher „entscheidungslogischer“ denn „verhaltenstheoretischer“ Art. Vgl. hierzu auch *H. Albert*, Erwerbsprinzip und Sozialstruktur, *in:* Jahrbuch für Sozialwissenschaft, Bd. 19 (1968), S. 12 f.

[20] Neben der in diesem Kapitel schon angeführten Literatur ist u. a. noch hinzuweisen auf *M. Willms*, Zinstheoretische Grundlagen der Geldpolitik, Berlin 1971.

[21] *E. M. Claassen*, Probleme ..., S. 143.

[22] Dies gilt allerdings nur unter der Voraussetzung von Geldwertstabilität (vgl. *E. M. Claassen*, ebenda) sowie nur für den Fall einer Nichtverzinsung.

[23] Wobei lediglich an den Nutzen aus den näher beschriebenen Ertragsarten gedacht wird, nicht an Nutzen aus „Gebrauch“, „Prestige“ u. ä.

Aktivtypen jeweils einen gleich hohen marginalen Gesamtertrag abwerfen[24, 25]."

Dabei wird der Nutzen eben nur auf den Liquiditätsnutzen und den (pekuniären) Ertragsnutzen reduziert. Andere Motive wären dann unter diese Nutzenarten zu subsumieren. Die Theorie ist dann aber als Erklärungsansatz für die *gesamte Breite* der Bilanzdispositionen nicht verwendbar, wenn weitere, nicht subsumierbare „Nutzenarten" wie z. B. persönliches Prestige aufgrund von Anlagenbesitz, persönliche Einflußnahme u. a. eine Rolle spielen würden. Damit würde dann der Portefeuilleaufbau (Bilanzstruktur aufgrund von Dispositionen und Transaktionen), den *Claassen* in Fortsetzung des Zitates beschreibt, nicht mehr stimmen.

„Aktiva, die relativ liquide sind und demnach einen hohen nichtpekuniären Ertragssatz abwerfen, brauchen nur einen relativ geringen pekuniären Ertragssatz zu haben. ... (et vice versa) ... In diesem Sinne steht die Liquiditätsstruktur eines Portefeuilles im umgekehrten Verhältnis zu seiner pekuniären Ertragsstruktur[26]." Die Unterschiede zwischen den Aktiva bezüglich ihres nichtpekuniären Ertrages (Liquiditätsnutzens) werden als „Liquiditätsdifferentiale"[27] bezeichnet. Die „Liquiditätsdifferentialpräferenzen"[28] bestimmen nun die Neigung Geld gegenüber einem anderen Aktivum bzw. ein „liquideres" Aktivum gegenüber einem anderen, nicht so liquiden Aktivum zu halten. Die pekuniären Ertragssätze bilden dazu den Ausgleich; sie sind „eine Entschädigung für den Liquiditätsnachteil"[29].

(5) Für die Bilanzdispositionen ergibt sich aus dem in (1) bis (4) Gesagten, daß eine Veränderung der pekuniären Ertragssätze bei Gleichbleiben der Liquiditätsdifferentialpräferenzen zu Umschichtungen im Portefeuille führen muß[30]. Erhöht sich z. B. ein (erwarteter) pekuniärer Ertragssatz für ein Aktivum, so werden cet. par. die einzelnen Wirt-

---

[24] D. h. nichts anderes, als daß dieser Ansatz auf dem 1. und 2. Gossenschen Gesetz beruht (vgl. *H. H. Gossen*, Entwicklung der Gesetze des menschlichen Verkehrs und der daraus fließenden Regeln für menschliches Handeln, Braunschweig 1854; Reprint Amsterdam 1967, S. 33). Vgl. auch *E. M. Claassen*, Probleme ..., S. 144: Der nichtpekuniäre marginale Ertrag (j) „entspricht dem (direkten) Grenznutzen des Aktivums j, der (ex hypothesi) mit zunehmender Menge von j fällt und der mit der Grenzrate der Substitution identifiziert werden muß".

[25] *E. M. Claassen*, Probleme ..., S. 143.

[26] *E. M. Claassen*, Probleme ..., S. 143.

[27] *Ebenda*, S. 146.

[28] *Ebenda*, S. 146.

[29] *Ebenda*, S. 145.

[30] Hier wird vorläufig von einer Veränderung in der Höhe des Portefeuilles abstrahiert. Vgl. dazu Abschnitt 2.1.3. dieser Arbeit.

schaftssubjekte, von denen diese Ertragserhöhung angenommen wird[31], mehr von diesem Aktivum nachfragen. Da das Gesetz des abnehmenden Grenznutzens unterstellt wird[32], sinkt allerdings mit zunehmender Substitution anderer Aktiva durch dieses o. a. Aktivum, dessen „marginale(r) Liquiditätsvorteil"[33], während der der verminderten Aktiva steigt.

Eine Begründung für den abnehmenden Grenznutzen eines Aktivums bei Erhöhung dessen Bestandes könnte darin gesehen werden, daß die dem Aktivum speziell zugedachte Nutzenstiftung aufgrund von Liquiditätsdiensten um so mehr nachläßt, je größer diese Dienste leistende Menge des Aktivums im Portefeuille wird, da z. B. die Unsicherheit bezüglich der Zahlungsfähigkeit mit steigender Kassenhaltung (Bargeld und/oder Sichtguthaben) cet. par. abnimmt. Ähnliche Überlegungen — allerdings unter Berücksichtigung von Renditeeinbußen (Transaktionskosten, Kursabschläge) und/oder Zeitverzögerungen — lassen sich auch für andere Aktiva wie Termingeld, Obligationen, Aktien usw. anstellen.

Es ist aber zweifelhaft, ob derartige Nutzenvorstellungen bei den einzelnen Wirtschaftssubjekten bestehen[34]. So ist es z. B. denkbar, daß einzelne Wirtschaftssubjekte auf eine Erhöhung der Sparzinsen hin nicht mit einem Abbau von Kasse und einer Zunahme ihrer Spareinlagen reagieren, selbst wenn die anderen Umstände (Einkommen, Zahlungsrhythmus, Bedarf an Konsumgütern etc.) für sie gleichbleiben. Derartige Einschränkungen werden auch von *Claassen* dort erkannt, wo es um die Erörterung der voluntaristischen Geldnachfrage (sowie die — von *Claassen* abgelehnte — Unterscheidung zwischen Transaktions- und Spekulationskasse) geht, allerdings ohne daß dies dann später beim „marginal approach" berücksichtigt wird.

> „Es liegt eher die Vermutung nahe, daß nicht etwa der Lohnempfänger oder die Hausfrau eine Optimierung der Transaktionskasse — geschweige denn einer Spekulationskasse, die im Falle des ‚kleinen Mannes auf der Straße' wohl kaum existent ist — durchführt, sondern daß vielmehr Finanziers, größere Firmen und Finanzinstitute eine Optimierung ihres Portefeuilles regelmäßig anstreben. Diese letzteren werden dann auch in ihrer Geldnachfrage auf geldpolitische Maßnahmen wie die Zinsänderungen reagieren[35]."

Hier ist u. E. wohl auch erkannt worden, daß für die Bilanzdispositionen der verschiedenen Wirtschaftssubjekte differenziertere Erklä-

---

[31] Wie wir im Absatz (2) dargestellt haben, handelt es sich um Erwartungswerte.

[32] Vgl. *E. M. Claassen,* Probleme ..., S. 146.

[33] *Ebenda,* S. 146.

[34] Eine eingehende Erörterung der Nutzentheorie werden wir bei unserer weitergehenden Kritik in 2.2. vornehmen.

[35] *E. M. Claassen,* Probleme ..., S. 117.

rungen als nur diejenigen über Liquiditätsdifferentialpräferenzen herangezogen werden müssen. Wir werden bei unserer abschließenden Kritik noch auf die Besonderheiten der Finanzmärkte und die auch damit zusammenhängenden Differenzierungsnotwendigkeiten zwischen den einzelnen Wirtschaftssubjekten und unterschiedlichen Gruppen solcher Wirtschaftssubjekte zurückkommen. Vorerst wollen wir aber in der Darstellung des Konzepts der Liquiditätsdifferentialpräferenzen fortfahren.

(6) Dem Aufbau eines optimalen Portefeuilles entsprechend, könnte auch die Passivseite konstruiert werden[36]. Wir wollen dies hier nur in aller Kürze tun.

Der nichtpekuniäre Nutzen einer längerfristigen Verschuldung gegenüber einer kürzerfristigen, könnte für den Ausleiher darin bestehen, daß er über die entliehenen finanziellen Mittel für längere Zeit verfügen kann und sich daher nicht frühzeitig um eine Zurückzahlung, eine Verlängerung oder Revolvierung (Ersetzung des ersten Kreditgebers durch einen anderen) des Kredites sorgen muß[37].

Unter dem Gesamtaufwandsaspekt (der hier dem Gesamtertragsaspekt der Aktivseite entspricht) müssen dafür zum Ausgleich die pekuniären Aufwendungen der kürzerfristigen Schulden geringer sein als die der längerfristigen Schulden, da der nichtpekuniäre Aufwand der Liquiditätsvorsorge (Sorge um Zurückzahlung, Verlängerung oder Revolvierung) bei kürzerfristigen Schulden größer ist als bei längerfristigen bzw. der Nutzen, den ein Wirtschaftssubjekt dadurch hat, daß es geringere Vorsorge betreiben muß, bei längerfristigen Schulden größer ist als bei kürzerfristigen. Auch hier handelt es sich, da Ungewißheit besteht, um erwartete Größen.

Ein Wirtschaftssubjekt wird dabei den Liquiditätsnutzen einer längeren Rückzahlungsfrist um so höher einschätzen, je unsicherer es sich in bezug auf seine Fähigkeit fühlt, in der Zukunft zurückzuzahlen, zu verlängern oder zu revolvieren. Mit einer Zunahme der Unsicherheit wird es versuchen, kürzerfristige Schulden durch längerfristige zu ersetzen, und dafür auch bereit sein, höhere Finanzierungskosten (pekuniäre Aufwendungen) zu leisten. Ähnlich verhält es sich dem Ansatz gemäß bei Zinsveränderungen und gleichbleibendem Sicherheitsbedürfnis. Auf erwartete Zinserhöhungen würde es hierbei mit einer Substitution von längerfristigen durch kürzerfristige Schulden reagieren.

[36] *E. M. Claassen*, Probleme ..., S. 160. Claassen unterläßt dies in seiner Abhandlung.

[37] Vgl. zu Liquiditätsposition und Schuldnerverhalten: *J. M. Culbertson*, The Term Structure of Interest Rates, *in:* The Quarterly Journal of Economics, Vol. LXXI (1957), S. 493 ff.

Allerdings müßten auch hier Nebenbedingungen wie z. B. die Stellung von Sicherheiten (Verminderung eines „Verfügbarkeitsnutzens") berücksichtigt werden. Persönliche Präferenzen zwischen Kreditgeber und -nehmer dürften ebenso wie Motive der Erhaltung der persönlichen Gestaltungsfreiheit u. ä. eine Rolle dafür spielen, daß der Portefeuilleaufbau (bzw. Aufbau der Verschuldensseite) sowie die Portefeuilleanpassung (bzw. Anpassung der Verschuldensseite) an sich ändernde Ertragssätze sich wohl nicht nur durch den monetären Ertragsnutzen und den Liquiditätsnutzen erklären lassen. Wir erkennen daran, daß die in der Portfolio-Theorie vorgenommene Reduktion der Erklärungsvariablen auf zwei „Nutzenarten" wohl kaum der Realität entsprechen dürfte.

2.1.2. Zinserwartungen sollen im Zusammenhang mit Liquiditätsdifferentialpräferenzen die Zinsstruktur determinieren

(1) „The literature dealing with the theory of the rate structure, and with points that are involved in the theory of rate structure, is large, capable, inconsistent, and in some cases self contradictionary[38]."

Obwohl auch dieser Satz eigentlich einer kritischen Prüfung bedarf, wollen wir im Rahmen unserer Arbeit nicht die gesamte neuere Literatur zum Problem der Zinsstrukturen untersuchen[39], sondern nach dem von *Claassen* in neuerer Zeit formulierten Ansatz der Liquiditätsdifferentialpräferenzen fortfahren[40]. Nach *Claassen* ergibt sich nämlich aus dem Portefeuilleaufbau nach Liquiditäts- und Ertragsnutzen auch die Zinsstruktur an den Märkten für Finanzanlagen und damit ein möglicher Erklärungsansatz für die Fragestellung unserer Arbeit.

Wie wir oben schon erwähnt haben, ist der Nutzen aus Liquiditätsdiensten, den jedes einzelne Wirtschaftssubjekt aus der Anlage in einem Aktivum zieht, aus Gründen der individuell unterschiedlichen Bewertung verschieden[41]. Aufgrund der differierenden Erwartungen (s. o.) werden auch die (erwarteten) sog. pekuniären Ertragssätze von Wirtschaftssubjekt zu Wirtschaftssubjekt unterschiedlich sein. Es wird

[38] *J. M. Culbertson,* Reply, *in:* The Quarterly Journal of Economics, Vol. LXXII (1958), S. 607.

[39] Vgl. hierzu *ders.,* The Term Structure of Interest Rates, *in:* The Quarterly Journal of Economics, Vol. LXXI (1957), S. 485 ff.; *L. S. Wehrle,* Culbertson on Interest Structure: Comment, *in:* The Quarterly Journal of Economics, Vol. LXXII (1958), S. 601 ff.; *F. A. Lutz,* Zinstheorie, Tübingen - Zürich 1967, S. 182 und die dort angegebene Literatur; *H. Kitzki,* Zu einer Theorie der Zinsstruktur in der Bundesrepublik Deutschland, Diss. FU Berlin 1967, Bamberg 1967.

[40] Vgl. *E. M. Claassen,* Probleme ..., S. 147 ff. Dieser Ansatz macht das „neo-klassische" Konzept am deutlichsten sichtbar.

[41] Ein interpersoneller Nutzenvergleich wird u. E. zu Recht als unmöglich angesehen. Vgl. *E. M. Claassen,* ebenda.

aber in dem dargestellten Ansatz angenommen, daß die Zinssätze „für alle gleich hoch und mit Sicherheit bekannt“[42] sein sollen.

Allerdings räumt *Claassen* in[43] Anlehnung an *Culbertson* gleich danach ein, daß es neben der Fristsstruktur noch eine geographische Struktur[44] und eine Vorzugsrisikostruktur der Zinssätze[45] gebe.

Ähnlich wie bei einer Vorzugsrisikostruktur, die „sich auf die Zahlungsfähigkeit des Schuldners (bezieht)“[46] und vom Schuldner und dessen Einschätzung durch den Gläubiger abhängt, so müssen wir auch beachten, daß für die Zinsbildung auch — wenn nicht sogar zu einem großen Teil — die Verhandlungsmacht von Entleiher und Entleihendem mitentscheidend ist[47]. Erst wenn von diesen Dingen abstrahiert wird, — ein für die Erklärung der Realität sehr großer Abstraktionsgrad — kann die Bestimmung der Fristsstruktur der Zinssätze mit Hilfe des o. a. Konzeptes erfolgen. Empirische Untersuchungen beziehen sich dann daher auch nur auf ganz bestimmte Typen von Schuldtiteln bestimmter Schuldner[48].

Der hier zur Erörterung kommende Ansatz basiert auf der sog. Erwartungstheorie[49], „wonach der langfristige Zins ein Durchschnitt der erwarteten kurzfristigen Zinssätze ist“[50], wozu noch bei einer Modifizierung die Besteuerung, verschiedene Kosten bei Aufbau und Veränderungen von Portefeuilles sowie deren Bestandhaltung (z. B. Depotgebühren) mit Berücksichtigung finden können[51]. Da bei dem dargestellten Ansatz von unterschiedlichen Erwartungen ausgegangen wurde, ist auch dies hier zu berücksichtigen. *Claassen* stellt heraus, daß es „für die Bestimmung der Zinsstruktur dann darauf an(kommt), welche

---

42 *Ebenda*, S. 147.

43 Vgl. *ebenda*, S. 147.

44 Vgl. hierzu u. a. *R. Groß*, Freiheit und Intervention im Kapitalverkehr zwischen Industrieländern, Diss. Mainz 1969.

45 Auch eine Risikoeinschätzung ist nicht durch jedes Wirtschaftssubjekt gleich. Vgl. *J. R. Hicks*, Value and Capital, S. 143: „One thing to be considered is the fact that a borrower's credit worthiness is a matter for the individual estimate of lenders, and these individual estimates are likely to differ.“

46 *E. M. Claassen*, Probleme ..., S. 148.

47 Vgl. *H.-J. Krümmel*, Bankzinsen, Köln - Berlin - Bonn - München 1964, insbes. S. 229, wobei sich diese Abhandlung hauptsächlich auf die Preispolitik von Universalbanken bezieht.

48 Vgl. *J. M. Culbertson*, The Term Structure of Interest Rates, S. 495 ff. (für US-Government Securities); *J. M. Neumann*, Yield-curve analysis: eine Methode zur empirischen Bestimmung der Zinsstruktur am Rentenmarkt, *in:* Jahrbücher für Nationalökonomie und Statistik, Bd. 102 (1968/69), S. 193 - 203 (für bestimmte Bundesanleihen).

49 Vgl. *F. A. Lutz*, Zinstheorie, S. 182 ff.; *ders.*, The Structure of Interest Rates, *in:* The Quarterly Journal of Economics, Vol. LV (1941), reprinted 1964, S. 36 - 64; *H. Kitzki*, S. 26 mit der dort angegebenen Literatur.

50 *F. A. Lutz*, Zinstheorie, S. 182.

51 Vgl. *H. Kitzki*, S. 26 ff.

Gruppe die am Markt relativ stärkste ist"[52]. Unter Anwendung der Liquiditätsdifferentialpräferenzen erhalten nun die Zinssätze eine bestimmte Fristenstruktur, je nachdem in welche Richtung die (sich durchsetzenden) Erwartungen gehen.

Hierzu wäre mehreres kritisch zu bemerken. Wie beim Portefeuilleaufbau stellt sich wiederum die Frage der Reduktion von Nutzenüberlegungen auf lediglich zwei Nutzenarten. Hinzu tritt aber, daß im Hinblick auf die Realität durch das Abstrahieren von besonderen Präferenzen bei verschiedenen Anlegergruppen die Verwendbarkeit dieses Portfolio-Ansatzes als Erklärungsansatz für die Zinsstruktur außerordentlich eingeschränkt wird. Unterschiedliche Fristenstrukturen bei verschiedenen Anlageformen können hiermit in bezug auf den Grad ihrer Unterschiedlichkeit nicht erklärt werden, ebensowenig wie die heute oftmals festzustellende Segmentierung von Märkten nach verschiedenen Gruppen (hier: Anbieter- und Anlegergruppen)[53].

Im nächsten Absatz soll aber — unter der (von uns kritisierten) Annahme gleichgerichteter Erwartungen — dargestellt werden, wie die Fristenstruktur der Zinsen nach dem Modell von *Claassen* aussehen würde, wenn gleichbleibende, steigende oder sinkende Zinsen erwartet werden.

(2) Bei gleichbleibenden Erwartungen, d. h. daß kein Kapitalwertgewinn oder -verlust im Zeitablauf für die langfristigen Wertpapiere erwartet wird („daß die langfristigen Zinssätze unveränderlich bleiben")[54], werden die liquideren kurzfristigen Wertpapiere unterhalb der langfristigen verzinst werden, wobei sich die Differenzen aus den Liquiditätsdifferentialen ergeben.

Als Gründe dienen hier genauso wie bei der Ableitung zur Struktur der einzelnen Portefeuilles die höheren Zahlungssicherheiten durch frühere Rückzahlung und geringeres Risiko in bezug auf die Kapitalwertsicherheit[55].

Allerdings erscheint uns das letztere Argument nicht ganz stichhaltig. Das Risiko, sich über den Kapitalwert einer Wertpapieranlage aufgrund einer Zinsveränderung (nicht aufgrund einer Veränderung der Bonität des Schuldners, welche gem. der gemachten Annahmen ausgeschlossen ist, (vgl. (1)) zu irren, beinhaltet auch die Chance, daß der

[52] *E. M. Claassen*, Probleme ..., S. 149. Vgl. auch *G. O. Bierwag* und *M. A. Grove*, A Model ..., S. 53, die „pooles of opinion" bilden und ihnen jeweils „the sum of the individual weights" zuordnen.

[53] Deshalb werden wir im 3. Kap. zwischen Wirtschaftssektoren unterscheiden und nach gewissen „Affinitäten" zu bestimmten Anlagetiteln fragen.

[54] *E. M. Claassen*, Probleme ..., S. 149.

[55] Vgl. *ebenda*.

Kapitalwert aufgrund einer Zinssenkung zunehmen kann. Unter den oben gemachten Annahmen kann das Liquiditätsdifferential einer Anlage in einem kürzerfristigen gegenüber einer Anlage in einem längerfristigen Wertpapier nur aufgrund der größeren Geldnähe des ersteren (kürzerer Zeitraum der „self liquidation", wodurch die Zahlungssicherheit eines Wirtschaftssubjektes erhöht wird) und in den Transaktionskosten für die vorzeitige Abtretung einer längerfristigen Anlage (deren geringerer „shiftability")[56] wegen unvorhergesehenen Zahlungsanforderungen bestehen.

Durch die Liquiditätsdifferentialpräferenzen der Wirtschaftssubjekte und die bestehenden Erwartungen von gleichbleibenden Zinsen im längerfristigeren Bereich, die von der am Markt stärksten Gruppe gehegt werden, baut sich die Friststruktur der Zinsen nun so auf, daß längerfristige Aktiva einen höheren, kürzerfristigere Aktiva einen niedrigeren und vollkommen liquide Aktiva (Zahlungsmittel) einen ganz geringen bzw. gar keinen Zinsertrag abwerfen. Der jeweilige pekuniäre Ertragssatz ist in diesem Falle gleich dem jeweiligen Zinssatz, da keine Kapitalwertveränderungen erwartet werden[57].

Anders stellt sich die Zinsstruktur dar, wenn von der insgesamt stärksten Marktgruppe mit einer Erhöhung der langfristigen Zinssätze gerechnet wird[58]. In einem solchen Falle werden für die im Portefeuille zu haltenden langfristigen Wertpapiere Kapitalwerteinbußen erwartet. Der Zins für langfristige Wertpapiere muß demzufolge nicht nur den Ausgleich des Liquiditätsdifferentials zu kurzfristigen Wertpapieren und von diesen zu Geld erbringen, sondern zusätzlich den erwarteten Kapitalverlust kompensieren. Daraus folgt, daß die Zinsen für längerfristige Wertpapiere bei dieser Konstellation der Erwartungen erheblich über den Zinsen kürzerfristiger Anlagen liegen müssen.

Wird hingegen mit einem Sinken der langfristigen Zinssätze gerechnet[59], so setzt sich der pekuniäre Ertragssatz einer langfristigen Wertpapieranlage aus dem erwarteten Kapitalwertgewinn und dem Zins zusammen. Der Zins muß dementsprechend für die langfristigen Wertpapiere nicht mehr erheblich über dem der kürzerfristigen Wertpapiere liegen, um den Liquiditätsnachteil auszugleichen; er kann sogar unterhalb dem der kurzfristigen Aktiva liegen, wenn mit entsprechend ho-

---

[56] Vgl. zu den Begriffen „self liquidation" und „shiftability": *W. Stützel*, Art. „Liquidität", S. 622.

[57] U. E. muß hier auch explizit die Annahme von Geldwertstabilität (Realwertsicherheit) gemacht werden. Auf die besondere Problematik von Zinsstruktur und Realwertveränderungen werden wir noch weiter unten eingehen.

[58] Vgl. *E. M. Claussen*, Probleme ..., S. 152.

[59] Vgl. *ebenda*, S. 152 f.

hen Kapitalwertzunahmen aufgrund erwarteter Zinsrückgänge im längerfristigen Bereich gerechnet wird.

(3) Da nach den Annahmen der Liquiditätsdifferentialpräferenztheorie auch die erwarteten pekuniären Erträge von der Realwertsicherheit abhängig sein sollen[60], müßte noch die erwartete Veränderung des Preisniveaus berücksichtigt werden. Unter der — u. E. unrealistischen — Prämisse, daß die erwarteten Änderungen im allgemeinen Preisniveau gleichmäßig sind, hätten solche Änderungen auf die *Fristsstruktur* der Zinsen von *Forderungs*titeln keinen Einfluß, jedoch auf das Niveau der Zinssätze[61].

Bei schwankenden Änderungen des Preisniveaus ist diese Aussage schon nicht mehr deduzierbar.

Gehen wir von verschieden hohen Geldentwertungsarten in aufeinanderfolgenden Perioden aus, so würde es z. B. leichter für die Wirtschaftssubjekte sein, kürzerfristige Forderungen in realwertsicherere Anlagen umzuwandeln, wenn sie im Zeitablauf mit steigenden Inflationsraten rechnen, da eben diese Forderungen eher (mit geringeren Transformationskosten) in Zahlungsmittel zur Beschaffung anderer Anlagen umgewandelt werden können. Dieser Vorteil müßte durch entsprechend erhöhte Zinsen für längerfristige Forderungen ausgeglichen werden, womit Geldentwertungsraten in unserem Falle auch die Fristsstruktur der Zinsen beeinflussen.

Man wird davon ausgehen können, daß zu leistende Zinsen für eine Fremdkapitalaufnahme u. a. Kosten für die Erstellung von Gütern sind. Inwieweit steigende Kosten sich in Preiserhöhungen niederschlagen, ist eine Frage der Entwicklung der Nachfrage und den sich aus Angebot und Nachfrage ergebenden Knappheitsgraden. Neben Einkommens- und Gewinnerwartungen (und vielen anderen Faktoren) könnte die Nachfrage nach Gütern aber auch durch die Erhältlichkeit von Krediten und die Höhe der Kosten für die Kredite mitbestimmt sein; d. h. aber auch, daß sowohl auf der Angebotsseite (Kosten des Fremdkapitals für die Produktion von Gütern) als auch auf der Nachfrageseite (Kosten für den Erwerb von Gütern) die Zinshöhe eine Rolle spielt, wodurch die Zinsen auch Determinanten des Geldwertes sind.

Andererseits ist der Geldwert bzw. seine erwarteten Änderungen gemäß dem dargestellten Ansatz, wonach der pekuniäre Ertrag eines

[60] Vgl. *ebenda*, S. 143.

[61] Vgl. *ebenda*, S. 153 f.; S. 152: „In der Tat haben kontinuierliche Veränderungen im allgemeinen Preisniveau überhaupt keine Wirkungen auf die Struktur der Zinssätze; sie werden lediglich das Niveau der Zinssätze beeinflussen!" Der Realitätsgehalt einer solchen Aussage ist allerdings sehr zweifelhaft, wenn man z. B. die Zinssenkungen betrachtet. Vgl. *o. V.*, Zinsdruck, *in:* Frankfurter Allgemeine Zeitung, Nr. 51 vom 1. März 1972, S. 17.

Aktivums auch Realwertänderungen einschließt[62], *auch* Bestimmungsgrund für die Höhe der Zinsen. Es besteht demzufolge eine Multikolliniarität zwischen (erwarteten) Zins- und Geldwertänderungen, d. h., daß das Erklärungsbedürftige (Zinsen bzw. deren Struktur) das zu Erklärende (Geldwertänderungen) selbst zu determinieren hat[63].

2.1.3. Zeitpräferenzen sollen die Höhe des Portefeuilles bestimmen

Gemäß dem Ansatz von *Claassen*[64] wird der Bestand eines Portefeuilles von einem Wirtschaftssubjekt nur dann erhöht, wenn dieses Wirtschaftssubjekt einen höheren (Grenz-)Nutzen aus der Anlage einer (zusätzlichen) Einkommenseinheit gegenüber dem Verbrauch (Konsum) dieser (zusätzlichen) Einkommenseinheit zieht, wobei sich der Nutzen aus der Anlage (Sparen) nicht so wie bei *I. Fisher* lediglich aus dem dafür zu erhaltenden Zins[65], sondern aus dem Gesamtbetrag ergibt, der sich aus dem pekuniären Ertrag (Zins, Kapitalveränderung und Realwertänderung) und dem nichtpekuniären Ertrag aufgrund der jeweiligen Liquiditätsdienste zusammensetzt. Der zusätzliche Nutzen, den ein sofortiger Verbrauch einer zusätzlichen Einkommenseinheit für ein Wirtschaftssubjekt hervorbringt, wird als Grenzrate der Zeitpräferenz (time-preference) bezeichnet.

Bei einer Bestimmung der optimalen Höhe eines Portefeuilles eines bestimmten Wirtschaftssubjektes unter Nutzengesichtspunkten hat die Grenzrate der Zeitpräferenz dem Grenznutzen aus den Gesamtertragssätzen der verschiedenen Anlagen des Portefeuilles gleich zu sein. „Die Gleichgewichtssituation eines optimalen Sparvolumens impliziert den Ausgleich der Zeitpräferenz mit den Gesamtertragssätzen; in ähnlicher Weise ist die Gleichgewichtssituation eines optimalen Investitionsvolumens durch die Gleichheit der Grenzeffizienz der Investition mit den Gesamtertragssätzen charakterisiert[66].“

---

[62] Vgl. *ebenda,* S. 143 und S. 153.

[63] Vgl. *H. Albert,* Traktat über kritische Vernunft, 2. Aufl., Tübingen 1969, S. 13. Es handelt sich hier um die 2. Alternative im sog. Münchhausen-Trilemma (einem „Logischen Zirkel in der Deduktion, der dadurch entsteht, daß man im Begründungsverfahren auf Aussagen zurückgreift, die vorher schon als begründungsbedürftig aufgetreten waren“; *ebenda,* Hervorhebung von H. A.). Vgl. auch das Beispiel von *K. R. Popper* für einen Zirkelschluß: „Betrachten wir den folgenden Dialog: ‚Wieso ist das Meer heute so stürmisch?‘ — ‚Weil Neptun heute sehr zornig ist!‘ — ‚Auf welche Gründe kannst du deine Aussage stützen, daß Neptun heute sehr zornig ist?‘ — ‚Ja, siehst du denn nicht, daß das Meer *sehr* stürmisch ist? Und ist es nicht immer stürmisch, wenn Neptun zornig ist?‘“ (*K. R. Popper,* Die Zielsetzung der Erfahrungswissenschaft, *in:* Theorie und Realität, hrsg. v. *H. Albert,* S. 74.)

[64] Vgl. *E. M. Claassen,* Probleme ..., S. 160 ff.

[65] Vgl. *I. Fisher,* The Theory of Interest, New York 1930.

[66] *E. M. Claassen,* Probleme ..., S. 160 f.

Für die Haushalte wäre eine Sparentscheidung nicht allein vom Zins, sondern auch vom Liquiditätsnutzen abhängig. Erhöht sich z. B. die Neigung eines Haushaltes nach mehr Zahlungssicherheit (Liquidität), so wird sich sowohl die Geldhaltung aufgrund des gestiegenen nichtpekuniären Ertragssatzes der Kasse durch Abbau von anderen Aktiva erhöhen, wodurch deren Gesamtertragssätze nun wiederum dem Gesamtertragssatz der Geldhaltung angepaßt werden[67], als auch durch Sparen von Einkommensteilen zunehmen, da der Grenznutzen der Gesamtertragssätze gestiegen ist.

Für ein Unternehmen, das gemäß einer im Modell gemachten Annahme nicht sparen können soll[68], müßte die Grenzeffizienz der Investitionen, d. h. der zusätzliche Ertrag, der sich durch die zusätzliche Beschaffung von Sachkapital ergibt und in den eine Risikoprämie eingerechnet ist, mindestens so groß sein wie die Gesamtertragssätze der im Portefeuille befindlchen Aktiva. Außerdem müssen die Finanzierungskosten kleiner sein als die Grenzeffizienz. Sollten die Umstände anders sein, würde das betreffende Unternehmen entweder eine Portefeuilleanlage in Geld und/oder Forderungen der Sachkapitalbildung vorziehen, falls damit ein höherer Gesamtertragssatz erreicht wird, oder es wird die Investition aufgrund des zu teuren Kredits nicht unternehmen. Demgemäß werden bei einer Investitionsentscheidung unter Unsicherheit neben Ertrags-/Aufwandsüberlegungen auch Liquiditätsüberlegungen eine Rolle spielen, insbesondere da sowohl die „shiftability" als auch die „self-liquidation" (langlebiger) Investitionsgüter nicht hoch bzw. kurzfristig ist, wodurch der Liquiditätsnutzen eines Anlagegutes gering sein wird[69].

Entscheidungen über die Höhe eines Portefeuilles oder einer Investition bedingen demzufolge auch immer Entscheidungen über die Struktur eben jenes Portefeuilles.

2.2. Abschließende Kritik

(1) Das Konzept der Liquiditätsdifferentialpräferenzen wurde von uns deshalb so ausführlich dargestellt, weil es im weitgesteckten Rahmen der Themenstellung *allgemeine* Erklärungen zur Geldvermögensbildung und Verschuldung (hier im weitesten Sinne verstanden) von Wirtschaftssubjekten anzubieten versprach. Dies gilt um so mehr, als bei diesem Konzept von Voraussetzungen ausgegangen wird, „die unvollkommene Märkte, Transaktionskosten bzw. andere Arten von

[67] Gemäß der Annahme, daß der Grenznutzen bei Abnahme des nutzenstiftenden Aktivums zunimmt (!).

[68] Vgl. *E. M. Claassen,* Probleme . . ., S. 161.

[69] Vgl. *ebenda,* S. 161.

,Friktionen' und Unsicherheiten bezüglich zukünftiger Ereignisse einschließen"[70].

(2) Wie nun aber die erste Kritik schon gezeigt hat, ist dieses Konzept — ganz abgesehen von einer möglichen grundsätzlichen Infragestellung eines nutzentheoretischen Ansatzes, der auf das erste und zweite Gossensche Gesetz zurückgeht — mit einigen Mängeln behaftet. Gewichtig erscheint dabei schon der dargestellte „Zirkelschluß" bezüglich der Realwertsicherheit und Zinsstruktur[71] und das Herausstellen eines linearen Zusammenhangs zwichen Zinsniveau und Geldwertänderung.

Die grundsätzliche Kritik an dem oben angegebenen Konzept muß u. E. aber an der nutzentheoretischen Ausgangsbasis ansetzen, so wie sie von *Claassen* gewählt wird. Wir meinen damit hier weniger eine Kritik unter dem Gesichtspunkt der der Nutzenlehre innewohnenden Ideologie[72], sondern wollen der Frage nachgehen, inwieweit ein solches Konzept Erscheinungen in der Realität erklären kann.

Unser Ausgangspunkt ist deshalb wissenschaftstheoretisch determiniert und berührt die Frage des möglichen Scheiterns einer Theorie an den Tatsachen (Falsifizierbarkeit)[73].

In dieser Hinsicht stellt die Bestimmung des individuell unterschiedlichen Nutzens (hier Nutzen aus der Bildung und Umschichtung eines Portefeuilles mit unterschiedlichen Anlageobjekten) die größte Schwierigkeit dar[74].

Der von *Claassen* gewählte Weg, aus Veränderung in der Zinshöhe und Zinsstruktur sowie aus Veränderungen von Struktur und Volumen der Bilanzdispositionen auf den jeweils vorliegenden Nutzen zu schließen, heißt aber, daß die Theorie auf einen Zirkelschluß begründet wird, da eben Zinsen und Bilanzpositionen erklärt werden sollen[75].

---

[70] *E. M. Claassen*, Probleme ..., S. 120.

[71] Vgl. oben 2.1.2. (3). Dieser Zirkelschluß überrascht um so mehr, als *Claassen* bei der Erörterung von Argumenten für eine Nutzenstiftung des Geldes *K. Helfferich* einen ähnlichen „Scheinschluß" vorwirft: vgl. *E. M. Claassen*, Probleme ..., S. 93, Fußn. 10.

[72] Vgl. hierzu *G. Myrdal*, Das politische Element in der nationalökonomischen Doktrinbildung, Hannover 1963, S. 77.

[73] Vgl. zur Falsifizierbarkeit (Popper-Kriterium): *K. R. Popper*, Logik der Forschung, *H. Albert*, Probleme der Theorienbildung, *in:* Theorie und Realität, hrsg. von *demselben*, Tübingen 1964, S. 3, 8, 70, insbes. S. 53 ff.

[74] Hinzu kommt noch das Problem der Aggregation (!), insbes. für die hier gewählte Betrachtungsebene.

[75] Vgl. *H. Albert*, Probleme der Theorienbildung, S. 48 f. Zum Fall der Nutzentheorie: *G. Myrdal*, S. 89. In die gleiche (Zirkelschluß-)Richtung scheint auch *Claassen* zu zielen, wenn er eine „empirische *Messung* der ,Liquiditätsmenge' L" mit Hilfe der pekuniären Ertragssätze vornimmt. Vgl. *E. M. Claassen*, Probleme ..., S. 151 f.

Da die Erwartungen der Wirtschaftssubjekte für die Bestimmung der Ertragssätze von außerordentlicher Wichtigkeit sind, hätten für die Bestimmung entsprechende Hypothesen angeführt werden müssen. Dies wird jedoch von *Claassen* unterlassen, wodurch mit seinem Konzept in der Realität auftretende Änderungen der Ertragssätze immer als mit der Theorie konform interpretiert werden können[76]; ein Scheitern dieser Theorie an den Tatsachen ist daher nicht möglich.

Ansatzpunkte für das Aufstellen überprüfbarer Nutzenfunktionen könnten sich aus dem von *J. v. Neumann* und *O. Morgenstern* vorgeschlagenen Weg der Nutzenbestimmung ergeben[77]: neokardinales Konzept der Nutzenbestimmung mit Hilfe isolierter Experimente. Diesen Weg geht *Claassen* nicht[78]. Er schließt vielmehr von den Preisen (Zinsen) und den Mengen (Bilanzvolumina und -strukturen) auf entsprechenden Nutzen.

Den Weg der neokardinalen Nutzenmessung (und ihrer Überprüfung!) können wir im weiteren Verlauf infolge der unserer Arbeit zugrunde liegenden Betrachtungsebene (die einzelnen Wirtschaftssubjekte sind in der Finanzierungsrechnung in Sektoren zusammengefaßt) und aufgrund der fehlenden Möglichkeiten, in losgelösten Experimenten[79] Nutzenmessungen für Wirtschaftssubjekte vorzunehmen, selbst nicht gehen[80].

(3) Wir müssen feststellen, daß mit Hilfe der Portfolio-Selection-Theorie in der dargestellten Form die Erklärung von Bilanzdispositionen durch den Liquiditäts- und monetären Ertragsnutzen nicht befriedigend gelöst werden kann. Dies liegt einmal an dem nach wissen-

---

[76] Vgl. dazu auch *J. Ringel*, Geldtheoretische Ansätze im Lichte der modernen Wissenschaftstheorie, Tübingen 1970, S. 85 (Überprüfung der Theorie von *Keynes*), S. 98 ff. (Portfolio-Selection-Theorie nach *J. Tobin*).

[77] Vgl. *J. v. Neumann* und *O. Morgenstern*, Spieltheorie und wirtschaftliches Verhalten, 2. Aufl., Würzburg 1967, insbes. S. 15 ff. (Ziff. 3.2.1. ff.), die darauf verweisen, daß die Suche nach Präferenzen für Ereignisse in verschiedenen zukünftigen Perioden „sehr interessante aber noch äußerst dunkle Zusammenhänge mit der Spar- und Zinstheorie usw. bietet“ (*ebenda*, S. 19; Ziff. 3.3.3., Fußnote 1).

[78] Dies wäre aber ein möglicher Weg eine *auf das Individuum bezogene* Portfolio-Selection-Theorie zu entwickeln, die unter gewissen Kautelen (Konsistenz des Handelns, Transitivität der Präferenzen, Unabhängigkeit der Ergebnisse voneinander) vorderhand überprüfbar erscheint. Vgl. *D. L. Luce* und *H. Raiffa*, Games and Decisions. Introduction and critical Survey. 3rd printing, New York 1958, S. 34 ff.

[79] Vgl. *J. v. Neumann* und *O. Morgenstern*, S. 17 ff. (Ziff. 3.3.2. ff.); *D. R. Luce* und *H. Raiffa*, S. 23 ff.; *W. J. Baumol*, Economic Theory and Operations Analysis, 2nd ed., Englewood Cliffs, N. J. 1965, S. 516 ff.

[80] Zur Problematik dieses Ansatzes und zu seinen Grundannahmen vgl. aber auch *D. R. Luce* und *H. Raiffa*; *W. J. Baumol*, S. 512 ff.; *W. Weber* und *E. Streissler*, Art. „Nutzen“, *in:* Handwörterbuch der Sozialwissenschaften, 8. Bd., Stuttgart - Tübingen - Göttingen 1964, S. 4 ff. und 12 ff.

schaftstheoretischen Kriterien festgestellten Zirkelschluß, der eine Überprüfung der Theorie in der vorliegenden Form nicht zuläßt.

Weiter stellt sich aber das Problem, daß verschiedene Titel durch ihre nicht nur nach der Fristenstruktur unterschiedlichen Ausstattung sich in diesem Raster nicht oder nur unzureichend erfassen lassen. Segmentierungen des monetären Marktes durch spezielle Titel für besondere Gruppen von Kreditnehmern im weitesten Sinne und Anlegern (z. B. Spareinlagen und Lebensversicherungen besonders für private Haushalte) können im Vergleich zu Titeln von anderen monetären Märkten u. E. nicht lediglich auf Nutzenkategorien von Liquidität und monetären Ertrag zurückgeführt werden.

Unser Ansatzpunkt für Erklärungen von Bilanzdispositionen und damit auch für den Portefeuilleaufbau soll deshalb weniger allgemein gewählt werden. D. h., uns wird es im folgenden Kapitel nicht darum gehen, eine allgemeine Theorie zu finden, die alle Verhaltensweisen von Wirtschaftssubjekten und darunter auch diejenigen, die das Verhalten auf den Finanzmärkten betreffen, erklärt[81]. Dafür wollen wir vielmehr Verhaltenshypothesen von — nach Wirtschaftssektoren zusammengefaßten — Wirtschaftssubjekten zur Erklärung ihrer Bilanzdispositionen und damit auch zur Erklärung von Vorgängen auf den Finanzmärkten entwickeln. Dies geschieht von unserer Betrachtungsebene ausgehend (der Finanzierungsrechnung der Deutschen Bundesbank) für die Bundesrepublik Deutschland.

Demgemäß handelt es sich nur (!) um sog. *Quasi-Theorien*[82], die u. E. zur Zeit aber den Vorzug haben, daß sie laufend an Tatsachen überprüft und damit falsifiziert und auch verworfen (!) werden können. Ansatzpunkte für derartige Hypothesen sehen wir in Fragen nach dem Verhalten bei institutionellen[83], konjunkturellen u. a.[84] Veränderungen und weitergehend in der Frage nach den Determinanten von Erwartungen[85], die zu Bilanzdispositionen oder zum Unterlassen derartiger Dispositionen führen.

---

[81] Ob sich eine entsprechende Theorie jemals finden läßt, die einerseits dem Falsifizierbarkeitskriterium genügt und andererseits vollkommen den Charakter eines allgemeinen Gesetzes trägt, möchten wir vorläufig dahingestellt sein lassen. Versuche dieser Art z. B. mit einer Theorie der Belohnungen und Bestrafungen (vgl. *A. Malewski*, Verhalten und Interaktion, Tübingen 1967) beinhalten u. E. entweder Ausnahmen in dieser Theorie (z. B. Masochisten [!]) oder sie genügen nicht dem Falsifizierbarkeitskriterium, da sie alle Möglichkeiten von Reaktionen einschließen (also: ‚Prügel', die normalerweise als Bestrafung gelten, sollen für Masochisten als Belohnung gelten).

[82] Vgl. *H. Albert*, Marktsoziologie und Entscheidungslogik, S. 484.

[83] Insbesondere Veränderungen im gesetzlichen Rahmen sowie deren Ankündigungen.

[84] Veränderungen in der Beschäftigung, den Umsätzen, den Preisen usw. aber auch Veränderungen in den Außenhandelsbeziehungen u. ä. mehr.

Erklärungen für Entwicklungen an Finanzmärkten in der Bundesrepublik Deutschland werden dabei über „Erklärung(en) des menschlichen *Marktverhaltens* und seiner Konsequenzen“[86] vorgenommen.

Wir stellen deshalb im nächsten Kapital konkret Fragen nach der „Portfolio-Selection“ (Bilanzdisposition) von Wirtschaftssektoren unter konjunkturellen, strukturellen, administrativen usw. Gegebenheiten in der Bundesrepublik Deutschland und den (möglicherweise) *dazugehörigen* Erklärungsansätzen (Hypothesen).

Da wir die Zusammenhänge zwischen den zu erklärenden Erscheinungen (Tatbeständen) und den der Erklärung dienenden Umständen für das Verhalten oftmals nur vermuten, diese Vermutungen aber auch noch einer empirischen Prüfung unterziehen wollen, werden wir auch in mehreren Fällen konjektural formulierte Erklärungsansätze (nicht ganz im Sinne des allgemeinen Sprachgebrauchs) „Hypothesen“ nennen.

3. Protokollnotizen und Verhaltenshypothesen

Überprüfbar erscheinende Erklärungsansätze sektoraler Bilanzdispositionen im Zusammenhang mit Finanzmärkten

3.1. Private Haushalte

3.1.1. Wirtschaftssubjekt und Sektor

(1) Klassifizierungen von Wirtschaftssubjekten sind aufgrund individueller Eigenarten eines jeden Subjektes in gewisser Weise immer willkürlich[87]. Wenn wir einer Gruppe von Wirtschaftssubjekten überwiegend gleichgerichtete Verhaltensweisen zuschreiben, so haben wir dies unter dem einschränkenden Gesichtspunkt vorhandener Individualität zu tun. In bezug auf unser Betrachtungsobjekt bedeutet dies, daß Transaktionen auf einem bestimmten Finanzmarkt, die durch eine

[85] Vgl. hierzu z. B. *J. Robinson,* The Rate of Interest, S. 103: „We have very little knowledge of the influences shaping expectations. Past experience is no doubt the major element in expectations, but experience, as far as one can judge, is compounded in the market with a variety of theories and superdictions and the whole almagan is played upon from day to day by influences (including the last Bank Chairman's Speech) . . .“

[86] *H. Albert,* Marktsoziologie und Entscheidungslogik, S. 473.

[87] Vgl. hierzu z. B. das „Wald und Wiesen“-Beispiel von *F. Voigt* und seine Kritik an der Aggreagation; *F. Voigt,* Aussagefähigkeit und Erkenntnisgrenzen der modernen Wirtschaftstheorie, *in:* Beiträge zur Theorie des Sparens und zur wirtschaftlichen Entwicklung, hrsg. von *demselben,* Berlin 1958, S. 11 ff.

beschriebene Konstellation erklärt werden, bei Vorliegen der Konstellation nun nicht von *allen* Wirtschaftssubjekten des einen Sektors vorgenommen werden, genauso wie nicht alle Wirtschaftssubjekte, die ein bestimmtes Einkommen haben, die gleiche Automarke fahren. Entscheidend ist für uns, daß die Transaktionen der Tendenz nach in der erklärten Richtung vorgenommen werden und sich entsprechend in der Finanzierungsrechnung niederschlagen.

(2) Die Kriterien der Zurechnung von Wirtschaftssubjekten zum Sektor „Private Haushalte" sind schon weiter oben[88] dargestellt worden. In unserem Fall wollen wir aber nicht der Aufspaltung von institutionellen Einheiten (Entscheidungsträgern) nach den Funktionen, Verbrauchen und Sparen sowie Produzieren und Investieren, durchgängig folgen, da im Falle eines unternehmerisch tätig werdenden Haushaltes eine Entscheidung beide Bereiche berührt, eine Trennung daher fiktiv ist. So stellen der Erwerb eines Eigenheims (Sektor „Wohnungswirtschaft") oder die rentierliche Anlage von Zahlungsmitteln durch einen Haushalt (Sektor „Private Haushalte") Alternativen in den Vermögensanlagen ein und desselben Wirtschaftssubjektes dar.

Der Erwerb von Grundstücken, Eigenheimen, Eigentumswohnungen durch private Haushalte findet im Rahmen der Finanzierungsrechnung nun seinen Niederschlag neben anderen Transaktionen in den geleisteten Vermögensübertragungen dieser Haushalte.

Für die Ermittlung der gesamten Bilanzdispositionen privater Haushalte stellt sich dazu als weitere, aufgrund der vorliegenden Finanzierungsrechnungen unüberwindliche Schwierigkeit die Schuldenaufnahme dieser Entscheidungsträger für Aktivitäten im Bereich des privaten Wohnungsbaus dar. Die Bankenstatistik[89] hilft nicht weiter, da sie die Hypothekarkredite auf Wohngrundstücke nicht getrennt nach Privatpersonen und Unternehmen ausweist.

3.1.2. Schuldenaufnahme

(1) Aufgrund der eben gezeigten Schwierigkeiten kann für die Verschuldung der privaten Haushalte nur ihre Kreditaufnahme für konsumtive Zwecke sowie für den Erwerb von Forderungen[90] ermittelt werden. Hierbei ist allerdings zu konstatieren, daß der *Bestand* an Verpflichtungen privater Haushalte Ende 1970 insgesamt nur 30 Mrd.

---

[88] Vgl. 1.2.3.2. (1).

[89] Vgl. *Deutsche Bundesbank*, Statistische Beihefte zu den Monatsberichten, Reihe 1, ff., Ziffer 6: Kredite an inländische Unternehmen und Privatpersonen nach Kreditnehmern.

[90] z. B. Kredite für Einzahlungen auf Bausparverträge zur Beschleunigung deren Zuteilungsreife, Lombarddarlehen zum Effektenerwerb u. ä.

DM gegenüber einem Forderungsbestand von 442 Mrd. DM betragen hat[91]. Der Zuwachs an derartigen Krediten im Vergleich zum Zuwachs an Forderungen dieses Sektors betrug dabei immer unter 10 % und erreichte 1966 mit unter 3 v. H. (0,84 Mrd. DM Kreditaufnahme im Vergleich zu 31,95 Mrd. DM Forderungszuwachs) seinen bisherigen Tiefstand[92].

(2) Eine Hypothese der Art, daß mit der Zunahme des Erwerbs längerlebiger Wirtschaftsgüter auch ein vergleichbar hohes Ansteigen an Krediten verbunden ist, ist wohl durch den relativen Rückgang von Konsumtivkrediten seit der Währungsreform bis in die Mitte der sechziger Jahre widerlegt worden[93].

Aufgrund der relativ starken Abschwächung in der Kreditaufnahme durch private Haushalte im 2. Halbjahr 1966 und im 1. Halbjahr 1967 wollen wir eher die Hypothese vertreten, daß mit steigender Unsicherheit über die zukünftige Einkommensentwicklung die Bereitschaft zur Kreditaufnahme zurückgeht et vice versa. Um zu prüfen, ob Unsicherheit über die zukünftige Einkommensentwicklung vorliegt, sehen wir diese (unabhängig von uns nicht vorliegenden Ergebnissen einer möglichen psychologischen Feldforschung) bei Zurückgehen der bisher geleisteten Überstunden sowie Zunahme von Kurzarbeit und Arbeitslosigkeit als gegeben an.

Wir möchten dagegen bezweifeln, daß die Zinskosten im großen und ganzen einen Einfluß auf die Kreditaufnahme haben, insbesondere, weil bei einem bedeutenden Teil der Kredite an private Haushalte deren effektive Zinsbelastung aufgrund der Berechnung der Zinsen (0,xx % monatlich auf die Restkaufsumme oder den anfänglichen Kreditbetrag bei Zurückzahlung in y Monatsraten) in den wenigsten Fällen bekannt ist[94]. Allerdings wollen wir auch diese Hypothese, die einmal von der *Deutschen Bundesbank* vertreten worden ist[95], bei der Betrachtung unserer Referenzperioden im Auge behalten.

---

[91] Vgl. *Deutsche Bundesbank,* Gesamtwirtschaftliche Finanzierungsrechnung sowie Bestand an Geldvermögen und Verpflichtungen 1970, *in:* Monatsberichte, 23. Jg., Nr. 5, Mai 1970, S. 53.

[92] Vgl. *Deutsche Bundesbank,* Zahlenübersichten und methodische Erläuterungen ...

[93] Vgl. *N. Bub,* Germany, *in:* Capital Markets Study, II, Formations of Savings, hrsg. von OECD, Paris 1968.

[94] So beträgt z. B. der effektive Jahreszinssatz bei monatlicher Ratenzahlung und zwölfmonatiger Kreditdauer bei einem Monatszinssatz von 0,8 % auf die Restkaufsumme 17,72 %. Vgl. *J. Rahmann,* Praktikum der Finanzmathematik, 2. Aufl., Hamburg 1957, S. 16.

[95] Vgl. *Deutsche Bundesbank,* Die privaten Kreditnehmer der Banken, *in:* Monatsberichte, 22. Jg. Nr. 10, Okt. 1970, S. 35.

Der Informationsgehalt der o. a. Hypothesen ist auf jeden Fall größer als bei dem Satz: „Die Schulden mögen anteilsmäßig an der Bilanzsumme steigen oder fallen(!)[96]."

3.1.3. Bildung von Realvermögen

(1) Die Position „Geleistete Vermögensübertragungen" von privaten Haushalten zeichnete sich in den vergangenen Jahren durch sowohl absolut steigende Beträge als auch durch eine relative Zunahme im Vergleich zur gesamten Ersparnis und den empfangenen Vermögensübertragungen dieses Sektors aus[97]. Da es sich hierbei in überwiegendem Maße um den Erwerb von Grundstücken und Wohnungsbaueigentum handeln dürfte[98], erwerben die privaten Haushalte in steigendem Maße Realvermögen, über das sie frei verfügen können und als dessen Benutzer (Bewohner) sie zum Teil selbst auftreten. Aufgrund der zur Zeit bestehenden Knappheitsgrade verfügen damit die privaten Haushalte in anwachsendem Maße über mehr und mehr in seinem Wert steigenden Realvermögen.

(2) Gründe hierfür können einmal in der „Persönlichkeitskomponente"[99] gesehen werden, wobei dem eigenen Haus oder der eigenen Wohnung ein — allerdings schwerlich zu ermittelnder — Prestigewert zugemessen wird. Ein weiterer Grund könnte in der hohen Realwertsicherheit der Wohnungsbauobjekte insbesondere unter dem Aspekt gesehen werden, daß die Wohnungsmieten bis zum Anfang der 70er Jahre stärker als das allgemeine Preisniveau gestiegen sind[100]. Da zur

---

[96] *F. Holzheu,* S. 57. Da dieser Satz nur (unbewußt) die Möglichkeit des genauen Gleichbleibens ausschließt, ist er wohl auch kaum falsifizierbar.

[97] Vgl. *N. Bub,* S. 150.

[98] „... private households began to use a continuously increasing proportion of their savings to finance their own housing projects ..." (*N. Bub,* ebenda).

[99] Vgl. *F. Voigt,* Aussagefähigkeit und Erkenntnisgrenzen der modernen Wirtschaftstheorie, S. 23.

[100] Bezüglich der Frage, ob Haushalte generell unter Geldillusion leiden oder nicht, läßt sich schwerlich ein einheitliches Urteil abgeben. Bei Untersuchungen der Feldforschung (1963) über die Einschätzung verschiedener Vermögensanlagen in bezug auf ihre Realwertsicherheit durch Selbständige, schätzten 75 % ein Sparbuch, aber nur 40 % einen Pfandbrief als nicht sicher ein, während 16 % ein Sparbuch und 30 % einen Pfandbrief für sicher vor Geldentwertung hielten. Der Rest war unentschieden oder gab keine Antwort. Vgl. *J. C. Leverkus* und *K. Wieken,* Eigentumsbildung und Altersversorgung bei Angehörigen des selbständigen Mittelstandes, Köln und Opladen 1967, S. 134. Inwieweit die Geldillusion bei der inzwischen andauernden und sich verstärkenden „schleichenden" Inflation überhaupt noch verhanden ist, vermag der Verf. nicht zu sagen. Der Preisindex für die Lebenshaltung aller Haushalte stieg von 1962 = 100 bis 1969 auf 119,5, der für die Wohnungsmiete auf 156,6. (Quelle: Statistisches Jahrbuch für die BRD 1970, Stuttgart und Mainz 1970, S. 430.)

Realisierung von Wohnungsbauprojekten durch private Haushalte eigene Finanzierungsmittel von gewissem Umfang[101] aufgebracht werden müssen, ist aufgrund der ansonsten gegebenen Vorteile zu vermuten, daß mit steigenden Gesamtersparnissen der Anteil des Erwerbs von Realvermögen an der gesamten Ersparnisbildung der privaten Haushalte weiter steigen wird. Auch diese Hypothese wäre weiter unten zu prüfen.

3.1.4. Bausparen

(1) Wir können von der Sache her annehmen, daß zwischen den Wohnungsbauvorhaben der privaten Haushalte und ihren Einlagen bei Bausparkassen ein enger Zusammenhang besteht. Mit den steigenden Möglichkeiten, Ersparnisse zu bilden und auch Realeinkommen zu erwerben, würden demnach auch steigende Beiträge an Bausparkassen (Bauspareinlagen) einhergehen[102], um verhältnismäßig zinsgünstige Darlehen für Bauvorhaben zu erhalten, für die darüber hinaus nur nachrangige Sicherheiten (zweite Hypotheken) gestellt werden müssen.

(2) Obwohl nicht für alle Bauspareinlagen ein Sonderausgabenabzug bzw. eine Prämienzahlung geltend gemacht werden kann, da entweder die Höchstgrenzen für den Sonderausgabenabzug durch andere Sonderausgaben erreicht werden und/oder prämienbegünstigte Sparbeitragsgrenzen durch hohe Einzahlungen auf Bausparverträge überschritten werden[103], um die frühzeitige Zuteilung eines Darlehens zu erlangen, so scheinen doch die Bauspareinlagen in einem gewissen Maße bezüglich ihrer Veränderungen im Zeitablauf von Änderungen (bzw. deren Ankündigungen) der staatlichen Förderungsmaßnahmen abhängig zu sein[104]. Ein Grund liegt sicherlich darin, daß die an sich niedrige Rendite einer Bauspareinlage, insbesondere für denjenigen, der seinen Vertrag über einen längeren Zeitraum anspart, durch staatliche Prämien oder Einkommensteuerersparnisse auf eine attraktive Höhe angehoben wird. Ankündigungen von Verminderungen der Sparförderung für zukünftige Vertragsabschlüsse (wie etwa durch das sog. Kumulationsverbot) lassen demzufolge die Nachfrage nach Bausparverträgen sowie Einzahlungen im Rahmen von Neuabschlüssen anwachsen; das Eintreten der Verminderung führt dagegen zu einer Abnahme der relativen Be-

---

[101] Allerdings ist die Spanne des Eigenkapitalanteils recht weit und dürfte etwa zwischen 10 und 40 % liegen. Eigenkapitalanteile von 5 % dagegen, wie sie seit 1971 angeboten werden, bedeuten eine extrem hohe Zins- und Tilgungsbelastung. Vgl. *W. Schäfer*, Mietkauf-Modell ein Werbegag?, *in:* Handelsblatt, Jg. 27, Nr. 62 v. 28. 3. 1972, S. 31.

[102] Vgl. *R. Exo*, Die Entwicklung der sozialen und ökonomischen Struktur der Ersparnisbildung in der BRD, Berlin 1967, S. 88.

[103] Vgl. *ebenda*, S. 89.

[104] Vgl. zu solchen Schwankungen in den 50er Jahren: *ebenda*, S. 77 ff.

deutung der Bauspareinlagen im Rahmen der gesamten Forderungsbildung der privaten Haushalte (Hypothese).

Umgekehrt führen Erweiterungen der Sparförderung (z. B. besondere Sparförderung der Arbeitnehmer durch das sog. 312- bzw. 624-DM-Gesetz[105] sowie die Aufhebung des Kumulationsverbotes für solche Sparbeiträge) zu einem rascheren Ansteigen der Bausparleistungen (Hypothese).

Wir müssen allerdings bei der Untersuchung der Finanzierungsrechnung deren Netto-Prinzip beachten. Hohe Einzahlungen bei Bausparkassen brauchen nicht im gleichen Verhältnis wie in den Vorjahren zu Geldanlagen bei Bausparkassen zu führen, wenn gleichzeitig hohe Auszahlungen aus zuteilungsreifen Verträgen verstärkte Vermögensübertragungen (Eigenmittel) von privaten Haushalten an den Wohnungsbau und damit Auflösung von Bauspareinlagen stattgefunden haben. Hypothesen über Transaktionen der privaten Haushalte im Konjunkturablauf, die zu Bilanzdispositionen der Bausparkassen führen, wollen wir weiter unten erörtern[106].

3.1.5. Kontensparen

(1) Das Kontensparen nahm bisher den größten Anteil an den Forderungen der privaten Haushalte ein[107]. Die Gründe hierfür mögen in den Motiven für die private Ersparnisbildung liegen, wiewohl auch diese Motive von Person zu Person differieren und sich im Laufe der Zeit bei ein und derselben Person ändern können[108].

Als ein sehr wichtiges Motiv für das Kontensparen kann die Schaffung eines jederzeit verfügbaren Betrages an Zahlungsmitteln („Notgroschen") angesehen werden. Für eine verzinsliche Anlage solcher Zahlungsmittel erscheint den Haushalten vornehmlich ein Sparbuch mit gesetzlicher Kündigungsfrist geeignet zu sein. Auch wenn z. B. Versicherungen vor gewissen Notlagen schützen können, so sind sie doch auf ein bestimmtes Risiko (Unfall, Krankheit, etc.) ausgerichtet,

---

[105] Erstes, Zweites und Drittes Gesetz zur Förderung der Vermögensbildung der Arbeitnehmer (vom 12. 6. 1961, BGBl. I, S. 909; vom 1. 7. 1965, BGBl. I, S. 585; vom 27. 6. 1970, BGBl. I, S. 925).

[106] Vgl. 3.6.2. (3).

[107] Der Anteil des Kontensparens an der Ersparnisbildung privater Haushalte betrug in den Jahren von 1950 bis 1965 durchschnittlich zwischen 45 und 50 %, wobei allerdings eine leicht sinkende Tendenz zu verzeichnen war. Vgl. *N. Bub*, S. 151, Table 4.

[108] Bezüglich der Sparmotive vgl. u. a.: *F. Voigt*, Aussagefähigkeit und Erkenntnisgrenzen ..., S. 23 ff.; *Deutsche Bundesbank*, Die Ersparnisbildung in Haushalten von Arbeitnehmern, Selbständigen und Rentnern, *in:* Monatsberichte, 20. Jg. Nr. 7, Juli 1968, S. 5; *B. Wissmann*, Die Zinsempfindlichkeit der deutschen Sparer, Berlin 1960, S. 8.

während durch Sparbeträge auch — soweit sie jederzeit kündbar sind — bei Eintreten noch unbekannter Risiken über Zahlungsmittel im Notfall verfügt werden kann.

Ein weiteres Motiv für das Sparen der privaten Haushalte ist das Ansammeln von finanziellen Mitteln für Zwecke, die nicht aus den laufenden Einnahmen voll erfüllt werden können (Zwecksparen), wobei auch hier bei einem Wandel der Zweckbestimmungen im Zeitablauf auf Sparkonten angelegte Beträge vielseitig verwendet werden können.

Für die bevorzugte Anlage von Zahlungsmitteln auf Sparkonten spricht zudem der große Bekanntheitsgrad dieser Anlagemöglichkeit, ein verhältnismäßig geringer Bedarf an Information sowie — abgesehen von Strafzinsen bei Überschreiten der monatlichen Höchstbeträge für Abhebungen — das Nichtvorhandensein von Transaktionskosten und Kursschwankungen. Dagegen fallen Informations- und Transaktionskosten für einen Anleger mit geringen Anlagebeträgen bei einer Anlage in Wertpapieren relativ hoch ins Gewicht, da einmal mit x unteilbaren Mindestbeträgen für Informationsmaterial (Zeitungsabonnements u. ä. zur laufenden Information) sowie dem fortdauernden Zeitaufwand für die Informationsauswertung und weiter mit recht erheblichen Mindestgebühren (Mindestprovision, Spesenpauschalsatz, Limitgebühr) bei Wertpapiertransaktionen gerechnet werden muß. Außer der Barriere, die sich durch eine evtl. vorhandene mangelnde Bekanntheit der Wertpapieranlage ergeben könnte, sind hierdurch für einen Teil der Haushalte, deren Sparfähigkeit gering ist, Grenzen der Substitution zu diesen Anlageformen gegeben.

(2) Unter diesem Aspekt wäre auch die Zinsreagibilität von Spareinlagen[109] zu untersuchen. Hinzu tritt, daß z. B. Termineinlagen, die eine gleichwertige Kapitalwertsicherheit besitzen, von Banken erst in größeren Beträgen hereingenommen werden, bei kleineren Beträgen dagegen auf die Möglichkeit der Spareinlage verwiesen wird. Abgesehen davon, dürfte die Verhandlungsmacht[110] eines Kunden für die Zinsbestimmung bei kleineren Beträgen nicht sonderlich hoch einzuschätzen sein.

Eine Anlage in festverzinslichen Wertpapieren ist dagegen aufgrund der schwankenden Kurse wiederum mit dem Mangel an Kapitalwertsicherheit behaftet, insbesondere dann, wenn der Zeitpunkt der Verfügung über die angelegten Mittel dem anlegenden Haushalt unbekannt

[109] Vgl. hierzu auch die Untersuchungen von *B. Wissmann*, der den bei uns aggregierten Komplex der privaten Haushalte aufschlüsselt, dessen Betrachtungszeitraum allerdings 1957/58 endet: *B. Wissmann*.

[110] Vgl. zur Bedeutung der Verhandlungsmacht bei der Preisbestimmung für Bankleistungen: *H. J. Krümmel*, Bankzinsen, Köln 1964, S. 229 ff.

ist und deshalb z. B. nicht mit der Restlaufzeit einer Anleihe abgestimmt werden kann. Zudem haben in letzter Zeit die Kreditinstitute und staatliche Stellen durch Sparbriefe usw. kapitalwertsichere Substitute zu festverzinslichen Wertpapieren geschaffen, die mit längeren de facto Laufzeiten auch höhere Zinsen für den Anleger bringen.

Diese Überlegungen lassen die vorläufige Schlußfolgerung zu, daß ein Reagieren auf Änderungen in den Erträgen verschiedener Anlagemöglichkeiten sowie die Wahl anderer Formen der Anlage als Spareinlagen für gesparte finanzielle Mittel erst von größeren Beträgen an, über die einzelne private Haushalte verfügen können, vorgenommen wird[111].

(3) Die Spareinlagenmärkte differieren aber auch durch ihre formale Fristigkeit. So können neben Spareinlagen mit gesetzlicher Kündigungsfrist[112] Spareinlagen mit verschieden langen Kündigungsfristen von normalerweise 6, 12, 24 und 48 Monaten gehalten werden, deren Zinserträge in der Regel differieren und mit der Länge der Festlegungsfrist zunehmen. Sofern jederzeitige Verfügbarkeit über die angelegten finanziellen Mittel gewünscht wird, stehen die Spareinlagen mit gesetzlicher Kündigungsfrist im Vordergrund. Längerfristige Spareinlagen dagegen stehen in Konkurrenz zu anderen Anlageformen. Auch hier war bisher eine Abhängigkeit der Festlegungsfrist von der Höhe der individuellen Spartätigkeit der Tendenz nach zu konstatieren gewesen[113].

Einen besonderen Fall stellen allerdings die prämienbegünstigten Spareinlagen dar, deren Festlegungsfrist sich aus dem Prämiensparvertrag ergibt. Eine vorzeitige Kündigung ist dabei mit dem Verlust der Sparprämie verbunden.

Die prämienbegünstigten Spareinlagen machten in den letzten sechs Jahren etwa zehn Prozent aller Spareinlagen inländischer Privatpersonen aus[114]. Nach der Einkommens- und Verbrauchsstichprobe 1969 war auch hier ein positiver Zusammenhang zwischen Einkommenshöhe, Höhe der Gesamtsparguthaben auf Sparkonten und dem Ausnutzen des Spar-Prämiengesetzes festzustellen[115].

---

111 Vgl. *B. Wissmann,* S. 140 f.

112 Für den Berichtszeitraum galten die Bedingungen, daß monatlich 1000,— DM ohne Strafzins abgehoben werden konnten und eine höhere Gesamtsumme nach einer Kündigung innerhalb von drei Monaten dem Sparer zur Verfügung stand (Ausnahmen bei einer wirtschaftlichen Notlage). Vgl. § 22 des Gesetzes über das Kreditwesen vom 10. Juli 1961, BGBl. I, S. 881.

113 Vgl. *B. Wissmann,* S. 96 ff.; *Statistisches Bundesamt,* Nutzung der staatlichen Sparförderung durch private Haushalte, *in:* Wirtschaft und Statistik, 1971, S. 60.

114 Vgl. *Deutsche Bundesbank,* Statistische Beihefte, Reihe 1, März 1972, Nr. 3, S. 64.

„Die hohe Beteiligung der Haushalte mit größeren Guthaben am Prämiensparen läßt vermuten, daß die wohlhabenden Haushalte überwiegend ohnehin zum Sparen vorgesehene Gelder lediglich den Richtlinien des Sparprämiengesetzes entsprechend angelegt haben. Da sie bereits über einen finanziellen Grundstock verfügen, ist ihre Liquidität auch bei unvorhergesehenen Ereignissen gesichert. Je geringer dagegen der finanzielle Rückhalt eines Haushaltes war, desto größer war offensichtlich die Scheu vor einer längerfristigen Geldanlage, die mit einem Prämien-Sparvertrag nun einmal zwangsläufig verbunden ist[116]."

Aus alledem ließe sich die Hypothese formulieren, daß mit steigenden Pro-Kopf-Sparbeträgen die Sparbeträge, die längerfristig angelegt werden, relativ stärker zunehmen. Da uns allerdings keine kontinuierlich vorgenommenen Verbrauchsstichproben im Berichtszeitraum vorliegen, können wir die Hypothese dem Falsifizierungsversuch nicht unterziehen.

(4) Mit Hilfe der oben aufgeführten Motive[117] für das Kontensparen privater Haushalte und aufgrund bisher festgestellter Daten[118] wollen wir nun versuchen, überprüfbar erscheinende Hypothesen für das Kontensparverhalten der Wirtschaftssubjekte dieses Sektors aufzustellen.

Es ist zu vermuten, daß die privaten Haushalte verstärkt dann Finanzmittel in liquider Form anlegen, wenn sie der Meinung sind, daß sie bald einen Bedarf an Ausgaben haben, den sie nicht oder nur zum Teil aus ihren laufenden Einkommen bestreiten können. Derartige Bedarfsvermutungen dürften insbesondere dann gehegt werden, wenn die persönliche Einkommensentwicklung aus unselbständiger Arbeit, aber auch aus selbständiger Tätigkeit für die Zukunft als unsicher eingeschätzt wird. Von den noch bezogenen Einkommen aus unselbständiger Beschäftigung würden damit größere Teile auf Sparkonten angelegt; Selbständige würden weniger finanzielle Mittel, die ihnen zufließen, im eigenen Betrieb anlegen und die so freigesetzten Gelder ebenfalls zur Verstärkung ihrer Spareinlagen verwenden[119].

Es ist weiterhin zu vermuten, daß ein Sinken der geleisteten Überstunden, eine Zunahme der Kurzarbeit und der Beginn einer steigenden Arbeitslosigkeit u. a. auslösende Momente für eine verstärkte Unsicherheit über die zukünftige Einkommensentwicklung sind. Beim

[115] Vgl. *Statistisches Bundesamt,* Nutzung der staatlichen Sparförderung ..., S. 60.

[116] *Ebenda.*

[117] Motivationen wären hier besonders das Zurücklegen eines „Notgroschens" und der Erwerb von Gütern und Leistungen, die nicht ohne Sparen (oder Kreditaufnahme) aus dem laufenden Einkommen einer Periode erworben werden können, wobei die Anlage auch gewandelten Zwecken dienen kann.

[118] Vgl. *R. Exo,* S. 32, S. 49, S. 55 f.; *B. Wissmann,* S. 26 ff.

[119] Vgl. hierzu *R. Exo,* S. 56.

Auftreten derartiger Symptome wäre demzufolge mit einer verstärkten Ersparnisbildung der privaten Haushalte, besonders auf Sparkonten (steigende Zuwachsraten der Spareinlagen) zu rechnen (Hypothese).

In Phasen zurückgehender Arbeitslosigkeit findet die Ersparnisbildung auf Sparkonten (obwohl sie ihre überragende Gesamtbedeutung beibehält) im Rahmen der gesamten Forderungsbildung privater Haushalte relativ weniger Gewicht (Hypothese). Hierbei ist auch zu berücksichtigen, daß diejenigen Anleger unter den privaten Haushalten, die keine Informations-, Kosten- und/oder Verhandlungsmachtsbarriere kennen, nunmehr die Möglichkeiten einer Substitution ihrer Spareinlagen durch andere Anlagen wahrnehmen.

3.1.6. Versicherungssparen

(1) Eine weitere Form des Kontraktsparens stellt neben den Einlagen bei Bausparkassen das Versicherungssparen dar. In bezug auf eine Geldvermögens- bzw. Forderungsbildung geht es hierbei nicht allein darum, Eventualforderungen für mögliche Risiken zu erwerben (reine Risiko-Versicherungen), sondern zu einer Ansammlung von Geld-Kapital zu gelangen, über das nach Ablauf des Vertragszeitraums frei verfügt werden kann.

Die Besonderheiten einer derartigen Anlageform — etwa im Vergleich zu einem kontinuierlichen Kontensparen — liegen darin, daß neben der Kapitalansammlung ein Risikoschutz[120] gewährt wird, die Beiträge in den steuerlich zulässigen Höchstgrenzen als Sonderausgaben abzugsfähig sind, die Erträge nicht von vornherein festliegen und von Versicherungsgesellschaft zu Versicherungsgesellschaft verschieden sein können[121]. Danach wäre das ‚Sparziel' des Versicherungssparers nicht allein oder in dem gleichen Maße von den Motivationen oder Zwecken bestimmt, die ihn veranlassen würden, Einlagen auf Sparkonten zu bilden.

Für einen allgemeinen „Notgroschen" käme eine Kapital-Lebens-, Ausbildungs- oder Aussteuer-Versicherung nicht in Betracht. Aller-

[120] Das Risiko kann entweder in einem Todesfall vor Vertragsablauf (Lebensversicherung) oder im Falle einer vorzeitigen Hochzeit (Aussteuerversicherung), oder in einem Unfall (Unfallversicherung mit Kapitalansammlung) etc. bestehen. Reine Risikoversicherungen machten hingegen bei den Lebensversicherungen Ende 1970 bezogen auf den Vertragsbestand nur rd. 8,5 v. H. aller Lebensversicherungen aus. (Vgl. Bericht der Bundesregierung über Auswirkungen der Sparförderung, Bundestagsdrucksache VI/3186 v. 23. Februar 1972, S. 58, Tabelle 40.)

[121] Allerdings scheint die unterschiedliche Ertragskraft der Versicherungen den Versicherten nicht immer bewußt zu sein. Dies könnte sich mit der Aufhebung des Werbeverbotes mit Beispielrechnungen aber ändern. Vgl. hierzu: W. *Seuß:* Zeig, was Du kannst. Die Lebensversicherungswerbung wird aufgelockert, *in:* Frankfurter Allgemeine Zeitung, Nr. 85 v. 12. April 1972, S. 17.

dings stehen dem Versicherungssparer auch Wege offen — abgesehen vom Versicherungsfall —, einen Teil der Versicherungssumme als Policendarlehen zu erhalten oder die Versicherung für einen gewissen Zeitraum beitragsfrei zu stellen, um damit Liquiditätsschwierigkeiten, die ihm aus unerwarteten Ausgaben entstehen, auch schon vor dem Auszahlungsdatum der Versicherungssumme (vor Ablauf des Vertrages) begegnen zu können. Eine (mögliche) vorzeitige Auszahlung eines Teils der eingezahlten Beträge nach Rücktritt vom Versicherungsvertrag wäre hingegen mit großen finanziellen Einbußen verbunden[122].

Vermutlich eher dürfte die Anlage von finanziellen Mitteln bei einer Versicherung einmal von der reinen Zweckbestimmung des Versicherungsvertrages (Risikoschutz) und weiter durch das Bedürfnis, in der entfernteren Zukunft einen Kapitalbetrag zur freien Verfügung zu haben, motiviert sein, wobei eben die Synthese von Kapitalansammlung und Risikoschutz verbunden mit steuerlichen Erleichterungen, den Ausschlag für diese Anlageform geben könnte.

Andererseits wäre der Risikoschutz auch durch eine reine Risiko-Versicherung zu erhalten, während der Anleger die Kapitalsumme in anderer Form (Sparkonten, Wertpapiere etc.) ansparen könnte, wobei er selbst die Anlagepolitik und auch über eine evtl. vorzeitige Verfügung der gesamten, bis dahin angesparten Mittel bestimmen würde. Allerdings wird hierbei dem Anleger auch der Besorgungsaufwand i. w. S. voll übertragen. Bei der Versicherung hingegen besorgt deren Management die rentierliche Anlage der Mittel, wobei ihm wahrscheinlich bessere Informationen, eine größere Verhandlungsmacht und dergleichen zur Verfügung stehen als dem durchschnittlichen Versicherungssparer.

(2) Sofern der zu ersparende Kapitalbetrag als eindeutig zweckbestimmt von den Wirtschaftssubjekten angesehen wird, was schwierig zu prüfen sein dürfte, könnte die Bedeutung entsprechender „Individual-Versicherungen“[123] für die Kapitalanlage der privaten Haushalte davon abhängen, ob nicht andere Maßnahmen, etwa auf dem Gebiet der kollektiven Sicherstellung, den gleichen Zwecken dienen.

So wäre es z. B. denkbar, daß durch einen verstärkten Ausbau einer sozialen Rentenversicherung mit Zwangscharakter für bestimmte Per-

[122] Die eingezahlten Beträge werden in diesem Fall um die anteilmäßige Risikoprämie für den Eintritt des Versicherungsfalles und um die Abschlußgebühr (Vertreterprovisionen, Verwaltungsaufwand etc.) auf den geringeren sog. Rückkaufswert eines Vertrages verringert.

[123] Der Ausdruck „Individual-Versicherung“ (Lebensversicherung, private Krankenkasse usw.) wird hier zur Unterscheidung von den Sozialversicherungen (Rentenversicherungen der Arbeiter und Angestellten, gesetzliche Krankenversicherung usw.) gebraucht.

sonengruppen die Nachfrage nach Lebensversicherungen durch eben diese Personengruppen zurückgeht. Hierbei müßte aber u. E. folgendes berücksichtigt werden. Einmal ist es fraglich, ob alle oder der überwiegende Teil der von der Zwangsversicherung betroffenen Personen bei Nichtvorhandensein einer Zwangsversicherung Selbstvorsorge getroffen hätten, wobei die Lebensversicherung noch nicht einmal an erster Stelle der Selbstversorgung zu stehen brauchte[124]. Zum anderen bleibt die Frage offen, inwieweit der Schutz der Pflichtversicherung als ausreichend angesehen wird und nicht weiterhin andere, eigenverantwortliche Vorsorgemaßnahmen (darunter auch Lebensversicherungen u. ä.) zur Ergänzung herangezogen werden, zumal den Pflichtversicherten durch die Zwangsversicherung kein in voller Höhe frei verfügbares und vererbbares Vermögen entsteht.

(3) Es erscheint daher insgesamt schwierig, überprüfbare Hypothesen für das Verhalten von privaten Haushalten in bezug auf ihre Ersparnisbildung bei Versicherungen zu formulieren.

Ähnlich wie bei den Bausparkassen spielen im gewissen Umfang gesetzliche Maßnahmen eine Rolle. Hier wäre insbesondere die 1969 gegebene Möglichkeit der „befreienden" Lebensversicherung zu nennen, die diejenigen Angestellten abschließen konnten, die bei der Aufhebung der Einkommensobergrenze — für die Zwangsmitgliedschaft sonst Pflichtmitglieder der gesetzlichen Rentenversicherung geworden wären[125].

Interessant scheint uns auch in diesem Rahmen die Einbeziehung bestimmter Formen des Versicherungssparens in Lebensversicherungen in die staatliche Sparförderung seit 1971 durch das 3. Vermögensbildungsgesetz[126]. Durch diese Möglichkeit können abhängig beschäftigte Versicherungssparer eine rentierliche Kapitalanlage erwerben, deren Rentierlichkeit durch die Arbeitnehmersparzulage gesteigert wird und durch den möglichen Sonderausgabenabzug gesteigert werden kann[127], und die zusätzlich einen Versicherungsschutz im Todesfall bietet. Dazu wäre noch zu bemerken, daß nach Umfrageergebnissen im Jahre 1971[128]

---

[124] Vgl. etwa für die Selbständigen die Untersuchung von *J. Chr. Leverkus* und *K. Wieken*. Die für diese Studie Befragten gaben die verschiedensten Anlagen (vom eigenen Betrieb/Praxis bis hin zum Sparkonto und den Besitz von Gold) als eine bevorzugbare Möglichkeit für ihre Altersversicherung an. (*Dies.*, S. 113 ff., 4. Kap.)

[125] Vgl. 3. Rentenversicherungsänderungsgesetz vom 28. 7. 1969 (BGBl. I, S. 956).

[126] Vgl. 3. Gesetz zur Förderung der Vermögensbildung der Arbeitnehmer vom 27. 6. 1970 (BGBl. I, S. 925).

[127] Vgl. *K. O. Körber*, Vermögensbildung fördern — aber richtig. Erkenntnisse einer Mafo-Umfrage, *in:* Handelsblatt, Nr. 133 vom 15. Juli 1971, S. 20.

[128] Soweit die Höchstgrenzen gem. § 10 Abs. 3 EStG nicht durch andere Sonderausgaben schon ausgefüllt sind.

die Anlageform der Lebensversicherung im Rahmen des Vermögensbildungsgesetzes einen weitaus höheren Bekanntheitsgrad in der Bevölkerung hatte als etwa festverzinsliche Wertpapiere oder Aktien[129].

Ferner wird die These vertreten, daß die Beitragseinnahmen (und damit auch die Vermögensbildung bei den Versicherungen) „z. T. aber auch mit konjunkturellen Einflüssen (starker Anstieg der Einkommen) zusammenhängen“[130]. Dabei wird weiter darauf hingewiesen, daß die „z. T. inflatorisch bedingte laufende Zunahme der Geldeinkommen die Versicherten zwingt, immer größere individuelle Beiträge einzuzahlen, wenn sie den Realwert ihrer Ansprüche an die Lebensversicherung nicht sinken lassen wollen“[131]. Hierbei ist die schon weiter oben[132] angeschnittene Frage aber noch offen, inwieweit die Anleger Geldillusion hegen, und sofern sie frei von Geldillusion sein sollten, ob sie dann nicht eher Sachanlagen bevorzugen würden als eine langfristige und in ihrem Realwert unsicherere Anlage, wie sie eine Kapital-Lebensversicherung darstellt, auch wenn Risikoschutz und mögliche Steuerersparnis die Wirkung der Inflation in gewissen Grenzen kompensieren[133].

3.1.7. Verhalten an den Märkten für festverzinsliche Wertpapiere

(1) Der Nettoerwerb von festverzinslichen Wertpapieren durch private Haushalte in der Bundesrepublik Deutschland wies in der Vergangenheit starke Schwankungen besonders im Hinblick auf seine anteilmäßige Beteiligung am gesamten Forderungserwerb privater Haushalte auf[134]. Dabei stellt sich die Frage, wodurch solche Schwankungen erklärt werden können.

(2) Ein gewichtiges Erklärungsmoment scheinen uns die Erfahrungen zu sein, die private Haushalte mit der Kursentwicklung ihres Besitzes

---

[129] Vgl. *ebenda,* Tabelle 3: „Anteil der Bevölkerung (ähnlich Arbeitnehmer), der die Anlageform als Möglichkeit des Vermögensbildungsgesetzes kennen — Auszug — Sparvertrag 82 % (,) Bausparen 74 % (,) Lebensversicherung 52 % (,) Festverz. Wertpapiere 26 % (,) Aktien 17 % (in großem Umfang Mehrfachnennungen).“

[130] *Deutsche Bundesbank,* Vermögensbildung und Anlagepolitik der Versicherungsunternehmen seit 1965, *in:* Monatsberichte, 24. Jg. Nr. 1, Januar 1972, S. 18.

[131] *Ebenda.*

[132] Vgl. 3.1.3., Fußnote 1.

[133] Vgl. hierzu die Beispielrechnungen in *K. Schlösser,* Eine Lebensversicherung lohnt sich auch in Zeiten der Geldentwertung, *in:* Handelsblatt, Nr. 235 vom 8. Dez. 1971, S. 9, die zeigen, daß mit steigender Inflation die effektiven Mehrleistungen bei Aufrechterhaltung einer Lebensversicherung bis zum Vertragsablauf (ohne Eintreten des vorzeitigen Todesfalles) laufend sinken.

[134] Vgl. *N. Bub,* S. 151, Tab. 4; *Deutsche Bundesbank,* Zahlenübersichten und methodische Erläuterungen . . ., S. 10 ff.

an Anleihen gemacht haben. Aufgrund der Marktzusammenhänge verändern sich bei Schwankungen in der Effektivverzinsung neu emittierter Anleihen auch die Kurse bereits emittierter Titel an den Sekundärmärkten. Damit besitzen festverzinsliche Wertpapiere — ganz abgesehen vom Bonitätsrisiko, das im jeweiligen Schuldner begründet liegt — keine Kapitalwertsicherheit wie etwa Einlagen bei Banken. In Zeiten steigender Zinsen erleiden die Besitzer alter, verglichen mit den neu emittierten Effekten nominal niedriger verzinslicher Anleihen bei Verkäufen, sei es, daß sie ihr Sparziel erreicht haben, oder, daß der Eventualfall einer nicht geplanten Ausgabe mit Auszahlungszwang eingetreten ist, aufgrund der Kurseinbußen Verluste[135]. Aber auch ohne Verkäufe erhalten sie im Vergleich zu denjenigen, die die höherverzinslichen Anleihen erworben haben, geringere Zinserträge. Sollten hingegen die Marktzinsen fallen, steigen dagegen die Kurse der nun höher verzinslichen alten Anleihen, wodurch sich der Ausgleich im Effektivzins über den Markt wiederherstellt. Sofern sich die Anleger nicht spekulativ verhalten, was allerdings schwierig festzustellen sein dürfte, sondern nur ihre gesparten Zahlungsmittel für einen gewissen Zeitraum rentierlich anlegen wollten, werden sie in einem solchen Falle nicht zu Verkäufen ihrer Wertanlagen schreiten, da eine Anlage in kapitalwertsicheren Aktiva (Einlagen) in einer Periode sinkender Zinsen normalerweise nur einen niedrigeren Zins erbringen würde[136]. Für einen Anleger, der in einer solchen Phase sein Sparziel erreicht hat (Erfüllung des Zweckes seiner Anlage), stellt dagegen die über pari liegende Auszahlung eine positive Erfahrung dar.

Diese o. a. Erörterungen würden zu der Vermutung führen, daß steigende Anleihekurse (sinkende Marktzinsen) und sinkende Anleihekurse (steigende Marktzinsen) das Anlageverhalten einmal positiv und einmal negativ beeinflussen[137].

(3) Wir würden uns damit allerdings der Gefahr aussetzen, einen Zirkelschluß vorzunehmen, da Angebot an und Nachfrage nach festverzinslichen Wertpapieren von privaten Haushalten eben auch zur Kurs- und Zinsbestimmung beiträgt. Dem könnte der Einwand entgegengestellt werden, daß der Einfluß der privaten Haushalte im Rentenmarkt nicht dominant sei. Vielmehr würden die institutionellen Anleger (Ban-

[135] Das Ausmaß der Kurseinbußen hängt von der Effektivverzinsung der neu emittierten Anleihen, der Nominalverzinsung der alten Anleihe und der Restlaufzeit dieser Anleihe ab. Je kürzer die Restlaufzeit, desto geringer ist cet. par. der Kursverlust, da der Besitzer der alten Anleihe in Kürze seinen Kapitalwert zurückerhält.

[136] Vgl. die Übersicht in: *Sachverständigenrat zur Begutachtung der gesamtwirtschaftlichen Entwicklung,* Jahresgutachten 1971/72.

[137] In den Worten der Praxis: „Die Hausse nährt die Hausse, die Baisse nährt die Baisse."

ken, Versicherungen) sowohl vom Umfang ihrer Nachfrage her[138] als auch durch ihre teilweise ausgeübte Tätigkeit als Mitglieder von Anleihen anbietenden Emissionskonsortien die für die Marktentwicklung entscheidenden Akzente setzen[139] und damit die Marktpartei der privaten Haushalte eher als Anpasser an, denn als bestimmender Faktor der Marktentwicklung erscheinen lassen.

Inwieweit die sich daraus evtl. ergebende Geldmarktabhängigkeit des Rentenmarktes in der Realität als existent erweist, wollen wir näher erst weiter unten erörtern[140]. Neuere Untersuchungen[141] lassen jedoch Zweifel an einem engen Zusammenhang zwischen den Zinssätzen an den Geldmärkten (Bankengeldmarkt) und den Renditen von festverzinslichen Wertpapieren aufkommen. Andererseits wurde ein engerer Zusammenhang zwischen den Instrumentenvariablen der Bundesbank und den Rentenrenditen — wenn auch mit einem time-lag — festgestellt[142].

(4) Aufgrund der negativen Erfahrungen, die Besitzer alter, niedrig verzinslicher Anleihen in Perioden steigender Diskont- und Lombardsätze sowie steigender Banken*kredit*zinsen machen mußten, könnte es möglich sein, daß die Nachfrage nach festverzinslichen Wertpapieren durch private Haushalte dann zurückgeht, wenn die Bundesbank zinssteigernde Maßnahmen ergreift sowie in den Fällen, in denen steigende Nachfrage nach Bankkrediten zu einem Ansteigen der Kreditzinsen führt (Hypothese).

Inwieweit dies zu einem länger andauernden Anlageattentismus führt, möchten wir hier offenlassen. Dabei könnte m. E. die Frage nach einer Vorstellung über „ein normales" Zinsniveau am Rentenmarkt, auf dessen Bedeutung der *Radcliffe*-Report[143] hingewiesen hat, eine Rolle spielen. Allerdings ist zu vermuten, daß sich die Vorstellungen darüber, im Zeitablauf wandeln[144], weil in dieser Hinsicht auch einmal

---

138 So haben die Banken im Durchschnitt der Jahre 1959 bis 1967 42,5 % des Gesamtabsatzes an festverzinslichen Wertpapieren erworben. Vgl. *M. Overhaus*, S. 37.

139 Vgl. in diesem Zusammenhang auch die Tätigkeit des „Zentralen Kapitalmarktausschusses". Vgl. *ebenda*, S. 79 f.

140 Einmal im Rahmen der Erörterungen über das Verhalten der Banken (3.5.) und dann bei den Ausführungen im Betrachtungszeitraum (5.2.1.).

141 Vgl. *H. König* und *J. Wolters*, Über den Zusammenhang zwischen kurz- und langfristigem Zinssatz: eine Spektralanalyse der westdeutschen Zinsstruktur, Zürich 1969, insbes. S. 6 (Tab. I), S. 5 ff., S. 17 ff.

142 Vgl. *ebenda*, S. 20 ff.

143 Vgl. *Committee on the Working of the Monetary System*, Report (genannt: Radcliffe-Report), London 1959, reprint 1969, S. 153 f. Vgl. auch *J. Robinson*, The Rate of Interest, S. 98, die darauf hinweist, daß selbst bei der Annahme eines solchen „average level" für „the bond rate" Ungewißheit über die Dauer und Höhe der Abweichung besteht.

nicht eingetroffene Erwartungen wiederum Erfahrungen darstellen[145]. In welcher Zeit mit einer Zinsänderung nach unten gerechnet werden kann, hängt dabei auch von den Emissionswünschen der Hauptschuldner (Öffentliche Hand und Hypothekenbanken) ab[146]. Wir müssen deshalb hier feststellen, daß die Nachfrage der privaten Haushalte nach festverzinslichen Wertpapieren in Zeiten eines „Hochzinsniveaus" von einem, durch vielerlei gleich- oder gegensätzlich gerichteten Faktoren bestimmten Klima abhängig ist[147]. Überprüfbar, wenn auch durch die oben angeführten Faktoren relativiert, ist aber auch eine Hypothese, die besagt, daß die Sicherheit bzw. Unsicherheit über die weitere Prosperität bei der Anlage in Schuldverschreibungen eine bedeutende Rolle spielt. Durch das Kursrisiko der Anleihen wird deren shiftability eingeschränkt. Steigende Arbeitslosigkeit würde demzufolge zu einer Bevorzugung leichter liquidisierbarer Anlagen führen[148] und damit die Anlage in festverzinslichen Wertpapieren gegenüber Vollbeschäftigungsperioden zurückgehen (Hypothese).

3.1.8. Verhalten an den Aktienmärkten

(1) Die Geldanlage in Aktien wurde bei den privaten Haushalten mit rund 24 Mrd. DM und für alle Sektoren der finanziellen Gesamtrechnung (einschließlich des Besitzes deutscher Aktien durch Ausländer) zusammen mit rund 84 Mrd. DM am Ende des Jahres 1970 angegeben[149].

Innerhalb des Sektors der privaten Haushalte, von denen Ende 1969 etwa 12 % Aktien besaßen, bestehen bezüglich des Aktienbesitzes sowohl nach der Stellung des Haushaltsvorstandes als auch nach der Größe des monatlichen Haushaltsnettoeinkommens erhebliche Unterschiede[150]. Erkennen läßt sich dabei, daß mit zunehmendem Nettoeinkommen auch der Aktienbesitz zunimmt.

---

144 Vgl. *ebenda,* S. 153: „At any given time people conside the current level as ‚high', ‚low', or ‚middle' (‚normal') and how they behave seems to be governed not so much by the precise percentage but by whether that percentage fits into the high, low, or normal bracket."

145 Daher rühren auch unsere Einwände gegen eine extrapolierte Erwartungshypothese. Vgl. dazu *W.-A. Prautzsch,* S. 92 ff. und unsere Ausführungen 2.1.1. Vgl. auch *Radcliffe-Report,* S. 154.

146 Vgl. etwa die Ankündigung eines Nettokapitalbedarfs der öffentlichen Hand von 26,8 Mrd. für 1972 im April 1972. Vgl. dazu: *o. V.,* Hohe Kreditforderung der öffentlichen Hand, *in:* Frankfurter Allgemeine Zeitung, Nr. 87 vom 14. April 1972, S. 17; *o. V.,* Siebenprozenter kaum noch zu retten, *in:* Handelsblatt, Nr. 74 vom 17. April 1972, S. 1.

147 Vgl. dazu unser oben angeführtes Zitat von *J. Robinson* (*Dies.,* The Rate of Interest, S. 103).

148 Vgl. auch 3.1.5. (4).

149 Vgl. *Deutsche Bundesbank,* Gesamtwirtschaftliche Finanzierungsrechnung sowie Bestand an Geldvermögen und Verpflichtungen 1970, S. 53.

(2) Aufgrund der möglichen und auch in der Realität vorkommenden starken Kursschwankungen ist die Geldanlage in Aktien mit einem hohen Maß an Kapitalwertunsicherheit behaftet und daher für Zwecke der Kleinsparer (Notgroschen), (Ansammlung finanzieller Mittel für eine Anschaffung, Urlaubsreise etc.) ungeeignet. Da es in dieser Untersuchung nicht darauf ankommen soll, die sozio-ökonomischen Ersparnisstruktur zu erörtern[151], sondern lediglich nachprüfbar erscheinende Erklärungen (Hypothesen) für das Verhalten eines Sektors insgesamt in bezug auf Forderungsbildung und Verschuldung erarbeitet werden sollen, ließe sich evtl. aus der Statistik über die Streuung des Aktienbesitzes für den Sektor Haushalte nur die Hypothese ableiten, daß mit steigenden Nettoeinkommen der privaten Haushalte insgesamt der Erwerb und Besitz von Aktien im Trend zunimmt.

(3) Offen bleibt damit immer noch die Frage des Kauf- und Verkaufverhaltens der privaten Haushalte im Konjunkturablauf. Man könnte möglichen Erklärungen dadurch näherkommen, indem man untersucht, aus welchen Gründen private Haushalte Aktien erwerben. In entsprechenden Untersuchungen[152] werden Gründe wie Altersvorsorge, mit Kursgewinn Geld verdienen, eine allgemeine Kapitalanlage erwerben usw. genannt. Daneben soll auch der Prestigegesichtspunkt[153] (Persönlichkeitskomponente) eine Rolle spielen.

Für die Fragestellung des Aktienerwerbs im Konjunkturverlauf würde insbesondere die Kursgewinnkomponente Gewicht erhalten, sofern es sich ergeben sollte, daß Konjunkturverläufe in gewissen systematischen Zusammenhängen mit Aktienkursverläufen stehen. Dabei geht es nicht um Kursbestimmungsgründe einzelner Aktien in Sondersituationen (Aufkauf von Beteiligungen durch bestimmte Interessenten, Liquidation von Gesellschaften mit hohem verwertbaren Grundbesitz, hohe Gewinnerwartungen aufgrund besonderer Patente etc.), sondern um Kursbestimmungsgründe, die sich aus dem Konjunkturverlauf (Veränderung der Beschäftigung, Produktivitätsveränderungen, Preis- und Lohnentwicklungen und damit zusammenhängende Gewinn- und ggf. Dividendenveränderungen, Veränderungen in den Bilanzstrukturen usw. sowie Erwartungen über derartige Entwicklungen) ergeben können.

---

150 Vgl. Bundestagsdrucksache VI/3186, S. 62, Tab. 44: „Private Haushalte mit Aktien am 31. Dezember 1969. Ergebnisse der Einkommens- und Verbrauchsstichprobe 1969.“

151 Vgl. dazu etwa *R. Exo;* für das Verhalten bestimmter Aktionärsgruppen: *J. Chr. Leverkus,* Das Verhalten der Kleinaktionäre in seiner Bedeutung für die Eigentumspolitik, Berlin (1969).

152 Vgl. *J. Chr. Leverkus,* S. 132 ff. und S. 232, Tabelle A 30.

153 Vgl. *ebenda,* S. 140 ff.

Für die Erklärung von Kursveränderungen von Aktien sind nun insbesondere Hypothesen über die Abhängigkeit von Aktienkursen von den Gewinn- und Dividendenentwicklungen, von den Veränderungen der cash-flows[154] sowie von Kombinationen derartiger Variabler entwickelt worden[155].

Bei einer empirischen Überprüfung dieser Hypothesen in bezug auf deutsche Aktien für einen bestimmten Zeitraum (1962 bis 1967) mit Hilfe der Korrelations- und Regressionsanalyse sprachen die Entwicklungen einzelner Aktiengruppen in einigen Fällen für die eine, in anderen Fällen für die andere Hypothese, wobei im großen und ganzen für den beobachteten Zeitraum und die ausgewählten Aktien eher die Gewinnhypothese „bestätigt" wurde[156]. Dabei wurde allerdings insgesamt unterstellt, daß die Börse in den Aktienkursen die erwarteten Gewinne bzw. Dividenden eskomptiert[157].

Leider erhalten wir dadurch aber keine Antwort auf die Frage, weshalb die am Aktienmarkt beteiligten Anbieter und Nachfrager zu ihren Dividenden- oder Gewinnerwartungen kommen bzw. worauf die Vorwegnahme der Entwicklungen beruht. Damit kann aber mit derartigen Hypothesen die Kursbildung in der Realität nur dadurch erklärt werden, daß etwa gesagt wird, die Entwicklung sei zustande gekommen, weil sich eben später die Gewinne (oder Dividenden) erhöht haben, wobei die Zeiträume zwischen den Kursentwicklungen an der Börse und dem Eintreten der Gewinne bei den Aktiengesellschaften sogar noch variabel sind(!)[158]. Solche Aussagen haben dann aber keinen wissenschaftlichen Aussagewert mehr, da sie nicht falsifizierbar sind.

(4) Wir wollen deshalb unsere Hypothesen eher darauf abstellen, welche Faktoren die Erwartungen und die Entscheidungen für eine verstärkte bzw. verminderte Nachfrage und ein verstärktes bzw. vermin-

---

[154] Unter cash-flow wird normalerweise der Gewinn (Jahresüberschuß) und die erwirtschafteten Abschreibungen einer Periode verstanden, wobei in der entsprechenden Literatur noch weitere Modifikationen vorgenommen werden. Vgl. *H.-T. Beyer*, Allgemeine Finanzplanung, *in:* Handbuch der Unternehmensfinanzierung, S. 233 f.; *A. Pawar*, Kursdeterminanten deutscher Aktien, Frankfurt a. M. 1970, S. 21.

[155] Vgl. *A. Pawar*, S. 7 f.

[156] Vgl. *ebenda*, S. 168 f.

[157] Vgl. *ebenda*, S. 62 f. Wir sind nach dem gegenwärtigen Stand der Untersuchung auch der Meinung, daß die Börse derartige Entwicklungen vorwegnimmt, halten aber den Testweg für gefährlich, Vorwegnahmezeiten nachträglich über den „besten" Korrelationskoeffizienten zu bestimmen. Zur Eskomptierung von Ertragsentwicklungen in der Praxis vgl. etwa die Anlageplanung bei einer großen Versicherungsgesellschaft: *o. V.*, Allianz Leben glaubt nicht an größere Kursrückgänge, *in:* Handelsblatt, 27. Jg. Nr. 75 vom 18. 4. 1972, S. 15.

[158] Vgl. *ebenda*, S. 90.

dertes Angebot an Aktien — in diesem Falle durch die privaten Haushalte — beeinflußt haben könnten.

Dabei könnten steigende Auftragseingänge sowie Ankündigungen verstärkter Auftragserteilungen (etwa durch den Staat), steigende Auslandsnachfrage, beginnende Besserauslastungen der Kapazitäten sowie Zunahme der Arbeitsproduktivität und dazu noch relativ geringe Lohnsteigerungsraten nach einer Periode der Abkühlung, in der die eben angegebenen Indikatoren abgeschwächte Tendenzen aufweisen, zu positiven Ertragserwartungen Anlaß geben und private Haushalte zu einer verstärkten Netto-Nachfrage veranlassen.

Hinzukommende gesamtwirtschaftliche Liquiditätseffekte aufgrund geldpolitischer Maßnahmen und evtl. auch durch den Zustrom von Geldern aus dem Ausland könnten einer entsprechenden Nachfrage auch die nötige finanzielle Unterstützung zur Realisierung geben.

Sinkende Produktivitätszuwächse, hoher Auslastungsgrad, dazu sich verstärkender Lohndruck sowie die Ankündigung von liquiditätseinengenden und zinssteigernden Maßnahmen und solche Maßnahmen selbst, sofern sie nicht durch außenwirtschaftliche Einflüsse konterkariert werden, könnten zu einem Zurückgehen der Netto-Nachfrage nach Aktien durch private Haushalte führen. Dabei käme es nicht darauf an, daß die Hochkonjunktur schon erreicht ist, sondern, daß sie sich durch derartige Indikatoren für die Zukunft abzeichnet.

3.2. Nichtfinanzielle Unternehmen

3.2.1. Investitionen und Bildung von Finanzierungsdefiziten durch nichtfinanzielle Unternehmen

(1) Der Unternehmenssektor insgesamt wies seit der Währungsreform in jeder Periode ein Finanzierungsdefizit auf, d. h., daß die Ausgaben der Unternehmen an andere Sektoren jedes Jahr seit der Währungsreform größer waren als die Einnahmen der Unternehmen von anderen Sektoren. In den Termini von Investition und Ersparnis ausgedrückt bedeutet dies, daß die Nettoinvestitionen (Bruttoinvestitionen minus Abschreibungen) der Unternehmen größer waren als deren Ersparnisse (Selbstfinanzierung aus nichtentnommenen Gewinnen) sowie den Überschüssen aus Vermögensübertragungen (Differenzen zwischen empfangenen und geleisteten Vermögensübertragungen). Die aus Abschreibungen und einbehaltenen Gewinnen erwirtschafteten Eigenmittel der Unternehmen reichten zusammen mit dem Vermögensübertragungssaldo nicht aus, die jährlichen Bruttoinvestitionen zu finanzieren,

wodurch die Unternehmen insgesamt (Unternehmenssektor) gezwungen waren, von anderen Sektoren finanzielle Mittel aufzunehmen[159].

Bei der Erörterung der Größe und Struktur der von außen aufgenommenen Mittel und auch in bezug auf ihren Anteil an der Gesamtfinanzierung der Sachvermögensbildung (Nettoinvestitionen) der Unternehmen müssen wir allerdings nach den beiden Untersektoren des Unternehmenssektors auf der einen Seite „Unternehmen ohne Wohnungswirtschaft" und auf der anderen Seite „Wohnungswirtschaft" unterscheiden[160]. Der Sektor „Wohnungswirtschaft" zeichnete sich in der Vergangenheit durch ein relativ zur Sachvermögensbildung hohes Finanzierungsdefizit und eine relativ (im Vergleich zu den anderen Unternehmen) durchgängige Finanzierung dieses Defizits mit langfristigen Mitteln (Langfristige Bankkredite, Darlehen von Bausparkassen und Versicherungen) aus[161]. Dieser Untersektor wickelt einen großen Anteil der Sachvermögensbildung ab und beansprucht dabei erhebliche langfristige Finanzierungsmittel. Er ist daher für den Finanzierungsprozeß in der Bundesrepublik von großer Bedeutung, soll aber wegen seiner Konstanz im Investitions- und Finanzierungsgebaren an dieser Stelle nicht weiter erörtert werden, insbesondere, da ein Teil der in der Wohnungswirtschaft tätigen Wirtschaftssubjekte mit anderen Aktivitäten zu einem anderen Sektor (Private Haushalte) gerechnet wird[162]. Die Unternehmen ohne Wohnungswirtschaft erscheinen uns bezüglich ihrer Sachvermögensbildung und Finanzierungsgebaren von größerem Interesse.

(2) Im Hinblick auf die Vermögensbildung und Verschuldung der Unternehmen stellt sich die Frage, wodurch die Investitionen bestimmt sein könnten und inwieweit die Unternehmer[163] dabei bereit sind, sich neu zu verschulden.

Eine Untersuchung über Investitionsentscheidungen industrieller Unternehmungen, die von *E. Gutenberg* Ende der fünfziger Jahre bei Industrieunternehmen in der Bundesrepublik durchgeführt wurde[164], er-

---

[159] Zahlenangaben finden sich in: *Deutsche Bundesbank*, Zahlenübersichten und methodische Erläuterungen zur gesamtwirtschaftlichen Finanzierungsrechnung ..., S. 10 ff., sowie bei *N. Bub*, Germany, *in:* Capital Markets Study, IV, Utilization of Savings, hrsg. von OECD, Paris 1967, S. 197 ff., insbesondere S. 208, Table 2.

[160] Vgl. *ebenda*, S. 207 ff.

[161] Vgl. die oben angeführten Quellen.

[162] Vgl. unsere Ausführungen unter 1.2.3.2. sowie unter 3.1.1. und 3.1.3.

[163] Wir wollen hier unter Unternehmern, die als Wirtschaftssubjekte Entscheidungen treffen, die Einzelunternehmer, die Mitglieder von Personengesellschaften sowie die Mitglieder der Entscheidungsorgane von Kapitalgesellschaften verstehen.

[164] Vgl. *E. Gutenberg*, Untersuchungen über die Investitionsentscheidungen industrieller Unternehmen, Köln und Opladen 1959.

gab, „daß Überlegungen betriebstechnischer, betriebswirtschaftlicher und absatzwirtschaftlicher Art darüber bestimmen, welche Investitionen vorgenommen werden sollen“[165]. Dabei stellt „die finanzielle Lage der Unternehmen ... gewissermaßen eine Nebenbedingung der Investitionstätigkeit dar“[166].

Die Unternehmensleitungen bestimmen nun ihren Finanzrahmen zur Durchführung ihres Investitionsbedarfs wie folgt[167]. Erstens stehen ihnen eigene, innenfinanzierte Mittel aus verdienten Abschreibungen für (Brutto-)Investitionen zur Verfügung. Weiterhin können sie, sofern sie Gewinne erwirtschaften, diese für die Finanzierung ihrer Vorhaben insoweit verwenden, als sie nicht ausgeschüttet werden. Zu ihren langfristigen, den Unternehmen von innen heraus zur Verfügung stehenden Finanzmitteln, zählen sie weiterhin den Nettozuwachs ihrer Pensionsrückstellungen. Finanzierungsmittel, die die Unternehmen von außen aufnehmen können (Außenfinanzierung), stellen einmal neu emittierte Eigenkapitalanteile dar. An die anonymen Anlegerkreise können sich dabei vornehmlich Aktiengesellschaften mit der Emission von Aktien wenden, die teilweise später an der Börse organisiert gehandelt werden können. Einzelunternehmen und Personengesellschaften sind stärker auf Selbstfinanzierung angewiesen[168].

Von außen aufgenommene Kredite bilden dann die ergänzende aber zum aufgenommenen Eigenkapital in Grenzen alternierende Finanzierungsquelle. Nach der von uns zitierten Untersuchung[169] setzen sich die Unternehmer dabei einen Kreditrahmen, der die Einstellungen und Grundsätze der Kreditgeber mit berücksichtigt. Zinssätze für Kredite hingegen spielen nur eine untergeordnete Rolle bei der Entscheidung darüber, ob ein Investitionsvorhaben durchgeführt wird. Nur für den Fall, daß die erwartete Rendite der in Aussicht genommenen Investitionen in der Nähe der Effektivverzinsung für langfristige Darlehen liegt, „kann bereits eine geringe Erhöhung des Zinsfußes zur Folge haben, daß ein Investitionsvorhaben unterbleibt. Ermäßigungen des Zinsfußes wirken in entgegengesetzter Richtung“[170].

Inwieweit Zinsveränderungen auf große Unternehmen und deren Investitionen in der heutigen Zeit noch kürzerfristig eine Wirkung ausüben können, ist fraglich, wenn nicht diese Frage sogar negativ zu beantworten ist, da mit in Aussicht genommenen Investitionen schon

---

165 *Ebenda,* S. 189.

166 *Ebenda,* S. 189.

167 Vgl. *ebenda,* S. 173 ff.

168 Vgl. *N. Bub,* Germany, *in:* ..., IV, Utilization of Savings, S. 221 f.

169 Vgl. *E. Gutenberg,* Untersuchungen über Investitionsentscheidungen ..., S. 175 ff.

170 *Ebenda,* S. 183.

bei deren Planung per Termin Schuldscheindarlehen zu vereinbarten Zinsen aufgenommen werden, wobei die Terminierung über ein Jahr und länger im voraus erfolgen soll[171].

(3) Aufgrund des hier wiedergegebenen Sachverhaltes müßten mögliche Hypothesen bezüglich der Verschuldung von Unternehmen einmal eine Hypothese über den bestehenden Investitionsbedarf bzw. dessen Entwicklung einschließen.

Die Nachfrage nach Investitionsgütern durch Unternehmen hängt von betriebstechnischen, kostensenkenden und absatzwirtschaftlichen Einschätzungen durch die Unternehmer selbst ab und ist folglich mit subjektiven, individuell verschiedenen, unsicheren Erwartungen verbunden. Umfragen, wie z. B. der IFO-Test, enthalten wegen ihrer Wirkung in der Öffentlichkeit auch Darstellungen, wie Unternehmer von außen eingeschätzt werden möchten. Eine in Aussicht genommene Nachfrage muß sich nicht unbedingt in kurzer Zeit effektiv niederschlagen und zu einer Sachvermögensbildung mit entsprechenden Ausgaben und möglicherweise einer Nachfrage an den Finanzmärkten führen.

Andererseits könnten starke Zinssenkungen zu einer Vorverlegung der Nachfrage nach finanziellen Mitteln via Obligationen durch Unternehmen führen[172], ohne daß sie bereits eine Sachvermögensbildung vorgenommen haben. Hier handelt es sich lediglich darum, daß finanzielle Mittel zu für die Zukunft günstig erscheinenden Zinsen von den Unternehmen hereingenommen werden, die zwischenzeitlich als Geldanlage wieder ausgeliehen oder zur vorübergehenden Abdeckung schon bestehender und auch weiterlaufender Kredite verwendet werden.

Einen möglichen Ansatzpunkt für eine Verhaltenshypothese, die überprüfbar erscheint, könnte dadurch gegeben sein, daß die bisherigen Markterfolge bzw. -mißerfolge Grundlage der Einschätzung der Erfolge zukünftiger Investitionen wären. So ist in der Vergangenheit bei deutschen Aktiengesellschaften eine hohe Korrelation zwischen den cash-flows (den finanzwirtschaftlichen Überschüssen der Unternehmen) der Vorperiode und Investitionen dieser Gesellschaften festgestellt worden[173].

Eine überprüfbare Hypothese für den zusammengefaßten Unternehmensbereich könnte lauten, daß die Unternehmen bei Zunahme der Summe aus Gewinnen und verdienten Abschreibungen in verstärk-

[171] Vgl. *H. Brestel*, Ein neues Dilemma am Rentenmarkt, *in:* Frankfurter Allgemeine Zeitung, Nr. 92 vom 20. April 1972, S. 13.

[172] Vgl. *E. Gutenberg*, Untersuchungen über Investitionsentscheidungen ..., S. 183.

[173] Vgl. *H. Albach*, Gewinne bestimmen Investitionen, *in:* Wirtschaftswoche, 25. Jg. Nr. 42 vom 15. 10. 1971, S. 34 ff., insbesondere S. 36.

tem Maße Sachvermögen bilden und dabei auch eine steigende Verschuldung hinnehmen et vice versa.

3.2.2. Veränderungen der vertikalen und horizontalen Bilanzstrukturen und weitere Verschuldung

(1) Wir müssen feststellen, daß die Eigenkapitalanteile sowohl an den Bilanzsummen (vertikal) als auch im Vergleich zu den sog. Anlagekapitalien (horizontal) von Branche zu Branche und von Land zu Land erhebliche Unterschiede aufweisen[174]. Dafür mögen verschiedene Gründe maßgeblich sein[175]. Da wir uns jedoch auch weiterhin innerhalb unserer Betrachtungsebene, den Sektoren der Finanzierungsrechnung bewegen wollen, werden wir die im Unternehmenssektor aggregierten Unternehmen als eine Gesamtheit betrachten.

(2) Bei einer Untersuchung von Kapitalstrukturen und Finanzierungsformen von deutschen Industrie-Aktiengesellschaften meinte *Lipfert,* einen langfristigen Trend „zur fühlbaren *Verminderung* des *Eigenkapitals* am *Gesamtkapital* (unter entsprechender Vergrößerung des Fremdkapitalanteils)“[176] festgestellt zu haben. Auch *Albach* weist für die Jahre seit der Währungsreform für die gleiche Gruppe von Unternehmen einen steigenden Verschuldungsgrad nach[177]. Können wir nun daraus die Folgerung ableiten, „daß die Verminderung des Eigenkapital-Anteils ... früher oder später an absolute Grenzen stoßen“[178] wird? In unseren Bemerkungen dazu möchten wir als erstes auf den am Anfang unserer Arbeit erwähnten saldenmechanischen Zusammenhang verweisen[179]. Danach könnte die Gesamtverschuldung des Unternehmenssektors nur dann zurückgehen, wenn sich andere Wirtschaftssektoren stärker verschulden bzw. weniger Geldvermögen bilden.

---

[174] Vgl. *Deutsche Bundesbank,* Die Jahresabschlüsse von Unternehmen für 1965 und 1966, *in:* Monatsberichte, 20. Jg. Nr. 11/12, Nov./Dez. 1968, S. 26 f.; *K. Richebächer,* Diskussionsbeitrag zu „Wandlungen von Kapitalstruktur und Finanzierungsformen deutscher Industrie-Aktiengesellschaften“ von *H. Lipfert, in:* Strukturwandlungen einer wachsenden Wirtschaft, hrsg. von *F. Neumark,* Schriften des Vereins für Sozialpolitik, N. F. Bd. 30/II, Berlin 1964, S. 645.

[175] Vgl. z. B. *W. Engels,* Rentabilität, Risiko und Reichtum, Tübingen 1969, S. 47 ff. und die dort angegebene Literatur.

[176] *H. Lipfert,* Wandlungen von Kapitalstruktur und Finanzierungsformen deutscher Industrie-Aktiengesellschaften, *in:* Strukturwandlungen einer wachsenden Wirtschaft, S. 576, Hervorhebung im Original.

[177] Vgl. *H. Albach,* Kennzahlen deutscher Aktiengesellschaften, *in:* Die Wirtschaftsprüfung, 20. Jg. 1967, S. 506 f.

[178] *H. Lipfert,* Wandlungen von Kapitalstruktur ..., S. 578.

[179] Vgl. unsere Ausführungen unter 1.1., sowie *W. Stützel,* Volkswirtschaftliche Saldenmechanik, S. 48 f. und S. 72 ff.

Insbesondere die Jahre nach der Währungsreform waren dadurch gekennzeichnet, daß nicht nur üblicherweise die privaten Haushalte laufende Finanzierungsüberschüsse bildeten, sondern auch der Sektor der Öffentlichen Haushalte bis Ende 1970 ein Geldvermögen (Überschuß der Forderungen über die Verpflichtungen) von rd. 87 Mrd. DM akkumulierte[180]. Erst 1965 bis 1968 wiesen die Öffentlichen Haushalte nennenswerte Finanzierungsdefizite aus. Lediglich der Sektor Ausland hatte bis Ende 1970[181] Nettoverpflichtungen in Höhe von 39 Mrd. DM gebildet, die aber im Vergleich zu den gesamten Nettoverpflichtungen der „Unternehmen ohne Wohnungsbau" in Höhe von 214 Mrd. DM zum gleichen Zeitpunkt relativ gering waren. Unter einer derartigen Konstellation waren die Unternehmer gezwungen, sofern sie die von ihnen gesehenen Marktchancen wahrnehmen wollten, einen Teil ihrer Sachvermögensbildung auch durch Verschuldung zu finanzieren. In Zukunft könnte mit einer Änderung der Finanzierung der Öffentlichen Haushalte — saldenmechanisch gesehen — die Ersparnisbildung bei den Unternehmen selbst wieder steigen[182].

(3) Eine weitere Möglichkeit, die vertikalen Bilanzstrukturen zu „verbessern", wäre eine stärkere Eigenkapitalaufnahme von außen gewesen. Dazu wäre aber einmal die Bereitschaft der geldvermögensbildenden Wirtschaftssubjekte notwendig, entsprechende Risikokapitalien zu übernehmen. Wie wir weiter oben schon dargestellt haben, war nur ein Teil der privaten Haushalte dazu bereit.

Zweitens müßte auch eine Bereitschaft von seiten der Unternehmer dazu bestehen. Nun wird von den Unternehmern einmal die Bedienung des Eigenkapitals mit Gewinnausschüttungen verglichen zum Fremdkapital, dessen Verzinsung als Ausgaben steuerlich in Abzug kommen, als relativ teuer angesehen. Für Unternehmen, die entweder Familien-Aktiengesellschaften oder Personengesellschaften sind, spielt die Selbständigkeit, die durch die Aufnahme neuer Aktionäre und Gesellschafter verlorengehen könnte, eine wohl nicht zu unterschätzende Rolle. Zudem fehlt für derartige Kapitalien ein organisierter Markt.

---

[180] *Deutsche Bundesbank*, Gesamtwirtschaftliche Finanzierungsrechnung sowie Bestand an Geldvermögen und Verpflichtungen 1970, S. 53.

[181] Vgl. *ebenda.*

[182] Vgl. hierzu die wohl von *W. Stützel* initiierten Ausführungen des *Sachverständigenrates zur Begutachtung der gesamtwirtschaftlichen Entwicklung, in:* Jahresgutachten 1967, Bundestagsdrucksache V/2310 Tz. 516 ff. Zur Kritik vergleiche *H. Haller*, Neue Motivation der Staatsverschuldung, *in:* Finanzpolitik im Umbruch, hrsg. von *demselben* und *H. C. Recktenwald* (Robert Nöll von der Nahmer gewidmet), Mainz 1969, S. 310 ff., der allerdings die Vorschläge des Sachverständigenrates nach der Richtung hin interpretiert, daß immer eine zusätzliche staatliche Verschuldung nötig sei, jedoch dabei Grenzen und Gefahren aufzeigt.

Hierdurch liegt die Vermutung nahe, daß, sofern nicht eine Ausdehnung des Eigenkapitals mit der gleichen Rate wie die Bilanzsumme möglich ist, die Unternehmen bei entsprechenden Marktchancen ihre für notwendig erachtete Sachvermögensbildung auch über Fremdmittel finanzieren werden.

Allerdings erscheinen auch Wandlungen möglich[183]. Diese können sowohl im institutionellen Raum liegen oder von ihm ausgehen, etwa durch eine Änderung der Besteuerung von Kapitalgesellschaften, als auch durch veränderte Verhaltensweisen bei den privaten Haushalten, die z. B. aufgrund gestiegener Nettoeinkommen sich in Zukunft in der Lage sehen könnten, auch verstärkt Risikokapital und sei es indirekt durch Investmentfonds zu übernehmen.

Eine vermutlich nicht zu unterschätzende Änderung auch der horizontalen Bilanzstrukturen könnte davon ausgehen, daß Unternehmen ihren „Sachkapitalbedarf auch durch Miete oder Pacht decken“[184]. In einem solchen Fall würden die von den finanziellen Sektoren gegründeten und durch letztere alimentierten Leasinggesellschaften die Sachvermögensbildung übernehmen und den Produktions- und Dienstleistungsunternehmen Investitionsgüter gegen Miete zur Verfügung stellen, wobei die Rentabilitäts- und Bonitätsprüfung der Objekte und Leasingnehmer anstatt durch den Anleger direkt (wie etwa der Aktienanlage oder der Übernahme einer Kommanditeinlage) durch den risikostreuenden Leasinggeber erfolgen würde[185].

(4) Mit der Diskussion alternativer Zurverfügungstellung von Sachkapital für Unternehmenszwecke haben wir schon auf die horizontalen Bilanzstrukturen und deren Veränderungsmöglichkeiten hingewiesen. *Albach* und ähnlich *Lipfert* stellen auch hier eine laufende „Verschlechterung“ der Relation fest, indem sie auf den abnehmenden Anteil von Eigenkapital im Vergleich zum Anlagevermögen verweisen[186]. Al-

---

[183] Vgl. den Diskussionsbeitrag von *R. Meimberg* zu „Wandlungen von Kapitalstruktur und Finanzierungsformen deutscher Industrie-Aktiengesellschaften“ *(H. Lipfert), in:* Strukturwandlungen einer wachsenden Wirtschaft, S. 642.

[184] *K. v. Wysocki,* Diskussionsbeitrag zu „Wandlungen von Kapitalstruktur und Finanzierungsformen deutscher Industrie-Aktiengesellschaften“ *(H. Lipfert),* S. 647.

[185] Aus der inzwischen angewachsenen Literatur zum Leasing vgl. *L. Berekoven,* Das Leasing, *in:* Handbuch der Unternehmensfinanzierung, S. 769 ff. mit der dort angegebenen Literatur. Man muß sich aber dabei bewußt sein, daß zwar das Leasing die optische Bilanzstruktur verbessert, jedoch nicht die gesamte finanzielle Position der leasingnehmenden Unternehmen, da Kredittilgungen und Zinszahlungen lediglich durch kontraktmäßige Mietzinsen ersetzt werden. Vgl. dazu *W. Stützel,* Banken, Kapital und Kredit in der zweiten Hälfte des 20. Jahrhunderts, *in:* Strukturwandlungen einer wachsenden Wirtschaft, 2. Bd., Berlin 1964, S. 570.

lerdings erkennen beide Autoren, daß die Relation Eigenkapital und langfristiges Fremdkapital zu Anlagevermögen sich nicht entsprechend verringert hat[187]. Dies deutet darauf hin, daß die Unternehmen versuchen, den zurückgehenden Eigenkapitalanteil durch langfristiges Fremdkapital zu kompensieren. Da für das Anlagevermögen eine geringere Liquidisierbarkeit angenommen wird, könnte auf diese Weise ein den Bestand des einzelnen Unternehmens gefährdendes Liquiditätsrisiko vermieden werden.

Dagegen ist das langfristige Fremdkapital nicht in der Lage, Verlustrisiken zu tragen. Die Abdeckung von Verlusten wäre demnach dann durch eine Verminderung des Eigenkapital*anteils* (in horizontaler und vertikaler Sicht) schwieriger geworden, wenn die Verlustmöglichkeiten mit sowohl steigender Bilanzsumme als auch mit steigendem Anteil des Anlagevermögens an der Bilanzsumme porportional oder überproportional anstiegen. Ob diese analytische Aussage vorläufig für die Realität zutrifft, müßte eine empirische Überprüfung ergeben[188].

Wir haben weiter oben bei der Erörterung der Determinanten von Investitionsentscheidungen schon darauf hingewiesen, daß Unternehmen sich bezüglich ihrer Investitionsentscheidungen und den damit verbundenen Entscheidungen über Kreditaufnahmen (neben betriebstechnischen Kriterien) hauptsächlich von innerbetrieblichen Rentabilitätsentwicklungen sowie von erwarteten Marktentwicklungen[189] leiten lassen. Es ist zu vermuten, daß sie bei schlechter Einschätzung ihrer Marktchancen (einsetzende Verringerung der Steigerungsraten im Absatz bis zum rückläufigen Absatz) und/oder Kostensteigerungen bei Vorprodukten und Löhnen, die nicht auf die Marktpreise überwälzbar erscheinen, auch ihre Bilanzstrukturen zu ändern versuchen. Der nächste Abschnitt soll dies anhand kürzerfristiger Nachfrage- und Kostenschwankungen, die sich im Konjunkturverlauf ergeben, erörtern.

3.2.3. Bilanzdispositionen und Konjunktur

(1) Im Zeichen eines konjunkturellen Aufschwungs mit steigender Nachfrage bei steigenden Einkommen könnten die Unternehmer ver-

---

[186] Vgl. *H. Albach,* Kennzahlen deutscher Aktiengesellschaften, S. 506 f.; *H. Lipfert,* Wandlungen von Kapitalstruktur und Finanzierungsformen ..., S. 585.

[187] Vgl. beide Autoren, *ebenda.*

[188] Entsprechende Untersuchungen sind dem Verfasser nicht bekannt. Analytisch könnte argumentiert werden, daß mit steigenden Bilanzsummen auch die Anzahl der Einzelrisiken steigen würde, und wenn diese Einzelrisiken in ihrem jeweiligen Eintreten voneinander unabhängig wären, das Gesamtrisiko der Unternehmung mit steigender Bilanzsumme gemäß den Wahrscheinlichkeitsgesetzen abnehmen müßte. (Vgl. zur Aufteilung eines Gesamtrisikos auf zwei unabhängige Einzelrisiken z. B. *E. M. Claassen,* Probleme ..., S. 133 f.)

sucht sein, um ihre Marktchancen wahrzunehmen, ihre Sachvermögensbildung in verstärktem Maße auch mit Fremdkapital zu finanzieren. Da es sich einmal bei den Investitionen nicht lediglich um Anlageinvestitionen in Grundstücken, Maschinen, Fuhrpark u. ä. handeln dürfte, sondern auch um den Aufbau zusätzlicher Läger etc. und weiter aufgrund des guten Wirtschaftsklimas sowohl mit steigenden Einnahmen und Einzahlungen als auch mit der Möglichkeit gerechnet wird, aufgenommene Darlehen relativ leicht zu verlängern, dürften die Unternehmer versucht sein, nicht nur die Fremdkapitalfinanzierung insgesamt relativ zur Bilanzsumme (hier zunehmende Finanzierungsdefizite) auszudehnen, sondern auch anteilmäßig stärker zu kürzerfristiger Verschuldung wie kürzerfristigen Bankkrediten überzugehen (Hypothese).

(2) Anders dürfte es dagegen in Zeiten einer sich abschwächenden Konjunktur sein. Aufgrund der Erwartung sinkender oder doch zumindest in ihrer Zuwachsrate sinkender Einnahmen, einer Erwartung, die sich aufgrund von stagnierenden Zuwachsraten schon gebildet haben könnte, würden die Unternehmer versuchen, sowohl die Ausgaben ihrer Unternehmen den Einnahmen anzupassen[190] als auch ihre Kredite zu konsolidieren, d. h. kürzerfristige Kredite durch längerfristige zu ersetzen (Hypothese).

Entgegenstehende Tendenzen könnten durch solche verhältnismäßig starken Unternehmungen, die in nächster Zukunft wegen währungspolitischer oder beschäftigungspolitischer Gründe mit Zinssenkungen rechnen, hervorgerufen werden, da diese Unternehmen versuchen würden, ihre kurzfristige Verschuldung im In- und Ausland durch Revolvierung bis zum Eintritt der (erwarteten) Zinssenkung aufrechtzuerhalten, um die längerfristigen Kredite nicht auf Dauer mit einem — ihrer Meinung nach — relativ hohen Zins bezahlen zu müssen.

Eine Prüfung, ob derartige Erwartungen gehegt werden können, müßte aufgrund der währungspolitischen Lage in einem Falle und aufgrund wirtschaftspolitischer Absichtserklärungen von Entscheidungsorganen wie Regierung und Notenbank im anderen Falle erfolgen.

(3) Die Verminderung des Finanzierungsdefizits des Unternehmenssektors über Ausgabenverminderungen könnte mit Schwierigkeiten verbunden sein, wenn andere Sektoren ihrerseits keine erhöhten Finanzierungsdefizite bzw. verminderten Finanzierungsüberschüsse hinnehmen wollen und den Versuch unternehmen, gleichfalls ihre Ausgaben einzuschränken.

[189] Neben der schon angegebenen Literatur vgl. *H. Lipfert*, Unternehmensfinanzierung. Neues zu einem alten Thema, Darmstadt 1965, S. 16 f.

[190] Ob dem Sektor der Unternehmen derartige Anpassungen von Ausgaben und Einnahmen gelingen werden, hängt aufgrund des saldenmechanischen Zusammenhangs vom Verhalten der Komplementärgruppen ab.

Wie wir schon bei den privaten Haushalten erörtert haben, könnten Wirtschaftssubjekte dieses Sektors aus Gründen der Einkommensunsicherheit bei rezessiven Tendenzen zu einer verstärkten Ersparnisbildung neigen. Entsprechend müßten andere Wirtschaftssektoren zu steigenden Ausgabenüberschüssen bereit sein, die sich etwa in Budgetdefiziten der Öffentlichen Haushalte und/oder Überschüssen der Handels- und Leistungsbilanz mit dem Ausland zeigen können. Inwieweit mit einem derartigen Verhalten bei Wirtschaftssubjekten dieser Sektoren zu rechnen ist, werden wir weiter unten zu untersuchen haben.

Ähnliche Schwierigkeiten könnten sich bei der Konsolidierung der Kredite ergeben, wenn keine Nachfrage nach entsprechend langfristigen Kredittiteln bestehen würde.

Bei den privaten Haushalten hatten wir die Hypothese aufgestellt, daß ihre Nachfrage eher nach leicht liquidisierbaren Forderungspositionen wie Spareinlagen mit gesetzlicher Kündigungsfrist geht und sich nicht auf so wenig kapitalwertunsichere Anlagen wie Industrieobligationen oder gar Aktien richtet.

Auf der anderen Seite fließen den finanziellen Sektoren, darunter insbesondere den Banken, in stärkerem Maße Finanzierungsmittel zu. Inwieweit die Banken zur Aufnahme längerfristiger Titel von Unternehmen bereit sein könnten, wollen wir näher bei unseren Erörterungen über die finanziellen Sektoren untersuchen. Hier wollen wir nur darauf hinweisen, daß die Banken aus einem, auch für sie vorteilhaften Interesse an einer finanziellen Stabilität ihrer Unternehmerkundschaft, die Neigung zu einer Konsolidierung der aufgenommenen Kredite haben könnten. Diese Neigung auch in die Tat umzusetzen, könnte durch liquiditätspolitische Maßnahmen insbesondere der Notenbank unterstützt werden, die es den Banken ermöglichen würden, trotz ihrer längerfristigen Forderungspositionen Kundenforderungen nach Zahlungsmitteln liquiditätsmäßig zu entsprechen.

3.2.4. Verschuldung der nichtfinanziellen Unternehmen auf einzelnen Kreditmärkten

3.2.4.1. Mögliche Kriterien bei der Wahl der Ausgabe einzelner Kredittitel

(1) Neben den Überlegungen der Unternehmen über die Höhe ihrer Verschuldungen absolut und relativ zur Bilanzsumme und deren Fristenstruktur stellt sich auch die Frage, auf welchen Kreditmärkten im einzelnen nun die finanziellen Mittel beschafft werden sollen. Dabei geht es um die Auswahl der möglichen Kreditgeber, die Kosten, die für die Aufnahme der Gelder entstehen, die Einräumung von Nebenrech-

ten (Sicherheitenstellung, Mitspracherechten der Gläubiger, Eigenkapitaloptionen) sowie um Chancen und Risiken für mögliche weitere Kreditaufnahmen in der Zukunft oder evtl. Prolongationen bestehender Kreditbeziehungen.

Als erste Gläubigergruppen bieten sich die Abwickler des Zahlungsverkehrs der Unternehmen, die Banken, an. Weitere Gläubigergruppen sind andere Kapitalsammelstellen im In- und Ausland sowie andere nichtfinanzielle Unternehmen im Rahmen eines Industrieclearings, der Aufnahme von Lieferantenkrediten oder der Aufnahme von Geldern mit speziellen Kredittiteln, wie sie etwa Schuldverschreibungen oder Schuldscheine darstellen. Dabei können derartige Titel auch über Mittler in Form von Emissionskonsortien, Finanzmaklern u. ä. von den Geldanlegern erworben werden. Mit Hilfe von speziellen Kredittiteln (Industrieobligationen etc.) ist dann auch die Kreditaufnahme bei privaten Haushalten möglich.

In die Kostenüberlegungen wären nicht nur die Zinsen und Provisionen einzubeziehen, die durch die Aufnahme der finanziellen Mittel entstehen, sondern angefangen von möglichen Kapitalverkehrsteuern über Kosten für Prospekte bei der Anleihebegebung bis hin zu steigenden Aufwendungen durch den evtl. erweiterten Kreis der Zahlungsverkehrsmittler bei der Aufnahme neuer Bankverbindungen, sämtliche Aufwendungen, die sich im Rahmen einer Kreditaufnahme zu deren Zeitpunkt und für die Zukunft ergeben, wobei die Aufwendungen in der Zukunft nicht mit Sicherheit vorhergesagt werden können.

Weit gespannt ist auch der Bereich der Nebenrechte, die bei Aufnahme von Krediten eingeräumt werden. Manche von ihnen ergeben sich unmittelbar aus dem emittierten Kredittitel, wie dies z. B. bei einer Wandelanleihe (Recht auf Wandelung) oder bei Hypothekarkredit (Einräumung eines Grundpfandrechtes) der Fall ist. Derartige Nebenrechte können aber auch fakultativ vereinbart oder vom Gläubiger bei evtl. Prolongationsverhandlungen verlangt werden.

(2) Aufgrund der bis hierhin schon aufgeführten Differenzierungen dürfte es außerordentlich schwerfallen, über ad-hoc-Erklärungen hinaus zu überprüfbaren Hypothesen für die Aufnahme von Krediten in der einen oder anderen Form zu gelangen. Hinzu kommt, daß mehrere Kredittitel in der von uns gewählten Betrachtungsebene, die durch die Finanzierungsrechnung abgesteckt wird, in einzelnen Positionen aggregiert werden, wie dies z. B. bei kurzfristigen Bankkrediten der Fall ist, deren Position sowohl Wechsel- und Kontokorrentkredite als auch kurzfristig fällige Schuldverschreibungen umfaßt[191].

---

[191] Vgl. *Deutsche Bundesbank*, Zahlenübersichten und methodische Erläuterungen zur gesamtwirtschaftlichen Finanzierungsrechnung ..., S. 8.

Daher soll es uns in diesem Abschnitt vornehmlich um die Charakteristika verschiedener Kredittitel und Finanzmärkte für die Unternehmensfinanzierung und erst in zweiter Linie um das Auffinden überprüfbar erscheinender Verhaltenshypothesen zur Erklärung von Transaktionen auf verschiedenen Finanzmärkten gehen.

3.2.4.2. Industrieobligationen und langfristige Schuldscheindarlehen

(1) Durch die Emission von Industrieobligationen können nichtfinanzielle Unternehmen, sofern die Emission gelingt, zwar ihre Schulden bzw. einen Teil davon langfristig konsolidieren. Jedoch ist dies mit verhältnismäßig hohen Kosten verbunden, auch wenn die nominelle Verzinsung nicht so hoch wie z. B. bei kürzerfristigen Kontokorrentkrediten liegen sollte, da dem Emissionskonsortium Bonifikationen eingeräumt, die Wertpapiere gedruckt, Emissionsanzeigen aufgegeben und zur Börseneinführung Prospekte veröffentlicht werden müssen u. ä., wodurch weitere Kosten entstehen. Evtl. müssen den Gläubigern, damit eine Plazierung gelingt, Sicherheiten in Form von Grundpfandrechten gestellt werden. Da nur Kapitalgesellschaften emissionsberechtigt sind und eine Genehmigungspflicht besteht[192], ergeben sich weitere Schranken.

Durch die Emission von Wandelschuldverschreibungen oder die Ausstattung der Schuldverschreibungen mit Optionen auf einen späteren Aktienbezug können die reinen Zinsbelastungen allerdings gesenkt werden, und zwar um so mehr, je attraktiver derartige Nebenrechte vom Publikum eingeschätzt werden. Zudem können dadurch Gläubigergruppen angesprochen werden, die vorläufig aufgrund der prinzipiellen Rückzahlbarkeit der Obligationen ihr Kursrisiko begrenzen wollen, später jedoch auch für den Erwerb von Eigenkapitalanteilen votieren und damit zur langfristigen bis dauernden Konsolidierung der Finanzierungsbedürfnisse von Unternehmen beitragen könnten.

Insgesamt gesehen haben Industrieobligationen aber im Vergleich zur längerfristigen Verschuldung bei Banken durch nichtfinanzielle Unternehmen (ohne Wohnungswirtschaft) nur einen Anteil von rund 12 % (Ende 1970) eingenommen und waren dem Betrage nach etwa so hoch wie die bei Versicherungen aufgenommenen Darlehen[193].

(2) Schuldscheindarlehen langfristiger Art können dagegen auch zur Aufnahme konsolidierter Schulden beitragen, ohne daß Nebenkosten in dem Umfang wie bei Industrieobligationen entstehen. Nur müssen

---

192 Vgl. § 795 Bürgerliches Gesetzbuch.

193 Vgl. *Deutsche Bundesbank*, Gesamtwirtschaftliche Finanzierungsrechnung sowie Bestand an Geldvermögen und Verpflichtungen 1970, S. 53.

in diesem Fall ein oder mehrere große Gläubiger gefunden werden, die bereit sind, entsprechende Kredittitel in ihr Portefeuille zu nehmen, ohne sie später an einem breiten Markt plazieren zu können. Aus diesem Grunde kommen nur potente Kapitalsammelstellen als Darlehensgeber in Frage[194].

Da derartige Kapitalsammelstellen auch potentielle Erwerber von Industrieobligationen sind, besteht zwischen den beiden Verschuldungs- bzw. Geldanlageformen eine Substitutionskonkurrenz. Dabei könnte das Schuldscheindarlehen aufgrund seiner Vorteile, die es gegenüber der einfachen Industrieobligation sowohl für Gläubiger als auch für Schuldner besitzt (Differenzen zwischen der effektiven Zinsbelastung der Schuldner und der Nettorendite der Gläubiger durch Nebenkosten können zwischen beiden aufgeteilt werden), für die langfristige Schuldenaufnahme von Industrieunternehmen um so mehr an Bedeutung gewinnen, je stärker die langfristige Geldkapitalbildung bei den Kapitalsammelstellen ist (Hypothese). Die Kapitalsammelstellen hätten dann weniger auf die mögliche Mobilisierbarkeit der in ihrem Portefeuille vorhandenen Titel zu achten, wodurch der Fungibilitätsvorteil der Industrieobligation mit organisiertem Markt nicht mehr so stark ins Gewicht fallen würde.

3.2.4.3. Bankkredite

(1) Die Aufnahme von Bankkrediten durch nichtfinanzielle Unternehmen bedeutet in bezug auf das Netz der Kreditverflechtungen gesehen, daß die Unternehmen dort ihre Kredite aufnehmen, wo der größte Teil der zwischensektoralen Geldvermögensbildung stattfindet, im Bankensektor. Die eigene Geldvermögensbildung des Bankensektors dagegen ist gering. Im Rahmen dieses Sektors wickeln sich dagegen die dem Umfang nach größten Märkte für finanzielle Mittel ab, sofern von innersektoralen Strömen (Lieferantenkredit, Industrieclearing) abgesehen wird, wobei auf der Einlagenseite vornehmlich die privaten Haushalte, gefolgt von Öffentlichen Haushalten und Unternehmen stehen, Hauptdarlehensnehmer jedoch die Unternehmen sind[195].

Die Kredittitel, die die Banken dabei erwerben, sind in ihrer Ausgestaltung unterschiedlich. Auf Schuldscheindarlehen war schon hingewiesen worden. Als weiter zu unterscheidende Hauptarten sind insbesondere die Wechselkredite, Kontokorrentkredite und längerfristige Darlehen, die nicht Schuldscheindarlehen sind, zu nennen.

---

[194] Vgl. z. B. Art „Schuldscheindarlehen", *in:* Enzyklopädisches Lexikon für das Geld-, Bank- und Börsenwesen, Bd. II, S. 1474 f.

[195] Vgl. *Deutsche Bundesbank,* Gesamtwirtschaftliche Finanzierungsrechnung sowie Bestand an Geldvermögen und Verpflichtungen 1970, S. 53.

(2) Die Hereinnahme von Wechseln durch Banken, die im ersten Schritt für die Bank einen Kauf und für das Unternehmen einen Verkauf darstellt, bringt jedoch für das einreichende Unternehmen insofern eine Kreditaufnahme mit sich, daß es Gelder erhält bzw. bestehende Kreditverpflichtungen anderer Art vermindert und auf der anderen Seite einen Titel emittiert oder weitergibt, aus dem es entweder als Aussteller oder Akzeptant, oder als Indossant bei Fälligkeit des Papieres (mit-)haftet. Der in Anspruch genommene Wechselkredit stellt insofern einen eng an die Fälligkeit des Wechsels gebundenen Kredit dar. Da aber normalerweise eine Kreditlinie eingeräumt wird, ist der Kreditnehmer in der Lage, sofern er fortlaufend Wechselmaterial erhält, derartige Kredite auch unabhängig von den Fälligkeiten *einzelner* Wechsel in Anspruch zu nehmen.

Neben der allgemeinen Fungibilität des Wechsels spielt bei der Kreditvergabe insbesondere die evtl. gegebene Möglichkeit seiner Rediskontierung eine Rolle. Sie kann den Banken dazu dienen, im Rahmen ihrer Rediskontkontingente bei der Notenbank Kredit zu erhalten und damit über Primärliquidität zu verfügen. Wechsel, die den Ankaufskriterien der Notenbank genügen, könnten aufgrund einer leichteren Liquidisierbarkeit für die Bank zu Vorzugskonditionen angekauft werden. Dies erscheint aber nur so lange wahrscheinlich zu sein, als die Banken noch nicht ihre Rediskontkontingente größtenteils ausgenutzt haben. Es wäre von daher zu vermuten, daß mit sinkendem Rediskontspielraum des Bankensektors die kostenmäßige Attraktivität der Wechselkredite gegenüber reinen Buchkrediten abnimmt und damit auch die Zinsdifferenzen zwischen Kontokorrent- und Wechseldiskontkrediten abnehmen.

(3) Ein Vorzug des Kontokorrentkredites von Banken besteht für Unternehmen darin, daß sie damit die effektive Aufnahme von Kredit ihren täglichen Erfordernissen anpassen können. Dagegen können Wechsel, die einmal verkauft worden sind, normalerweise vom kreditnehmenden Unternehmen, das den Kredit nicht für die gesamte Restlaufzeit des Wechsels benötigt, nicht wieder zurückgekauft werden. Weiter ist es offen, ob den einzelnen Unternehmen für ihre Kreditwünsche ausreichendes Wechselmaterial dauernd zur Verfügung steht. Zudem erfordert die Vorbereitung des Wechselverkaufs Aufwendungen (Überprüfung, ob die Wechselsteuer entrichtet worden ist; Beobachtung der Indossamentsverbindlichkeiten; u. ä.), während über eingeräumte Kontokorrentkredite direkt per Scheck oder Überweisung verfügt werden kann.

Eingeräumte Kontokorrentkreditlinien, die ggf. die Möglichkeit zu gelegentlichen Überziehungen offenlassen, stellen daher ein Zahlungsmittelpotential für die Unternehmungen dar, über das sie bequem verfügen können, um Zahlungsverpflichtungen nachzukommen, die nicht über eigene Einzahlungen befriedigt werden können. Sie sind damit ein Mittel der Vorfinanzierung noch zu konsolidierender Ausgabenüberschüsse, soweit aus Kostengründen kein Lieferantenkredit in Anspruch genommen werden soll bzw. keine Möglichkeit dazu besteht. Daher dürfte in Zeiten, in denen Absatzchancen gesehen werden, jedoch stärkere Diskrepanzen zwischen Einzahlungen und Auszahlungen aufzutreten beginnen, die Zuwachsraten für eine derartige Kreditaufnahme am größten sein (Hypothese).

Weiter können Kontokorrentkredite dazu dienen, kurzfristige, aber häufiger und mehr oder weniger regelmäßig auftretende Auszahlungsüberschüsse (Lohn- und Gehaltszahlungen, Lagerauffüllungen mit Vorprodukten etc.) in angepaßter Weise zu finanzieren.

(4) Obwohl auch bei den schon angeführten Kreditarten bei Kreditvergabe oder Einräumung einer Kreditlinie größtenteils eine Stellung von Sicherheiten verlangt wird, stellen dagegen die längerfristigen, durch Grundpfandrechte gesicherten Darlehen eine besondere Kategorie dar. Sie werden insbesondere dann aufgenommen, wenn es um die Beschaffung von Fremdmitteln für einen längeren Zeitraum geht, eine Emission von Obligationen aber nicht in Frage kommt. Sofern die Kredite bei Hypothekenbanken aufgenommen werden, kann es dann über derartige finanzielle Mittler indirekt zur Aufnahme der Finanzierungsmittel am Markt der Schuldverschreibungen kommen, wenn es sich hierbei auch um einen anderen Spezialmarkt, den Markt der Bankenschuldverschreibungen, handelt, wohingegen bei einer Direktemission eines Industrieunternehmens der Markt der Industrieobligationen in Anspruch genommen worden wäre.

Da derartige Darlehen auch dann verzinst werden müssen, wenn sie nicht voll in Anspruch genommen werden, erscheinen sie vornehmlich dazu bestimmt, einen in seiner Höhe ein Mindestmaß keinesfalls unterschreitenden Bedarf an finanziellen Mitteln zu decken. Derartige Darlehen können dabei auch an die Stelle von Kontokorrentkrediten treten, auch wenn eine dauernde Prolongation der formal kurzfristigen Kredite gesichert erscheint, wenn mit einer dauernden hohen Inanspruchnahme der Kontokorrentlinie gerechnet werden muß und die Kosten für ein Darlehen — was normalerweise der Fall ist — niedriger sind[196].

(5) Bei den Entscheidungen der Unternehmen über die Art der Kreditaufnahme spielen auch Fragen möglicher Konditionenänderungen eine Rolle. Ofmals besteht eine Koppelung der Sollzinssätze an den

[196] Vgl. *M. W. Krause*, Darlehen — Kontokorrentkredit, *in:* Handbuch der Unternehmensfinanzierung, S. 601.

Diskontsatz, so daß formaliter Diskontänderungen voll auf die Zinsen für kürzerfristige Kredite durchschlagen. Es steht allerdings zu vermuten, daß sich Kreditkunden, soweit es ihre Verhandlungsmacht zuläßt, zu wehren versuchen, um im Falle von Diskonterhöhungen nicht gleichgroße Zinserhöhungen tragen zu müssen[197].

Automatische Gleitzinsklauseln sind vor allem bei Kontokorrent- und Wechseldiskontkrediten zu finden. Bei Zinssenkungen hat hier das kreditnehmende Unternehmen den Vorteil einer Kreditverbilligung, dem stehen Nachteile bei Diskonterhöhungen gegenüber.

Die unter (4) angesprochenen Hypothekendarlehen sind dagegen nur bei einigen Kreditgebergruppen mit Zinsgleitklauseln ausgestattet[198]. Normalerweise stehen nichtfinanziellen Unternehmen gewisse Wahlfreiheiten über die Art der Kreditaufnahme zu, die dazu führen könnten, aus Rentabilitätsgesichtspunkten in „Hochzinsperioden" mit der Aufnahme von Darlehen zu feststehenden Zinsen Zurückhaltung zu üben. Bei einem unabweisbaren Bedarf an langfristigen Mitteln müßte zudem in derartigen Perioden eher die Nachfrage in Richtung auf Institute des Sparkassen- und Volksbankensektors gehen, die Zinsgleitklausel für Hypothekendarlehen vereinbaren. Eine derartige Hypothese ist aber nur äußerst schwierig zu überprüfen, da die Einschätzung, ob die gegenwärtig zu entrichtenden Zinssätze hoch sind und wie lange sie noch auf einer derartigen Höhe bleiben, individuell verschieden ausfallen dürfte. Weiter könnten derartige Rentabilitätsüberlegungen von Liquiditätsüberlegungen derjenigen Unternehmen überlagert werden, die bei einer Verschärfung der Notenbankpolitik mit verminderten Chancen auf ihren Märkten aber auch mit Schwierigkeiten bei der Prolongation kurzfristiger Kredite rechnen und daher geneigt sind, ihre Kredite durch längerfristige Darlehen zu konsolidieren[199].

3.2.4.4. Auslandskredite

Obwohl die Kreditmärkte im Ausland (in ausländischer Währung und/oder an einem ausländischen Platz mit mindestens *einem* ausländischen Partner) nicht zu den Finanzmärkten *in* der Bundesrepublik Deutschland gehören, so können sie doch für die Aufnahme von finanziellen Mitteln inländischer Unternehmen ein Potential darstellen, das Bilanztransaktionen der Unternehmen auf inländischen Kreditmärkten entscheidend beeinflussen kann[200].

[197] Inwieweit sie darin Erfolg haben können, ist im voraus schwierig zu bestimmen, da neben Faktoren wie Kreditnachfrage und -angebot anderer Sektoren auch das eigene Verhalten als Kreditnachfrager eine Rolle spielt, wodurch sich ein Zusammenhang zwischen „explanans" und „explanandum" ergibt und Erklärungen darüber leicht in die Nähe von Zirkelschlüssen geraten können.

[198] Vgl. *M. W. Krause*, ebenda.

[199] Vgl. unsere Ausführungen unter 3.2.3.

Besonderheiten derartiger Auslandskredite ergeben sich aus den Transaktionen in verschiedenen Währungen und/oder über Ländergrenzen hinweg[201] und den sich daraus ergebenden Risiken (und Chancen), wie z. B. Paritätsänderungen, Devisenbewirtschaftungsmaßnahmen aber auch Revolvierungsmöglichkeiten, wie sie durch international tätige Finanzinstitute an den Geldhandelsplätzen in London und Zürich sowie für Anleihen in Luxemburg geboten werden können.

Durch die besonderen Usancen bei der Vergabe derartiger Kredite, durch erhöhte Informations- und Transaktionskosten[202], Bonitätsanforderungen bezüglich des Schuldners etc. stehen derartige Mittel jedoch nicht allen Unternehmen zur Aufnahme finanzieller Mittel offen. Wie die Entwicklung des Euro-Dollarmarkt-Volumens in den letzten Jahren allerdings gezeigt hat[203], ist das Bedürfnis für derartige Kredite auf der einen Seite und andererseits die Bevorzugung einer Anlage in solchen Kredittiteln in hohem Maß gestiegen. Da neben den von der offiziellen Wirtschaftspolitik erwünschten Wirkungen auch oftmals unerwünschte Wirkungen von derartigen Kredittransaktionen ausgehen[204], insbesondere dann, wenn die binnenländische Kreditpolitik dadurch konterkariert wird, ist aber immer mit Gegenmaßnahmen von offizieller Seite zu rechnen, die Vorsorgemaßnahmen für evtl. nötige Anschlußfinanzierungen auf einheimischen Finanzmärkten seitens der kreditsuchenden Unternehmen aber auch seitens der ggf. in Anspruch genommenen Banken erforderlich machen.

Nun beziehen sich Auslandskredite nicht nur auf die Beschaffung von Geldern bei ausländischen Finanzinstitutionen, sondern auch auf Handelskredite, die bei Leistungstransaktionen mit dem Ausland ent-

---

[200] Vgl. etwa die erhebliche Kreditaufnahme deutscher Unternehmen an den Euro-Dollar-Märkten 1970 und mit Unterbrechung 1971. Siehe unter Ausführungen oben 4.3. (3).

[201] Auslandskredite liegen demnach auch dann vor, wenn ein deutsches Unternehmen einen DM-Kredit am Euromarkt, z. B. bei einer in London tätigen Bank aufnimmt.

[202] Vgl. zu den Besonderheiten z. B. *F. Holzheu*, S. 138 ff. Seiner Analyse für Bilanzdispositionen aufgrund des Markowitz-Modells (S. 152 ff.) können wir hier allerdings nicht folgen, da sie wegen zugrunde liegenden individuellen Nutzenprinzips keine *überprüfbar* erscheinenden Hypothesen ermöglicht. Vgl. dazu Kap. 2; insbesondere 2.2. unserer Ausführungen.

[203] So ist der geschätzte Gesamtumfang des Eurodollarmarktes von Ende 1965 9,5 Mrd. US-Dollar auf über 65 Mrd. US-Dollar im Jahre 1971 gestiegen. Vgl. *Bank für Internationalen Zahlungsausgleich*, 36. Jahresbericht, Basel 1966, S. 162 und *Deutsche Bundesbank*, Geschäftsbericht für das Jahr 1971 (Frankfurt a. M. 1972), S. 37.

[204] Vgl. zu den erwünschten Wirkungen etwa die Überwindung der Wirtschaftskrise in Italien 1963/64; zu den unerwünschten Wirkungen etwa die Entwicklung in der BRD ab Anfang 1970 (allerdings während der Phase des Floatings von Mitte Mai 1971 bis zur Neuordnung der Währungsrelationen Mitte Dezember 1971 unterbrochen), die zur Einführung des Bardepots führte. Vgl. auch *Deutsche Bundesbank*, Geschäftsbericht für das Jahr 1971, S. 28 ff.

stehen. Außerordentliche Veränderungen in derartigen Kreditierungen erscheinen insbesondere dann wahrscheinlich, wenn mit Änderungen in den Währungsparitäten gerechnet wird, da derartige Veränderungen, die in der Praxis als Änderungen der „terms of payment" bezeichnet werden, dazu führen, daß Verpflichtungen aus Leistungstransaktionen, die auf die aufwertungsverdächtige Währung lauten, schneller als sonst üblich durch Zahlungen beglichen werden, während Verpflichtungen in abwertungsverdächtigen Währungen[205] schleppender als sonst üblich bezahlt werden, um aus den erwarteten Paritätsänderungen zu erwartende Verluste zu vermeiden bzw. möglich erscheinende Erträge zu realisieren[206].

3.2.5. *Finanzanlagen nichtfinanzieller Unternehmen*

3.2.5.1. Bargeld, Sichteinlagen sowie Termingelder

(1) Die bedeutendste Position unter den Finanzanlagen nichtfinanzieller Unternehmen insgesamt stellt der Besitz von Bargeld und Sichteinlagen dar. Mit großem Abstand folgen Termingelder, dann Aktien sowie Forderungen an das Ausland[207].

(2) Die Geldanlagen in bar oder in Sichteinlagen werden vermutlich vorwiegend für die Abwicklung des Zahlungsverkehrs gehalten, der im Zusammenhang mit den Leistungstransaktionen steht. Ebenso verbleiben hereinkommende Gelder, die später in andere Geldanlagen wie Aktien oder Termingelder umgewandelt werden sollen, in dieser Form, da Bargeld und Sichteinlagen bei Kreditinstituten für nichtfinanzielle Unternehmen Synonyma für Zahlungsmittel sind.

Sofern ein Unternehmen mehrere Konten unterhält, kann es auch, wenn es Nettokreditnehmer ist, auf einem kreditorischen Konto über Sichteinlagen verfügen, auch wenn für die Kredite auf den debitorischen Konten höhere Sollzinsen verlangt werden, da Umbuchungen regelmäßig Aufwendungen an Material und Zeit mit sich bringen. Für das Verhalten dieser Unternehmen kann die Hypothese aufgestellt werden, daß das Halten von ungeplanten Zahlungsmittelbeständen um so geringer sein wird, je angespannter die finanzielle Situation ist, d. h. je schwieriger Finanzmittel auf dem Kreditwege zu erhalten und je höher die dafür zu zahlenden Zinsen sind. Allerdings erscheint eine solche Hypothese schwierig überprüfbar zu sein, da anzunehmen ist,

---

[205] Wobei es aus der Sicht des zu Zahlungen verpflichteten Unternehmens auf die Veränderung der relativen Position seiner eigenen Währung gegenüber der Auslandswährung ankommt.

[206] Vgl. hierzu etwa *H. Lipfert*, Einführung in die Währungspolitik, München (1964), S. 98 f.

[207] Vgl. *Deutsche Bundesbank*, Gesamtwirtschaftliche Finanzierungsrechnung sowie Bestand an Geldvermögen und Verpflichtungen 1970, S. 53.

daß nicht allein die Kreditsituation Einfluß auf das Halten von Zahlungsmitteln hat und weiterhin zweifelhaft ist, ob ein „rationelles" Finanzierungsgebaren von debitorischen Unternehmen zugleich zur Verminderung des Zahlungsmittelbestandes seiner absoluten Höhe nach oder zumindest seiner Zuwachsrate nach für den Unternehmenssektor insgesamt führt. Es wäre denkbar, daß andere Unternehmen aufgrund der Ungewißheit über zukünftige Kreditmöglichkeiten zu Ausgabeneinschränkungen schreiten und die eingehenden Zahlungen zur Verbesserung ihrer primären Liquidität in Form von Sichteinlagen halten, insbesondere dann, wenn sie mit Abweichungen vom Zahlungsgleichschritt rechnen, d. h. davon ausgehen, daß Einzahlungen in der Zukunft schleppender erfolgen als bisher.

Als weitere Determinante für die Nachfrage nach Sichteinlagen könnte die Höhe der Verzinsung von kurzfristigen Termineinlagen eine Rolle spielen, da sie zumindest in gewisser Weise für kurzfristig nicht gebrauchte Zahlungsmittel eine alternative Anlageform darstellen[208]. Hierbei können allerdings diese und die obengenannten Determinanten gegenläufige Tendenzen aufweisen, da insbesondere damit zu rechnen sein wird, daß in Zeiten knapper Finanzmärkte die Banken bereit sein werden, Termineinlagen verhältnismäßig hoch zu verzinsen. Zudem wäre eine solche These leicht ein Zirkelschluß, da die auch durch das Unternehmensverhalten mit verursachte Knappheit an den Finanzmärkten den Knappheitsgrad und damit auch den Zins für derartige Einlagen mitbestimmt.

(3) Die Nachfrage nach Termineinlagen seitens der Unternehmen können sich auch aus den Einnahme-Ausgabe-Strömen und den damit nicht immer kongruenten Zahlungsströmen ergeben. So wird etwa ein Darlehen aufgenommen, um die im Zusammenhang mit einem Investitionsvorhaben erwarteten Ausgaben- und Auszahlungsüberschüsse zu finanzieren. Da die Leistungen nicht auf einmal erbracht werden und auch die Zahlungsverpflichtungen nicht zu einem Zeitpunkt fällig werden, das Darlehen aber oftmals mit seiner vollen Summe zur Verfügung steht und auch voll verzinst werden muß, stehen für eine gewisse Frist anlagefähige Mittel zur Verfügung. Gleichgerichtete Situationen bei vielen Unternehmen, die zu einem erheblichen Niederschlag auf den Termingelderkonten des Unternehmenssektors insgesamt führen würden, könnten sich beispielsweise am Anfang eines Investitionsbooms ergeben. Andere diskontinuierliche Entwicklungen von Leistungs- und Zahlungsströmen könnten in Zeiten nachlassender Investitionstätigkeit dann auftreten, wenn ein Teil der verdienten Abschreibungserlöse nicht wieder zur Bezahlung von Reinvestitionen verwendet, sondern vorläufig „stillgelegt" wird.

---

[208] Vgl. *W.-A. Prautzsch,* S. 98 ff.

Aufgrund der Vielfältigkeit möglicher Erklärungshypothesen, die sich im Zahlenbild der Finanzierungsrechnung teilweise gegenläufig niederschlagen müßten[209], kann nach der bisherigen Erörterung zur Bestimmung von Unternehmerverhalten auf entsprechenden Märkten lediglich auf ad-hoc-Erklärungen zurückgegriffen werden, die der einen oder der anderen Hypothese aufgrund der besonderen Situation stärkeres Gewicht einräumen müßten.

3.2.5.2. Aktien

(1) Die Bestände der Unternehmen an Aktien „spiegeln den Umfang der auf Aktienbesitz beruhenden Kapitalverflechtungen wider, der darin deutlich wird, daß der Bestand an Aktien deutscher Unternehmer (allerdings einschließlich der Aktienbeteiligung der Banken und Versicherungen, die sich nicht genau ermitteln lassen) rd. einem Fünftel der insgesamt von deutschen Unternehmen emittierten Aktien entsprach“[210].

(2) Es stellt sich für uns nun die Frage, welche Determinanten für diesen Bestand und seine Veränderungen im Laufe der Zeit maßgeblich sein könnten. Vermutlich sind die Erklärungen nicht im vollen Maß mit denjenigen identisch, die wir (hypothetisch) für das Verhalten privater Haushalte herausgestellt haben[211].

Übernahme und Erwerb von Aktien durch andere Unternehmen dürfte sich nicht nur nach Ertragserwartungen an den Aktienmärkten (Kurs- und Dividendenerträgen) richten, sondern auch oder evtl. vornehmlich danach, welche anderen Vorteile sich für die betreffenden Unternehmen ergeben. Diese Vorteile können von organisatorischen Vereinfachungen, die etwa in der Gründung einer Untergesellschaft für spezielle Unternehmenszwecke liegen, über steuerliche Vorteile durch Liegenschaftsgesellschaften, die die Immobilien für eine Muttergesellschaft halten und in spezieller Form finanzieren[212], bis hin zu Ertragssteigerungen gehen, die sich aus einer Abstimmung in den Investitionsprogrammen bei Beteiligung an einer schon bestehenden, ehemaligen Konkurrenzfirma ergeben.

---

[209] So würden in den Zeiten, in denen Abweichungen vom Zahlungsgleichschritt erwartet werden oder schon eingetreten sind, die Unternehmen ihre Sichteinlagen verstärken. Andererseits müßten sie bei gleichzeitig hohen Zinsen vornehmlich Termindepositen nachfragen. Der Ansatz der Liquiditätsdifferentialpräferenztheorie, der beide Hypothesen zu vereinigen sucht, kann wegen seiner mangelnden Falsifizierbarkeit nicht als Erklärungshypothese verwendet werden. Vgl. 2.1.2. und 2.2. unserer Ausführungen.

[210] Vgl. *Deutsche Bundesbank,* Gesamtwirtschaftliche Finanzierungsrechnung sowie Bestand an Geldvermögen und Verpflichtungen 1970, S. 29.

[211] Vgl. weiter oben 3.1.8.

[212] So z. B. „Warenhaus-Liegenschaften Aktiengesellschaft“, eine Tochter der Horten Aktiengesellschaft.

Damit sind generelle Hypothesen, die überprüfbar erscheinen, für den Unternehmenssektor kaum denkbar. Auch Aussagen, die z. B. in einer Zunahme der Kapitalverflechtung im Unternehmenssektor *ein* Indiz für eine möglicherweise zunehmende Konzentration sehen, wären so generell nicht richtig, da die in der Finanzierungsrechnung ausgewiesenen Aktien auch die Ausgliederung von Unternehmensteilen aus organisatorischen oder steuerlichen Gründen in Form von rechtlich eigenständigen Unternehmen mit einschließt.

3.3. Öffentliche Haushalte (Gebietskörperschaften und Sozialversicherungen)

3.3.1. Finanzierungsrechnung und unterschiedliche öffentliche Haushalte

Die Finanzierungsrechnung unterscheidet innerhalb ihrer Sektoren (unserer Betrachtungsebene) nicht zwischen den verschiedenen öffentlichen Haushalten, deren Bilanzdispositionen aufgrund unterschiedlicher Aufgabenstellung, verschiedener Möglichkeiten der Kreditaufnahme aber auch aufgrund der unterschiedlichen Anforderungen an die Rücklagenbildung und Verwendung von in Besitz befindlichen Zahlungsmitteln (Anlegerverhalten) durchaus sehr verschieden sein können.

Wir erachten es bei der Suche nach Erklärungsansätzen für Bilanzdispositionen für notwendig, über das Maß der Finanzierungsrechnung (Aufteilung in Gebietskörperschaften und Sozialversicherungen) hinaus, zu differenzieren, um so zu realitätsnäheren Aussagen über die öffentlichen Haushalte und ihre Beziehungen zum Betrachtungsobjekt, den Finanzmärkten, zu kommen[213].

3.3.2. Gebietskörperschaften

3.3.2.1. Der Bund

(1) Das jeweilige Finanzgebaren des Bundes in bezug auf die in unserer Arbeit im Mittelpunkt stehenden Bilanzdispositionen könnte sich aus der Aufgabenstellung des Bundes und den gesetzlichen und administrativen Möglichkeiten bei Wahrnehmung des jeweiligen politischen Interesses ergeben.

Zur Einnahmeerzielung stehen dem Bund neben eigenen Steuerquellen, über die er auch die Gesetzgebungshoheit besitzt, und Gebühren

[213] Aus diesem Grunde müssen wir dann im letzten (5.) Kapitel bei der Überprüfung der Erklärungsansätze Hilfsrechnungen in Ergänzung zur Finanzierungsrechnung anwenden.

auch die unterschiedlichsten Kreditmärkte offen, angefangen bei den Kassenkrediten der Deutschen Bundesbank, die lediglich der Überbrückung von Liquiditätsengpässen dienen sollen, über kurzfristige, verbriefte und unverbriefte Kredite vom Bankensektor, bis hin zu mittel- und langfristigen Schuldverschreibungen, die auch bei den privaten Haushalten und nichtfinanziellen Unternehmen plaziert werden.

Während das Grundgesetz in seiner ursprünglichen Fassung vom formalen und materiellen Haushaltsausgleich ausging[214], der vorsah, daß die im ordentlichen Haushalt aufgeführten Ausgaben durch nichtkreditäre Einnahmen gedeckt sein mußten, während die Aufnahme von Krediten nur bei außerordentlichem Bedarf und in der Regel nur für werbende Zwecke erfolgen durfte, ist auch auf gesetzgeberischem Gebiet nach der Rezession 1966/67 eine Änderung eingetreten[215]. Hiernach dürften „zur Abwehr einer Störung des gesamtwirtschaftlichen Gleichgewichtes“[216] mittels Bundesgesetz[217] und Rechtsverordnungen sowohl Beschränkungen in der Kreditaufnahme erfolgen als auch Kreditaufnahmen über das Maß der Investitionen hinaus getätigt werden, je nachdem in welcher Richtung die Störung des gesamtwirtschaftlichen Gleichgewichts erwartet oder als gegeben erachtet wird.

(2) Eine mögliche antizyklische Schulden- und Finanzanlagepolitik des Bundes würde in der Rezession die Aufnahme von kurzfristigen Schulden dort erfordern, wo eine derartige Schuldenaufnahme nicht zu einer Einschränkung zusätzlicher erwünschter privater Schuldenaufnahmen führt.

In Frage hierfür kommen die Märkte staatlicher Geldmarktpapiere (U-Schätze, Schatzwechsel und Kassenobligationen), bei denen Banken als Nachfrager für derartige Titel auftreten. Sofern die Bundesbank zu einer gleichartigen Einschätzung der konjunkturellen Lage wie die Bundesregierung gelangen sollte, könnte sie eine Plazierung derartiger Schuldtitel durch Verminderung bestehender Mindestreserveverpflichtungen und die Aufnahme dieser Titel in die Geldmarktregulierung unterstützen.

Der Effekt auf die Liquidität der Banken und ihre evtl. Bereitschaft zur Kreditvergabe[218] wäre zweifacher Art. Erstens würden die Banken

---

[214] Vgl. zur entsprechenden Problematik u. a. *R. Nöll von der Nahmer*, Lehrbuch der Finanzwissenschaft, Bd. 1, Köln und Opladen 1964, S. 138 ff.

[215] Insbesondere durch das 15. Gesetz zur Änderung des Grundgesetzes vom 8. 6. 1967 (BGBl. I, S. 581) sowie das 20. (BGBl. I, S. 357) und das 21. Gesetz zur Änderung des Grundgesetzes (Finanzreformgesetz BGBl. I, S. 359) beide vom 12. 5. 1969.

[216] Art. 109 sowie Art. 115 in der z. Z. (1972) gültigen Fassung.

[217] Vgl. Gesetz zur Förderung der Stabilität und des Wachstums der Wirtschaft vom 8. 6. 1967 (BGBl. I, S. 582).

durch die Freigabe von Mindestreservebeträgen mit Primärliquidität ausgestattet werden, die ihnen auf jeden Fall eine Anlage in Staatspapieren erlauben würde, ohne daß ihr Kreditvergabespielraum an die Privatkundschaft eingeschränkt würde. Der zweite Effekt bestände darin, daß durch die Bereitschaft der Bundesbank, diese Titel auf dem zu den Geldmärkten zählenden Markt der Zentralbank anzukaufen, die Banken jederzeit in Primärliquidität (Zentralbankgeld) umwandelbare und gleichzeitig verzinste Sekundärliquidität erhielten, die es ihnen erlauben würde, auch bei nichtvorhersehbaren Anspannungen auf den Kreditmärkten in der Zukunft auf leichte Weise ihren Zahlungsanforderungen in Zentralbankgeld durch Verkauf von Geldmarktpapieren gerecht zu werden.

Da auch kaum mit politischen Widerständen in der Rezession gegen eine Aufnahme von Geldern mit Hilfe kurzfristiger Titel zu rechnen ist, wird der Bund sich vermutlich in der oben dargestellten Weise verhalten.

(3) In Zeiten von konjunktureller Anspannung müßten in der Schuldenpolitik gegenläufige Transaktionen durchgeführt werden.

Einmal würde sich ein Abbau der kurzfristigen Schulden anbieten, ohne daß gleichzeitig an anderer Stelle evtl. mit Hilfe anderer Titel Gelder aufgenommen werden. Bei den Banken würde dann zwar die jederzeit in Zentralbankgeld wandelbare Sekundärliquidität in Primärliquidität verwandelt.

Dadurch, daß aber der Bund nicht in Höhe seiner Einnahmen wieder Ausgaben tätigt, sondern die über Einnahmen erzielten Gelder zu Finanztransaktionen mit dem Bankenapparat nutzt und somit den anderen nichtfinanziellen Sektoren Einnahmen durch Staatsausgaben „vorenthält", werden diese gezwungen, entweder ihrerseits ihre Ausgaben einzuschränken und damit weniger Nachfrage auszuüben, oder die Einnahmelücken durch Kreditaufnahme zu decken. Die Kreditvergabebereitschaft der Banken an Private könnte dabei durch Mindestreserveerhöhungen der Bundesbank eingeschränkt werden[219]. Ein derartiges „debt-management" des Bundes würde aber voraussetzen, daß die Ausgabenbereitschaft der Regierung und des Parlaments — bei an

[218] Das Bankverhalten werden wir in einem gesonderten Kapitel (3.5.) noch näher zu untersuchen haben.

[219] Da wir uns in dieser Arbeit nicht in extenso mit möglichen Konzeptionen von Fiskal- und Geldpolitik sowie ihrem Zusammenwirken und ihren möglichen Erfolgen und Schranken auseinandersetzen können, wird hier die Erörterung der Wirkungen einer derartigen Politik abgebrochen. Es soll aber noch darauf hingewiesen werden, daß die Privaten auch entweder durch ein Verschulden im Ausland ihren Finanzierungssaldo ausgleichen oder aber durch Leistungstransaktionen mit dem Ausland (Exportüberschüsse) die Vergrößerung eines Finanzierungssaldos vermeiden könnten.

sich „vollen Kassen“ — konjunkturpolitischen Erfordernissen untergeordnet wird[220]. Ein solches Verhalten wäre bei einer gegenüber den Wünschen des Parlaments starken Regierung sowie einem wenig ambitiösen Regierungsprogramm denkbar. Ob eine solche Konstellation aber in der Realität anzutreffen ist, erscheint zweifelhaft.

Es ist eher möglich, daß die kurzfristigen Schulden bei ihrer Fälligkeit nicht in derselben Form prolongiert werden, sondern daß an ihre Stelle längerfristige Titel (Staatsschuldverschreibungen) treten, wodurch die Staatsschuld konsolidiert wird. Dadurch würden an die Stelle der hochliquiden Geldmarktpapiere Titel mit je nach Laufzeit mehr oder weniger geringer Liquidität treten.

Allerdings können einer Konsolidierung der Staatsschuld dann Schwierigkeiten entgegentreten, wenn aufgrund schon vorhandener negativer Erwartungen bei den Wirtschaftssubjekten der übrigen Sektoren, deren Anlagebereitschaft in längerfristigen Titeln begrenzt ist. Auch in diesem Falle kommt es auf die politische Prioritätensetzung entweder zugunsten von ausgabewirksamen Maßnahmen oder für die Erreichung konjunkturpolitischer Ziele an. Ein Schwellenwert, der aber wohl kaum operational bestimmt werden kann, dürfte dort liegen, wo die Wählerschichten und die öffentliche Meinung in überwiegender Zahl ein „konjunkturgerechtes“ Verhalten von seiten der Regierung und des Parlaments erwarten, auch wenn eigene, ausgabenwirksame Forderungen vorläufig zurückgestellt werden müssen[221].

3.3.2.2. Die Länder

(1) Ebenso wie beim Bund dürften bei den Ländern für die Bilanzdispositionen die jeweiligen politischen Prioritätensetzungen eine bestimmende Rolle spielen.

Von der Einnahmen- und Ausgabenstruktur sollen hier aber zwei Tatbestände hervorgehoben werden[222]. Den größten Teil der Ausgaben der Länder machen die Personalausgaben aus, wobei wir nach den bisherigen Erfahrungen in der BRD davon ausgehen können, daß Personalausgaben nach unten hin keinerlei Flexibilität zeigen.

---

[220] Vgl. dazu z. B. G. *Schmölders*, Finanzpolitik, 2. Aufl., Berlin - Heidelberg - New York 1965, S. 95.

[221] Hierbei dürfte aber je nach eigenem Standpunkt verschieden geurteilt werden. Möglichkeiten für Ausgabenkürzungen dürften vornehmlich in Bereichen gesehen werden, von denen die jeweiligen Wählergruppen sich am wenigsten betroffen fühlen, wobei dann nach der Devise verfahren würde: „Lieber heiliger Florian, behüt' mein Haus, zünd' andere an.“

[222] Weitergehende Untersuchungen des Finanzgebarens von öffentlichen Körperschaften im föderativen Staat würden Sonderstudien erfordern, die den Rahmen dieser Arbeit sprengen würden.

Auf der Einnahmenseite sind die Länder seit 1970 nicht mehr allein auf ihre eigenen Steuern (hauptsächlich Vermögensteuer, Erbschaftsteuer, Kraftfahrzeugsteuer) sowie ihrem Anteil an dem höchstflexiblen Aufkommen der Einkommen- und Körperschaftsteuer angewiesen. Durch das Gesetz über den Finanzausgleich zwischen Bund und Ländern vom 28. 8. 1969[223] sind sie nunmehr auch an dem Aufkommen aus der Mehrwertsteuer beteiligt.

Bei der politischen Prioritätensetzung ist es wenig wahrscheinlich, daß die Landesregierungen und -parlamente in ihrer Ausgabenpolitik auf konjunkturpolitische Belange in größerem Umfang Rücksicht nehmen werden, obwohl sie nach den Bestimmungen des Stabilitätsgesetzes dazu verpflichtet wären[224]. Der Hinweis darauf, daß im eigenen Budget keinerlei Einsparungen aufgrund des unabweisbaren Bedarfs möglich sind, daß aber andere Länder und natürlich insbesondere der Bund durchaus zu einer konjunkturgerechten Haushaltspolitik in der Lage seien, dürfte jeder Landesregierung leichter fallen, als unpopuläre Sparmaßnahmen vorzunehmen.

(2) Aus der Stellung der Länder heraus möchten wir vermuten, daß die Länder das Volumen ihrer gesamten Schuldenaufnahme vornehmlich danach ausrichten, inwieweit sich ihre über ein bis zwei Jahre geplanten Ausgaben mit den laufenden Einnahmen durchführen lassen und insbesondere dann zu verstärkten Kreditaufnahmen schreiten, wenn unvorhergesehene Steuerausfälle eintreten[225]. Dagegen werden die Länder andererseits bei ungeplanten Überschüssen (Aufschwung) ihre kurzfristige Nettokreditaufnahme einschränken (Verhaltenshypothese). Dies Verhalten dürfte sich dadurch ergeben, daß für neue Ausgaben im Länderbereich erst entsprechende Planungen vorgenommen werden müßten. Für die weitere Zukunft ist allerdings zu vermuten, daß „Schubladenpläne" insbesondere für den Schul- und Hochschulbereich wesentliche Etatsteigerungen auch des laufenden Haushaltes zulassen würden. Andauernde steigende Diskrepanzen zwischen laufenden Einnahmen und Ausgaben in der Art, daß die Länderhaushalte laufend erhöhende Finanzierungsdefizite aufweisen sollten, würde von der Länderseite Forderungen nach einer Neuverteilung der Gemeinschaftsteuern laut werden lassen.

Ein solches Verhalten der Länder ist insbesondere deshalb zu vermuten, weil die Länder laufend steigenden Finanzierungsdefiziten in ihren Haushalten dadurch entgehen könnten, daß sie eine Änderung des vertikalen Finanzausgleiches durchzusetzen versuchten, wobei ihnen

[223] Vgl. BGBl. I, S. 1432.

[224] Vgl. § 1 StabWG.

[225] Vgl. *G. Götz*, Die Schuldenpolitik der Länder, Diss. Mainz 1969, S. 35.

insbesondere die Verfassungsvorschrift über die Gemeinschaftsteuern[226] entgegenkommen würde. Auch wenn es prinzipiell möglich wäre, daß die Länder einen größeren Teil ihrer Aufgaben kreditär finanzieren würden, besteht doch der Hang dazu, Kreditaufnahmen größeren Ausmaßes (zumindest offen) zu vermeiden, „solange Steuerzahlern und Parlamentariern die Staatsverschuldung mehr oder weniger suspekt erscheint“[227].

(3) Für ihre in diesem Rahmen erfolgende Schuldenaufnahme steht den Ländern neben den klassischen Instrumenten der Staatsverschuldung (Geldmarktpapieren im kurzfristigen Bereich und längerfristige Schuldverschreibungen für die Fundierung von Staatsschulden) insbesondere die Möglichkeit flexibler Kreditaufnahme bei ihren Landesbanken offen.

In bezug auf die oben herausgestellte Schuldenaufnahme bei Einnahmeausfällen ist diese Möglichkeit deshalb von Wichtigkeit, da in Zeiten zurückgehenden Einkommen- und Körperschaftsteueraufkommens auch mit einer Anspannung auf den Rentenmärkten gerechnet werden kann, die sich mit dem oben schon herausgestellten Verhalten der privaten Haushalte und durch das weiter unten noch zu diskutierende Bankenverhalten[228] erklären ließe. Die Kreditaufnahme bei eigenen Banken (aber auch bei anderen Kreditinstituten) stellt in solchen Zeiten eine willkommene Substitution zu nur schwer erhältlichen Geldern mittels Emittierung von Schuldverschreibungen dar. Zudem sind solche Kredite dem Schuldnerverhalten der Länder aufgrund ihrer Flexibilität bei Verbesserungen der Einnahmelage besser angepaßt, als die in ihrer Höhe langfristig irreversible Begebung von Schuldverschreibungen[229].

Daher dürfte der größte Teil der Länderverschuldung bei Banken und insbesondere den Landesbanken sowie Spezialkreditinstituten erfolgen, an denen Länder beteiligt sind.

[226] Vgl. Art. 106, Abs. 3 und 4 GG.

[227] G. *Götz*, S. 43. Götz erklärt mit dieser Einschätzung auch die „Flucht aus dem Budget“, die insbesondere bei den finanzschwachen Ländern zur Einrichtung von Parafisci führt, die u. a. Aufgaben wie die Erstellung von Hochschulen einschließlich deren Kreditmarktfinanzierung übernehmen. Vgl. ebenda, S. 42 ff.

[228] Vgl. 3.5.4.3. (2).

[229] Prinzipiell können Anleihen auch mit der Möglichkeit vorzeitiger Tilgung ausgestattet sein. In Zeiten angespannter Rentenmarktlage erscheint aber eine Plazierung von relativ hoch zu verzinsenden Schuldverschreibungen wenig erfolgversprechend, wenn diese sofort wieder in Niedrigzinsperioden gekündigt werden können.

3.3.2.3. Gemeinden

(1) In bezug auf die Bilanzdispositionen von Gemeinden und Gemeindeverbänden erscheinen uns die kommunalen Investitionen, die den größten Anteil an der öffentlichen Sachvermögensbildung haben, wichtig, deren Finanzierung im Zusammenhang mit der Verschuldung der Gemeinden steht[230].

Da die Verschuldensmöglichkeiten der Gemeinden eng mit der Möglichkeit zusammenhängen, die notwendig werdenden Zins- und Tilgungsdienste zu leisten[231], werden Volumen und Zuwachs ihrer Schuldenaufnahme von Größe und Entwicklung ihrer eigenen Einnahmen abhängen. Auch nachdem das Gewicht der im Konjunkturablauf äußerst schwankenden Gewerbesteuer[232] von 1970 an abgebaut worden ist[233], kann jedoch insgesamt immer noch erwartet werden, daß das kommunale Steueraufkommen in gewisser Parallelität zum Konjunkturzyklus verläuft.

(2) Die mit den Einnahmen zusammenhängende Schuldendienstleistungsfähigkeit[234] bestimmt die kommunale Kreditaufnahme.

Da die Schuldendienste in der *Zukunft* geleistet werden sollen, hängt die Fähigkeit Zinsen und Tilgung aufzubringen, von den *erwarteten* Einnahmen und Ausgaben ab[235]. Da diese jedoch nicht bekannt sind, werden in den einzelnen Ländern verschiedene Hilfsmaßstäbe angewendet, um die Schuldengrenzen beim jeweiligen Einzelfall zu ermitteln[236].

Unter Berücksichtigung (politisch) nicht nach unten flexibler Personal- und Verwaltungsaufwendungen sowie der Aufwendungen für schon aufgenommene Kredite kommen als Voraussetzungen für neue

---

[230] Wegen der Unterschiede zwischen den Gemeinden vgl. aber: *Deutsche Bundesbank,* Neuere Entwicklung der kommunalen Finanzen, *in:* Monatsberichte, 20. Jg. Nr. 11/12, November/Dezember 1968, S. 18 f.

[231] Vgl. § 77 Deutsche Gemeindeordnung vom 30. 1. 1935 (RGBl. I, S. 49), die nach 1945 weitgehend übernommen wurde.

[232] Vgl. *Kommission für die Finanzreform,* Gutachten über die Finanzreform in der BRD, Stuttgart, Köln, Berlin, Mainz 1966, Tz. 378.

[233] Vgl. Gesetz zur Neuordnung der Gemeindefinanzen (Gemeindefinanzreformgesetz) vom 8. 9. 1969 (BGBl. I, S. 1587). Gem. Art. 106 (V) GG erhalten zwar die Gemeinden seit 1970 auch einen Anteil an der Einkommensteuer, die (verminderte) Gewerbesteuer stellt aber immer noch die wesentliche, variierbare Einnahmequelle dar.

[234] Vgl. für Detailermittlungen *E. Barocka,* Kommunalkredit und kommunale Finanzwirtschaft, Frankfurt a. M. 1958, S. 185 ff.; *H. Gloth,* Die Entwicklung des Kommunalkredites, Berlin 1967, S. 60 ff.; *G. Giere,* Kommunales Schuldenwesen, *in:* Handbuch der kommunalen Wissenschaft und Praxis, hrsg. von *Peters,* Berlin - Göttingen - Heidelberg 1959, S. 215 ff.

[235] Vgl. *H. Gloth,* S. 61.

[236] Vgl. *ebenda,* S. 61 ff. und S. 113 ff.

Schuldenaufnahmen im wesentlichen Einnahmesteigerungen der Gemeinden in Betracht. Einnahmesteigerungen ergeben sich dabei (abgesehen von einer Erhöhung der Finanzzuweisungen und/oder cet. par. einer Erhöhung der Hebesätze) durch Erhöhungen der Bemessungsgrundlagen gemeindlicher Steuern. Dabei erweisen sich die Gewerbeertragsteuern und Lohnsummensteuer sowie die seit 1970 dem örtlichen Aufkommen entsprechend anteilsmäßig zufließende Einkommensteuer[237] als stark einkommens- und damit konjunkturabhängig.

Veränderungen im Gemeindesteueraufkommen verändern demzufolge auch die Schuldenaufnahme der Gemeinden in gleicher Richtung (Verhaltenshypothese).

(3) Eine Antwort auf die Frage, in welchen Titeln und bei welchen Gläubigern sich die Gemeinden verschulden, ergibt sich bei der Betrachtung der Zwecke für die Schuldenaufnahme und der Verbindungen zu den verschiedenen Gläubigergruppen.

Aufgrund der Parallelität von Schuldenaufnahme und gemeindlichen Investitionen[238] können wir annehmen, daß die Gemeinden eine der Lebensdauer der Investitionsobjekte angemessene Finanzierungsdauer anstreben[239], wobei sich die Bevorzugung langfristiger Kredite ergibt.

Sofern es sich lediglich um liquiditätsmäßige Diskrepanzen in Einnahmen und Ausgaben handelt, werden hingegen kurzfristige Kassenkredite bevorzugt[240].

Die Verbindung zu den örtlichen Sparkassen stellen diese als erste Kreditgeber heraus. Ähnliches gilt für die Landesbanken. Weiter kommen spezialisierte Hypothekenbanken und öffentlich-rechtliche Grundkreditanstalten in Betracht, über deren Refinanzierung mit Hilfe von Kommunalobligationen eine (indirekte) Verschuldung der Gemeinden am Rentenmarkt hergestellt wird. Dagegen kann eine direkte Verschuldung von Gemeinden am Rentenmarkt keine große Rolle für die kommunale Schuldenaufnahme insgesamt spielen, da nur wenige Groß-

[237] Gem. § 1 und Abs. 2 Gemeindefinanzreformgesetz vom 8. 9. 1969 (BGBl. I, S. 1587) erhalten die Gemeinden vom örtlichen Aufkommen der Einkommensteuer aus dem proportionalen Teil 14 %.

[238] Vgl. *Deutsche Bundesbank,* Die Entwicklung der öffentlichen Investitionsausgaben seit 1961, *in:* Monatsberichte, 24. Jg. Nr. 4, April 1972, S. 14.

[239] Im Prinzip wären die Gemeinden nicht zu einem solchen Verhalten gezwungen. Eine Darlehenstilgung aus dem Objekt heraus dürfte heutzutage wohl bei den wenigsten Investitionen der Fall sein (Ausnahmen: Städt. Anlagen für Wasserversorgung, Abwasserbeseitigung u. ä., wo evtl. kostendeckende Beiträge erhoben werden könnten). Eine Finanzierung mit revolvierenden kurzfristigen Schulden wird aber wohl vermieden, um bei einer evtl. nicht mehr möglichen Anschlußfinanzierung eine überraschende Belastung künftiger Haushaltspläne zu vermeiden.

[240] Allerdings kann es auch zum „Einfrieren" derartiger Kassenkredite kommen. Vgl. *H. Gloth,* S. 161 und S. 189.

städte als potente Emittenten von Schuldverschreibungen in Betracht kommen. Um Finanzquellen außerhalb des Bankensystems, insbesondere Versicherungsgesellschaften, in Anspruch nehmen zu können, bietet sich die Begebung von Schuldscheinen an.

Es ist zu vermuten, daß die Gemeinden in Zeiten angespannter Finanzmärkte, die sich dadurch auszeichnen, daß Anleihen nur noch äußerst schwierig und in geringem Umfang plaziert werden können und die Aufnahme von langfristigen Krediten bei den Banken schwierig und teuer ist, auch auf mittelfristige Kreditaufnahmen[241] ausweichen. Ein anderes Abweichen von den traditionellen Märkten erscheint insbesondere dann wahrscheinlich, wenn aufgrund von Verordnungen der Kredit bei den traditionellen Kreditgebern (Sparkassen) erschöpft ist[242].

3.3.3. Sozialversicherungen

(1) Der Verlauf von Einnahmen und Ausgaben sowie Umfang und Entwicklung der Vermögensbildung der Sozialversicherungsträger hängt eng mit den Grundsätzen der Deckung von Versichertenansprüchen zusammen.

Beim Ganzheits- und Anwartschaftsdeckungsverfahren sparen die Versicherten vor, so daß die Beiträge in einem Kapitalfonds angesammelt werden müssen, um daraus später die Versicherungsleistungen zu entrichten. Verminderungen des Kapitalstockes würden sich nur dann ergeben, wenn das „Alter" der Versicherung vom Beginn an den Zeitraum eines Erwerbslebens überschreitet und der Kreis der Beitragszahler zurückgeht und/oder der Umfang der Beitragspflicht herabgesetzt wird. Da das Deckungsprinzip mit der Einführung der dynamischen Rente im Jahre 1957 in der Bundesrepublik aufgegeben wurde, kommt es für unsere Erörterungen nicht mehr in Betracht.

Durch das von 1957 an bis zum 3. Rentenversicherungs-Änderungsgesetz 1969[243] praktizierte Abschnittsdeckungsverfahren, das einen Ausgleich von Einnahmen und Ausgaben bei gleichzeitiger Reservebildung im zehnjährigen Deckungsabschnitt vorsah, „vollzog sich über die Angestellten- und Arbeiterrentenversicherung bis Ende des ersten zehnjährigen Deckungsabschnitts im Jahre 1966 eine erhebliche Kapitalbildung"[244].

---

[241] Derartige Kreditaufnahmen werden in der Finanzierungsrechnung der Deutschen Bundesbank jedoch nicht gesondert ausgewiesen. Sie fallen, wie alle Kredite mit einer Laufzeit von über einem Jahr, unter die längerfristigen Kredite.

[242] Vgl. *E. Barocka,* S. 477 ff. Nach den Mustersatzungen der Sparkassen ist der Kommunalkredit (durch bestimmte Relationen zu den Einlagen) kontingentiert.

[243] Vom 28. 7. 1969 (BGBl. I, S. 956).

Bei diesem Verfahren ist aber dann mit einer Verminderung der Geldvermögensbildung zu rechnen, wenn die Beiträge aufgrund von Einkommensschwankungen der Beitragszahler stagnieren oder sogar zurückgehen und dazu noch der Kreis der Rentenberechtigten zunimmt. Dieser Fall trat zu Beginn unseres Betrachtungszeitraums auf. Er führte durch das 3. Rentenversicherungs-Änderungsgesetz zu einer Aufgabe jedweden Deckungsprinzips und zur Einführung des Umlageverfahrens, „bei dem ohne Rücklagenbildung lediglich die Kongruenz der Beitrags- und sonstiger laufender Einnahmen und der laufenden Rentenauszahlungen sichergestellt werden sollte“[245]. Allerdings sind auch hier Einflüsse auf die Kapitalmärkte zu erwarten. Erstens ist die Entwicklung der Einkommen nicht ausreichend sicher vorhersehbar, so daß es wohl kaum eine exakte Kongruenz zwischen Einnahmen und Ausgaben geben wird, was dazu führt, daß die Versicherungsträger einmal finanzielle Mittel zur Anlage zur Verfügung haben, die sie auf den Finanzmärkten anlegen können, ein anderes Mal aber auch zum Abstoßen derartiger Finanzanlagen in Zeiten von über die Einnahmen steigenden Ausgaben gezwungen werden. Zweitens könnten notwendig werdende Variationen des Beitragssatzes, die der bisherigen Erfahrung nach nur nach oben vorgenommen werden[246], auch einen Einfluß auf die Sparbereitschaft der von den erhöhten Beiträgen betroffenen Bevölkerungskreise ausüben, deren verfügbares Einkommen sich durch Beitragserhöhungen vermindern würde.

Allerdings sind die Auswirkungen solcher Beitragserhöhungen auf das private Sparverhalten schwer nachweisbar, wenn die Merklichkeit aufgrund des direkten Abzugsverfahrens und wegen laufender Einkommenserhöhungen gering ist.

(2) Ein besonderes Problem stellt die unterschiedliche Entwicklung der Finanzlage einmal bei der Angestellten- und andererseits bei der Arbeiterrentenversicherung dar, die sich noch in 20 selbständige Anstalten aufsplittert[247]. Finanzielle Anspannungen im einen Bereich können zu Verkäufen von Finanzanlagen führen, die die Finanzmärkte be-

---

[244] *H.-J. Dudler,* Rentenversicherung und Kapitalmarkt, *in:* Blätter für Genossenschaftswesen, Jg. 115 (1969), S. 252.

[245] *H.-J. Dudler,* S. 252.

[246] So führten die stufenweisen Erhöhungen des Beitragssatzes von 14 auf 17 % durch das Finanzänderungsgesetz 1967 im Verbund mit starken Einkommenssteigerungen der Versicherungspflichtigen, worunter nunmehr alle Angestellten fielen, und im Verbund mit einer hohen Zahl von versicherungspflichtigen Gastarbeitern wieder zu großen Überschüssen bei den Rentenversicherungen. Da man diese Überschüsse aber für Reformpläne ausgab (flexible Altersgrenze), wurden die Beitragssätze nicht gesenkt, sondern durch das 3. Rentenversicherungs-Änderungsgesetz von 1969 wurde der Beitragssatz ab 1973 auf 18 % erhöht.

[247] Vgl. *H.-J. Dudler,* S. 254.

lasten, und zwar auch dann, wenn andere Bereiche des Sektors Sozialversicherungen noch Geldvermögen bilden oder über ausreichende liquide Mittel verfügen[248]. Zwar sieht das schon oben angeführte 3. Rentenversicherungs-Änderungsgesetz Finanzausgleichs- und Liquiditätshilfetransaktionen vor, jedoch kann es auch so noch zu Diskrepanzen kommen, die sich aus dem Bild des gesamten Sektors nicht ersehen lassen[249].

Liquiditätsmäßige Anspannungen in Teilbereichen der Sozialversicherungen führen zum Abstoßen auch längerfristiger Titel (meistens im Portefeuille befindlicher Schuldverschreibungen), wodurch sogar bei bewußt durch die Zentralbank an den Finanzmärkten herbeigeführten Entspannungstendenzen die Märkte für derartige Anlagen durch den Angebotsdruck von seiten der Sozialversicherungen belastet werden, so daß Zinssenkungen sich hier nicht entsprechend schnell auswirken können.

3.4. Die Sonderstellung des Sektors Ausland im Rahmen der Finanzströme

(1) Wie wir oben aufgezeigt haben[250], sind im Sektor Ausland außerordentlich unterschiedlich geartete Wirtschaftssubjekte zusammengefaßt, so daß für den Versuch einer näheren Bestimmung von Verhaltensweisen *mindestens* so differenzierte Unterteilungen notwendig wären, wie sie für die inländische Wirtschaft im Rahmen der Finanzierungsrechnung vorgenommen werden.

Da die Finanzierungsrechnung der Deutschen Bundesbank in der bisher vorliegenden Form den Sektor Ausland aber als ‚Gegenbuchungskonto‘ „für Veränderungen von Forderungen und Verbindlichkeiten der Gebietsansässigen gegenüber Gebietsfremden“[251] betrachtet, könnten nur ganz globale Aussagen gemacht werden, die wegen der Beschränkung der Untersuchung auf Finanzmärkte *in* der BRD im Rahmen von Forderungsbildung und Verschuldung *inner*deutscher Sektoren nur erwähnt werden könnten[252]. Damit würde man aber nicht der Vielschichtigkeit möglicher Determinanten gerecht[253], die von der Ausnut-

---

[248] Vgl. *ebenda*, S. 252.

[249] Vgl. *ebenda*, S. 252 und S. 254 f.

[250] Vgl. 1.2.3.2. (4) unserer Ausführungen.

[251] *Deutsche Bundesbank*, Zahlenübersichten und methodische Erläuterungen zur gesamtwirtschaftlichen Finanzierungsrechnung . . ., S. 3.

[252] Vgl. unsere Hinweise im Unterabschnitt 3.2.4.4.

[253] Vgl. *R. Groß*, Freiheit und Intervention im Kapitalverkehr zwischen Industrieländern — Liberalisierungsbestrebungen, Hindernisse und ihre Begründung —, Diss. Mainz 1969, insbes. S. 10 ff., S. 81 ff., S. 90 ff.

zung von Zinsdifferenzen (bei kurzfristigen Geldanlagen) bis hin zur Gewinnung von ausländischem know-how (bei Direkt- und/oder Portfolio-Investitionen) reichen könnten.

(2) Bisher vorliegende Untersuchungen mit Hilfe ökonometrischer Methoden[254] beziehen sich deshalb auch vornehmlich auf ausgewählte, insbesondere kurzfristige Kapitalbewegungen. Bei allen derartigen Untersuchungen stellen die Erklärungen für auftretende Erwartungen in bezug auf Wechselkursänderungen das größte Problem dar. Sofern Aufwertungsspekulationen die Tendenz zur „Selbsterfüllung" haben, sind Wechselkursänderungserwartungen relativ leicht mit entsprechenden Veränderungen von Angebot und Nachfrage in bezug auf Devisen unter entsprechender Gewichtung der am nächsten liegenden Perioden zu „erklären"[255].

Die solche Veränderungen aber *möglicherweise* „auslösenden Faktoren", wie z. B. Erklärungen von Politikern, können aber nicht in der für ökonometrische Modelle notwendigen, quantifizierbaren Form berücksichtigt werden.

Wegen der nicht unbegründeten Vermutung, daß Kapitalverflechtungen zwischen dem In- und dem Ausland sowie deren Veränderungen „sich nicht ohne weiteres in .. (ein) einfaches Ertrags-Risiko-Schema einordnen lassen"[256], lassen sich auch Untersuchungen über längerfristige Kapitalbewegungen und Direktinvestitionen grenzüberschreitender Art wohl kaum mit Ansätzen lösen, wie sie die Portfolio-Selection-Theorie zur Zeit anbietet[257]. Auch hier liegt das Problem darin, überprüfbare Erklärungsansätze zu finden, die sich aufgrund der regionalen, u. a. auch politisch bedingten vielfältigen Unterschiede im zwischenstaatlichen Wirtschaftsverkehr nur selten — selbst in gewissen Grenzen — verallgemeinern lassen dürften.

3.5. Kreditinstitute

3.5.1. Institutioneller Rahmen

(1) Die im Sektor Kreditinstitute zusammengefaßten Banken sind in ihrer Geschäftsstruktur heterogen und reichen von den sog. Geschäftsbanken über in allen Sparten des Bankgeschäftes tätig werdenden sog. gemischten Hypothekenbanken[258] bis hin zu den Wohnungsbauförde-

[254] Vgl. hierzu *H. Priester*, Kurzfristige zwischenstaatliche Kapitalbewegungen in der Bundesrepublik Deutschland 1960 - 1970, Berlin 1972 mit der dort angegebenen und analysierten Literatur, insbes. S. 82 ff., S. 106 ff.

[255] Vgl. oben 2.1.1. (3) und 3.1.8. (3).

[256] *F. Holzheu*, S. 238.

[257] Vgl. unsere kritischen Ausführungen im 2. Kap.

[258] Wie z. B. die Bayerische Hypotheken- und Wechselbank.

rungsanstalten der Länder und der Deutschen Gesellschaft für öffentliche Arbeiten AG[259], d. h. in diesem Sektor sind nicht nur „,money creating banks' (Einlagen annehmende Banken), sondern auch reine Kapitalsammelstellen, wie z. B. Hypothekenbanken und andere Banken, die sich praktisch nur durch Ausgabe von Bankschuldverschreibungen finanzieren oder die in der Hauptsache der Weiterleitung von staatlichen Geldern dienen (Wohnungsbauförderungsanstalten)"[260].

Obwohl beteiligungsmäßige Verbindungen zwischen einzelnen Instituten verschiedener Institutsgruppen bestehen[261], unterliegen doch die Gruppen unterschiedlichen rechtlichen und institutionellen Beschränkungen[262], wodurch gleichartiges Verhalten bei den einzelnen Institutsgruppen nicht erwartet werden darf.

Wenn wir daher von Verhaltenshypothesen des Sektors Kreditinstitute sprechen, wollen wir damit lediglich danach fragen, welche Tendenzen und Veränderungen der einzelnen finanziellen Positionen der Kreditinstitute insgesamt sich gezeigt haben und worauf sie zurückzuführen sein könnten. Da die finanziellen Positionen bei den einzelnen Gruppen unterschiedliches Gewicht haben, verteilen sich derartige Änderungen in unterschiedlichem Maße auf die verschiedenen Gruppen[263].

(2) Institutionellen Begrenzungen unterliegen Kreditinstitute einmal durch gesetzliche Vorschriften[264] wie das Kreditwesengesetz[265] oder das Hypothekenbankgesetz[266] aber auch durch die Handhabung entsprechender Vorschriften des Bundesbankgesetzes[267], wobei es sich insbesondere um die Mindestreservevorschriften[268] und die Grundsätze über

[259] Vgl. *Deutsche Bundesbank,* Zahlenübersichten und methodische Erläuterungen zur gesamtwirtschaftlichen Finanzierungsrechnung . . ., S. 3.

[260] *H. Schlesinger,* Gesamtwirtschaftliche Finanzierungsrechnung und monetäre Analyse, *in:* Studien zur Geldtheorie und monetäre Ökonometrie, Berlin 1972, S. 203.

[261] So z. B. die Beteiligungen der Kreditbanken an den Hypothekenbanken. Vgl. *L. Mühlhaupt,* Strukturwandlungen im westlichen Bankwesen, Wiesbaden 1971, S. 281.

[262] Vgl. dazu die unterschiedlichen Vorschriften des Kreditwesengesetzes, des Hypothekenbankgesetzes, die Mustersatzungen der Sparkassen u. ä. m.

[263] Vgl. zu Strukturwandlungen im Geschäftsbereich der Banken: *Deutsche Bundesbank,* Die Geschäftsentwicklung der Bankengruppen 1960 - 1970, *in:* Monatsberichte, 23. Jg. Nr. 4, April 1971, S. 30 ff.; *L. Mühlhaupt,* Strukturwandlungen im westlichen Bankwesen.

[264] Zu der rechtlichen Ordnung im Kreditwesen vgl. z. B. *Obst / Hintner,* S. 251 ff.

[265] Gesetz über das Kreditwesen vom 10. Juli 1961 (BGBl. I, S. 881).

[266] Hypothekenbankgesetz vom 13. Juli 1899 i. d. F. vom 5. Februar 1963 (BGBl. I, S. 31).

[267] Gesetz über die Deutsche Bundesbank vom 26. Juli 1957 (BGBl. I, S. 745), besonders §§ 16 und 19.

[268] Anweisung der Deutschen Bundesbank über Mindestreserven aufgrund der §§ 6 und 16 des Gesetzes über die Deutsche Bundesbank, jewei-

das Eigenkapital und die Liquidität der Kreditinstitute[269] handelt. Für die Bilanzdispositionen von Kreditinstituten spielen daher die sog. Strukturvorschriften über angemessen haftende Mittel, Verhältniszahlen von bestimmten Passiv- zu bestimmten Aktivpositionen und Vorschriften über Großkredite eine gewisse Rolle.

Diese Vorschriften bilden allerdings nur einen weiten Rahmen. So ist die Eigenkapitalausstattung je nach Bankengruppe verschieden[270]. Dabei wird normalerweise das Eigenkapital der Geschäftsexpansion angepaßt, damit die einzelne Bank möglichst nicht vom Normalmaß der Bankengruppe, der das jeweilige Institut angehört, wesentlich abweicht. Stark expandierende Institute, die z. B. in Gefahr geraten, daß ihre Bilanzrelationen nicht mehr den Grundsätzen I und III der Grundsätze über Eigenkapital und Liquidität entsprechen, werden versuchen, Teile ihrer Forderungen bei befreundeten Banken „in Pension zu geben", um in einer Konsolidierungsphase ihre Bilanzen den für angemessen gehaltenen Relationen wieder anzupassen.

Umgehungen derartiger Vorschriften wären auch dadurch möglich, daß materiell langfristige Kredite als formell kurzfristige Kredite ausgewiesen und erst bei entsprechenden Änderungen in der Struktur der Passivseite formale und materielle Fristigkeit auch in den Bilanzen einander angepaßt werden.

Nachdem die Zinsverordnung vom 5. 2. 1965 (BGBl. I, S. 33) mit Wirkung vom 1. 4. 1967 an aufgehoben worden ist, unterliegen die Kreditinstitute dagegen keinerlei Höchstzins- und Höchstgebührenvorschriften mehr, wodurch sie in der Preisgestaltung ihrer Geschäfte frei geworden sind.

(3) Eine weitere institutionelle Einbettung der Banken ergibt sich durch die besonderen Beziehungen zwischen der Bundesbank und den Kreditinstituten, da Zahlungen zwischen Banken sowie von Banken an Außenstehende und an Kunden in bar lediglich durch Zentralbankgeld bewirkt werden können[271]. Die Beschaffung von Primärliquidität

---

lige Fassung abgedruckt in den *Geschäftsberichten der Deutschen Bundesbank* unter „Die zur Zeit gültigen kreditpolitischen Regelungen der Deutschen Bundesbank".

[269] Grundsätze über das Eigenkapital und die Liquidität der Kreditinstitute, bekanntgegeben durch das Bundesaufsichtsamt für das Kreditwesen gemäß § 10 Abs. 1 Satz 3 und § 11 Satz 3 des KWG, jeweilige Fassung abgedruckt in den *Geschäftsberichten der Deutschen Bundesbank* unter „Die Mitwirkung der Deutschen Bundesbank bei der Bankenaufsicht und bei Änderungen des Bankenrechts".

[270] Vgl. *J. Esenwein-Rothe,* Die Struktur des Bankwesens als Gegenstand wirtschaftsstatistischer Analyse, Berlin 1959, S. 95; *L. Mühlhaupt,* Strukturwandlungen im westdeutschen Bankwesen, S. 116 ff.

[271] Für Nichtbanken stellen hingegen auch Sichtguthaben bei Banken sowie eingeräumte und nicht ausgenutzte Kredite Zahlungsmittel dar.

durch die Kreditinstitute insgesamt ist demzufolge — abgesehen von Bareinzahlungen von Kunden wie Überweisungen der Nichtbanken von Zentralbankkonten — nur mit Hilfe von Transaktionen mit der Bundesbank möglich. Einzelne Banken können zwar innersektoral Zentralbankgeld von anderen Kreditinstituten über den Bankengeldmarkt beschaffen, allerdings nur insoweit, als Kreditinstitute in der Lage und Willens sind, entsprechende Zentralbankgeldguthaben zu den gewünschten Fristen am Bankengeldmarkt anzulegen. Dadurch wird aber nicht die Menge an Zentralbankgeld insgesamt vermehrt.

Sofern nicht Zahlungsbilanzüberschüsse und/oder Transaktionen der Bundesbank mit Nichtbanken (insbesondere mit der öffentlichen Hand)[272] zu Zuflüssen von Zentralbankgeld führen, die von Kreditinstituten für ihre Liquidität als notwendig erachtet werden, sind sie auf die Refinanzierung bei der Bundesbank angewiesen, um entsprechende Primärliquidität zu erhalten.

Andererseits steht der Bundesbank mit der Mindestreservepolitik ein Instrument zur zwangsweisen Abgabe von Primärliquidität an sie selbst zur Verfügung.

Mit Hilfe der Offenmarktpolitik kann sie mehr oder weniger attraktive, zum Bankengeldmarkt alternierende Anlagemöglichkeiten für Primärliquidität bieten[273]; mit Hilfe der Swap-Satz-Politik kann sie versuchen, die Kreditinstitute zu Geldexporten ins Ausland zu veranlassen.

Inwieweit das Verhalten der Kreditinstitute durch die Notenbankpolitik berührt wird, wird a priori äußerst schwierig festzustellen sein. Die Diskont- und Lombardpolitik wird die Kreditbanken direkt nur dann tangieren, wenn sie sich aufgrund ihrer Liquiditätslage „innerhalb der Notenbank befinden“, d. h. auf die Liquiditätsbeschaffung bei der Notenbank angewiesen sind[274]. Die Höhe des Diskontsatzes könnte aber die Verhandlungsposition der Kreditinstitute gegenüber Einlegern und Kreditnehmern bezüglich der Einlagen- und Kreditzinsen bestimmen.

---

[272] Prinzipiell sind die Kreditmöglichkeiten der öffentlichen Hand im Volumen und der Art nach (Kassenkredite) begrenzt. Vgl. § 20 Bundesbankgesetz. Dagegen kann eine Versorgung der Wirtschaft mit Zentralnotenbankgeld auch durch Käufe und Anleihen u. ä. am Kapitalmarkt durch die Bundesbank geschehen (Offenmarktgeschäfte mit Nichtbanken).

[273] Die Notenbank könnte auch versuchen durch Verkäufe von Wertpapieren aus Eigenbeständen an Nichtbanken die Liquidität der Banken indirekt dadurch zu beeinflussen, daß die Nichtbanken Einlagen via Zentralbankgeld in Wertpapiere umwandeln, wodurch die Banken eben diese Einlagen verlören und Zahlungen in Zentralbankgeld (im Kundenauftrag) leisten müßten.

[274] Vgl. zu diesem Komplex *L. Gleske,* Die Liquidität in der Kreditwirtschaft, Frankfurt a. M. (o. J.), insbesondere S. 79 ff.

Erhöhungen der Mindestreservesätze dürften nur dann zu fühlbaren Einschränkungen der Bankenliquidität[275] führen, wenn keine kompensatorischen Geschäfte der Banken und besonders der von der Bundesbank im Berichtszeitraum unabhängigen Nichtbanken getätigt werden. Hierzu zählt insbesondere die Geldbeschaffung im Ausland, sei es nun, daß Auslandsgelder sich aufgrund von Leistungsbilanzüberschüssen als finanzielle Mittel der Nichtbanken bei den Banken niederschlagen, sei es, daß diese Mittel unter aktiver Beteiligung von Banken und Nichtbanken mit Hilfe von Zinsanreizen hereingeholt werden oder diese Mittel von Ausländern aus Gründen der Zinsarbitrage oder Aufwertungsspekulationen in der Bundesrepublik angelegt werden.

Im Falle von Aufwertungserwartungen ändern sich nach den bisherigen Erfahrungen zudem die „terms-of-payment" in der Form, daß in inländischer Währung fakturierte Verpflichtungen von Ausländern vorzeitig und in ausländischer Währung fakturierte Rechnungen von Inländern nur schleppend bezahlt werden, wodurch die Inlandsliquidität vermehrt wird.

Bei Betrachtung des Bankenverhaltens sind daher nicht nur die von der Bundesbank eingeleiteten Maßnahmen, sondern auch — wenn nicht sogar überwiegend — die liquiditätsmäßigen Erfolge dieser Maßnahmen zu berücksichtigen.

3.5.2. Banken als Kredit- und Geldschöpfer sowie Finanzintermediäre

(1) Wie wir oben schon dargestellt haben, stellen für Nichtbanken Sichtguthaben und Kreditfazilitäten bei Banken Zahlungsmittel dar, mit deren Hilfe sie Zahlungsverpflichtungen nachkommen können. Durch Überweisungen, Scheckziehungen und Lastschrifteinzüge leisten die Wirtschaftssubjekte Zahlungen in Form von Giralgeld der Banken[276], wobei die Banken als Mittler des Zahlungsverkehrs entweder innerhalb der Bank oder von Bank zu Bank auftreten.

Im Zahlungsverkehr zwischen den Banken führt nur ein Teil des Zahlungsvolumens zu Abflüssen von Zentralbankgeld bei einigen Instituten und zu Zuflüssen von Zentralbankgeld bei anderen (entsprechend dem Gesamtsaldo der einzelnen Institute im Verrechnungs-

[275] Bezüglich der Bestimmung der Bankenliquidität vgl. *(Deutsche Bundesbank)*, Die währungspolitischen Institutionen und Instrumente in der Bundesrepublik Deutschland, Sonderdruck, Frankfurt a. M. (März 1972), S. 18 ff., abgedruckt aus: Die Währungspolitik der Europäischen Wirtschaftsgemeinschaft — Institutionen und Instrumente —, hrsg. von der *Europäischen Wirtschaftsgemeinschaft*, im Erscheinen.

[276] Vgl. *H. Lipfert*, Nationaler und internationaler Zahlungsverkehr, Wiesbaden 1960, S. 11 ff.

verkehr), und nur ein Teil des Zahlungsverkehrs mit Hilfe von Banken führt zu Abflüssen aus dem Gesamtnetz der Kreditinstitute. Letzteres ist bei Barabhebungen, Zahlungen auf Landeszentralbankkonten und Zahlungen ins Ausland der Fall.

Aufgrund der nur teilweisen Inanspruchnahme der Primärliquidität der kreditgewährenden und zahlungsverkehrsabwickelnden Kreditinstitute durch Abflüsse von Zentralbankgeld erhalten diese Kreditinstitute (Geschäftsbanken) die Möglichkeit, ein Vielfaches ihrer Zuflüsse an Zentralbankgeld und ihrer jederzeit in Primärliquidität verwandelbaren sekundären Liquiditätsreserven[277] (Offene Rediskont- und Lombardkontingente, bundesbankfähige Geldmarktpapiere) potentiell als Kredit auszuleihen.

Diese quantitative Möglichkeit zur Kreditschöpfung beinhaltet aber noch ein qualitatives Problem, das uns für das Bankenverhalten mitbestimmend erscheint. Das Problem ergibt sich dadurch, daß die zeitliche Inanspruchnahme der Kredite durch die kreditnehmenden Wirtschaftssubjekte von der zeitlichen Bereitstellung finanzieller Mittel durch die einlagengewährenden Wirtschaftssubjekte sowohl für die einzelne Bank als auch für das gesamte Bankensystem divergieren kann. Prinzipiell ergibt sich für die Kreditinstitute daraus noch solange nicht die Gefahr einer Illiquidität, als überhaupt Kredite im ausreichenden Maße zu Einlagen führen[278]. Jedoch besteht dabei die Möglichkeit, daß kürzerfristige Einlagen schneller abgezogen werden *können,* als die Kreditnehmer ihre Kredite zurückzahlen, so daß für die Zukunft Liquiditätsgefährdungen der Kreditinstitute um so größer sind, je stärker die Kreditfristen von den Einlagefristen divergieren und je geringer die Möglichkeiten eines Rückgriffs der Banken auf die Zentralnotenbank zur Beschaffung von Primärliquidität (Zentralbankgeld) sind. Positiv ausgedrückt heißt dies, die Banken sind um so weniger in ihrer Liquidität für die Zukunft gefährdet, je geringer die Fristentransformation zwischen ihrem Passiv-(Einlagen-) und ihrem Aktiv-(Kredit-)geschäft ist und je mehr sekundäre Liquiditätsreserven sie besitzen.

Als grundlegende Verhaltenshypothesen, die aber noch näher zu bestimmen und auch noch zu testen sein werden, könnte danach abgeleitet werden, daß Geschäftsbanken einmal Kreditwünschen um so eher nach-

---

[277] Auf die Bedeutung der sekundären Liquiditätsreserven für die Kreditschöpfung weist insbesondere *F. A. Lutz* hin. Vgl. *F. A. Lutz,* Geldschaffung durch Banken, *in:* Weltwirtschaftliches Archiv, Bd. 104 (1970 I), S. 3 ff. Vgl. dazu aber auch die Bemerkungen von *E. Schneider, derselbe,* Zur Frage der Geldschöpfung durch die Banken, *in:* Weltwirtschaftliches Archiv, Bd. 105 (1970 II), S. 17.

[278] Auf eine derartige Totalbetrachtung der gesamten Ein- und Auszahlungen stellt z. B. *L. Mühlhaupt* ab: *derselbe,* Ansatzpunkte für eine Theorie der Kreditbank, *in:* Jahrbuch für Sozialwissenschaft, Bd. 12 (1961), S. 141.

kommen, je größer ihre Liquiditätsreserven und je stärker ihre Zuflüsse an Zentralbankgeld sind. Weiterhin sind Geschäftsbanken um so eher zu langfristigen Kreditierungen bereit, je weniger sie mit Abzügen von Bankeinlagen zu rechnen haben.

(2) Von den kreditgebenden und einlagenehmenden sowie den allgemeinen Zahlungsverkehr vermittelnden Geschäftsbanken, die in der BRD größtenteils als Universalbanken ausgebildet sind, d. h. grundsätzlich kurz- und langfristige Kredite vergeben und Sicht-, Termin- und Spardepositen hereinnehmen, das Eigeneffekten- und Effektenkommissionsgeschäft und weitere Nebengeschäfte (Depotgeschäfte usw.) sowie Geldmarktgeschäfte als Hilfsgeschäfte betreiben, sind die Kreditinstitute zu unterscheiden, die mit Hilfe von Wertpapieren Kreditvermittlung betreiben[279].

Hierzu zählen die Hypothekenbanken sowie Spezialinstitute des mittel- und langfristigen Kreditgeschäfts[280]. Ihre Finanzierung beruht zu großen Teilen auf der Emission von Wertpapieren, die sie sowohl bei den geldvermögensbildenden Nichtbanken als auch bei anderen Banken und Versicherungsgesellschaften plazieren. Vom Prinzip her soll bei ihnen in gewissem Maße eine Fristenkongruenz zwischen herausgegebenen Krediten und deren Finanzierung hergestellt werden[281]. Dieses Prinzip kann und wird aber nach beiden Seiten durchbrochen.

Einmal führen vorzeitige Tilgungen von Krediten bei unverändertem Wertpapierumlauf zum Aufbau von normalerweise kürzerfristigen Ersatzdeckungswerten[282] auf der Aktivseite. Andererseits können die Institute versucht sein, bei angespannter Kapitalmarktlage formal langfristige Schuldverschreibungen kürzerfristig in Pension zu geben[283], um überhaupt eine Finanzierung ihres Aktivgeschäftes durch (vorläufige) Plazierung von Wertpapieren zu erreichen. Dabei bleibt aber auch hier wie bei allen anderen Kreditinstituten das grundsätzliche Risiko eines Liquiditäts- und Rentabilitätsverlustes dadurch bestehen, daß ihre Schuldner einmal nicht in der Lage sein können, ihren Zinszahlungs- und Tilgungsverpflichtungen nachzukommen und auch die zur Sicherung überlassenen Werte im Falle einer Liquidation nicht mehr zur

[279] Vgl. zur Unterscheidung von Geschäftsbanken und Kreditvermittlern *U. Schirmer,* Der Einfluß paramonetärer Institutionen auf die Vermögensbildung, das Kreditangebot und die Geldpolitik, Berlin 1971, bezüglich der Geldschöpfungsfähigkeit von Kreditvermittlern, S. 175 ff.

[280] Letztere sind Institute wie die Industriekreditbank AG, die Landwirtschaftliche Rentenbank, die Deutsche Landesrentenbank, die Kreditanstalt für Wiederaufbau und die Landesausgleichsbank.

[281] Vgl. zu den „Gleichgewichtsabweichungen" auch *W. Dannemann,* S. 128.

[282] Vgl. § 6 Hypothekenbankgesetz.

[283] Vgl. zu den Pensionsgeschäften: *Deutsche Bundesbank,* Monatsberichte Juli 1967, S. 7 ff.

Deckung des Kredits ausreichen[284]. Das Verhalten der allein kapitalvermittelnden Kreditinstitute dürfte bezüglich ihrer Kreditvergabe insgesamt gesehen einmal von ihren Finanzierungsmöglichkeiten am Kapitalmarkt und damit vom Verhalten der Anleger finanzieller Mittel und weiter von der zu erwartenden Bonitätsentwicklung ihrer Kreditnachfrager abhängen. Zudem wird ihr tatsächliches Kreditvergabevolumen andererseits bestimmt von der Kreditnachfrage ihrer Kunden.

Für die Gebietskörperschaften, deren Schuldenaufnahme teilweise über die Hypothekenbanken mittelbar am Markt der Bankschuldverschreibungen erfolgt, haben wir schon entsprechende Hypothesen entwickelt[285]. Die Hypothekarkreditnachfrage des Wohnungsbaus dürfte sich insbesondere nach dem Bauvolumen und damit auch nach dem Finanzierungssaldo dieses Untersektors richten. Sollten sich bei der Kreditvergabe die Hypothekenbanken restriktiv verhalten, so können die Kreditnachfrager teilweise auf andere Bankengruppen, aber auch auf den Versicherungssektor (siehe dort) ausweichen.

3.5.3. Sachvermögensbildung, Ersparnis und Vermögensübertragungen bei Banken

Die Sachvermögensbildung der Banken ist im Vergleich zum Geschäftsvolumen der Banken aufgrund der speziellen Dienstleistungsfunktion gering und wird normalerweise durch die Ersparnisbildung dieses Sektors voll finanziert, so daß sich eher ein Finanzierungsüberschuß ergibt. Da die Vermögensbildung, die Ersparnis und die Vermögensübertragungen für die Banken nur insgesamt, d. h. einschließlich der Bundesbank ausgewiesen werden, ergibt sich allerdings bei Aufwertungen ein Defizit, das durch die Aufwertungsverluste der Bundesbank, die als Vermögensübertragungen von der Bundesbank an das Ausland verbucht werden, ausgelöst wird[286].

3.5.4. Grundgeschäfte der Kreditinstitute

3.5.4.1. Einlagengeschäfte

(1) Obwohl wir oben auf eine teilweise Passivität der Kreditinstitute in bezug auf einige Bereiche ihrer Einlagenmärkte hingewiesen haben,

---

[284] Dieser Fall dürfte bei Beachtung der Beteiligungsgrenze erfahrungsgemäß äußerst selten vorkommen. Auszuschließen ist er aber nicht.

[285] Vgl. Abschnitt 3.3.

[286] Vgl. *Deutsche Bundesbank,* Zahlenübersichten und methodische Erläuterungen zur gesamtwirtschaftlichen Finanzierungsrechnung ..., S. 65; *dieselbe:* Gesamtwirtschaftliche Finanzierungsrechnung sowie Bestand an Geldvermögen und Verpflichtungen 1971, *in:* Monatsberichte, 24. Jg. Nr. 5, Mai 1972, S. 59.

so können wir unter dieser Passivität im großen und ganzen nur verstehen, daß die Kreditinstitute zu den von ihnen gesetzten Konditionen ihnen angebotene finanzielle Mittel in vollem Umfang hereinnehmen. Andererseits ist ein Bemühen um derartige Mittel seitens des Bankensektors insgesamt als auch seitens der einzelnen Bank dadurch nicht ausgeschlossen. In bezug auf Sichteinlagen sind dazu — neben den Verbindungen mit den Unternehmen — die Anstrengungen zu zählen, die von Kreditinstituten gemacht werden, um *auch* den Zahlungsverkehr von privaten Haushalten über ihre Konten zu lenken.

Vermutlich haben sich die Kreditinstitute davon eine Verminderung des Bargeldumlaufs und damit eine geringere Bargeldabhebungsquote und eine gesteigerte Kreditschöpfungsfähigkeit für das gesamte Bankensystem versprochen. Das Ausmaß der Abwicklung des privaten Zahlungsverkehrs mit Hilfe der Bank, das im Anschluß an bargeldlose Lohn- und Gehaltszahlungen stark zunahm, hat dabei wohl auch die Aufwendungen der Kreditinstitute für den Zahlungsverkehr steigen lassen, ohne daß allerdings eine genaue Zurechnung der Kosten und Erlöse aus diesem Geschäftszweig möglich wäre, da zur Abwicklung der übrigen Grundgeschäfte Einrichtungen für den Zahlungsverkehr ohnehin notwendig sind.

Um den Zahlungsverkehr rentabilitätsmäßig in stärkerem Maße zu nutzen, sind seit Mitte 1971 einige Banken dazu übergegangen, für Buchungen auf Sichteinlagekonten privater Haushalte (Gehaltskonten) auch Buchungsgebühren usw. zu erheben. Ob die privaten Haushalte darauf allerdings mit dem Abbau ihrer Sichteinlagenhaltung bei den Banken reagieren, ist zumindest offen, wenn nicht fraglich. Die Gewöhnung an den bargeldlosen Zahlungsverkehr ließe eher die Vermutung zu, daß es höchstens (wenn überhaupt) zu Ausweichreaktionen innerhalb des Banksystems zu den Instituten kommt, die so gut wie keine (Postscheckämter) oder nur geringe Gebühren erheben. Eine allgemeine Zurückweisung der Gebührenforderungen erscheint dagegen aufgrund der geringen Verhandlungsmacht vieler privater Haushalte unwahrscheinlich[287].

Da die Sichteinlagen — auch für die anderen Einlegergruppen — zum überwiegenden Teil zu Transaktionszwecken gehalten werden, können wir insgesamt auch weiterhin für diesen Einlagebereich davon ausgehen, daß er sich „annähernd gleichlaufend zum Bruttosozialprodukt zu Marktpreisen entwickelt“[288].

Allerdings wäre zu vermuten, daß in Zeiten angespannter Finanzmärkte[289] Sichteinlagen stärker genutzt, d. h. ihre Umlaufgeschwindig-

---

[287] Vgl. zu der geringen Verhandlungsmacht der privaten Haushalte z. B. L. *Mühlhaupt*, Strukturwandlungen ..., S. 52.

[288] *Ebenda*, S. 65.

keit gesteigert wird, so daß das Wachstum der Sichteinlagen dann vom Parallelitätspfad mit dem Bruttosozialprodukt abweicht (Hypothese).

(2) Der Passivitätscharaker der Einlagenhereinnahmen tritt auch bei den Spareinlagen insoweit auf, als die Einlagen haltenden Kreditinstitute wohl kaum derartige Einlagen zurückweisen und einzelne Institute nicht durch — im Vergleich zu Konkurrenzunternehmen — niedrigere Zinssätze die Einlagen von Geldern auf Sparkonten bei ihnen zu verhindern versuchen. Dagegen dürften Banken, die Filialen und Zweigstellen unterhalten, z. B. auch durch Zweigstellenausdehnung, eine aktive Politik zur Hereinnahme von Spareinlagen betreiben. Ebenso findet ein gewisser Wettbewerb, teilweise auf Bankengruppenbasis (besonders beim Sparkassen- und Genossenschaftssektor), teilweise institutseigen für Bankenleistungen und damit auch für die Hereinnahme von Spargeldern statt, wobei insbesondere von Großbanken sog. Sparpläne angeboten werden, die zu Geldanlagen über das Sparkonto hinaus (Investmentzertifikate, festverzinsliche Wertpapiere, direkter Aktienerwerb) führen sollen.

Obwohl ein großer Teil der Spareinlagen nicht der Geldvermögensanlage als solcher, sondern bestimmten Zwecken dient[290], erhalten die Banken insgesamt durch Spareinlagen finanzielle Mittel mit langer Verweildauer, da den Abbuchungen seitens der Kunden bei Eintritt der Zwecke für die gespart wurde, auf der anderen Seite wieder Einzahlungen für Ansparvorhaben gegenüberstehen[291]. Im ganzen gesehen

[289] Diese Situation wollen wir bei steigenden Zinsen als gegeben annehmen, da die Geldbeschaffung der Kreditnachfrager nicht mehr so leicht bzw. nur zu einem im Vergleich zu vorher höheren Zins erfüllt werden kann.

[290] Vgl. Abschnitt 3.1.5.

[291] Allerdings müßten Schwankungen beachtet werden, die sich z. B. aus dem Unsicherheitsmotiv ergeben könnten; vgl. oben 3.1.5. (4). Auch sind strukturelle Änderungen auf lange Sicht denkbar, die aber unseren Betrachtungszeitraum überschreiten würden. So könnten die Haushalte in großem Maße dazu übergehen, Anschaffungen mit Hilfe von Bankkrediten vorzufinanzieren.

Saldenmechanisch gesehen würden sich dadurch Verschiebungen in den Gläubiger- und Schuldnerpositionen der einzelnen Sektoren ergeben. Verminderungen der Finanzierungsdefizite würden im Unternehmenssektor und wahrscheinlich im Auslandssektor (Reisen) durch vorzeitige Verwendungen von Privateinkommen eintreten. Andererseits würde sich der Finanzierungsüberschuß der Haushalte dadurch vermindern, was wiederum Konsequenzen für die Passivseite der Bankbilanzen hätte. Auf lange Sicht wären bei steigenden privaten Einkommen und Vermögen auch Tendenzen derart denkbar, daß private Haushalte in größerer Zahl einerseits ihre Geldvermögen in längerfristiger Form anlegen und andererseits für kurzfristigen Geldbedarf gleichzeitig, aber nur zeitweilig, jeweils Kredite in Anspruch nehmen, wodurch insgesamt eine Verlängerung der Bankbilanzen aber keine oder nur geringfügige Abweichungen (im Vergleich zu den laufenden, revolvierenden Anspar- und Entsparvorgängen) bei den Finanzierungssalden eintreten würden. Im Hinblick auf das Bankenverhalten würde einiges für die Förderung der von uns skizzierten zweiten strukturellen Entwicklungslinie

würde sich die Entwicklung der Spareinlagen vornehmlich durch die oben gemachten Hypothesen über das Sparverhalten der privaten Haushalte erklären lassen.

Als Komponente bankwirtschaftlichen Verhaltens bleibt aber noch die Festsetzung der Habenzinsen für die verschiedenen Spareinlagenkategorien zu erklären.

Solange die Zinsverordnung vom 5. 2. 1965[292] galt, wurden die Habenzinsen vom Bundesaufsichtsamt für das Kreditwesen im Einvernehmen mit der Deutschen Bundesbank und nach Anhörung der Spitzenverbände der Kreditinstitute festgesetzt. Dies geschah im allgemeinen in Anlehnung an die Höhe des Diskontsatzes, wenn auch die Neufestsetzungen — anders als bei den Sollzinsen — den Diskontsatzänderungen erst mit einer zeitlichen Verzögerung folgten.

Seit dem Außerkrafttreten der Zinsverordnung am 1. April 1967 ist die Festsetzung der Soll- und Habenzinsen den Kreditinstituten selbst überlassen, wobei die Spitzenverbände für die Haben-Zinssätze Empfehlungen geben. Diese Empfehlungen haben sich im großen und ganzen die Kreditinstitute zu eigen gemacht, wodurch die Habenzinssätze im Gegensatz zu den Kontokorrent- und Wechseldiskontzinssätzen im Aktivgeschäft der Kreditinstitute fast uniform ausfallen[293]. Einen Grund könnte die Befolgung der Empfehlungen darin haben, daß sie für die einzelnen Kreditinstitute eine gesuchte und daher willkommene Richtschnur für das Massengeschäft darstellen, bei deren Einhaltung die Kreditinstitute einigermaßen sicher sein können, daß sie nicht außerhalb der sonst am Markt gebotenen Konditionen liegen.

Bei den Zinsempfehlungen und den darauf folgenden Festsetzungen wird normalerweise der Sparkassenorganisation die Rolle des Preisführers zugesprochen[294]. Begründet wird diese eher als barometrisch zu bezeichnende Preisführerschaft mit der starken Marktstellung im Spareinlagengeschäft und der Geschlossenheit der in der Sparkassen-

durch die Banken sprechen, da einmal den Banken eine langfristige Finanzierung für ihre Aktivgeschäfte bereitgestellt würde und nebenbei noch gut gesicherte und in ihrer Abwicklung einfache Kreditgeschäfte betrieben werden könnten. Auf der Kredit- und auf der Einlagenseite ist diese Entwicklung von den Banken durch die Einräumung von Dispositionskrediten für Gehaltskonteninhaber einerseits und durch besonders gestaltete Sparbriefe andererseits schon eingeleitet worden.

[292] Verordnung über die Bedingungen, zu denen Kreditinstitute Kredite gewähren und Einlagen entgegennehmen dürfen (Zinsverordnung) vom 5. 2. 1965 (BGBl. I, S. 33) i. V. m. § 23 KWG.

[293] Vgl. *Deutsche Bundesbank,* Erste Ergebnisse der Erhebung über Bankzinsen, *in:* Monatsberichte, 19. Jg. Nr. 10, Oktober 1967, S. 46 ff., insbesondere S. 49 f.

[294] Vgl. *L. Mühlhaupt,* Strukturwandlungen ..., S. 54 f. mit der dort angegebenen Literatur.

organisation zusammengefaßten Mitglieder, so daß auch gegen sie keine Preispolitik anderer Gruppen möglich wäre.

Es mag zwar sein, daß „solange .. die Sparkassenorganisation keine Habenzinssenkung vornimmt, .. die Konkurrenzinstitute von sich aus keine Initiative ergreifen (werden)“[295]. Andererseits dürfte auch kaum die Sparkassenorganisation Habenzinssenkungen in ihrem Bereich vornehmen, wenn andere Gruppen (private Kreditbanken, Genossenschaftsbanken) ihrerseits nicht zu Zinssenkungen bereit sind. Die Bereitschaft zu Zinsänderungen überhaupt könnte sich aus Änderungen der Ertragslage im Kreditgewerbe ergeben, wobei die Kreditinstitute im gleichen Zeitraum durchaus aufgrund verschiedener Aktiv- und Passivstruktur unterschiedlich von Ertragsänderungen betroffen werden können[296].

Andererseits könnten aber auch aufgrund einer für notwendig erachteten „Imagepflege“ einzelne Institutsgruppen Sparzinssenkungen trotz zeitweiliger Verringerung der Ertragslage nicht vornehmen, um sich dadurch auch als sparerfreundlich herauszustellen und so langfristig ihr „akquisitorisches Potential“[297] gegenüber den Einlegern zu verbessern.

Ein solches Verhalten erscheint unter dem Aspekt von Vorteil, vor allem solche Sparer an sich zu binden, die in Zukunft auch einmal längerfristige Einlagen tätigen oder besondere Sparbriefe erwerben könnten.

Ob bei den Entscheidungen über die Festsetzung der Zinssätze nun entweder ein auf die Gegenwart oder die weitere Zukunft ausgerichtetes Ertragsdenken bei den einzelnen Instituten und Institutsgruppen vorherrscht, läßt sich wohl schwerlich genau überprüfen, da die jeweiligen Verbandsempfehlungen eher als ein Kompromiß der Meinungen der Verbandsmitglieder, denn als ein Handeln nach einem bestimmten zielgerichteten, auf lange Zeit festliegenden Konzept betrachtet werden können.

---

[295] *Ebenda*, S. 55.

[296] So führen z. B. bei einem Institut hohe Bestände an festverzinslichen Wertpapieren mit längeren Restlaufzeiten bei Änderungen in der Effektivverzinsung für Schuldverschreibungen und für Kredite zu anderen Ertragsänderungen als bei einem Institut, dessen Portefeuille nur aus kurzfristigen, mit Zinsgleitklauseln versehenen Krediten besteht.

Im Dezember 1968 betrugen z. B. die Wertpapiere (ohne eigene Schuldverschreibungen) bei den Kreditbanken rund 11,4 %, bei den Sparkassen rund 16,8 % des Geschäftsvolumens, wobei Schuldverschreibungen aller Arten bei den Kreditbanken nur unter 65 %, bei den Sparkassen über 95 v. H. der Wertpapieranlagen ausmachten. (Errechnet aus Deutsche Bundesbank, Statistische Beihefte, Reihe 1 und *L. Mühlhaupt*, Strukturwandlungen ..., S. 267, Abb. 12).

[297] Vgl. *E. Gutenberg*, Grundlagen der Betriebswirtschaftslehre, 2. Bd., Der Absatz, 7. Aufl., Berlin - Göttingen - Heidelberg 1964, S. 237.

Da allerdings kein Institut über längere Zeit hin auf eine Dotierung der Inhaber, Gesellschafter oder auch nur der Rücklagen bei steigendem Geschäftsvolumen verzichten kann, dürfte die Ertragskomponente bei den Habenzinsfestsetzungen nicht unberücksichtigt bleiben. Eine Hypothese für das Bankverhalten in bezug auf die Festsetzung der Habenzinsen würde danach lauten, daß die Banken auf eine wesentliche Verringerung (Vergrößerung) ihrer Marge aus Erträgen und Aufwendungen mit einer Herabsetzung (Heraufsetzung) ihrer Habenzinsen reagieren, wobei die Reaktionsschwelle von den mehrheitlich durchsetzbaren weiteren Zielsetzungen („Imagepflege", Sparerschutz) abhängig ist. Leider ist eine solche Hypothese solange nicht überprüfbar, wie die jeweils erfolgten Zielsetzungen unbekannt sind.

(3) Bei den Termineinlagen handelt es sich vorwiegend um Gelder von Unternehmen und öffentlichen Haushalten, die eine vorübergehende Anlage suchen, bevor sie zu Ausgaben (z. B. Investitionen) führen oder in andere Finanzanlagen verwandelt werden[298]. Da solche Mittel auch in anderer Form, wie z. B. im Industrieclearing, Anleihen mit kurzen Restlaufzeiten u. ä. angelegt werden können, müssen die Banken, sofern sie an derartigen Einlagen sehr interessiert sind, mit den Konditionen der alternativen Anlageformen konkurrieren. Das Interesse für derartige Einlagen, das sich durch eine aktive Zinsgestaltung ausdrücken würde, erscheint insbesondere von den Refinanzierungsbedürfnissen und -möglichkeiten der jeweiligen Banken abhängig.

Damit würden marktmäßige und/oder zentralbankpolitisch bedingte Veränderungen der Liquiditätslage der Banken auch Veränderungen in den Zinsen für Termineinlagen nach sich ziehen. Wenn die Bankenliquidität eingeschränkt wird, dann müßten die Zinsen für Termineinlagen steigen et vice versa (Hypothese).

Da bei den Termineinlagen im Einzelfall Gelder verschiedener Größenordnungen (von zig-Tausend DM bis hin zu Millionenbeträgen) angeboten werden, und weiter auch die Verhandlungsmacht der einzelnen Banken unterschiedlich sein dürfte, ist damit zu rechnen, daß die Streubreite der Zinssätze für jeweils eine nach der Anlagefrist bemessene Einlagenkategorie weiter auseinanderfallen wird, als dies bei den eher uniformen Geschäften mit Spareinlagen der Fall ist.

Inwieweit es den Banken durch Zinsheraufsetzungen nun gelingt, Gelder auf Termineinlagen umzulenken, ist vorläufig aufgrund verschiedener Verhaltensmöglichkeiten der Unternehmer als Haupteinlegergruppen auch nicht der Tendenz nach zu bestimmen[299]. Welche Zu-

[298] Zu der Finanzlage von nichtfinanziellen Unternehmen auf Terminkonten vgl. oben 3.2.5.1.

[299] Vgl. Abschnitt 3.2.5.1.

sammenhänge im Einzelfall bestehen mögen, wollen wir versuchen, im empirischen Teil darzustellen.

3.5.4.2. Kreditgeschäfte

(1) Bei unseren grundsätzlichen Überlegungen hatten wir davon gesprochen, daß die Neigung der Banken zur Kreditvergabe in quantitativer und qualitiativer Hinsicht von ihren Liquiditätsreserven und der Struktur ihrer Passiva abhängig sein könnte[300].

Die Liquiditätsreserven werden nun einmal von den sog. marktmäßigen Faktoren, wie Bargeldumlauf, Veränderung der Kassenhaltung von Nichtbanken bei der Bundesbank, sowie Verschuldung öffentlicher Stellen in zentralbankfähigen Geldmarktpapieren und von Devisentransaktionen bestimmt.

Ebenso versucht die Bundesbank durch kreditpolitische Maßnahmen (Mindestreservepolitik, Rediskontkontingentpolitik, Offenmarktpolitik) die Liquiditätslage der Banken zu verändern.

Die Passivastruktur der Kreditinstitute ist zu einem großen Teil abhängig vom Verhalten der Einleger. Legen diese ihre Gelder in solchen Titeln bei Banken an, denen die Kreditinstitute eine längere Verweildauer zurechnen, so wären die Banken in der Lage, einer in diesen Zeiten auftretenden Nachfrage nach längerfristigen Krediten nachzukommen[301].

(2) Projizieren wir diese Aussage konkret auf unsere Betrachtungsebene, so können wir sagen, daß der Konsolidierungsbedarf der Unternehmer bei den Banken um so eher befriedigt werden kann, je mehr die privaten Haushalte bereit sind, Spareinlagen — besonders längerer Fristigkeit — bei den Banken zu halten.

Im Konjunkturverlauf stellt sich die Situation nach unseren Verhaltenshypothesen nun so dar, daß die privaten Haushalte zwar Ersparnisse in Zeiten erwarteter Beschäftigungsrückgänge in Form von Spareinlagen anlegen. Aufgrund der speziellen Unsicherheitssituation werden sie aber wohl eher kurzfristige Einlagen bevorzugen. Die privaten Haushalte üben dabei auch Zurückhaltung beim Ankauf von Schuldverschreibungen, wodurch die Geldbeschaffungsbasis der Hypothekenbanken für längerfristige Kredite eingeschränkt wird.

Für die Transformationsfähigkeit der Universalbanken ist in einer solchen Situation die Entwicklung der Liquiditätsreserven von besonderer Bedeutung.

---

[300] Vgl. oben 3.5.2.

[301] Vgl. hierzu die von *D. Münker* zitierten Quellen der theoretischen Bankenliteratur und der Bankenpraxis: *D. Münker*, Das langfristige Kreditgeschäft der Großbanken, Stuttgart 1967, S. 86 ff.

Sollten marktmäßige Faktoren, wie etwa Devisenzuflüsse, für ausreichende Bankenliquidität sorgen, könnten die Banken trotz nicht formal langfristiger und materiell unsicherer Passiva zur Vergabe auch formal längerfristiger Kredite bereit sein, da Liquiditätsanspannungen in der Zukunft aufgrund vorhandener Reserven bewältigt werden können.

Sollten es dagegen die marktmäßigen Faktoren erlauben, daß die kreditpolitischen Maßnahmen der Bundesbank restriktive Effekte auf die Bankenliquidität ausüben, so wäre dadurch die Bereitschaft der Universalbanken zur (formalen) Fristentransformation eingeschränkt. Damit ist allerdings nicht ausgeschlossen, daß sie materiell längerfristige Ausleihungen tätigen, da bei der hohen Ersparnisbildung der privaten Haushalte, zurückgehender Überschüsse in der Zahlungsbilanz (marktmäßige Faktoren) und evtl. sinkender Verschuldungsbereitschaft einiger Gebietskörperschaften (Gemeinden) die Unternehmen bei Aufforderungen zur Kreditzurückhaltung allein schon aufgrund der saldenmechanischen Zusammenhänge gar nicht in der Lage wären, sich zu entschulden.

Erst einsetzende Konjunkturbelebungsmaßnahmen, wenn sie dazu noch von Leistungsbilanzüberschüssen getragen werden, würden das Bild der Kreditmärkte im Rahmen der Grundgeschäfte der Banken auch in formaler Hinsicht ändern (Hypothese)[302].

(3) In der längerfristigen Entwicklung ist dagegen mit einer Zunahme der längerfristigen (mittel- und langfristigen) Kredite relativ zu den gesamten Neuausleihungen zu rechnen (Hypothese).

Dies ergibt sich sowohl aus der Nachfrage- als auch aus der Angebotsseite finanzieller Mittel von Banken.

Aufgrund der herrschenden Verhaltensweisen bei den nichtfinanziellen Sektoren, wie fortdauernde (Netto-)Geldvermögensbildung der privaten Haushalte, wechselnde Geldvermögensposition der öffentlichen Haushalte und laufende Verschuldung der nichtfinanziellen Unternehmen, ergibt sich einerseits für die Unternehmen der Zwang, auch längerfristig im Betrieb verbleibende Güter mit Fremdmitteln finanzieren zu müssen. Andererseits erhöhen sich die Ersparnisse einer größeren Zahl privater Haushalte als bisher über die Größenordnungen reiner „Notgroschen" hinaus.

Gemäß unseren oben gemachten Hypothesen[303] würden die Haushalte damit verstärkt Spareinlagen u. ä. Titel mit formal längeren Fri-

[302] D. h., daß die materiell längerfristig gebundenen Kredite auch formal als längerfristige Ausleihungen ausgewiesen werden.

[303] Vgl. oben 3.1.5.

sten tätigen und darüber hinaus auch Schuldverschreibungen (direkt oder über Investmentfonds) erwerben, so daß die Banken insgesamt eine — auch formal — längerfristige Finanzierungsbasis erhielten. Dies würde sie wiederum in die Lage versetzen, den finanziellen Konsolidierungsbedürfnissen der Unternehmen[304] entgegenzukommen. Daß das Bankverhalten darauf abzielt, derartige Transformationsfunktionen[305], die bei den Banken darin bestehen, längerfristige Vermögenstitel zu emittieren und gleichzeitig längerfristige Verschuldenstitel hereinzunehmen, ist daran erkennbar, daß sie Sparer auf der einen Seite durch entsprechende Sparpläne vertragsmäßig an längerfristige Anlagen heranzuführen versuchen. Andererseits werden für die Unternehmen spezielle Kreditinstrumente (wie Schuldscheindarlehen) entwikkelt, die über 4 bis 10 Jahre Laufzeit haben, und die die Unternehmen mittelfristig und längerfristig mit finanziellen Mitteln versorgen[306]. Dabei kann das Risiko einer einzelnen Bank dadurch gemildert werden, daß ein großer Einzelkredit für eine Unternehmung nicht nur von einem Kreditinstitut, sondern als Konsortialkredit durch mehrere Banken vergeben wird[307].

3.5.4.3. Wertpapiereigengeschäfte

(1) Emissionen von Bankschuldverschreibungen. Die Banken, die Schuldverschreibungen emittieren, können dies nur in dem Maße tun, wie sie entsprechende Kredite einräumen. Andererseits ist die Krediteinräumung auch durch das Absatzpotential für Schuldverschreibungen limitiert[308]. Der Umfang der Kreditausleihungen hängt damit vom Verhalten der Anbieter von Geld für Bankschuldverschreibungen und der Nachfrage nach Geld für Hypotheken, öffentlich verbürgte Darle-

---

[304] Vgl. oben 3.2.2.

[305] Hierbei handelt es sich weniger um ein „Transformieren" verschiedener Fristen, als um eine Umwandlung von einem Verschuldenstitel einerseits in einen Forderungstitel andererseits, eine Tätigkeit, die — wenn auch in verschiedener Form — kennzeichnend für alle Wirtschaftssubjekte der finanziellen Sektoren ist.

[306] Vgl. zu dieser Entwicklung: *W. Stützel*, Banken, Kapital und Kredit in der zweiten Hälfte des 20. Jahrhunderts, *in:* Strukturwandlungen einer wachsenden Wirtschaft, hrsg. von *F. Neumark*, Berlin 1964, S. 556 ff. und S. 564 ff.; *L. Mühlhaupt*, Strukturwandlungen ..., S. 164 ff.

[307] Vgl. dazu *B. Steinrücke* und *H. Scholze*, Das Konsortialgeschäft der deutschen Banken, Berlin (1956), insbes. S. 46 ff.; *H. Herold*, Das Kreditgeschäft der Banken, S. 130 ff.

[308] Vgl. z. B. *M. Overhaus*, S. 19 f. Daneben bestehen noch gesetzliche Begrenzungen, die sich auf eine Relation zwischen Schuldverschreibungsumlauf und Eigenkapital beziehen. Anpassungen der Eigenkapitalausstattungen an gestiegene Geschäftsvolumina dürften aber heutzutage bei den Hypothekenbanken ohne größere Schwierigkeiten zu bewältigen sein, da Geschäftsbanken einen Großteil des Aktienkapitals an diesen Instituten als Beteiligungen halten. Vgl. hierzu *L. Mühlhaupt*, Strukturwandlungen ..., S. 289 ff.

hen an Private und Darlehen an öffentliche Körperschaften ab. Zur Steuerung der Kreditnachfrage steht den sog. Realkreditinstituten einmal der Aktionsparameter Zins und daneben die zur Geltung gebrachten Sicherheitserfordernisse[309] sowie einfach die Begrenzung der Krediteinräumung zur Verfügung. Allerdings stehen die Realkreditinstitute in Konkurrenz zu den sich anders finanzierenden und trotzdem Hypothekardarlehen gewährenden Geschäftsbanken (vor allem Sparkassen) sowie den Versicherungen, die ebenfalls Kredite gegen Grundschulden einräumen. Da der Zins bei Darlehen von Realkreditinstituten über die gesamte Laufzeit eines Kredites im Gegensatz zu entsprechenden Darlehen der Sparkassen fixiert ist[310], dürfte es den Realkreditinstituten schwerfallen, in sog. Hochzinsperioden[311] mit den Sparkassen vergleichbare Zuwachsraten im Hypothekarkreditgeschäft zu erzielen.

Aufgrund der sog. Ersatzdeckungsmöglichkeiten sind die Beziehungen zwischen Aktiv- und Passivgeschäft der Realkreditinstitute allerdings nicht ganz starr, so daß der Absatz an Schuldverschreibungen flexibel in Anpassung an Marktsituationen gestaltet werden kann. Zudem könnte sich der Absatz von Schuldverschreibungen in „Hochzinsperioden" dann schwierig gestalten, wenn diese mit gesamtwirtschaftlichen Belastungserscheinungen, wie Rückgängen in der Beschäftigung, verbunden sind, die dazu führen würden, daß die privaten Haushalte eher kürzerfristige und kapitalwertsichere Anlagen bevorzugen und damit den Erwerb von Schuldverschreibungen vernachlässigen.

Insgesamt wäre das Verhalten der Realkreditinstitute im Passivgeschäft wohl dahingehend zu charakterisieren, daß sie solange und in dem Umfang neue Schuldverschreibungen emittieren, solange sie damit rechnen können, daß zu entsprechenden Zinsen sich in mindestens gleichem Umfang Darlehen vergeben lassen, wobei sie durch die schon ein bis zwei Jahre vor der Auszahlung abgeschlossenen Hypothekenverträge[312] eine verhältnismäßig sichere Planungsgrundlage haben.

Der Absatz von Bankenschuldverschreibungen ist damit auch durch die Aufnahmefähigkeit der Anlegergruppen für Wertpapiere mitbestimmt. Die Anlagebereitschaft für Schuldverschreibungen bei den privaten Haushalten ist, wie wir oben dargestellt haben[313], nicht eindeutig

---

[309] Vgl. *W. Dannemann*, S. 130 f.

[310] Vgl. oben 3.2.4.3. (5).

[311] Weiter oben (2.1.1. und 3.1.7.) haben wir schon auf die Problematik der Bestimmung von Niedrig-, Normal- und Hochzinsniveau hingewiesen. Für den Betrachtungszeitraum wollen wir unter allen Vorbehalten annehmen, daß ein „Hochzinsniveau" bei Emissionsrenditen von 8 % und darüber herrscht.

[312] Vgl. *M. Overhaus*, S. 20.

[313] Vgl. oben 3.1.7.

determiniert. Etwas anders stellt sich das Verhalten der Kreditinstitute in bezug auf ihre Bereitschaft zur Wertpapiernachfrage im allgemeinen und zur Nachfrage nach festverzinslichen Wertpapieren im besonderen dar.

(2) Wertpapieranlagen von Kreditinstituten. Die Nachfrage nach Wertpapieren durch Kreditinstitute in der BRD wird vielfach als sog. „Ersatzgeschäft"[314] zum Kreditgeschäft angesehen[315]. Begründet wird der Primat des Kreditgeschäftes von manchen Autoren mit der höheren Rendite des Kreditgeschäftes, die sich plausibel am Hypothekarkredit zeige, dessen Verzinsung schon allein aus Rentabilitätsgründen der Realkreditinstitute über der Rendite von Bankenschuldverschreibungen liegen müsse[316].

Nun gilt, wie ein Vergleich der seit 1967 ermittelten effektiven Zinssätze im Aktivgeschäft[317] mit den Emissionsrenditen von festverzinslichen Wertpapieren zeigt, dies nicht bei allen Kreditarten gleichermaßen, und selbst bei den Hypothekarkrediten wurden Kreditgeschäfte mit Effektivverzinsungen abgeschlossen, die unterhalb der Emissionsrendite von Pfandbriefen lagen[318]. Die Bevorzugung des Kreditgeschäfts gegenüber dem Eigengeschäft in Wertpapieren durch die Kreditinstitute könnte dagegen eher damit erklärt werden, daß die Finanzierung der Kreditinstitute allein von ihrer Eigenkapitalseite her keine dominierende Anlage in kapitalwertunsicheren Aktiva zuläßt, weil aufgrund des leverage-Effektes bei Kurseinbrüchen Gefahr bestünde, daß sie relativ zu ihrer Haftsumme gesehen weitaus höhere Einbußen in ihren Reserven hinnehmen müssen[319].

---

[314] Vgl. *W. Dannemann*, S. 77. Im Original gesperrt.

[315] Vgl. neben *W. Dannemann*, S. 73 ff. auch *M. Overhaus*, S. 40 ff.; *L. Mühlhaupt*, Strukturwandlungen . . ., S. 128 und S. 259.

[316] So *M. Overhaus*, S. 41.

[317] Vgl. die statistischen Angaben der *Deutschen Bundesbank* in ihren Monatsberichten unter ‚V. 6. Soll- und Habenzinsen' und in ihren statistischen Beiheften, Reihe 2, unter „7 a, Renditen der im Berichtszeitraum erstmalig abgesetzten festverzinslichen Wertpapieren (Emissionsrendite) nach Wertpapierarten".

[318] z. B. wurden im Mai 1969 sogar 26,6 v. H. der neu abgeschlossenen Hypothekarkredite mit einer Effektivverzinsung von unter 6,75 % von den berichtenden Banken herausgelegt, während gleichzeitig die Emissionsrendite für Pfandbriefe 6,7 % betrug, wobei zusätzlich noch zu berücksichtigen wäre, daß den Geschäftsbanken von den Hypothekenbanken für die Pfandbriefübernahme Bonifikationen gewährt werden.

[319] Sind z. B. 50 v. H. der Aktiva in festverzinslichen Wertpapieren angelegt bei gleichzeitiger Eigenkapitalquote von 5 v. H. an der Bilanzsumme, so entstünde bei einer Kurseinbuße von 5 % ein Abschreibungsbedarf in Höhe der Hälfte des Eigenkapitals, wenn die festverzinslichen Wertpapiere mit einer Restlaufzeit von ca. 6½ Jahren versehen sein sollten und die Effektivverzinsung von 6 auf 7 % steigen würde.

Daß trotzdem die Banken bis Ende 1971 ungefähr 43 v. H. des gesamten Bestandes an festverzinslichen Wertpapieren in ihren Portefeuilles hielten, veranschaulicht nur die unterschiedliche Bedeutung dieser Wertpapiere im gesamten volkswirtschaftlichen Kreditnetz zwischen den einzelnen Sektoren[320].

Ein weiterer Hinweis darauf, daß die Kreditinstitute ihre Wertpapieranlage als „Ersatzgeschäft" betrachten, ergibt sich auch daraus, daß die Kreditinstitute ihre Wertpapierkäufe dann verstärken, wenn ihre Liquiditätsreserven ansteigen und keine entsprechende Kreditnachfrage als Anlagemöglichkeit in Betracht kommt[321]. Zwar besteht für die Kreditinstitute in derartigen Phasen zuerst einmal die Möglichkeit des Abbaus ihrer Verschuldung bei der Zentralbank und weiter der rentierlichen Anlage ihrer Mittel in Geldmarktpapieren und/oder am Bankengeldmarkt und an ausländischen Geldmärkten.

Allerdings dürften bei hoher Bankenliquidität die zu erzielenden Erträge am Geldmarkt gering sein, insbesondere dann, wenn das gesamte Bankensystem in etwa gleicher Weise von der Liquiditätszunahme und dem relativen Rückgang der Bankenkreditnachfrage betroffen wird. So bietet sich in diesem Fall die Anlage von Geldern an den Effektenmärkten und insbesondere den Märkten für festverzinsliche Wertpapiere, dessen Kursrisiken überschaubar sind, an.

Allerdings darf hierbei nicht übersehen werden, daß anders als bei Geldanlagen im Ausland oder beim Erwerb von solchen Geldmarkttiteln, die zu einer Thesaurierung der Gelder bei der Bundesbank führen, die Gegenmittel von den Wertpapierverkäufen sich wieder zu einem großen Teil als Einlagen oder Kreditverminderungen bei den Banken niederschlagen. Auf der einen Seite bedeutet ein Abstoßen der Wertpapiere durch die Kreditinstitute noch keine Zunahme an Zentralbankgeld[322] bei den Banken, sofern als Käufer nicht die Notenbank

[320] Der Anteil dieser Titel am Forderungsbestand des gesamten Bankensektors zu diesem Zeitpunkt betrug hingegen nur ca. 10 v. H. Vgl. *Deutsche Bundesbank,* Tabellenanhang zu dem Aufsatz „Gesamtwirtschaftliche Finanzierungsrechnung sowie Bestand an Geldvermögen und Verpflichtungen 1971", *in:* Monatsberichte, 24. Jg. Nr. 5, Mai 1972, S. 45.

[321] Vgl. *G. Willners,* Die Wertpapieranlagen der Kreditbanken und ihre Bestimmungsfaktoren, Wiesbaden 1966, S. 72 ff.; *E. Dannemann,* S. 73 ff.; *G. Overhaus,* S. 40; *L. Mühlhaupt,* Strukturwandlungen ..., S. 128 und S. 259.

[322] In diesen Fällen irren z. B.: *L. Mühlhaupt,* Strukturwandlungen ..., S. 259: „Bei sich wieder belebender Kreditnachfrage können die Kreditinstitute einen Teil ihres Wertpapierbestandes liquidieren und auf Grundlage der so gewonnenen *Primärliquidität* zusätzlich Kredite gewähren." (Hervorhebung vom Verf.) Ebenso *W. Dannemann,* S. 75: „Funktionell hat die vorübergehende Wertpapieranlage ebenso wie das Halten von Sekundärliquidität keine andere Aufgabe, als jederzeitige Beschaffung von Zentralbankgeld im Bedarfsfall zu ermöglichen. Was bei der Auflösung von

oder das Ausland auftritt. Hingegen gewinnen die Banken durch den Verkauf von Geldmarktpapieren an die Notenbank oder durch die Auflösung von Auslandsguthaben Primärliquidität. Die Wertpapieranlage stellt demgemäß eine im Zahlungsmittelkreislauf ähnliche Anlageform wie die Kredite dar.

Das mit dieser Anlage verbundene Risiko, das sich durch Zinsänderungen und damit durch Kursverluste ergibt, könnte den Banken bei höherer Liquidität eher tragbar erscheinen als bei zurückgehender Liquidität, da sie bei größeren Reserven auch evtl. in Zukunft auftretende Kreditnachfrage ohne Verkauf von Wertpapieren befriedigen können.

Als Verhaltenshypothese für den Bankensektor wäre daher anzunehmen, daß bei Zunahme der freien Liquiditätsreserven der Kreditinstitute und damit zusammenhängenden relativ rückläufigen Zuwachsraten der Nachfrage nach Bankkrediten die Banken in steigendem Maße Wertpapiere nachfragen et vice versa.

Neben diesem, aus reinen Anlagemotiven heraus bestimmten Verhalten, ergeben sich für die Kreditinstitute noch andere Gründe, Wertpapiere im Portefeuille zu halten. Sofern wir von Teilen des Beteiligungsbesitzes absehen, bei dem es sich entweder um Beteiligungen bei anderen Kreditinstituten oder Vermögensverwaltungsgesellschaften[323] zur Erweiterung der Angebotspalette (regional oder spezialitätenmäßig)[324] oder um Beteiligungen an bedeutenden Industrie- und Handelsunternehmen zur dauerhaften, rentabilitätsmäßigen Anlage handelt, sind hier oftmals eher „unfreiwillige" Übernahmen von Wertpapieren zu verzeichnen. Sie können sich einmal aus der Emissionstätigkeit der Banken ergeben, bei deren Ausübung sog. „Emissionsreste", d. h. übernommene und nicht abgesetzte Wertpapiere, insbesondere Anleihen im Portefeuille der Banken, verblieben sind. Auch bei Kapitalerhöhungen von Aktiengesellschaften können aus Kursstützungsgründen Restposten neuer Aktien im Portefeuille der Emissionskonsorten verbleiben, sofern die Altaktionäre nicht bereit waren im vollen Umfang ihre Bezugsrechte auszuüben und auch das übrige Publikum kein Interesse an den Wertpapieren zeigte.

Sekundärliquidität im Wege der Refinanzierung beim Zentralbanksystem oder bei der Aufnahme von Geldmarktkrediten geschieht, kommt hier durch den Wiederverkauf der Wertpapiere zustande." Selbst bei Wertpapierverkäufen nur einer einzelnen Bank trifft diese Aussage nicht zu, da unter den Wertpapierkäufern Kunden derselben Bank sein können, die mit Krediten oder Bankeinlagen bei derselben Bank, d. h. mit Buchgeld bezahlen.

[323] Das sind innersektorale Verpflichtungen, die aber aufgrund des unkonsolidierten Ausweises bei den Wertpapieren in der Finanzierungsrechnung erscheinen.

[324] Vgl. dazu auch *G. Willner*, S. 40 ff.

Weiterhin können Kreditinstitute bei Sanierungen von Kreditkunden zur Übernahme von Aktien in ihr Depot gezwungen sein. Andere Fälle liegen dort vor, wo die Gefahr besteht, daß solche privaten oder juristischen Einzelpersonen oder Gruppen Beteiligungen an Aktiengesellschaften erwerben, die Interessen verfolgen, die denen der betroffenen Banken und ihrer Kunden entgegengesetzt sind. Ähnliches gilt dann, wenn Banken Fusionspläne zwischen Unternehmen betreiben, mit denen sie in Geschäftsbeziehungen stehen. Derartige Aktienanlagen können im Laufe der Zeit sowohl bei steigender Rentabilität (rentabilitätsmäßige Anlage) als auch in Ermangelung einer ausreichenden Rentabilität (wegen Unveräußerlichkeit) zu dauernden Beteiligungen der Banken führen.

Der quantitative Niederschlag der letztgenannten Anlagen dürfte sich aber im Hinblick auf den Wertpapierabsatz insgesamt in Grenzen halten und die oben herausgestellten Tendenzen nicht übermäßig verfälschen, da derartige Engagements eben auch Mittel binden, die sonst aus den erstgenannten Gründen („Ersatzgeschäfte") angelegt worden wären.

Ebenso dürfte ein Ansteigen der „unfreiwilligen" Übernahmen von Beteiligungen bei sinkenden Liquiditätsreserven Kreditinstitute in ihren Engagements für die Zukunft zur Vorsicht veranlassen.

3.6. Bausparkassen

3.6.1. Die besondere Stellung der Primärgeschäfte der Bausparkassen innerhalb der Finanzmärkte

Die Bausparkassen bilden mit ihren Geschäften, die einerseits in der Hereinnahme von Bauspargeldern und andererseits in der Vergabe von Darlehen für Zwecke des Baues oder Kaufs von Wohnbauten, Baugrundstücken oder Ablösung anderer Baudarlehen u. ä. bestehen, ein verhältnismäßig stark abgegrenztes Segment im Rahmen der gesamten finanziellen Verflechtungen.

Allerdings wird die Grenze der oben dargestellten Zweckbestimmtheit in der Anlage von Geldern durch Sparer dort überschritten, wo diese Sparer Bauspareinlagen bilden, ohne in Zukunft Bauvorhaben oder dergleichen in Angriff nehmen zu wollen. Zwar werden die Bauspareinlagen in der Regel von den Bausparkassen nur zu 3 % p. a. verzinst[325], jedoch wird diese Rendite durch die staatliche Sparförderung,

[325] Der Darlehenszins liegt demgegenüber bei 5 %, d. h. um 2 % höher und damit normalerweise wesentlich unter den Zinssätzen, die schon für erstrangig gesicherte Darlehen gezahlt werden müssen.

durch Gewährung von Sparprämien bzw. den steuerlich wirksamen Sonderausgabenabzug wesentlich erhöht. Die Bevorzugung gegenüber den anderen staatlich geförderten Sparmaßnahmen wie Kontensparen und Wertpapiersparen, die in der Regel eine höhere Nominalverzinsung als 3 % aufweisen, ergibt sich dadurch, daß die Höchstbeträge für das Bausparen bei jeweils 1600,— DM gegenüber 600,— DM bei anderen Sparformen liegen und die Jahresprämie 25 % gegenüber 20 % beträgt[326], so daß die durchschnittliche Gesamtrendite einer Geldanlage von 1600,— DM beim Bausparen höher als bei einer anderweitigen Anlage des gleichen Betrages liegen kann. Der Vorteil hängt allerdings von alternativen Zinssätzen und sonstigen Erträgen (z. B. Kursgewinnen) auf den anderen Finanzmärkten ab. Zudem bietet der Bausparvertrag immer die Gelegenheit, ein nicht vorhergesehenes Bauvorhaben mit Hilfe von Bauspardarlehen zu finanzieren, wenn dieser Vertrag einmal „zuteilungsreif" geworden ist.

Insgesamt gesehen wird damit dieser Markt gegenüber anderen Märkten finanzieller Mittel bevorzugt. „Die Förderung der Wohnungsbaufinanzierung (ist kreditpolitisch) wie die Wirkung von Zinssubventionen zu beurteilen, sie lenkt die Ersparnisse stärker als es marktmäßig der Fall wäre, in einen bestimmten Sektor — nämlich den Bausektor — ...[327]." Abgesehen von den kreditpolitischen Folgen[328] bedeutet dies — neben der Zweckbestimmtheit — auch von der Seite der Förderungsmaßnahmen ein ganz deutliches Herausheben dieses Marktes aus dem Kreis der anderen Finanzmärkte.

Dabei ist zu beachten, daß nicht nur private Haushalte in den Genuß dieser Förderungsmaßnahmen kommen. Indirekt profitieren auch Unternehmen dadurch, daß diejenigen, die auch nach der Zuteilungsreife ihrer Bausparverträge weiter Einzahlungen leisten und keine Darlehen in Anspruch nehmen (sog. Fortsetzer), die finanzielle Basis für die Kreditvergabe der Bausparkassen verbreitern helfen, wodurch am Bausparkollektiv beteiligte Unternehmer für ihre Bauvorhaben vorzeitig zu finanziellen Mitteln und sei es auch nur über Zwischenkredite gelangen[329].

---

[326] Vgl. zur Bevorzugung des Bausparens: *Deutsche Bundesbank*, Neuere Entwicklung des Bausparkassengeschäfts, *in:* Monatsberichte, 22. Jg. Nr. 4, April 1970, S. 12.

[327] *Deutsche Bundesbank*, Neuere Entwicklung des Bausparkassengeschäftes, S. 13.

[328] Vgl. *ebenda*.

[329] Vgl. *o. V.*, Transparente Zinsen und Gebühren, *in:* Wirtschaftswoche, 25. Jg. Nr. 49 vom 3. 12. 1971, S. 105. Bei Betrachtung der halbjährlichen Finanzierungsrechnungen fällt auf, daß die Bauspareinlagen der Unternehmen fast kontinuierlich gebildet werden, während die privaten Haushalte ihre Einlagen in der 2. Jahreshälfte massieren. Dies deutet auf eine strenge Fixierung der Unternehmer auf eine möglichst frühzeitige Zuteilung hin. Bei

3.6.2. Das Prinzip des Bausparkollektivs als Bestimmungsgrund für Bilanzdispositionen der Bausparkassen — aber mit Ausnahmen —

(1) „Die Grundkonzeption des Bausparens ist der Zusammenschluß von Kapitalnachfragern zu einer Gemeinschaft von Selbstversorgern, die sich gegenseitig zu planmäßigem Sparen zwecks Aufbringung eines Kapitalstocks verpflichten, aus dem sie dann in einer bestimmten Reihenfolge befriedigt werden[330]."

Den Bausparkassen geht es also darum, Bausparer zu gewinnen, die Sparbeiträge im Rahmen von Bausparverträgen leisten, um nach Einzahlung einer bestimmten Quote und nach einer gewissen Frist Darlehen für Bausparzwecke neben ihren angesparten Eigenmitteln zu erhalten. Eine nachhaltige Steigerung des sog. Neugeschäfts der Bausparkassen, die zunächst nur mit einem Mittelzufluß verbunden ist, würde es den Bausparkassen ermöglichen, Wartefristen bestehender und bei weiter gutem Neugeschäft auch der neu hinzugekommenen Verträge entsprechend zu verkürzen.

Problematisch würde eine Verkürzung der Fristen dann werden, wenn sich die Neuzugänge nicht als dauerhaft herausstellen sollten. Dann können evtl. zugesicherte Zuteilungsfristen nicht mehr eingehalten werden. In der Vergangenheit war dies nur der Fall, wenn eine Bausparkasse sich im sog. Großgeschäft stark engagierte[331], wobei die „Großsparer" ihre Ansparsummen auf Verträge von über mehreren Hunderttausend DM und darüber[332] auf einmal aufbrachten, um dann nach einer relativ kurzen Zeit ein Darlehen zugeteilt zu erhalten.

Die Bausparkassen dürften daher im Normalfall um ein möglichst gleichmäßig steigendes, breitgestreutes Neugeschäft bemüht sein.

Allerdings haben sie auch bei zurückgehendem Neugeschäft die Möglichkeit, noch einigermaßen angemessene Zuteilungsfristen für ihre Bausparer aufrechtzuerhalten. Sie benötigen aber dazu Reserven, die sie zur Zinsverbilligung für an anderen Finanzmärkten aufgenommene

---

den privaten Haushalten scheint die Sparfähigkeit aufgrund von Weihnachtsgeldzahlungen u. ä. gegen Jahresende sowie eine Bevorzugung rentierlicher Zwischenanlagen vorzuherrschen. Vgl. dazu auch den Zahlenanhang (mit vierteljährlichen Vermögensangaben) zu *O. de la Chevallerie* und *R. Pohl,* Zur Wirtschaftslage in der BRD, *in:* Vierteljahreshefte zur Wirtschaftsforschung, lfd. Nummern.

[330] *W. Lehmann,* Bausparwesen, *in:* Enzyklopädie für das Geld-, Bank- und Börsenwesen, 3. Aufl., Bd. I, Frankfurt a. M. 1967, S. 185.

[331] Vgl. *H. Hölzer,* Der begrenzte Baussparwettbewerb, *in:* Wirtschaftswoche, 26. Jg., Nr. 32 vom 11. 8. 1972, S. 77.

[332] Die Ansparsummen betragen etwa 40 bis 50 % der Vertragssummen. Da sich die Zuteilung sowohl nach schon eingezahlten Beträgen und nach der Liegezeit dieser Beträge richtet, kommen hohe, frühzeitige Anzahlungen eher in den Genuß von Zuteilungen als laufende, sich über mehrere Jahre bildende Einlagen.

Gelder einsetzen können. Je größer die Überschüsse in guten Geschäftsjahren gewesen sind, um so größer ist die Fähigkeit einer Bausparkasse, für Kunden Mittel von außen zu beschaffen[333].

(2) Diese Reservebildung wird den Bausparkassen u. a. durch ihre Zusatzgeschäfte mit Zwischenkrediten ermöglicht. Aufgrund der oben geschilderten Tatsachen, daß einige „Bausparer" ihre Bauspareinlagen und die ihnen zustehenden Darlehen bei Zuteilung nicht abrufen (Fortsetzer), und selbst zugeteilte Darlehen „nur im Zuge des Baufortschritts ausgezahlt werden"[334], sind die Bausparkassen in der Lage, derartige Kredite an diejenigen Bausparer zu geben, denen aufgrund ihrer Bausparleistung noch kein Bauspardarlehen zugeteilt werden konnte, die aber schon ein Bauprojekt in Angriff genommen bzw. ein entsprechendes Objekt erworben haben. Diese aus der sog. Trägheitsreserve der Bausparkassen ausgeliehenen Mittel müssen höher als normale Bauspardarlehen verzinst werden, weil einerseits eine entsprechende Finanzierung auf anderen Kreditmärkten für den Darlehensnehmer teurer wäre, andererseits die Bausparkassen noch nicht abgerufene Mittel auf anderen Finanzmärkten rentierlich anlegen könnten. Der Zins für die Zwischenkredite dürfte folglich durch die Zinsen auf konkurrierenden Finanzmärkten mitbestimmt sein.

Die Bausparkassen unterliegen allerdings Beschränkungen in der Vergabe von Zwischenkrediten. Nach den Vorschriften des Bundesaufsichtsamtes für das Versicherungs- und Bausparwesen dürfen sie hierfür nur „60 % ihrer Trägheitsreserve und der sonstigen flüssigen Mittel verwenden"[335].

Die Bausparkassen haben sich deshalb für die noch verbleibenden finanziellen Mittel nach einer Anlage auf anderen Finanzmärkten umgesehen. Außer in geringem Umfang in festverzinslichen Wertpapieren sind die freien Gelder vornehmlich als Guthaben bei Kreditinstituten angelegt worden.

Die Frage, welcher Anlageform (Zwischenkredite oder Einlagen bei Banken) diejenigen Mittel zugeführt werden, die nicht für Bauspardarlehen aus Zuteilungen verwandt werden, könnte dabei durch die Abhängigkeit bzw. Unabhängigkeit der jeweiligen Bausparkasse von einem Kreditinstitut bestimmt sein. Insbesondere bei den öffentlichen Bausparkassen, die Institute der Sparkassenorganisation sind, dürften diese Mittel vornehmlich Anlage bei den sie beherrschenden Kredit-

---

333 Vgl. *o. V.*, Transparente Zinsen und Gebühren, S. 105 f.

334 *Ebenda,* S. 104.

335 *W. Lehmann,* Bausparkassen, I. Private Bausparkassen, *in:* Enzyklopädie für das Geld-, Bank- und Börsenwesen, 3. Aufl., Bd. I, Frankfurt a. M. 1967, S. 182.

instituten finden, die eine Baufinanzierung „aus einer Hand" anbieten, in deren Rahmen die Bausparkassen lediglich der Finanzierung nachrangiger Hypotheken dienen[336]. Eine derartige enge Verbindung könnte andererseits auch in Zeiten schleppender Bauspar-Einlagengeschäfte für die Zuführung von Krediten zur Abkürzung der Zuteilungsfristen führen.

(3) Für die Bilanzdispositionen der Bausparkassen insgesamt dürfte das Verhalten ihrer Haupteinlegergruppe, der privaten Haushalte, von erheblicher Bedeutung sein. Neben den durch institutionelle Änderungen hervorgerufenen o. a. Verhalten[337] dürfte u. a. auch das Unsicherheitsmotiv eine Rolle spielen.

Unsicherheiten bezüglich der Einkommensentwicklung könnten die privaten Haushalte veranlassen, ihre Eigenmittel für den Wohnungsbau zu verstärken und zusätzliche Kreditnachfrage nur in relativ vermindertem Maße zu entwickeln (Hypothese). Dabei könnte die Einkommensentwicklung dann als unsicher erwartet werden, wenn sich am Arbeitsmarkt Entspannungstendenzen zeigen. In solchen Zeiten würden dann die geleisteten Vermögensübertragungen der privaten Haushalte (vornehmlich Auszahlungen von Bausparguthaben nach Vertragszuteilung und Tilgung von Bauspardarlehen) stärker als in anderen Zeiten zunehmen, ohne daß damit eine parallele Entwicklung bei den Bauspardarlehen zu verzeichnen wäre. Ähnlich wie bei den Spareinlagen[338] dürfte dann das Gewicht der geleisteten Vermögensübertragungen im Verhältnis zur Ersparnisbildung (plus empfangene Vermögensübertragungen) zunehmen, allerdings nicht in dem Ausmaß, wie es (relativ) die Spareinlagenbildung erreicht.

Das Bild, das die Bausparkassen dabei im Rahmen der Finanzierungsrechnung bieten, müßte in Perioden der Einkommensunsicherheit der privaten Haushalte durch ein Überwiegen der Geldanlagen bei ihnen über die von ihnen ausgegebenen Darlehen gekennzeichnet sein. In Zeiten einer angespannten Arbeitsmarktlage dürften dagegen die zusätzlichen Darlehen die neue Bauspareinlagenbildung übertreffen (Hypothese).

---

[336] Vgl. zu den verschiedenen Bilanzstrukturen von öffentlichen und privaten Bausparkassen: *Deutsche Bundesbank,* Neuere Entwicklung des Bausparkassengeschäftes, S. 19 (Tabelle: „Wichtige Bilanzpositionen der Bausparkassen").

[337] Vgl. oben 3.1.4.

[338] Vgl. oben 3.1.5.

3.7. Geldanlagen der Versicherungen

3.7.1. Versicherungsspezifische Unterschiede der Individualversicherungsunternehmen als Anleger finanzieller Mittel

(1) Die Bildung von Vermögensanlagen der Individualversicherungen hängt mit ihrem Geschäftszweck und der Risikoverteilung zwischen ihren Versicherungsnehmern zusammen.

Dabei können wir die Entstehung von Vermögensanlagen grundsätzlich nach zwei Versicherungsarten unterscheiden. Einmal wären die reinen Risikoversicherungen zu nennen, deren Prämieneinnahmen in einer abgegrenzten Periode mindestens der Schadensentwicklung (Ausgaben) entsprechen sollen. Anzulegende Gelder ergeben sich hierbei aus Diskrepanzen zwischen Einzahlungen und Auszahlungen (Zahlungsströmen), die sich sowohl durch den Zahlungsrhythmus als auch aufgrund von Einnahmeüberschüssen (Leistungsströmen) bei den Versicherungsgesellschaften niederschlagen. Diese Versicherungsart ist vornehmlich bei den Sachversicherungen sowie bei den ein- oder mehrjährigen Todesfallversicherungen gegeben. Die zweite Kategorie wird von denjenigen Versicherungen gebildet, bei denen der Eintritt des zu versichernden Ereignisses sicher, sein Eintrittszeitpunkt hingegen ungewiß ist[339]. Hier findet eine Vermögensansammlung planmäßig statt, damit bei Eintritt des Versicherungsfalles die Versicherungsgesellschaft die zugesagte Leistung erbringen kann. Der Risikoausgleich zwischen den Versicherten ergibt sich hierbei lediglich dadurch, daß der Versicherungsfall bei einem Versicherten vor, bei einem anderen nach dem statistischen Durchschnittstermin eintreten kann. Dieses Versicherungsprinzip ist bei Lebensversicherungen auf den Erlebens- und Todesfall gegeben.

(2) Während die geleisteten Prämien im ersten Fall endgültige Ausgaben der Versicherten[340] für die Dienstleistung „Versicherung" darstellen und nicht zu direkten Ansprüchen (Forderungen), sondern nur zu Ansprüchen für den Eventualfall des Schadeneintritts führen, entstehen bei der zweiten Kategorie, ähnlich wie bei den Banken, unab-

[339] Vgl. *M. v. Bargen,* Vermögensanlagen in der deutschen Lebensversicherung, Frankfurt a. M. 1960, S. 10. Eine Zwischenstellung nehmen u. a. Krankenversicherungen ein. Sofern sich bei ihnen die Risikoprämie nach dem Eintrittsalter bestimmt und nur aufgrund von Kostenerhöhungen für Einzelleistungen erhöht werden kann, nicht aber aufgrund von Risikoerhöhungen durch gestiegenes Lebensalter, müssen für junge Versicherte entsprechende Rückstellungen gebildet werden, obwohl nicht sicher ist, daß der *einzelne* Versicherte *unbedingt* im Alter krank wird. Dagegen gehört die Sterbegeldversicherung eindeutig zur zweiten Kategorie, da der Tod unabwendbar ist.

[340] Eine Ausnahme besteht dort, wo eine Beitragsrückgewähr zugesichert worden ist. Vgl. Fußn. 343.

dingbare Ansprüche (Forderungen) der Versicherten (Sparer) gegenüber den Versicherungsunternehmen durch die Prämienzahlung[341]. Die Lebensversicherungsunternehmen haben für derartige Ansprüche (buchhalterische) Deckungsrückstellungen zu bilden, deren Gegenwert ihre Anlagen im sog. Deckungsstock darstellen[342].

Dagegen entstehen bei der ersten Kategorie von Versicherungsunternehmen direkte Ansprüche der Versicherten gegenüber dem Versicherungsunternehmen und damit Geldanlagen der Versicherten nur, wenn die Abwicklung eingetretener Schäden noch nicht zu Auszahlungen an die Versicherten geführt hat oder erstattungsfähige Überschüsse[343] aus entsprechenden Versicherungen noch nicht ausgezahlt worden sind[344].

Je früher nun die Auszahlungstermine für die jeweiligen Ansprüche sind und in je geringerem Maße für diese Termine mit Neuzuflüssen von Geldern aus Prämienzahlungen gerechnet werden kann, desto höher muß die Mindestliquidität der angelegten Mittel sein, damit die Liquidität der Versicherungsunternehmen jederzeit aufrechterhalten bleibt.

Aus dieser tautologischen Aussage kann allerdings nicht der Schluß gezogen werden, daß für kurzfristig zu erfüllende Ansprüche nur Bargeld und Sichteinlagen in Frage kommen können. Zu den Auszahlungsterminen fällige Zins- und Dividendengutschriften, Tilgungen von Krediten oder Anleihen, können ebenso der Zahlungsbereitschaft der Versicherungsunternehmen dienen. Ist der Zeitraum zwischen Prämienzahlungen, Anspruchsentstehungen und Auszahlungen allerdings sehr kurz und ist insbesondere nicht mit fortlaufenden Einzahlungen sicher zu rechnen[345], wodurch die Zahlungsbereitschaft revolvierend sicher-

---

[341] Vgl. *L. Arps*, Versicherung und Kapitalmarkt, *in:* Enzyklopädisches Lexikon für das Geld-, Bank- und Börsenwesen, 3. Aufl. Bd. II, Frankfurt a. M. 1967/68, S. 1733.

[342] Vgl. *ebenda*, S. 1736 und S. 1744.

[343] Bei günstigerem Einzelschadensverlauf (z. B. in der Krankenversicherung) oder Gesamtschadensverlauf (technische Überschüsse) als geplant.

[344] Allerdings wird das Versicherungsprinzip des periodenmäßigen Schadensausgleichs auch außerhalb der Sachversicherungen dort durchbrochen, wo es etwa zu laufenden Rentenzahlungen aus Schäden (Unfallversicherung) oder zu ansteigenden Risiken im Verlauf einer Einzelversicherung bei gleichbleibender Grundprämie (Krankenversicherung) kommt. Auch in solchen Fällen sind Rückstellungen und als Gegenposten Deckungsstocks zu bilden. Vgl. *o. V.*, Art. „Deckungsstock“, *in:* Enzyklopädisches Lexikon für das Geld-, Bank- und Börsenwesen, 3. Aufl., Bd. I, Frankfurt a. M. 1967, S. 336 und 3.7.1. (1), Fußnote 339.

[345] Auch bei den kurzfristig kündbaren Versicherungen (z. B. Krankenversicherungen, Sachschaden- und Unfallversicherungen) sind gewisse Kündigungsfristen einzuhalten, wobei die Kündigung nur zu bestimmten Terminen erfolgen kann. Fällige Beitragsrückerstattungen können aber vertragsmä-

gestellt wäre, so müssen entsprechend leicht liquidisierbare Anlagen gesucht werden.

Ist dieser Zeitraum relativ lang und sind laufende Zahlungen mit großer Sicherheit zu erwarten, wie dies z. B. bei den Lebensversicherungen aufgrund ihrer langen Vertragsdauer der Fall ist, so können auch Anlagen gewählt werden, die langfristig liquidisierbar sind. Zwar sind auch bei Lebensversicherungen Kündigungen möglich, sie sind aber mit hohen Verlusten für den Versicherungssparer verbunden. „Selbst im Krisenjahr 1932, als alle anderen Sparformen einen Verlust, eine ‚Entsparnis' zeigten, wuchsen die Deckungsrückstellungen der Lebensversicherungsgesellschaften weiter[346]."

(3) Im Rahmen der Finanzierungsrechnung werden aber sowohl die Geldanlagen bei Versicherungen als auch die Anlagen der Versicherungsunternehmen nur global und nicht unterteilt nach Versicherungsbranchen vorgenommen, obwohl die Ansprüche der Versicherten verschiedene Ursachen haben können und dadurch auch die Anlagepolitik der Versicherungsgesellschaften unterschiedlich beeinflußt werden könnte. Damit können wir das Anlageverhalten der Versicherungsunternehmen in unserer Betrachtung ebenfalls nur als tendenzielles Gesamtsektorverhalten in bezug auf die Finanzmärkte untersuchen[347].

3.7.2. Anlagevorschriften für Individualversicherungen

Die Versicherungsgesellschaften sind in ihrer Anlagepolitik den Vorschriften des Versicherungsaufsichtsgesetzes[348] (VAG) und der Aufsicht des Bundesaufsichtsamtes für das Versicherungs- und Bausparwesen unterworfen.

Dies gilt insbesondere für die Anlagewerte des Deckungsstocks[349], aber auch für die Gegenwerte zu Rückstellungen für Beitragsrück-

ßig genau zwischen diese Termine gelegt werden, so daß auch hier eine verhältnismäßig sichere Liquiditätsplanung erfolgen kann.

[346] *M. v. Bargen*, Vermögensanlage ..., S. 17.

[347] Zwar weisen der Gesamtverband der Versicherungswirtschaft e. V. sowie das Bundesaufsichtsamt für das Versicherungs- und Bausparwesen differenzierende Vermögensanlagestatistiken aus. Diese sind aber nicht voll mit denjenigen der Finanzierungsrechnung kompatibel, da hierin die Grundstücke (als Sachvermögen) eingeschlossen, Bargeld, Sicht- und Termineinlagen aber nicht enthalten sind. Vgl. *Gesamtverband der Versicherungswirtschaft e. V.*, Geschäftsbericht, lfde Jahrgänge; *Bundesaufsichtsamt für das Versicherungs- und Bausparwesen*, Geschäftsbericht, lfde Jahrgänge.

[348] Vgl. *Gesetz* über die Beaufsichtigung der privaten Versicherungsunternehmen und Bausparkassen (VAG) (i. d. F. des Gesetzes zur Änderung des Gesetzes über die privaten Versicherungsunternehmungen vom 30. 3. 1931 — RGBl. I, 102) vom 6. 6. 1931 (RGBl. I, 315), insbesondere die §§ 68 f.

[349] Vgl. § 66 VAG.

erstattungen und gutgeschriebene Gewinnanteile[350]. Die Anlagemöglichkeiten des § 68 I VAG sehen einen relativ engen Katalog von Anlagemöglichkeiten beginnend bei Anlageformen für Mündelgelder über Hypothekenforderungen und Pfandbriefe, Policendarlehen bis hin zu Geschäftsgrundstücken vor.

Durch eine Generalklausel[351] können vom Bundesaufsichtsamt auch andere Anlagen genehmigt werden, so daß die Kapitallenkung, die durch die o. a. Vorschriften erfolgt, je nach Genehmigungspraxis mehr oder weniger auf genau bestimmte Anlagearten abzielt. Durch die Zulassung des Erwerbs von Aktien genau qualifizierter Aktiengesellschaften und durch die Gestattung von Darlehensgewährungen an einen nach bestimmten Kriterien gebildeten Kreis von Unternehmen[352], ist es den Versicherungsunternehmen auch möglich, demjenigen Sektor Finanzierungsmittel zur Verfügung zu stellen, der sonst durch die engen Anlagevorschriften und abgesehen von Hypothekenkrediten keinerlei Zuflüsse aus einem Bereich erhielte, bei dem sich ein nicht unbedeutender Teil der Forderungsbildung privater Haushalte niederschlägt[353].

Je elastischer das Aufsichtsamt seine Genehmigungspraxis bezüglich anderer als im Anlagekatalog zugelassener Anlagen handhabt, desto eher würden die Versicherungsunternehmen auf Änderungen an den Finanzmärkten reagieren können. Es ist aber die Frage, ob sie sich nicht auch dann von ihrem traditionellen Anlageverhalten leiten lassen, das kapitalwertsichere Anlagen in den Vordergrund stellt[354].

---

[350] Vgl. *L. Arps,* S. 1744 und *M. v. Bargen,* Vermögensanlage ..., S. 156 f.

[351] Vgl. § 68 III S. 2 VAG: „Die Aufsichtsbehörde kann gestatten, daß die Bestände des Deckungsstockes auch anders angelegt werden."

[352] Vgl. *L. Arps,* S. 1744. Es kommt bei den Qualifikationen auf bestimmte Größenordnungen (Grundkapital, Grundstoffe, „Standardunternehmen") an. Siehe hierzu: „Rundschreiben des Bundesaufsichtsamtes für das Versicherungs- und Bausparwesen an alle seiner Aufsicht unterstehenden Versicherungsunternehmen vom 2. 3. 1955 R 4/55 — (VerBAV 55/64) abgedruckt in *M. v. Bargen,* Vermögensanlage ..., S. 261 ff. Man sollte sich u. E. aber nicht der Illusion hingeben, daß durch die Beachtung derartiger Vorschriften das Verlustrisiko etwa ausgeschlossen wird. Zur Kritik der Genehmigungspraxis für die Aktienanlage vgl.: *G. Müller,* Die Anlagepolitik der Versicherung im Konjunkturwandel, *in:* Versicherungswirtschaft, 18. Jg. (1963), S. 400.

[353] Von den Gesamtforderungen (= Geldvermögen i. S. d. Definition der Deutschen Bundesbank), die die privaten Haushalte Ende 1971 in Höhe von 503 Mrd. DM hielten, entfielen 86 Mrd. DM = 17 % auf Geldanlagen bei Versicherungen. Vgl. *Deutsche Bundesbank,* Gesamtwirtschaftliche Finanzierungsrechnung sowie Bestand an Geldvermögen und Verpflichtungen 1971, Tab.-Anhang, S. 45.

[354] Vgl. *M. v. Bargen,* Vermögensanlage ..., S. 180 f.

3.7.3. *Anlageverhalten von Versicherungsunternehmen in bezug auf Finanzmärkte*[355]

(1) Bei ihren Anlagen finanzieller Mittel stehen die Versicherungsunternehmen teilweise vor dem gleichen Problem wie die Kreditinstitute, wenn sie zwar bestimmte Anlagen bevorzugen, sich aber keinem entsprechend großem oder von der Bonität der Schuldner her nur unattraktivem Angebot von Titeln gegenübersehen. Dadurch können auch Anlagearten der „2. Wahl“ in Frage kommen.

Andererseits sind die Versicherungsunternehmen aber auch von der Entwicklung ihrer Beitragseinnahmen und den daraus erzielten Überschüssen abhängig. Abgesehen von Schwankungen im Schadensverlauf sowie den nicht zu übersehenden Erträgen aus ihren Vermögensanlagen, hängt diese Entwicklung stark vom Sparverhalten der Forderungen bildenden Wirtschaftssubjekte ab.

Dies gilt insbesondere für die Lebensversicherungen und Pensionskassen, die etwa drei Viertel aller Vermögensanlagen von Versicherungsunternehmen aufbringen[356]. Das Sparverhalten in bezug auf das Versicherungssparen kann aber, wie wir oben gezeigt haben[357], von verschiedenen Faktoren institutioneller, wirtschaftlicher und psychologischer Art beeinflußt sein, die sich sowohl teilweise verstärken als auch aufheben können. Eine sichere Prognose über die Entwicklung der anzulegenden Einnahmen über Jahre ist den Versicherungsunternehmen — trotz der Planungsvorteile etwa gegenüber Kreditinstituten — daher kaum möglich.

Zwar können insbesondere die Lebensversicherungen aufgrund der langfristigen Verträge von vorläufig zumindest gleichbleibenden Beitragseinnahmen ausgehen. Es könnte aber auch einmal der Fall eintreten, daß in verstärktem Umfang Policendarlehen seitens der Versicherungsnehmer sowie Beitragsfreistellungen, das sind zeitweise Umwandlungen von Lebensversicherungen mit Sparleistungen in reine Risiko-Lebensversicherungen, verstärkte liquiditätsmäßige Anspannungen mit sich bringen. Stark *zurückgehende Zuwachsraten* der Geldanlagen bei Versicherungen durch Private dürften demzufolge kapitalwertsichere und leicht zu liquidisierende sowie sich selbst laufend liquidisierende Aktiva als Anlagen der Versicherungsunternehmen nach sich ziehen (Hypothese).

---

[355] Als teilweise mögliche Alternative, die hier wegen der Themenstellung nicht weiter erörtert werden soll, kommen auch Grundstücksanlagen in Betracht.

[356] Vgl. *Deutsche Bundesbank,* Vermögensbildung und Anlagepolitik der Versicherungsunternehmen seit 1965, *in:* Monatsberichte, 24. Jg. Nr. 1, Januar 1972, S. 17.

[357] Vgl. oben 3.1.6.

Als leicht zu liquidisierende Aktiva dürften Termineinlagen in Frage kommen und sofern ein entsprechendes Angebot an Titeln gegeben sein sollte, würden Tilgungshypotheken und Schuldscheindarlehen mit laufender Tilgung (Darlehen von Versicherungen) als sich laufend selbst liquidisierende Aktiva von den Versicherungsgesellschaften ins Portefeuille genommen.

(2) Die Nachfrage nach Darlehen der Versicherungen durch Unternehmen, öffentliche und in geringerem Umfang auch private Haushalte, dürfte einmal von ihrer gesamten Kreditnachfrage und weiter von den Befriedigungsmöglichkeiten dieser Kreditnachfrage durch andere Anbieter finanzieller Mittel abhängen.

Da die kreditnachfragenden Wirtschaftssubjekte, sofern sie ein gewisses Gewicht ausmachen[358], in ihrer überwiegenden Mehrheit über Bankverbindungen verfügen, dürfte ihre Nachfrage nach finanziellen Mitteln sich zuerst an den Sektor der Kreditinstitute wenden. So lange Bankkredite leicht erhältlich sind, würde kein Grund bestehen, in verstärktem Maße Kredite bei Versicherungsgesellschaften nachzufragen, d. h. Kredite, für die besondere dingliche Sicherheiten und evtl. noch Bankgarantien gestellt werden müssen. Je mehr die Banken aber durch die Einengung ihrer Liquiditätsreserven gedrängt, dazu übergehen, ihre Kreditvergabe nur noch in Grenzen wachsen zu lassen und dabei erhöhte Sicherheiten und auch höhere Zinsen zu verlangen, desto stärker dürfte sich dann die Kreditnachfrage an den Sektor der Individualversicherungen wenden (Hypothese). Der sich in diesen Zeiten auch schwieriger gestaltende Absatz von festverzinslichen Wertpapieren würde dann auch „guten Adressen“ eine Bevorzugung von Schuldscheindarlehen der Versicherungen gegenüber Hypothekenbankkrediten oder Emissionen von Rentenwerten nahelegen[359].

(3) Die Nachfrage nach Termineinlagen seitens der Versicherungsgesellschaften dürfte, abgesehen vom Liquiditätsaspekt, auch durch jeweilige Rentierlichkeit der Termineinlagen mitbestimmt sein (Hypothese).

Der der Prämiengestaltung der Lebensversicherungsgesellschaften zugrunde liegende Rechnungszins von 3 %[360] läßt Termineinlagen mit Verzinsungen, die diesen Zins nicht einmal erreichen oder unwesentlich darüber liegen, nicht attraktiv erscheinen. Höhere Zinsen würden dagegen einen Anreiz bieten.

---

[358] D. h. auch abgesehen von denjenigen privaten Haushalten, die zwar über eine Bankverbindung (z. B. Lohnkonto) verfügen, aber aus psychologischen Hemmnissen heraus entweder Ratenkredite bei Unternehmen oder spezialisierten Kreditvermittlern nachfragen.

[359] Vgl. auch oben 3.2.4.2.

[360] Vgl. *M. v. Bargen*, Vermögensanlage ..., S. 13.

Nach der Zinsfreigabe im April 1967 können daher derartige Einlagen bei knappen, d. h. durch steigende Zinsen gekennzeichneten Finanzmärkten, als Anlage für Versicherungsgesellschaften verstärkt in Betracht kommen. Auf Pensionsgeschäfte, die zu einer (kurzfristigen) Übernahme von Wertpapieren aus Bankenbesitz durch die Versicherungsgesellschaften und zu einem Ausweis als Wertpapiertransaktionen in der Finanzierungsrechnung führen würden, kann daher seit dieser Zeit verzichtet werden, sofern es lediglich darauf ankommen sollte, administrierte Zinsen zu umgehen[361].

(4) Der Zwang zur rentierlichen Anlage des Deckungsstockes sowie der anderen Reserven, der sich einmal durch den Rechnungszins als Minimalverzinsung ergibt, andererseits aber auch dadurch, daß erwirtschaftete Überschüsse, die voll oder überwiegend an die Versicherten ausgeschüttet werden, ein gewichtiges Argument im Konkurrenzkampf um Versicherungsnehmer darstellen können[362], führt dazu, daß bei Ausbleiben eines entsprechenden Angebotes an primär bevorzugten Titeln auch andere, kapitalwertunsichere Aktiva in stärkerem Maße als dies z. B. aus allgemeinen Gründen der Anlagestreuung der Fall wäre, für Vermögensanlagen in Frage kommen. Wenn zudem den Gesellschaften eine Zwischenanlage vom Zins her unattraktiv erscheint, und sie steigende Zuwachsraten für anzulegende Mittel (Geldanlagen *bei* Versicherungen) zu verzeichnen haben, dürften die Versicherungsunternehmen festverzinsliche Wertpapiere und auch Aktien in verstärktem Umfang nachfragen (Hypothese). Die Wertpapiere würden damit, wenn sich diese Hypothese bestätigen sollte, in ähnlicher Weise wie bei den Banken eine Art „Lückenbüßer" in der Anlage der Versicherungsgesellschaften darstellen.

Sollte sich die Lage an den Finanzmärkten und auch das Angebot an von den Versicherungsgesellschaften präferierten Kredittiteln ändern, dürfte dies aber kaum dazu führen, daß die Versicherungsunternehmen festverzinsliche Wertpapiere abstoßen[363], da die Gesellschaften dann

361 Vgl. *M. v. Bargen*, Vertragsversicherung und Kapitalmarkt, *in:* Zeitschrift für das gesamte Kreditwesen, 20. Jg. (1967), S. 424: Die Aufhebung der Zinsverordnung „ermöglicht die marktgerechte Verzinsung auch von Guthaben mit kürzerer Festlegungsfrist, entspricht damit einem alten Wunsch der Versicherungswirtschaft und dürfte einer sauberen Grenzziehung zwischen Geld- und Kapitalmarkt förderlich sein".

362 Neben den Vermögenserträgen spielen bei den Versicherungsgesellschaften für die Überschußbildung aber auch Abschluß- und allgemeine Verwaltungskosten eine große Rolle. Inwieweit sich Versicherungsnehmer von (historischen) Überschußrechnungen bei der Wahl ihrer Versicherungsgesellschaft überhaupt beeinflussen lassen, muß hier leider offenbleiben. Es ist aber denkbar, daß andere Motive („Der Vertreter wohnt nebenan"; „Meine Eltern waren schon in dieser Versicherung") eine erhebliche Rolle spielen.

363 Buchhalterische Verminderungen des Bestandes an Wertpapieren können sich aber aufgrund von Abschreibungen sowie durch die Umwandlung

wohl in vielen Fällen Verluste realisieren müßten[364]. Solange überhaupt noch steigende Rückstellungen zu verzeichnen sind, dürften die Anpassungen der Anlagen an die veränderten Märkte eher über neue Zuflüsse und über Rückflüsse finanzieller Mittel aus Tilgungen erfolgen.

von Inhaberschuldverschreibungen ergeben, wobei letztere dann unter die Rubrik „Darlehen" fallen. Vgl. *Deutsche Bundesbank,* Vermögensbildung und Anlagepolitik der Versicherungsunternehmen seit 1965, S. 23.

[364] Vgl. *G. Müller,* S. 399.

DRITTER TEIL

(Aggregierte) Realität und Erklärungshypothesen

Die Überprüfung der im vorigen Kapitel herausgestellten, überprüfbar erscheinenden Hypothesen über sektortypisches Verhalten anhand der Finanzierungsrechnung ist einmal an die Aussagemöglichkeiten der gewählten Betrachtungsebene „Finanzierungsrechnung“ gebunden. In dem Maße wie die Quantifizierungen der einzelnen Transaktionen auf Schätzungen beruhen[365] und damit Ungenauigkeiten beinhalten, sind exakt quantitätsmäßig bestimmte Gleichungen von explanans und explanandum, wie sie z. B. bei ökonometrischen Untersuchungen aufgestellt werden, aus unserer Sicht für die vorzunehmenden Falsifizierungsversuche im großen und ganzen ungeeignet[366].

Der zweite Grund, weshalb wir keine Prüfungen mit Hilfe ökonometrischer Methoden vornehmen, ist dadurch begründet, daß manche unserer „Erklärungsvariablen“ nicht in vollem Umfang nur durch Quantifizierungen beschrieben werden können. Auf diese Problematik, die dadurch gegeben ist, daß für im weitesten Sinne psychologisch bedingte Einschätzungen (Erwartungen) operationale Größen von ausreichender „Gleichartigkeit“ gefunden werden müssen, haben wir bei der Hypothesenfindung mehrmals hingewiesen[367]. Wenn wir bei einigen Hypothesen Annahmen über den engen Zusammenhang von Erwartungen und (als Ausdruck davon) wirtschaftlichen Daten gemacht haben (z. B.

---

[365] Vgl. *Deutsche Bundesbank*, Zahlenübersichten und methodische Erläuterungen zur gesamtwirtschaftlichen Finanzierungsrechnung ..., S. 4 (Bewertungsproblem, Restrechnungen bei der Ersparnisaufteilung zwischen nichtfinanziellen Unternehmen und privaten Haushalten), S. 6 (sektorale Schätzungen bei Bargeld und Sichteinlagen, Problem der Buchungsdiskrepanzen) usw.

[366] Vgl. dazu die Ausführungen von *H. Schlesinger: derselbe*, Gesamtwirtschaftliche Finanzierungsrechnung und monetäre Analyse, *in:* Studien zur Geldtheorie und monetäre Ökonometrie, hrsg. von *G. Bombach*, Berlin 1972, S. 207 und S. 213 f., der auf bisher gescheiterte Versuche der Deutschen Bundesbank mit ökonometrischen Modellen verweist.

[367] Vgl. z. B. die „Bestimmung“ eines „normalen“ Zinsfußes: oben 2.1.1. (3); die Frage des Aktienerwerbs im Zusammenhang mit „berechneten“ Gewinnerwartungen: oben 3.1.8. (3); die Bestimmung von Wechselkursänderungserwartungen: oben 3.4. (2).

Unsicherheit über die zukünftige Einkommensentwicklung dann, wenn Entspannungstendenzen am Arbeitsmarkt)[368], dann nur insoweit, als damit die Überprüfung erleichtert werden soll. Grundsätzlich sind wir der Meinung, daß im Einzelfall weitere, bedeutsame Tatsachen zu berücksichtigen sind, Erklärungen von Politikern nicht ausgenommen[369].

Die Überprüfung der Hypothesen erfolgt demzufolge der Tendenz nach[370] und unter allen gemachten Vorbehalten. Sicherlich wird dadurch die Aussagefähigkeit sowohl der Hypothesen in ihrer Geltung als Erklärungsansätze als auch der von uns vorgenommenen Überprüfungen eingeschränkt. Trotzdem werden wir im 5. Kapitel feststellen, daß auch bei diesem Vorgehen an sich „plausible" Hypothesen an den Tatsachen „scheitern", d. h. falsifiziert werden.

4. Die wirtschaftliche Entwicklung in der BRD von 1967 bis 1971[1]

Eine Darstellung der konjunkturellen Entwicklung einer Volkswirtschaft kann, wenn nicht der Rahmen einer auf einen speziellen Untersuchungsbereich bezogenen Arbeit gesprengt werden soll, nur die wesentlichsten Größen umfassen. Für die von uns vorgelegte Untersuchung bedeutet dies zusätzlich, daß wir vornehmlich nur die Entwicklungslinien der Größen aufzeigen, die für den Untersuchungsgegenstand — aus unserer Sicht — eine besonders große Rolle gespielt haben könnten. Wir sind uns dabei bewußt, daß wir uns damit leicht dem Vorwurf einer unvollständigen Darstellung aussetzen. Aber da jede analysierende Betrachtung aufgrund unerschöpflich vieler einzelner Größen und Größenbeziehungen nur eine Auswahl beinhalten kann und damit unvollständig ist, könnte dieser Vorwurf in jedem Falle erhoben werden, so daß wir unser Vorgehen aufgrund der gegebenen Begrenzungen für legitim erachten.

---

[368] Vgl. z. B. die Schuldenaufnahme der privaten Haushalte: oben 3.1.2. (2); Anlagen in festverzinslichen Wertpapieren: oben 3.1.7. (4).

[369] Vgl. z. B. abgegebene „Vollbeschäftigungsgarantien", Aufwertungsdementis usw.

[370] Nebeneinandergestellte Zeitreihen verschiedener Größen sollen demgemäß nicht einen genauen Zusammenhang konstruieren: sie dienen zur Erklärungsstützung. Die von uns im 5. Kapitel in den Tabellen ausgewiesenen Veränderungsraten der Finanzströme und anderer Größen sollen nur auf die Tendenz und die ungefähre Stärke der „Strömungsrichtungen und -änderungen" hinweisen.

[1] Dieser Abschnitt soll lediglich einen gewissen Hintergrund des Beobachtungszeitraumes aufzeigen, für den die zeitraumbezogenen Erklärungsansätze („vorläufige Hypothesen") aufgestellt und überprüft wurden.

4.1. 1967 — ein Jahr mit rezessiven Tendenzen

4.1.1. Die wirtschaftliche Lage in der BRD an der Jahreswende 1966/67

(1) Das zweite Halbjahr 1966 — insbesondere zur Jahreswende hin — war durch Nachfragerückgänge in einigen Bereichen der Volkswirtschaft der BRD gekennzeichnet, wobei das nominale Bruttosozialprodukt (BSP) nach der saisonbereinigten quartalmäßigen Berechnung[2] im 4. Quartal 1966 im Vergleich zum Vorquartal sank. Das war das erste Mal seit dem 1. Quartal 1963, daß ein Sinken des BSP festgestellt werden mußte. Sowohl das Verhalten der privaten Haushalte als auch das Unternehmerverhalten trugen zu dieser Entwicklung bei, während der Staatsverbrauch und die Ausfuhr positive Werte aufwiesen.

Am stärksten wurden die Ausgaben der Unternehmer für Ausrüstungs- und Bauinvestitionen eingeschränkt (mit 3,5 resp. 1,5 v. H. im 4. Quartal gegenüber dem Vorquartal 1966), nachdem sie schon im 3. Quartal sinkende Tendenz (6,0 v. H. bzw. 2,5 v. H.) aufgewiesen hatten. Der private Verbrauch sank dagegen erst im 4. Quartal 1966 — trotz der Weihnachtseinkäufe — mit 2 v. H.

(2) Die Entwicklung bei den Unternehmen könnte auf deren negative Erwartung zurückgeführt werden, nachdem der „cash flow" 1966 (errechnet aus erwirtschafteten Abschreibungen und der Unternehmensersparnis) des Untersektors „Unternehmen ohne Wohnungswirtschaft" so gut wie gar nicht mehr und der des Sektors „Unternehmen insgesamt" mit einer wesentlich geringeren Zuwachsrate als in früheren Perioden gegenüber dem Vorjahr zugenommen hatte[3]. Hinzu kam, daß auch die Auftragseingänge eine rückläufige Tendenz aufwiesen. Sie sanken saisonbereinigt von einem Index 131 im ersten Vierteljahr 1966 bis auf Index 122 im 4. Quartal desselben Jahres (Index 1962 = 100).

---

[2] Vgl. hierzu und zu den folgenden saisonbereinigten Werten die *Deutsche Bundesbank,* Saisonbereinigte Wirtschaftszahlen, *in:* Statistische Beihefte zu den Monatsberichten der Deutschen Bundesbank, Reihe 4 lfde. Nummern, hier zitiert nach: Dezember 1971, Nr. 12. Wir beziehen uns im wesentlichen auf die von der Bundesbank *saisonbereinigten* Wirtschaftszahlen, um nicht immer (bei unbereinigten Zahlen) auf die saisonalen Einflüsse hinweisen zu müssen.

[3] Vgl. dazu oben unsere Hypothesen im Abschnitt 3.2.1. (2). Nach den Finanzierungsrechnungen der Deutschen Bundesbank nahm der „cash flow" der Unternehmen ohne Wohnungswirtschaft 1966 gegenüber dem Vorjahr um ca. 1,6 v. H. (1965 gegenüber 1964 um mehr als 10 v. H.) zu; bei den Unternehmen insgesamt um 3,9 v. H. (1965 gegenüber 1964: 10,5 v. H.), wobei die Ersparnis im Untersektor Unternehmen ohne Wohnungswirtschaft sogar noch absolut zurückging (von 19,01 Mrd. DM im Jahre 1965 auf 16,53 Mrd. DM im Jahre 1966). Errechnet nach *Deutsche Bundesbank,* Zahlenübersichten und methodische Erläuterungen zur Gesamtwirtschaftlichen Finanzierungsrechnung ...

Die zurückgehenden Aktivitäten der Unternehmungen zogen am Arbeitsmarkt eine Zunahme der Arbeitslosen (von Januar 1966: 146 000 bis Dezember 1966: 296 000 Arbeitslose) und ein Sinken der Zahl der offenen Stellen (von Januar 1966: 634 000 auf 380 000 offene Stellen im Dezember 1966) nach sich. Wenn auch die Zahl der offenen Stellen die Zahl der Arbeitslosen im Dezember 1966 noch überwog, so dürfte doch die Arbeitslosigkeit der Jahreswende 1966/67 nicht mehr friktioneller und auch nicht mehr allein struktureller Natur gewesen sein, da zudem die Zahl der Kurzarbeiter „eine beachtliche Größenordnung“[4] erreichte und die „Lohndrift“ (Diskrepanz zwischen der *Zunahme* der Effektivverdienste und der der tariflichen Wochenverdienste) auf nahezu null Prozentpunkte zurückging[5]. Sie war wohl eher schon Ausdruck der rezessiven Wirtschaftslage[6], die sicherlich einige Branchen und Regionen (Strukturen) stärker erfaßt hatte als andere.

Der zurückgehende private Verbrauch im 4. Quartal 1966 deutet dabei auf die ebenfalls schlechter eingeschätzten Beschäftigungs- und Einkommenserwartungen der privaten Haushalte hin[7].

(3) Begleitet, wenn nicht sogar zu einem gewissen Teil mit verursacht, wurde die Entwicklung durch eine 1964 eingeleitete restriktive Geld- und Kreditpolitik der Bundesbank[8], die mit den kreditpolitischen Beschlüssen des Zentralbankrats am 26. Mai 1966 ihren Abschluß insoweit fand, als im Laufe des Jahres 1966 keine weiteren restriktiven Maßnahmen getroffen wurden. Aus der Begründung der o. a. Beschlüsse[9] geht allerdings dabei schon hervor, daß diese Maßnahmen wohl eher konstatierender als determinierender Natur waren, da z. B. die Sätze für Tagesgeld am Bankengeldmarkt 1 % p. a. und mehr über dem bis dahin geltenden Diskontsatz lagen.

---

[4] *Deutsche Bundesbank*, Die Wirtschaftslage im Winter 1966/67, *in:* Monatsberichte, 19. Jg. Nr. 1, Januar 1967, S. 43.

[5] Vgl. *ebenda*, S. 46.

[6] Hierunter dürfte auch der Abbau von „gehorteten“ Arbeitskräften fallen, der durch die Entspannung am Arbeitsmarkt und die damit gegebene Möglichkeit, evtl. neu auftretenden Bedarf an Arbeitskräften durch Neueinstellungen zu befriedigen, gefördert wurde. Vgl. *Deutsche Bundesbank*, Geschäftsbericht für das Jahr 1966 (Frankfurt a. M. 1967), S. 10.

[7] Vgl. unsere Ausführungen oben 3.1.2. und 3.1.5. (4).

[8] Eingeleitet wurde diese Politik durch eine Mindestreserveerhöhung am 1. August 1964; die erste Diskont- und Lombardsatzerhöhung folgte im Januar 1965 (von 3 % auf 3½ % bzw. 4 % auf 4½ %). Nach weiteren Mindestreserveerhöhungen, Rediskontkontingentkürzungen und einer Diskont- und Lombardsatzerhöhung sowie einer restriktiven Offenmarktpolitik wurden die Zinssätze der Bundesbank für Geschäfte mit Kreditinstituten dann Ende Mai von 4 % auf 5 % für den Diskont, von 5 % auf 6¼ % für den Lombard und in ähnlicher Weise auch für die Abgabe von Geldmarktpapieren erhöht.

[9] Vgl. *Deutsche Bundesbank*, Neue kreditpolitische Maßnahmen, *in:* Monatsberichte, 18. Jg. Nr. 5, Mai 1966, S. 3.

Für eine erfolgreiche Durchsetzung der restriktiven Politik waren zwei weitere Umstände ausschlaggebend. Erstens konnte durch die Ankündigung und Einführung der Kuponsteuer der Zustrom ausländischer Gelder, die eine Anlage in deutschen festverzinslichen Wertpapieren suchten, vorläufig gebremst werden[10]. In ähnlicher Weise wirkte auch die Passivierung der Bilanz der laufenden Posten von Mitte 1964 bis Mitte 1966, d. h., es wurden in diesem Zeitraum mehr Ausgaben im und Übertragungen an das Ausland getätigt als Einnahmen und Übertragungen vom Ausland hereinkamen, wodurch besonders im zweiten Halbjahr 1965 entsprechende Nachfrageausfälle zu verzeichnen waren, als sogar die zusammengefaßte Handels- und Dienstleistungsbilanz (ohne die sowieso fortlaufend negative Übertragungsbilanz) ins Defizit geriet[11].

Da die Bundesbank sich in der zweiten Jahreshälfte 1966 kreditpolitisch neutral verhielt und auch die Bilanz der laufenden Posten in diesem Zeitraum wieder positiv wurde, verbesserte sich die Bankliquidität wieder, was wohl dazu beitrug, daß sich die Lage an den Finanzmärkten entspannte[12].

(4) Zusammen mit den rezessiven Tendenzen und den mit ihnen einhergehenden Steuerausfällen kam es zu einer u. a. durch Budgetfragen ausgelösten Regierungskrise, die zur Neubildung der Regierung unter anderen Koalitions- und Oppositionsverhältnissen führte. Das Zusammentreffen von rezessiven Tendenzen in der Volkswirtschaft und Krisenerscheinungen in der politischen Führung des Bundes könnte an der Jahreswende 1966/67 mit dazu beigetragen haben, daß die Erwartungen der einzelnen Wirtschaftssubjekte, insbesondere die der Unternehmer, in bezug auf die wirtschaftliche Zukunft wohl nicht als positiv zu bezeichnen waren[13]. Unter Berücksichtigung der negativen Erfahrungen, die große Teile der Bevölkerung mit „ungeordneten" öffentlichen Haushaltswirtschaften in früheren Jahrzehnten gemacht hatten, mußte

---

[10] So nahmen erst im Jahr 1971 die ausländischen Anlagen in deutschen, festverzinslichen Wertpapieren — dann allerdings mit 817 Mill. DM — seit der Ankündigung der Kuponsteuer im Frühjahr 1964 in nennenswertem Umfang zu, während es in den Jahren 1966 bis einschließlich 1969 nur zu Netto-Abflüssen gekommen war. Vgl. *Deutsche Bundesbank,* Zahlungsbilanzstatistik, Statistische Beihefte zu den Monatsberichten, Reihe 3 (elfte Nummern, unter: „Private Wertpapiertransaktionen").

[11] Vgl. zu den Zahlengrößen: *Deutsche Bundesbank,* Saisonbereinigte Wirtschaftszahlen, „Leistungsbilanz (Bilanz der laufenden Posten)".

[12] Vgl. *Deutsche Bundesbank,* Die Wirtschaftslage im Winter 1966/67, S. 9.

[13] Vgl. *Deutsche Bundesbank,* Geschäftsbericht für das Jahr 1966 (Frankfurt a. M. 1967), S. 11. Zwar legte die Regierung Kiesinger am 13. Dez. 1966 ihre Regierungserklärung vor; die konkreten wirtschaftspolitischen Beschlüsse wurden aber erst ab Januar 1967 gefaßt, ganz abgesehen von einem „Operationallag", der bis zum Wirksamwerden entsprechender Maßnahmen zu berücksichtigen ist.

die öffentliche Finanzlage, die durch Steuerausfälle, teilweise Ausgabedrosselungen und -verschiebungen, aber auch durch erhöhte Kreditaufnahmen gekennzeichnet war[14], diese Erwartungen zu diesem Zeitpunkt in pessimistische Richtung noch verstärken.

(5) Zusammenfassend ließe sich sagen, daß — soweit es die Wirtschaftsdaten (Investitionen, privater Verbrauch, Beschäftigungslage) anzeigen — die Erwartungen der privaten Wirtschaftssubjekte um die Jahreswende 1966/67 nicht auf eine baldige Belebung der Wirtschaftstätigkeit ausgerichtet waren, und das politische Klima zu diesem Zeitpunkt noch keinen stimulierenden Effekt ausüben konnte.

Zwei Faktoren können dagegen als positiv für eine Steigerung der gesamtwirtschaftlichen Aktivität bezeichnet werden. Einmal verzeichnete die Ausfuhr eine steigende Tendenz, während sich die Einfuhr (sowohl im Vergleich zum Vorjahr als auch gegenüber den vorangegangenen Quartalen des Jahres 1966) abschwächte. Des weiteren waren auf den Finanzmärkten schon Entspannungstendenzen festzustellen, obwohl die Bundesbank noch keine *aktive*, liquiditätsfördernde und zinssenkende Geld- und Kreditpolitik betrieb.

4.1.2. Die Entwicklung im Jahr 1967 unter Einbeziehung wichtiger politischer Maßnahmen

(1) Das nominale Bruttosozialprodukt 1967[15] stagnierte im ersten Quartal 1967 und stieg im Sommer 1967 nur langsam an, um im vierten Quartal 1967 mit 2,5 % gegenüber dem Vorquartal kräftig zuzunehmen. Insgesamt stieg das nominale Bruttosozialprodukt 1967 jedoch nur um 0,8 % gegenüber 1966 an, während real sogar eine Stagnation eintrat[16].

Der private Verbrauch stagnierte im großen und ganzen. Der Staatsverbrauch stieg zwar im zweiten Quartal gegenüber dem Vorquartal etwas an, zeigte aber sonst keine Aufwärtsbewegung und sank sogar im vierten Quartal 1967[17].

---

[14] Vgl. *Deutsche Bundesbank*, Die Wirtschaftslage im Winter 1966/67, S. 23 f.

[15] Vgl. *Deutsche Bundesbank*, Saisonbereinigte Wirtschaftszahlen, Nr. 8, August 1972; für das Gesamtergebnis auch: Statistisches Jahrbuch für die Bundesrepublik Deutschland 1971, hrsg. vom *Statistischen Bundesamt*, Stuttgart und Mainz 1971, hier: S. 504.

[16] Genau betrachtet sank das Bruttosozialprodukt 1967 mit insgesamt 430 500 Mill. DM (in Preisen von 1962) um 0,28 % gegenüber 1966 mit insgesamt 431 700 Mill. DM (in Preisen von 1962).

[17] Normalerweise konzentrieren sich von Jahr zu Jahr steigende Ausgaben der öffentlichen Haushalte am Jahresende, um bei den ausgabeberechtigten Stellen keine nicht übertragbaren Haushaltsreste entstehen zu lassen. Der veränderte Verlauf 1967 könnte unter Umständen durch die Anordnungen

Demgegenüber veränderte sich die Entwicklung bei den Ausrüstungsinvestitionen im selben Zeitraum grundlegend. Fiel der Umsatz anfangs noch zurück, so stabilisierte er sich doch Mitte des Jahres auf dem erreichten Niveau, um im letzten Quartal sprunghaft (plus 13,5 % nominal) anzusteigen. Die Auftragseingänge, nach der *Deutschen Bundesbank* „die am schnellsten Konjunkturveränderungen widerspiegelnden Indikatoren“[18], zeigten ab Frühjahr 1967 eine leicht und später stärker ansteigende Tendenz sowohl für die Gesamtindustrie als auch für die Investitonsgüterindustrien an. Im November/Dezember 1967 hatten sie wieder das gleiche Niveau wie im März/April 1966, dem bis dahin höchsten Zweimonatsstand (Index 136 bzw. 141 bei Index 1962 = 100) erreicht.

Die Bauinvestitionen folgten den Ausrüstungsinvestitionen nur mit zeitlicher Verzögerung und auch mit abgeschwächter Intensität. Die erteilten Baugenehmigungen für alle Hochbauten stagnierten das gesamte Jahr 1967 ebenso wie die erteilten Tiefbauaufträge der öffentlichen Hand im ersten Halbjahr 1967. Für die Tiefbauaufträge änderte sich die Tendenz aber im zweiten Halbjahr 1967 vermutlich im Zusammenhang mit der antizyklischen Politik der öffentlichen Hand.

Der Außenhandel trug dagegen während des gesamten Jahres zur Überwindung der rezessiven Tendenzen bei. Der Außenbeitrag lag in den ersten beiden Quartalen jeweils über 4 Mrd. DM. Da die Einfuhr im zweiten Halbjahr 1967 wieder stärker zunahm und das Wachstum der Ausfuhr sich nicht in gleicher Weise erhöhte, gingen die quartalsmäßigen Überschüsse im Außenhandel zwar etwas zurück, betrugen aber immer noch über 3,5 Mrd. DM.

(2) Die Entwicklung am Arbeitsmarkt zeigte ähnliche Tendenzen wie die der anderen nichtmonetären Indikatoren. Die Lage am Arbeitsmarkt verschlechterte sich bis Mitte 1967, wobei der Höhepunkt der Arbeitslosigkeit im Mai 1967 mit (saisonbereinigt) 600 000 Arbeitslosen lag. Während die Anzahl der Arbeitslosen von dieser Zeit ab wieder sank, ging noch bis zum Juli die Anzahl der offenen Stellen auf (saisonbereinigt) 261 000 zurück. In einigen Bereichen, insbesondere im Bauhauptgewerbe, war die Arbeitslosigkeit zur Jahresmitte erheblich. So waren im letztgenannten Bereich im zweiten Vierteljahr 1967 15 % weniger Arbeitskräfte beschäftigt als im Vorjahr, während in der Industrie im gleichen Zeitraum verglichen mit dem Vorjahreszeitraum die Anzahl der Beschäftigten um 7 % abnahm[19]. Parallel dazu lief die Ent-

des Bundeskabinetts vom 12. April 1967 über einen beschleunigten Vollzug des Bundeshaushalts hervorgerufen worden sein.

[18] *Deutsche Bundesbank,* Die Wirtschaftslage im Sommer 1967, *in:* Monatsberichte, August 1967, 19. Jg., Nr. 8, S. 6.

[19] Vgl. *Deutsche Bundesbank,* Die Wirtschaftslage im Sommer 1967, S. 43.

wicklung der Kurzarbeit. Hingegen nahm die Anzahl der in der Bundesrepublik beschäftigten ausländischen Arbeitnehmer noch bis zum Jahresende hin ab. Für die deutschen Arbeitnehmer hatte sich die Situation am Arbeitsmarkt bis dahin schon wieder gebessert. Zwar lag die Zahl der Arbeitslosen im Dezember 1967 mit 426 000 noch über der Zahl der offenen Stellen (377 000, jeweils saisonbereinigt), jedoch war die Arbeitslosigkeit damit um 29 % geringer als im Mai 1967. Zusätzlich muß noch die Abnahme der Kurzarbeit berücksichtigt werden[20].

Die zurückgegangene Nachfrage zog bis Mitte 1967 nicht nur steigende Arbeitslosenzahlen, sondern auch eine Verminderung der Kapazitätsauslastung nach sich, wobei der Auslastungsgrad sich um etwa 10 % vom (von der Bundesbank berechneten) Trend entfernte[21]. Auch hier war seit Mitte 1967 eine Verbesserung der Beschäftigung (der Kapazitäten) zu verzeichnen.

(3) Verbunden mit der Unterbeschäftigung der Produktionsfaktoren war eine im Vergleich zum Stillstand des Vorjahres sehr große Steigerung der Arbeitsproduktivität in der Industrie. Von Januar bis Dezember 1967 stieg das Produktionsergebnis je Beschäftigtenstunde um über 7 %[22]. Jedoch verlief die positive Produktivitätsentwicklung nicht parallel zur negativen Beschäftigungsentwicklung und war auch nicht in allen Bereichen der Industrie gleichmäßig[23].

Da die Tariflöhne und Gehälter nur in geringem Maße angehoben wurden und sich der Abstand der Effektivverdienste zu diesen verringerte[24], sanken auch die Lohnkosten je Produkteinheit sowohl in der Industrie als auch in der Gesamtwirtschaft.

Gleichzeitig sanken die Erzeugerpreise für industrielle Produkte. Der Lebenshaltungskostenindex für alle privaten Haushalte stieg von Januar bis Dezember 1967 dagegen um knapp ein Prozent[25].

---

[20] Vgl. *Deutsche Bundesbank,* Die Wirtschaftslage im Winter 1967/68, *in:* Monatsberichte, 20. Jg., Nr. 1, Januar 1968, S. 40.

[21] Vgl. *Deutsche Bundesbank,* Saisonbereinigte Wirtschaftszahlen, August 1972, Nr. 8, Ziff. 22.

[22] Eigene Berechnung aufgrund der saisonbereinigten Wirtschaftszahlen der Deutschen Bundesbank.

[23] Vgl. Jahresgutachten 1967 des Sachverständigenrates zur Begutachtung der gesamtwirtschaftlichen Entwicklung, Bundestagsdrucksache V/2310, Ziff. 95 f.

[24] Vgl. dazu die vierteljährlichen Ausführungen der *Deutschen Bundesbank* zur Wirtschaftslage in ihren Monatsberichten; *dieselbe,* Monatsberichte 19. Jg., Nr. 5, Mai 1967, S. 42; Nr. 8, August 1967, S. 46 f.; Nr. 10, Oktober 1967, S. 38; 20. Jg. Nr. 1, Januar 1968, S. 42.

[25] Vgl. zu den letzteren Angaben die o. a. saisonbereinigten Wirtschaftszahlen der Deutschen Bundesbank.

(4) Die Geld- und Kreditpolitik der Bundesbank war durch Maßnahmen gekennzeichnet, die der Stärkung der Bankenliquidität und der Senkung der Zinsen dienen sollten. Im Laufe des Jahres wurden die Mindestreservesätze mehrmals gesenkt und damit Zentralbankgeld der Banken (Primärliquidität) in Höhe von knapp 6 Mrd. DM freigesetzt[26]. Ebenso wurde der Diskontsatz etappenweise von 5 % auf 3 % und desgleichen der Lombardsatz von $6^1/_4$ % auf $3^1/_2$ % gesenkt[27].

Durch Einbeziehung von Kassenobligationen des Bundes, der Post und der Bahn in die Geldmarktregulierung, sofern die Obigationen eine Restlaufzeit von 18 Monaten und darunter hatten, versuchte die Bundesbank seit August 1967 auch am Geldmarkt zur Liquidisierung beizutragen und die finanzpolitischen Maßnahmen des Bundes zu stützen.

Aufgrund des zum Ausland bestehenden Zinsgefälles fanden aber Geldexporte deutscher Banken statt, so daß der Liquiditäts- und Zinssenkungspolitik der Deutschen Bundesbank Grenzen gesetzt waren[28]. Die Bundesbank ging sogar dazu über, auf eigene Rechnung öffentliche Anleihen zu kaufen, um so die Zinsen an den Rentenmärkten in ihrem Sinne zu beeinflussen. Die Bundesbank betrieb damit erstmals Offenmarktgeschäfte auch außerhalb des Bankensystems und zudem noch in Titeln mit Laufzeiten, die über denjenigen der Geldmarktpapiere lagen.

(5) Die Wirtschafts- und Finanzpolitik des Bundes versuchte ebenso den rezessiven Tendenzen mit ihren Mitteln entgegenzuwirken. Zwar wurde im Bundeshaushalt 1967 (Kernhaushalt) eine Deckungslücke von 3,7 Mrd. DM auf „klassische Weise", d. h. durch Ausgabenkürzungen und Einnahmeerhöhungen beseitigt[29], jedoch wurden weiterhin auftretende Defizite auf dem Kreditwege finanziert und zusätzlich ein Eventualhaushalt im April 1967 durch den Bundestag verabschiedet sowie im August/September ein zweites Konjunkturprogramm von der Bundesregierung eingebracht und vom Bundestag gebilligt.

Die ersten antizyklischen Wirkungen dürften wohl allein im Vollzug des Kernhaushalts und seiner durch Einnahmeausfälle bewirkten teilweisen Finanzierung mit Hilfe von Kassenkrediten gelegen haben[30]. Dagegen dürften die Konjunkturförderungsprogramme erst im letzten Quartal ausgabe- und auszahlungsmäßig ins Gewicht gefallen sein[31]. Die

[26] Vgl. *Deutsche Bundesbank,* Geschäftsbericht für das Jahr 1967 (Frankfurt a. M. 1968), S. 4.

[27] Vgl. *ebenda.*

[28] Vgl. *ebenda,* S. 6 f.

[29] Vgl. den Beschluß des Bundeskabinetts vom 19. Januar 1967.

[30] Vgl. *Deutsche Bundesbank,* Geschäftsbericht für das Jahr 1967, S. 7 ff.

Länder und insbesondere die Gemeinden haben dagegen, wie oben schon hypothetisch herausgestellt wurde[32], ihre Verschuldung im Vergleich zu den Vorjahren nicht wachsen lassen[33].

Ein besonderes Problem stellte die Einführung der Mehrwertsteuer zum 1. Januar 1968 dar. Die damit verbundenen, möglichen Belastungen für die Wirtschaft, die sich insbesondere aus der steuerlichen Behandlung der sog. Altvorräte ergeben konnten, die noch mit der kumulativen Umsatzsteuer versteuert worden waren, wurden erst im September 1967 durch ein Änderungsgesetz zum Mehrwertsteuergesetz beseitigt, welches eine höhere Entlastung der Altvorräte von der Umsatzsteuer vorsah. Ebenso erschien den Unternehmen eine Einschätzung der in diesem Rahmen ab 1968 erhobenen Investitionsteuer Anfang 1967 noch schwierig, wodurch die Vergabe von Investitionsaufträgen und der Aufbau neuer Lagervorräte Anfang bis Mitte 1967 — ganz abgesehen von den negativen Erwartungen — nur sehr schleppend erfolgt sein dürfte.

(6) Wenn man die konjunkturelle Situation am Ende des Jahres 1967 betrachtet, so weisen die meisten Indikatoren darauf hin, daß die rezessiven Tendenzen, die das erste Halbjahr beherrschten, anderen Tendenzen gewichen waren, die auf eine Verstärkung der Wirtschaftstätigkeit hindeuten.

4.2. 1968 und 1969 — Jahre mit hohen Wachstumsraten aber außenwirtschaftlichen und neu beginnenden binnenwirtschaftlichen Problemen

(1) Die realen Wachstumsraten des Bruttosozialprodukts waren 1968 und 1969 nicht nur positiv, sondern lagen mit 7 bzw. 8 % über denen des letzten Zyklus von 1963 bis 1966[34]. Das Ansteigen der Wachstumsrate von 1968 auf 1969 ergab sich aber zu einem großen Teil aus der Entlastung der Altvorräte von der Umsatzsteuer im Jahre 1968[35]. Betrachtet man die entsprechenden Größen für das Nettosozialprodukt zu Faktorkosten (Volkseinkommen), d. h. die um indirekte Steuern und

---

[31] Vgl. *Deutsche Bundesbank,* Die Wirtschaftslage im Winter 1967/68, *in:* Monatsberichte, 20. Jg. Nr. 1, Januar 1968, S. 23.

[32] Vgl. 3.3.1.1. (2) unserer Ausführungen.

[33] Vgl. *Deutsche Bundesbank,* Geschäftsbericht für das Jahr 1967, S. 11 f.

[34] 1963 = 3,5 %; 1964 = 6,6 %; 1965 = 5,6 %; 1966 = 2,9 % (Eigene Berechnungen nach: Statistisches Jahrbuch für die Bundesrepublik Deutschland 1971, S. 504).

[35] Vgl. Börsen- und Wirtschafts-Handbuch 1970 (Frankfurt a. M. 1970), S. 13.

Subventionen bereinigten Werte dieser Jahre jeweils im Vergleich zum Vorjahr, so kommt man auf Zuwachsraten von 10,8 bzw. 10,2 %[36].

Die einzelnen Nachfragekomponenten (privater und Staatsverbrauch, Ausrüstungs- und Bauinvestitionen, Aus- und Einfuhr) zeigten abgesehen vom 1. Quartal 1968 im großen und ganzen aufwärtsgerichtete Tendenz[37]. Zieht man preisbereinigte Werte heran, fällt allerdings ebenso wie für 1967 auf, daß der Staatsverbrauch 1968 kaum stieg. Deutlich sind die Zuwächse der Investitionen in den beiden Jahren. Bemerkenswert ist dabei die Aufstockung der Läger (Vorratsveränderungen) 1968 und 1969, nachdem die Unternehmen 1967 ihre Läger abgebaut hatten[38]. Der positive Außenbeitrag war 1969 zwar nicht mehr so groß wie 1968 (14 940 Mill. DM gegenüber 17 565 Mill. DM). Dies war allerdings nicht die Folge von Ausfuhrrückgängen[39], sondern wurde durch das vergleichsweise stärkere Wachstum der Einfuhr bewirkt[40].

Mit dem anhaltend starken wirtschaftlichen Wachstum gingen auch Preisbewegungen einher, die 1969 eindeutig inflationistische Tendenzen annahmen[41]. 1968 waren die Erzeugerpreise industrieller Produkte in etwa konstant geblieben, diejenigen für landwirtschaftliche Produkte nach dem Sinken 1967 aber gestiegen. Der Index der Lebenshaltungskosten aller Arbeitnehmerhaushalte erhöhte sich von Januar bis Dezember 1968 um 1,7 %. 1969 stiegen nun auch die industriellen Erzeugerpreise, und zwar gleich um ganze 4 % im Laufe dieses Jahres. Demgegenüber waren die Preissteigerungen bei den landwirtschaftlichen Produkten (Erzeugerstufe) gering. Für die privaten Haushalte nahm jedoch die Verteuerung ihres Warenkorbes mit 2,7 % weiter zu.

(2) Die anhaltende Nachfragebelebung hatte trotz der erhöhten Investitionen und einer Produktivitätssteigerung für die Industrie

[36] Eigene Berechnungen nach: Statistisches Jahrbuch für die Bundesrepublik Deutschland 1971, S. 504.

[37] Vgl. die saisonbereinigten Zahlen der Deutschen Bundesbank.

[38] Vgl. Statistisches Jahrbuch für die Bundesrepublik Deutschland 1971, S. 513:

	Investitionen	Vorratsveränderung
1967	113 130	− 1 300
1968	135 780	+ 11 000
1969	160 000	+ 13 800
	(Mill. DM in jeweiligen Preisen)	

[39] Im Vergleich zum jeweiligen Vorjahr stieg die Ausfuhr 1968 um 12,4 % und 1969 sogar um 14,6 %.

[40] Vgl. hierzu auch unsere Ausführungen zu den außenwirtschaftlichen Komponenten weiter unten 4.2. (4).

[41] Vgl. zum folgenden die saisonbereinigten Wirtschaftszahlen der Deutschen Bundesbank.

(ohne öffentliche Energiewirtschaft und Bauindustrie) von 10,4 % (1968) und 5,4 % (1969)[42] auch einen starken Anstieg der Kapazitätsauslastung zur Folge. Lag die Kapazitätsauslastung im Januar 1968 noch bei 82 %, so stieg sie über 88 % im Januar 1969 auf über 90 % im Dezember 1969 an[43]. Ebenso wurde der Arbeitsmarkt in Anspruch genommen. Bis auf ein vorübergehendes kurzfristiges Ansteigen der Arbeitslosenzahl (saisonbereinigt) im März und April 1968 nahm die Zahl der Arbeitslosen von Januar 1968 (375 000 Arbeitslose) bis Dezember 1969 (159 000) laufend ab. Gleichzeitig stieg die Zahl der offenen Stellen im gleichen Zeitraum von 395 000 auf 802 000 stetig an. Allerdings gab es 1968 regionale und strukturelle Friktionen bei der Beseitigung der Arbeitslosigkeit[44].

Insgesamt zeigte sich aber eine konjunkturelle Anspannung der Arbeitsmärkte, die sich auch in der ununterbrochen zunehmenden Beschäftigung ausländischer Arbeitnehmer niederschlug.

(3) Die Einkommen der privaten Haushalte und der Unternehmen entwickelten sich wie folgt. Die Tariflöhne stiegen Anfang 1968 unter dem Eindruck der Rezession[45] nur gering. Im zweiten Halbjahr wurden dann aber 4 % gegenüber dem Vorjahr überschritten. 1969 lag der Stundenverdienst zuerst um 6 % und im letzten Vierteljahr um 8,9 % höher[46]. Aufgrund von tariflichen Arbeitszeitverkürzungen fielen die Erhöhungen des tariflichen Lohn- und Gehaltsniveaus auf Wochenbasis allerdings nicht ganz so groß aus.

Die Situation am Arbeitsmarkt schlug sich aber viel deutlicher in den Effektivverdiensten nieder. Die Lohndrift stieg vom ersten Quartal 1968 zum vierten Quartal 1969 von 1,4 auf 4,1 %-Punkte an, wobei allerdings der Abstand der Effektiv- von den Tarifverdiensten im vierten Quartal 1969 teilweise auf „Ausgleichszahlungen" in einigen Bereichen beruhte[47]. Die vergleichsweise hohen Lohn- und Gehaltssteigerungen am Ende des Jahres 1969 waren für die konjunkturelle Lage in der Bundesrepublik insofern von Bedeutung, als es nicht mehr gelang, sie,

---

[42] Eigene Berechnungen aufgrund der saisonbereinigten Wirtschaftszahlen der Deutschen Bundesbank, jeweils von Januar bis Dezember des angegebenen Jahres.

[43] Nach IFO-Institut, zitiert bei: *Deutsche Bundesbank,* Geschäftsbericht für das Jahr 1968, S. 5, sowie *dieselbe,* Geschäftsbericht für das Jahr 1969, S. 6 (Graphik).

[44] Vgl. *Deutsche Bundesbank,* Die Wirtschaftslage im Frühjahr 1968, *in:* Monatsberichte, 20. Jg., Nr. 5, Mai 1968, S. 32.

[45] Vgl. *Deutsche Bundesbank,* Die Wirtschaftslage im Winter 1968/69, *in:* Monatsberichte, 21. Jg., Nr. 2, Februar 1969, S. 33.

[46] Vgl. *Deutsche Bundesbank,* Die Wirtschaftslage im Winter 1969/70, *in:* Monatsberichte 22. Jg., Nr. 2, Februar 1970, S. 33.

[47] Vgl. *ebenda.*

wie es vorher geschah, mittels Produktivitätssteigerungen kostenseitig zu neutralisieren. 1968 war die Produktivität der Industrie je Beschäftigtenstunde um 10,4 und je Beschäftigten um 9,2 % gestiegen. Dagegen wurden 1969 bei dem höheren Auslastungsgrad der Kapazitäten nur noch Werte von 5,4 bzw. 2,7 % erreicht[48]. Unter Berücksichtigung der steigenden Löhne und Gehälter waren die Lohnkosten je Produkteinheit 1968 noch leicht gesunken, 1969 dagegen um 6 % gestiegen[49].

Im Zusammenhang mit der steigenden Nachfrage, erhöhten Kapazitätsauslastungen und gesunkenen Produktionskosten pro Produkteinheit (1968) stiegen die Gewinne der Unternehmen vergleichsweise stark an. Die hochgerechneten Jahresüberschüsse der Unternehmen[50] nahmen von 32,0 Mrd. DM (1967) über 35,9 Mrd. DM (1968) auf 43,4 Mrd. DM (1969) zu. 1969 stiegen aber nicht nur die Auszahlungen der Unternehmen an abhängig Beschäftigte, sondern auch an ihre Eigentümer[51], so daß die Unternehmensersparnis (nichtentnommene Gewinne) von 25,19 Mrd. DM im Jahre 1968 auf 19,44 Mrd. DM im Jahre 1969 sank, wodurch die den Unternehmen verbleibenden Mittel einschließlich der verdienten Abschreibungen leicht (von 70,75 Mrd. DM auf 70,38 Mrd. DM) zurückgingen[52]. Auf der anderen Seite nahmen die Bruttoeinkommen aus unselbständiger Arbeit 1969 mit 12,6 % gegenüber dem Vorjahr zu, während 1968 gegenüber 1967 nur eine Zuwachsrate von 7,4 % zu verzeichnen war[53]. Lassen wir, so wie es die Deutsche Bundesbank für ihre Finanzierungsrechnung tut, die nichtentnommenen Gewinne bei den privaten Haushalten unberücksichtigt, so ergibt sich, daß die Sparquote (Ersparnis in v. H. des (bereinigten) verfügbaren Einkommens) von 11 % im Jahre 1967 über 12 % (1968) auf 12,4 % für das Jahr 1969 stieg[54], d. h., daß die privaten Haushalte bei

---

[48] Letzteres wegen der verkürzten Arbeitszeit. (Jeweils Januar bis Dezember. Errechnet aus den o. a. saisonbereinigten Wirtschaftszahlen.)

[49] Der Index der Lohnkosten pro Produkteinheit für die Gesamtindustrie stieg von 113,9 im Januar 1969 auf 120,7 im Dezember 1969.

[50] Vgl. *Deutsche Bundesbank*, Jahresabschlüsse der Unternehmen für 1969, *in:* Monatsberichte, 23. Jg., Nr. 11, November 1971, S. 40.

[51] Die entnommenen Gewinne der Unternehmungen und die Vermögenseinkommen der privaten Haushalte stiegen von 87 120 Mill. DM (1968) auf 102 159 Mill. DM (1969), d. h. um 17,2 v. H., nachdem sie von 1967 auf 1968 um 11,7 v. H. zugenommen hatten. Vgl. Statistisches Jahrbuch für die Bundesrepublik Deutschland 1971, S. 510; eigene Berechnungen.

[52] Vgl. *Deutsche Bundesbank*, Zahlenübersichten und methodische Erläuterungen zur gesamtwirtschaftlichen Finanzierungsrechnung ..., (eigene Berechnungen). Vgl. dazu auch *dieselbe*, Jahresabschlüsse der Unternehmen für 1969, S. 39.

[53] Vgl. Statistisches Jahrbuch für die Bundesrepublik Deutschland 1971, S. 510; eigene Berechnungen.

[54] Eigene Berechnungen aufgrund der o. a. saisonbereinigten Wirtschaftszahlen, Rubrik „Einkommen der privaten Haushalte".

steigendem Einkommen während dieses Zeitraums relativ mehr sparten.

(4) Während 1968 noch weitgehende binnenwirtschaftliche Stabilität herrschte (siehe oben), kam es 1969 zu inflationistischen Tendenzen, die zu gegensteuernden Maßnahmen sowohl in der Wirtschafts- und Finanzpolitik als auch in der Geld- und Kreditpolitik führten. Im außenwirtschaftlichen Bereich wurden schon 1968 anhaltend hohe Überschüsse in der Bilanz der laufenden Posten erzielt[55]. Zwar führten diese Überschüsse mit Ausnahme der Zeit der Aufwertungsspekulation im Herbst 1968 nicht zu nennenswerten Zuflüssen an Währungsreserven, da ihnen entsprechende Kapitalexporte gegenüberstanden. Diese Kapitalexporte wurden aber zum größten Teil durch Kreditinstitute getätigt und nicht durch die Nichtbanken, bei denen die Forderungen aufgrund von Leistungstransaktionen entstanden waren, so daß zwar ein Liquiditätsentzug bei den Banken entstand, insofern es sich um längerfristige Kapitalexporte handelte[56], die Nichtbanken und insbesondere die Unternehmen aber ihre (potentiell) liquidisierbaren, d. h. in Zahlungsmittel umwandelbaren Forderungen im Inland (bei inländischen Banken) behielten.

Um die zwischen dem In- und Ausland entstandene Preisdisparität[57] abzubauen und auch spekulative Zuflüsse von Auslandsgeldern teilweise abzuwehren, wurden einerseits steuerliche Maßnahmen zur Verbilligung der Importe und Verteuerung der Exporte ergriffen[58] und andererseits setzte die Bundesbank Mindestreservesätze für den Zuwachs an Auslandsverbindlichkeiten auf 100 % fest[59].

Maßnahmen zur Stabilisierung der Binnennachfrage wurden aber 1968 noch nicht getroffen. Die Bundesregierung und der Finanzplanungsrat erwogen sogar im Winter 1968/69 Ausgleichsmaßnahmen gegen die erwartete Dämpfung aufgrund des Absicherungsgesetzes einzuführen[60]. Die sich 1969 verstärkenden Preissteigerungen bewirkten

---

[55] Vgl. *Deutsche Bundesbank,* Geschäftsbericht für das Jahr 1968, S. 15.

[56] Dies war größtenteils der Fall. Vgl. ebenda, S. 16.

[57] Vgl. *ebenda,* S. 19 und die dazugehörige Graphik, S. 20.

[58] Vgl. das Gesetz über Maßnahmen zur außenwirtschaftlichen Absicherung gem. § 4 des Gesetzes zur Förderung der Stabilität und des Wachstums der Wirtschaft (Absicherungsgesetz) vom 28. November 1968 (BGBl. I, S. 1255).

[59] Vgl. *Deutsche Bundesbank,* Neue kredit- und währungspolitische Maßnahmen, *in:* Monatsberichte, 20. Jg., Nr. 11/12, November/Dezember 1968, S. 3 ff. Ebenso führte die Bundesregierung durch Verordnung eine Genehmigungspflicht für Auslandseinlagen und Auslandskredite sowie für die Verzinsung von Guthaben auf neu eröffneten Sparkonten von gebietsfremden natürlichen Personen ein (Vierzehnte Verordnung der Bundesregierung zur Änderung der Außenwirtschaftsverordnung vom 22. November 1968; BGBl. I, S. 1197).

aber ein Umschwenken in der Finanzpolitik der Bundesregierung und das Aufgeben der bisherigen „neutralen“ Haltung der Bundesbank[61].

Die Bundesbank erhöhte den Lombardsatz ab März 1969 und den Diskontsatz ab April 1969 von 3½ bzw. 3 % bis auf 7½ bzw. 6 % im September 1969. Während dieser Zeit wurden auch die Mindestreservesätze zweimal heraufgesetzt, wodurch insgesamt ein Liquiditätsentzug von 4,1 Mrd. DM entstand. Ebenso versuchte die Bundesregierung in Zusammenarbeit mit dem Finanzplanungsrat durch Ausgabekürzungen, vorzeitige Schuldentilgungen kürzerfristiger Titel und Bildung einer Konjunkturausgleichsrücklage sowie Maßnahmen im steuertechnischen Bereich (schnellere Anpassung der Steuervorausszahlungen) der wachsenden Nachfrage entgegenzusteuern[62]. Diese Maßnahmen bewirkten immerhin, daß die öffentlichen Haushalte 1969 einen Finanzierungsüberschuß von 8,98 Mrd. DM erzielten.

Auf der anderen Seite führten die außenwirtschaftlichen Maßnahmen vom November 1968 nicht zum erwarteten Erfolg. Die Auslandsnachfrage hielt unvermindert an, so daß die Bilanz der laufenden Posten weitere Überschüsse aufwies. Die Bundesregierung erklärte definitiv, die DM nicht aufwerten zu wollen und hielt sich bis zur Bundestagswahl auch daran. Trotzdem kam es zwischenzeitlich immer wieder zu spekulativen Geldzuflüssen sowie zu den oben[63] schon erwähnten Änderungen in den „terms of payment“, die sich allerdings wie im Vorjahr aufgrund von Kapitalexporten der Banken nicht in den Währungsreserven niederschlugen[64], so daß sich zwar die Bankenliquidität nicht dadurch erhöhte, die daraus resultierenden Geldanlagen der nichtfinanziellen Unternehmen demgegenüber aber um rd. 15 Mrd. DM bis zum Floating und der nachfolgenden Aufwertung im September/Oktober 1969 zunahmen[65].

(5) Von der im Oktober 1969 vorgenommenen Aufwertung um den damals vergleichsweise hohen Satz von 9,3 % versprachen sich sowohl die Bundesbank als auch die Bundesregierung eine Beseitigung der

---

[60] Vgl. *o. V.*, Konjunkturpolitische Chronik seit 1967, *in:* Konjunkturberichte, hrsg. vom Rheinisch-Westfälischen Institut für Wirtschaftsforschung, 22. Jg. (1971), Nr. 1, S. 36 f.

[61] Unter der neutralen Haltung der Bundesbank soll hier verstanden werden, daß sie keine aktiven kreditpolitischen Maßnahmen ergriffen hatte. Veränderungen der Bankenliquidität sind trotzdem denkbar, da z. B. durch Einlagenzuwachs bei bestehenden Mindestreservesätzen sich das Mindestreserve-Soll der Banken erhöht.

[62] Vgl. *o. V.*, Konjunkturpolitische Chronik seit 1967, S. 37 ff.; *Deutsche Bundesbank*, Geschäftsbericht für das Jahr 1969, S. 21.

[63] Vgl. 3.2.4.4.

[64] Vgl. *Deutsche Bundesbank*, Geschäftsbericht für das Jahr 1969, S. 9 f.

[65] Vgl. *ebenda*, S. 10.

Preisdisparitäten gegenüber dem Ausland[66] und damit eine Dämpfung der Inlandskonjunktur[67] sowie die weitere Abwehr spekulativer Gelder.

Die Bankenliquidität erfuhr auch die erwartete Einschränkung. Jedoch zeigte die Handelsbilanz nur einen (saisonbereinigten) Rückgang von 4,19 Mrd. DM im dritten Quertal 1969 (vor der Aufwertung) auf 3,98 Mrd. DM im vierten Quartal (während des Floatings und nach der Aufwertung)[68]. Außerdem gingen die Auftragseingänge aus dem Ausland vorerst zurück. Die Auftragseingänge aus dem Inland wiesen aber weiterhin eine ansteigende Tendenz auf.

4.3. 1970 und 1971 — abnehmende reale Zuwachsraten bei weiter anhaltenden binnen- und außenwirtschaftlichen Ungleichgewichten

(1) Das reale Bruttosozialprodukt stieg in den letzten beiden Jahren unseres Beobachtungszeitraums gegenüber den beiden vorangegangenen Jahren vergleichsweise weniger, d. h. 1970 um 5,5 % und 1971 um 2,75 % an[69]. Durch Preissteigerungsraten von 7,3 % (1970) und 8,5 % (1971) für das gesamte Bruttosozialprodukt[70] lagen die Zuwachsraten des nominalen Sozialproduktes entsprechend höher.

Die Entwicklung war gekennzeichnet von anhaltender Nachfrage bei ausgelasteten Kapazitäten im Jahre 1970, wobei die Nachfrage sich nicht in allen Bereichen in gleicher Konstanz fortentwickelte.

Die Investitionsnachfrage wuchs nur noch 1970 kräftig an, um insbesondere im zweiten Halbjahr 1971 rückläufige Tendenzen, vor allem bei Ausrüstungsinvestitionen, zu zeigen[71]. Eine anhaltend ansteigende Nachfrage in beiden Jahren entwickelten die privaten Haushalte. Dies kann im Zusammenhang gesehen werden mit den, gegenüber den Vorjahren unvergleichlich hohen Lohn- und Gehaltssteigerungen[72]. Das Bruttoeinkommen aus unselbständiger Arbeit stieg 1970 gegenüber 1969

[66] Der Aufwertungseffekt war allerdings schon aufgrund des Absicherungsgesetzes und der Kursentwicklung an den für die Abwicklung von Außenhandelsgeschäften wichtigen Devisenterminmärkten verringert worden.

[67] Vgl. *Deutsche Bundesbank,* Geschäftsbericht für das Jahr 1969, S. 16.

[68] Vgl. saisonbereinigte Wirtschaftszahlen der Deutschen Bundesbank.

[69] Errechnet aus: Statistisches Jahrbuch für die Bundesrepublik Deutschland 1972, hrsg. vom *Statistischen Bundesamt,* Stuttgart und Mainz 1972, S. 514.

[70] Vgl. *ebenda,* S. 523, eigene Berechnungen.

[71] Vgl. die o. a. saisonbereinigten Wirtschaftszahlen.

[72] Vgl. *Deutsche Bundesbank,* Geschäftsbericht für das Jahr 1970, Frankfurt a. M. 1971, S. 1.

um 17,6 % und 1971 gegenüber 1970 noch um 13,2 %[73]. Untersuchen wir das Masseneinkommen[74], so hatte es in den beiden Jahren 12,8 % bzw. 10,9 % Zuwachs zu verzeichnen[75]. Obwohl der private Verbrauch nachhaltig anstieg, ist die private Sparquote nicht verringert worden, da aus den hohen Einkommenszuwächsen sowohl ein höherer Konsum als auch (absolut) größere Sparleistungen bestritten werden konnten.

Die Gewinne der Unternehmen sind in den beiden Jahren gegenüber den Jahren 1968 und 1969 gesunken. Während 1969 die Unternehmensersparnis (Unternehmen ohne Wohnungswirtschaft) aufgrund hoher ausgeschütteter Gewinne zurückgegangen war, so stieg diese 1970 noch einmal, verbunden mit einem kräftigen Zuwachs der Brutto- und Netto-Investitionen (um 20,7 bzw. 25,5 %)[76] an. 1971 wurde die Sachvermögensbildung der nichtfinanziellen Unternehmen größtenteils durch die verdienten Abschreibungen getragen, so daß die Bruttoinvestitionen zwar noch zunahmen, während die Nettoinvestitionen gegenüber dem Vorjahr sanken. Die Unternehmensersparnis sank um ganze 35 %[77].

Die unterschiedliche Entwicklung der Teilbereiche der Nachfrage (privater und teilweise Staatsverbrauch auf der einen, Investitionsgüter auf der anderen Seite) zeigte sich auch in den Auftragseingängen der Industrie, deren Gesamtindex in den beiden Jahren — abgesehen von gewissen Schwankungen — stagnierte, deren Index bei den Investitionsgütern (auch mit Schwankungen) rückläufig, bei den Verbrauchsgütern jedoch bis Mitte 1971 konstant nach oben gerichtet war, und erst von da ab bis zum Jahresende 1971 stagnierte[78].

Der Außenbeitrag entwickelte sich in den beiden Jahren nicht so positiv wie 1968/69. Er zeigte eine sinkende Tendenz auf, um im vierten Quartal 1971 sogar negativ zu werden. Dies war dadurch bedingt, daß die Ausfuhr 1970 und 1971 geringer wuchs als die Einfuhr, wobei letztere eine durchgehend ansteigende Tendenz zeigte, während die Ausfuhr in den letzten drei Quartalen im Jahre 1971 im großen und ganzen keine Zuwächse mehr aufwies.

---

[73] Errechnet aus den Angaben des Statistischen Jahrbuches für die Bundesrepublik Deutschland 1972, S. 521.

[74] = Nettoeinkommen aus unselbständiger Arbeit und Renten, Pensionen und Unterstützungen.

[75] Errechnet aus: *Deutsche Bundesbank,* Saisonbereinigte Wirtschaftszahlen, Abschnitt: „Einkommen der privaten Haushalte".

[76] Errechnet aus den Tabellen zur Finanzierungsrechnung: *Deutsche Bundesbank,* Gesamtwirtschaftliche Finanzierungsrechnung sowie Bestand an Geldvermögen und Verpflichtungen 1971, *in:* Monatsberichte, 24. Jg. Nr. 5, Mai 1972, Tabellenanhang, S. 46 ff.

[77] Vgl. *ebenda.*

[78] Vgl. *Deutsche Bundesbank,* Saisonbereinigte Wirtschaftszahlen.

(2) In der jeweiligen Beschäftigungslage spiegelte sich die Nachfrageentwicklung wider. Mit der nachlassenden Nachfrage nach Ausrüstungsinvestitionen, aber auch nach Lagerinvestitionen[79] im Jahre 1971 sank sowohl die Kapazitätsauslastung[80] als auch die Anspannung am Arbeitsmarkt. Schon seit Mitte 1970 war (mit geringen Unterbrechungen) die Zahl der Arbeitslosen angestiegen und hatte die Zahl der offenen Stellen abgenommen. Diese Tendenz setzte sich bis zum November 1971 fort.

Gleichzeitig kam es zu einem Abbau von Überstunden und zu einer Zunahme von Kurzarbeit[81]. Daß trotzdem die Anzahl der ausländischen Arbeitnehmer noch anstieg, kann auf verschiedene Gründe zurückgeführt werden. Dabei ist u. a. die Verringerung der deutschen Arbeitsbevölkerung zu nennen[82].

Die Entspannungstendenz insbesondere des vierten Quartals 1971 schlug sich auch in den Lohn- und Gehaltssteigerungen nieder. Die Lohndrift war im zweiten und dritten Quartal auf Null-Prozent-Punkte zurückgegangen, da noch die Tariflöhne und -gehälter um rd. 15 % gegenüber den entsprechenden Vorjahresquartalen zunahmen. Im letzten Quartal sanken dann die tariflichen Aufbesserungen auf unter 10 %. Die Lohndrift war aber wieder positiv[83].

(3) Obwohl die Leistungsbilanz 1970 und 1971 bei weitem nicht mehr so hohe Überschüsse aufwies wie in den Jahren 1967, 1968 und 1969, so änderte sich die Zahlungsbilanz der beiden zuerst genannten Jahre gegenüber den Vorjahren doch ganz erheblich. Während 1968 und 1969 der Netto-Devisenbestand durch Kapitalexporte, insbesondere der Banken per Saldo nicht anstieg[84], kam es 1970 zu Devisenzuflüssen von über 20 Mrd. DM, wobei der größte Teil aus Kreditaufnahmen nichtfinanzieller Unternehmen stammte[85]. Diese Entwicklung setzte sich auch 1971 fort, wurde aber unterbrochen durch die Freigabe des DM-Wechselkurses im Mai 1971. Erst als im September auch andere Währungen de

---

[79] Vgl. *Deutsche Bundesbank*, Geschäftsbericht für das Jahr 1971, Frankfurt a. M. 1972, S. 5. Danach war die Lageraufstockung mit 4,5 Mrd. DM 1971 um 7,5 Mrd. DM geringer als 1970.

[80] Vgl. *ebenda*, S. 1 und S. 3.

[81] Vgl. *dieselbe*, Die Wirtschaftslage im Winter 1971/72, *in:* Monatsberichte, 24. Jg. Nr. 2, Februar 1972, S. 27 f.

[82] Vgl. *dieselbe*, Geschäftsbericht für das Jahr 1971, S. 4 f.

[83] Vgl. *dieselbe*, Die Wirtschaftslage im Winter 1971/72, S. 34.

[84] Vgl. *Deutsche Bundesbank*, Geschäftsbericht für das Jahr 1969, S. 50 (Netto-Devisenbestand = Netto-Währungsreserven der Bundesbank und kurzfristige Geldmarktanlagen der Kreditinstitute im Ausland).

[85] Vgl. *dieselbe*, Geschäftsbericht für das Jahr 1970, S. 51. Etwa ein Drittel wurde durch Kreditinstitute, der Rest durch Nichtbanken aufgenommen (incl. der Änderung von terms of payment zugunsten der BRD).

facto gegenüber dem Dollar aufgewertet worden waren, strömten wieder ausländische Finanzierungsmittel in die BRD[86], deren Netto-Devisenbestand sich von Juni bis September 1971 sogar um 6,6 Mrd. DM vermindert hatte[87].

Der vermutlich auslösende Faktor für die Umkehrung der internationalen Geldströme im Jahre 1970 kann in der Änderung der US-amerikanischen Kreditpolitik zu Beginn des Jahres 1970 gesehen werden[88]. Die Erhöhung der Bankliquidität in den USA, die es amerikanischen Schuldnern ermöglichte, aufgenommene Euro-Dollar-Kredite durch inländische Kredite zu ersetzen, führte zu einem verstärkten Angebot an Finanzierungsmitteln in den Euro-Dollar-Märkten in einer Phase, in der die Deutsche Bundesbank eine restriktive Kreditpolitik zu betreiben versuchte. Euro-Dollar-Kredite wurden daher für Kreditnachfrager in der BRD in dem Maße attraktiver, in dem ihre Erhältlichkeit im Vergleich zu inländischen Bankkrediten günstiger[89] und Kurssicherungskosten nur gering oder sogar (wie 1971) negativ waren[90].

Die Deutsche Bundesbank setzte daher, nachdem sie noch im März 1970 den Diskont- und Lombardsatz auf 7½ bzw. 9½ % erhöht hatte (das sind die höchsten Werte in unserer Berichtsperiode), ab Juli 1970 ihre Zinssätze herab, verschärfte aber andererseits ihre Mindestreserve- und Rediskontkontingent-Politik[91], um zumindest bei den von ihr beeinflußten Banken die Liquidität zu verknappen. Dies gelang ihr, wie wir oben dargestellt haben, allerdings nur zwischen Juni und September 1971. Um auch die Transaktionen der Nichtbanken, die mit ihrem Verhalten den größten Teil der Finanzmittelzuflüsse aus dem Ausland bewirkt hatten, unter Kontrolle zu bekommen, wurde im Dezem-

[86] Vgl. *dieselbe,* Geschäftsbericht für das Jahr 1971, S. 54.

[87] Vgl. *ebenda,* S. 56.

[88] Vgl. *Deutsche Bundesbank,* Geschäftsbericht für das Jahr 1970, S. 14.

[89] Wir möchten darauf hinweisen, daß die Zinsen nicht als alleiniges Kriterium für die Wahl der Kreditform im allgemeinen und besonders bei internationalen Kreditbeziehungen anzusehen sind. (Vgl. unsere im zweiten Teil gemachten Ausführungen.)

[90] Die Swap-Sätze am freien Markt für US-Dollar per Drei-Monats-Termin erreichten mit einem Report von 1,29 % p. a. im April 1970 ihren höchsten Wert in den Jahren 1970 und 1971. Ab April 1971, d. h. mit der beginnenden Aufwertungsspekulation, wurden Drei-Monats-Dollar nur noch mit einem Deport gehandelt, der im August/September 2,8 % p. a. erreichte, so daß die Zinsen für Euro-Dollar-Kredite, die beim Drei-Monats-Geld auf über 8 % p. a. anstiegen, für deutsche Kreditnehmer durch den Deport sich entsprechend verbilligten. Zu den Swap-Sätzen vgl. die Zinsstatistik der *Deutschen Bundesbank, in:* Monatsberichte, Statistischer Teil V. 8. „Geldmarktsätze im Ausland" (lfde. Nummern). Zur Swap-Satz-Bildung zwischen DM und US-Dollar vgl. auch *Sachverständigenrat zur Begutachtung der gesamtwirtschaftlichen Entwicklung,* Jahresgutachten 1971/72 (Währung, Geldwert, Wettbewerb), Stuttgart und Mainz 1971, S. 58 ff. (Tz. 152 f.).

[91] Vgl. *Deutsche Bundesbank,* Geschäftsbericht für das Jahr 1970, S. 17 und *dieselbe,* Geschäftsbericht für das Jahr 1971, S. 26.

ber 1971 das sog. Bardepotgesetz[92] vom Bundestag verabschiedet, das die Stillegung von Teilen bestimmter, im Ausland aufgenommener Verbindlichkeiten u. a. auch von Nichtbanken vorsah und am 1. Januar 1972 in Kraft trat.

(4) Obwohl die offizielle Wirtschaftspolitik durch Maßnahmen wie die Aussetzung der degressiven Abschreibung (vom 6. Juli 1970 bis 31. Januar 1971), die Erhebung eines rückzahlbaren Konjunkturzuschlages zur Lohn- und Körperschaftsteuer, restriktiv auf die Nachfrage- und Preisentwicklung einzuwirken versuchte[93], gingen von der Finanzpolitik der Gebietskörperschaften eher expansive Effekte aus. Zwar wurden im Jahre 1970 vom Bund und von den Ländern Konjunkturausgleichsrücklagen in Höhe von insgesamt 2,5 Mrd. DM aufgebracht, aber gleichzeitig nahmen die Kassendefizite um etwa 6½ Mrd. DM[94] zu und stiegen sogar 1971 auf insgesamt 15 Mrd. DM[95]. Die Verschuldung, die der Finanzierung der Kassendefizite neben den Veränderungen der Kassenreserven zu dienen hatte, nahm bei allen Gebietskörperschaften zu[96]. Nachdem Bund, Länder und Gemeinden sowie die dazu zählenden Sondervermögen (Lastenausgleichsfonds, ERP-Sondervermögen und Auftragsfinanzierung Öffa) 1970 knapp 8 Mrd. DM aufgenommen hatten, betrug die Neuverschuldung über 14,6 Mrd. DM (1971). Die Verschuldung stand keinesfalls volumenmäßig, höchstens von den Fristen her mit der offiziellen Wirtschaftspolitik im Einklang, als im großen und ganzen die Finanzierungsmittel langfristig aufgenommen wurden[97].

(5) An der Jahreswende 1971/72, dem Ende unserer Betrachtungsperiode, stellte sich die wirtschaftliche Lage so dar, daß die Nachfrage der Unternehmen nach Investitionsgütern abgeschwächt, die Nachfrage der privaten Haushalte nach Verbrauchsgütern aber ungebrochen war. Sowohl Löhne als auch Preise zeigten weiter ansteigende Tendenzen. Durch das im Dezember 1971 vorgenommene Realignement der Wechselkurse trat im außenwirtschaftlichen Bereich, der in den beiden vor-

---

[92] Vgl. Gesetz zur Änderung des Außenwirtschaftsgesetzes vom 23. Dezember 1971 (BGBl. I, S. 2141).

[93] Allerdings war der Bundeskanzler darauf bedacht, die Stabilitätsbemühungen ohne Gefahr einer — auch nur zeitweiligen Arbeitslosigkeit — zu verfolgen. Vgl. z. B. *o. V.*, Brandt gegen Rezession als Mittel der Preisdämpfung, *in:* Frankfurter Allgemeine Zeitung vom 2. 5. 1970, zitiert aus: Deutsche Bundesbank, Auszüge aus Presseartikeln, Nr. 31 vom 6. 5. 1970, S. 6 f.; *W. Brandt*, Aus der Rede des Bundeskanzlers Brandt auf der Kundgebung des Bundesverbandes des Deutschen Groß- und Außenhandels am 2. Juni 1970 in Bonn, *in:* Bulletin des Presse- und Informationsamtes der Bundesregierung vom 3. Juni 1970, zitiert aus: Deutsche Bundesbank, Auszüge aus Presseartikeln, Nr. 38 vom 5. 6. 1970, S. 6.

[94] Vgl. *Deutsche Bundesbank*, Geschäftsbericht für das Jahr 1970, S. 71.

[95] Vgl. *Deutsche Bundesbank*, Geschäftsbericht für das Jahr 1971, S. 75.

[96] Für Details vgl. *ebenda*, S. 83.

[97] Vgl. *ebenda*.

angegangenen Jahren weniger durch die Leistungsbilanz, sondern nur noch durch die Kapitalverkehrsbilanz Ungleichgewichten unterworfen wurde, eine gewisse Beruhigung ein. Aufgrund der teilweise differierenden Nachfragetendenzen dürften die Erwartungen der Wirtschaftssubjekte im großen und ganzen für die zukünftige wirtschaftliche Entwicklung nicht eindeutig bestimmbar gewesen sein und von Bereich zu Bereich je nach Art der herrschenden Faktoren geschwankt haben.

5. Finanzmärkte und Sektorverhalten 1967 bis 1971

Überprüfungen anhand von Finanzierungsrechnungen der Deutschen Bundesbank

5.1. Finanzmärkte im Rahmen der Grundgeschäfte der Banken

Aufgrund der besonderen Beziehungen, die zwischen der Bundesbank und den Kreditinstituten bezüglich der Beschaffung von Primärliquidität für die Kreditinstitute bestehen, sollen der Erörterung über die Grundgeschäfte Zahlenangaben über die Entwicklung der Bankenliquidität (= Liquiditätsreserven der Kreditinstitute) und über die Kosten der Refinanzierung bei der Bundesbank vorangestellt werden (vgl. Tabelle 1 und 2).

Wie wir daraus entnehmen können, haben sich im Aufschwung bei sinkenden Refinanzierungskosten die Liquiditätsreserven bis Ende 1968 sowohl absolut als auch relativ zum Einlagenvolumen laufend verbessert. Mit der Verschärfung der Notenbankpolitik, aber auch im Zusammenhang mit nachfragebedingten Anspannungen auf den Finanzmärkten, ist die Liquiditätsquote (= Liquiditätsreserven in % des Einlagenvolumens) mit gewissen Schwankungen bis zum Ende der Berichtsperiode (1971) abgesunken.

Tabelle 1

Entwicklung der Bankenliquidität 1967 - 1971
Freie Liquiditätsreserven der Kreditinstitute[a]
(Stand am jeweiligen Quartalsende)

Quartalsende	Liquiditäts-reserven in Mill. DM[b]	Liquiditäts-reserven in v. H. des Einlagen-volumens[c]
IV. 1966	18 399	9,1
I. 1967	20 461	10,0
II.	22 551	10,7
III.	26 813	12,4
IV.	31 747	13,6
I. 1968	31 666	14,0
II.	31 662	13,5
III.	33 308	13,6
IV.	37 193	14,0
I. 1969	28 627	11,3
II.	34 305	12,9
III.	33 033	11,9
IV.	19 790	6,8
I. 1970	15 156	5,3
II.	18 429	6,3
III.	19 412	6,4
IV.	25 419	7,8
I. 1971	27 252	8,4
II.	20 286	6,1
III.	19 526	5,8
IV.	24 176	6,6

a) Ohne Anlagen der Bundespost für Postscheck- und Postsparkassenämter. — b) Inländische Geldmarktpapiere, Geldanlagen im Ausland, unausgenutzte Rediskontkontingente, Zentralbankguthaben abzüglich Mindestreserve-Soll und Lombardkredite bei der Bundesbank. — c) Verbindlichkeiten der Banken gegenüber Nichtbanken und ausländischen Kreditinstituten.

Quelle: Deutsche Bundesbank.

Tabelle 2

Diskont- und Lombardsätze der Deutschen Bundesbank vom 27. 5. 1966 bis 31. 12. 1971

Gültig ab	Diskontsatz in v. H. p. a.	Lombardsatz in v. H. p. a.
1966 27. Mai	5	6 1/4
1967 6. Januar	4 1/2	5 1/2
17. Februar	4	5
14. April	3 1/2	4 1/2
12. Mai	3	4
11. August	3	3 1/2
1968 —		
1969 21. März	3	4
18. April	4	5
20. Juni	5	6
11. Sept.	6	7 1/2
5. Dezember	6	9
1970 9. März	7 1/2	9 1/2
16. Juli	7	9
18. November	6 1/2	8
3. Dezember	6	7 1/2
1971 1. April	5	6 1/2
14. Oktober	4 1/2	5 1/2
23. Dezember	4	5

Quelle: Deutsche Bundesbank.

Tabelle 3

Ausgewählte Habenzinssätze 1967 - 1971 in % p. a.[a]

	Festgelder	*Spareinlagen*		
	mit vereinbarter Laufzeit von 3 Mon. unter 1 Mill. DM	mit gesetzlicher Kündigungsfrist	mit vereinbarter Kündigungsfrist v. 12 Mon.	mit vereinbarter Kündigungsfrist v. 4 Jahren u. darüber
1967 bis 31. 1.[a]	3,5[c]	4,5	$5^1/_2$[d]	—
1. 2. bis 31. 3.[b]	3,0[c]	4	5[d]	—
Juni[e]	2,82	3,75	4,58	—
Sept.[e]	2,74	3,52	4,55	—
Dez.[e]	2,99	3,52	4,54	—
1968 März	2,82	3,50	4,52	5,57
Juni	2,84	3,50	4,52	5,58
Sept.	2,85	3,50	4,52	5,52
Nov.	3,08	3,50	4,52	5,50
1969 Febr.	3,01	3,50	4,52	5,57
Mai	3,24	3,50	4,52	5,57
Aug.	4,16	4,00	5,00	5,96
Nov.	4,88	4,50	5,00	6,00
1970 Febr.	6,95	4,50	6,00	7,00
Mai	7,93	5,00	6,47	7,47
Aug.	7,67	5,00	6,48	7,37
Nov.	7,49	5,00	6,48	7,35
1971 Jan.	6,64	5,00	6,47	7,33
Febr.	6,56	5,00	6,46	7,31
Mai	5,59	4,53	5,90	6,82
Aug.	6,21	4,53	5,91	6,86
Nov.	6,05	4,52	5,90	6,85

a) Seit März 1968: Durchschnittssätze als ungewichtetes arithmetisches Mittel aus den innerhalb der Streubreite liegenden Zinsmeldungen errechnet. Die Streubreite gibt an, in welchem Bereich 90 % der gemeldeten Zinssätze fallen, wenn jeweils 5 % der Meldungen mit den höchsten und niedrigsten Zinssätzen ausgesondert werden. — b) Höchstsätze gemäß Zinsverordnung. — c) Festgelder mit einer vereinbarten Laufzeit von 90 bis 179 Tagen. — d) Spareinlagen mit vereinbarter Kündigungsfrist von 12 Monaten bis weniger als 4 Jahre. — e) Ungewichtete arithmetische Mittelwerte.

Quelle: Deutsche Bundesbank.

5.1.1. Einlagengeschäfte

(Vgl. zu den folgenden Erörterungen Tabelle 3, Ausgewählte Habenzinssätze 1967 bis 1971 in % p. a.)

5.1.1.1. Sichteinlagen

Eine strikte Proportionalität zwischen der Entwicklung des Bruttosozialprodukts und dem Halten von Sichteinlagen und Bargeld von nichtfinanziellen Sektoren[1] ist für den Berichtszeitraum nicht festzustellen (vgl. Tabelle 4).

1967 wuchsen die Sichteinlagen und das Bargeld in den Händen der nichtfinanziellen Sektoren mit einer 12mal höheren Steigerungsrate als derjenigen des Bruttosozialprodukts. Ein Grund für dieses Auseinanderfallen der Wachstumsraten der Geldhaltung und des nominellen Bruttosozialprodukts könnte in der Unsicherheit der Wirtschaftssubjekte über die zukünftige Wirtschaftsentwicklung gelegen haben.

In dem vorangegangenen Jahr 1966, das durch finanzielle Anspannungen (steigende Zinsen) gekennzeichnet war, hatten die nichtfinanziellen Sektoren ihre Zahlungsmittel nur um rd. 1,2 Prozent bei einer Zunahme des nominalen Bruttosozialprodukts von 6,5 % erhöht[2].

Tabelle 4

Gegenüberstellung der Entwicklung der Sichteinlagen und Bargeldbestände von nichtfinanziellen Sektoren und des nominalen Bruttosozialprodukts 1965 - 1971

Jahr	Sichteinlagen der nichtfinanziellen Sektoren		Bruttosozialprodukt	
	absolut in Mrd. DM	Veränderung gegenüber Vorjahr in v. H.	(nominal) in Mrd. DM	Veränderung gegenüber Vorjahr in v. H.
1965	84	—	460,4	—
1966	85	+ 1,2	490,7	+ 6,5
1967	95	+ 11,7	495,5	+ 1
1968	103	+ 8,4	540,0	+ 9
1969	115	+ 11,6	603,4	+ 11,7
1970	132	+ 14,8	682,8	+ 13,2
1971	155	+ 17,4	756,1	+ 10,7

Quelle: Deutsche Bundesbank, *Statistisches Bundesamt.*

[1] Vgl. oben 3.5.4.1.

[2] Vgl. *ebenda.*

Dieser Vorgang wiederholte sich aber 1970 nicht, als die Zinsen abermals einen Höhepunkt erreichten (vgl. Tabelle 3 und Tabelle 12). Vielmehr bewegten sich Zuwächse an Zahlungsmitteln und dem zu bewältigenden Transaktionsvolumen (nominales Bruttosozialprodukt) 1968 bis 1970 etwa parallel. Im Jahre 1971 nahmen die Zahlungsmittel stärker zu als das Transaktionsvolumen. Die Zinssätze sanken zwar 1971 um etwa 1 Prozent gegenüber 1970, lagen aber noch über denen von 1968 und 1969.

Die Hypothese der Abhängigkeit des Zuwachses des Zahlungsmittelbestandes vom Zuwachs des Transaktionsvolumens, modifiziert durch die Zinsentwicklung, können wir im Berichtszeitraum deshalb für die Gesamtheit der nichtfinanziellen Sektoren nicht bestätigt finden. Ähnliches gilt für den Sektor der Unternehmen allein[3]. In Zeiten angespannter Finanzmärkte (1970 und auch noch 1971) lagen die Zuwächse an Zahlungsmitteln mit 10,35 bzw. 11,83 Mrd. DM über denen der vorangegangenen Jahre (1967: 7,30 Mrd. DM; 1968: 2,55 Mrd. DM; 1969: 5,36 Mrd. DM)[4]. Lediglich für 1966 könnte diese Hypothese zutreffen (Zuwachs an Bargeld und Sichtverbindlichkeiten der Unternehmen insgesamt: 0,16 Mrd. DM).

Eher dürfte ein Zusammenhang zwischen Zahlungsmittelzuwächsen und Unsicherheiten über zukünftige Zahlungseingänge bestanden haben[5]. Die höchsten Zuwächse an Zahlungsmitteln waren in Zeiten mit sinkenden realwirtschaftlichen Wachstumsraten, die geringsten in Jahren des allgemeinen Aufschwungs (1968 - 1969) zu verzeichnen gewesen.

5.1.1.2. Termineinlagen

(1) Bei der Suche nach Erklärungen für die Bildung von Termineinlagen hatten wir oben[6] herausgestellt, daß es für die Anlage finanzieller Mittel durch Unternehmen in Form von Termingeldern verschiedene Erklärungsansätze geben könnte, die teilweise gegenläufige Entwicklungen dieser Anlagen beinhalten, wodurch eine Überprüfung der Erklärungsmomente erschwert wird.

Die Hypothese, daß die Verzinsung von Termineinlagen Hauptdeterminante der Termingeldhaltung sein könnte, müssen wir aber wohl

---

[3] Vgl. oben 3.2.5.1. (2).

[4] Vgl. die Finanzierungsrechnungen der *Deutschen Bundesbank*. Wir führen für die Zeit bis einschließlich 1968 jeweils die Zahlenangaben aus folgender Quelle an: *dieselbe*, Zahlenübersichten und methodische Erläuterungen zur gesamtwirtschaftlichen Finanzierungsrechnung der Deutschen Bundesrepublik; *dieselbe*, Gesamtwirtschaftliche Finanzierungsrechnung sowie Bestand an Geldvermögen 1971, Tabellenanhang.

[5] Vgl. oben 3.2.5.1. (2).

[6] Vgl. oben 3.2.5.1. (3).

aufgrund der Entwicklung von Zinsen[7] und den Zuwächsen in der Anlage von Termingeldern durch Unternehmen verwerfen, da 1970 relativ weniger in dieser Form angelegt worden ist, obwohl die Zinssätze für Festgelder hier ihren Höhepunkt in dem Betrachtungszeitraum erreichten. 1968 war bei weitaus niedrigeren Zinssätzen ein um 3 Mrd. DM höherer Termingeldzuwachs zu verzeichnen. Letzteres könnte sich mit Hilfe der Hypothese über die vorläufige Anlage von Geldern für bereits geplante oder erst in der Zukunft zu planende und zu vollziehende Investitionen[8] erklären lassen. Die Entwicklung 1971 entspricht aber keiner der beiden Hypothesen. Sie steht — so die Deutsche Bundesbank — im Zusammenhang mit den Auslandseinflüssen, die u. a. durch Änderungen in den terms-of-payment zu hohen Geldzuflüssen bei den deutschen Unternehmen führten[9]. Hierbei zeigt sich, daß wir — wie oben vorausgesagt[10] — auf ad-hoc-Erklärungen zurückgreifen müssen. Wichtig ist hierbei auch, daß es erhebliche Unterschiede innerhalb des Unternehmenssektors geben kann, wodurch sowohl die Leistungsströme (Einnahmen und Ausgaben) als auch die Finanzströme (Forderungen und Verbindlichkeiten) beeinflußt werden. Während von einer Gruppe von Unternehmen die wirtschaftlichen Zukunftsaussichten zurückhaltender eingeschätzt werden, wodurch es zu Einschränkungen bei den Ausgaben kommen kann und gleichzeitig Forderungsbestände in Form von Termineinlagen angelegt werden können, kann eine andere Gruppe von Unternehmern weiterhin expansive Pläne betreiben, die zu Ausgabeüberschüssen und zum Abbau von Forderungsbeständen führen.

Tabelle 5

Veränderungen der Termingelder von (nichtfinanziellen) Unternehmen 1967 - 1971 in Mrd. DM (abgerundete Angaben)

Jahr	1967	1968	1969	1970	1971
Betrag	4	10	6,5	7	11

Quelle: Deutsche Bundesbank.

(2) Betrachten wir die Zinsentwicklung (Tabelle 3) für Festgelder mit einer vereinbarten Laufzeit von 3 Monaten, insbesondere im Ver-

[7] Vgl. Tabelle 3, Spalte: Zinssätze für Festgelder.

[8] Vgl. *Deutsche Bundesbank,* Gesamtwirtschaftliche Finanzierungsrechnung für das Jahr 1968, *in:* Monatsberichte, 21. Jg. Nr. 5, Mai 1969, S. 12. Hier wird auf die unterschiedliche Fristigkeit der Termineinlagen hingewiesen, die sich gegen Jahresende verkürzte.

[9] Vgl. *Deutsche Bundesbank,* Gesamtwirtschaftliche Finanzierungsrechnung sowie Bestand an Geldvermögen 1971, S. 12 ff.

[10] Vgl. oben 3.5.4.1. (3).

Tabelle 6

Zinsdifferenzen zwischen Diskontsatz (Tabelle 2) und ausgewählten Habenzinssätzen (aus Tabelle 3)[a]

	Diskontsatz % p. a.	Zinsdifferenzen zum Diskontsatz: bei Festgeldern mit vereinbarter Laufzeit von 3 Monaten	bei Spareinlagen: mit gesetzlicher Kündigungsfrist	mit vereinbarter Kündigungsfrist von 12 Mon.	mit vereinbarter Kündigungsfrist v. 4 Jahren und darüber
Spalte	1	2	3	4	5
1967[b] bis 5. Jan.	5	⁒ 1,5	⁒ 0,5	+ 0,5	—
6. Jan. bis 31. Januar	4,5	⁒ 1,0	± 0	+ 1,0	—
1. Februar bis 16. Febr.	4,5	⁒ 1,5	⁒ 0,5	+ 0,5	—
17. Febr. bis 31. März	4	⁒ 1,0	± 0	+ 1,0	—
1967[c] Juni	3,0	⁒ 0,18	+ 0,75	+ 1,58	—
Sept.	3,0	⁒ 0,26	+ 0,52	+ 1,55	—
Dez.	3,0	⁒ 0,01	+ 0,52	+ 1,54	—
1968[d] März	3,0	⁒ 0,18	+ 0,50	+ 1,52	+ 2,57
Juni	3,0	⁒ 0,16	+ 0,50	+ 1,52	+ 2,58
Sept.	3,0	⁒ 0,15	+ 0,50	+ 1,52	+ 2,52
Nov.	3,0	+ 0,08	+ 0,50	+ 1,52	+ 2,50
1969 Febr.	3,0	+ 0,01	+ 0,50	+ 1,52	+ 2,57
Mai	4,0	⁒ 0,76	⁒ 0,50	+ 0,52	+ 1,57
Aug.	5,0	⁒ 0,84	⁒ 1,0	± 0	+ 0,96
Nov.	6,0	⁒ 1,12	⁒ 2,0	⁒ 1,0	± 0
1970 Febr.	6,0	+ 0,95	⁒ 1,50	− 0	+ 1,0
Mai	7,5	+ 0,43	⁒ 2,50	⁒ 1,03	⁒ 0,03
Aug.	7,0	+ 0,67	⁒ 2,00	⁒ 0,52	+ 0,37
bis 17. Nov.	7,0	+ 0,49	⁒ 2,00	⁒ 0,52	+ 0,35
ab 18. Nov.	6,5	+ 0,99	⁒ 1,50	⁒ 0,02	+ 0,85
1971 Jan.	6,0	+ 0,64	⁒ 1,00	+ 0,47	+ 1,33
Febr.	6,0	+ 0,56	⁒ 1,00	+ 0,46	+ 1,31
Mai	5,0	+ 0,59	⁒ 0,47	+ 0,90	+ 1,82
Aug.	5,0	+ 1,21	⁒ 0,47	+ 0,91	+ 1,86
Nov.	4,5	+ 1,55	+ 0,02	+ 1,40	+ 2,35

a) In Prozentpunkten über (+) oder unter (−) dem Diskontsatz. — b) Im Vergleich zu den Höchstzinssätzen gemäß Zinsverordnung. Vgl. auch Tabelle 3, Anm. d) und e). — c) Ungewichtete arithmetische Mittelwerte für Habenzinssätze. — d) Ab März 1968: Durchschnittssätze als ungewichtete arithmetische Mittel innerhalb eines mittleren Streubereichs von 90 % der gemeldeten Zinssätze. Vgl. Tabelle 3, Anm. a).

Quelle: Deutsche Bundesbank.

gleich mit der Entwicklung der Bankenliquidität (Tabelle 1), so können wir feststellen, daß die oben aufgestellte Hypothese[10] über den Zusammenhang zwischen Bankenliquidität und Zinshöhe nicht im Widerspruch zur Entwicklung in der Realität steht. Mit der Einengung der Bankenliquidität ab Ende 1969 stiegen die Zinssätze für die o. a. Festgelder sprunghaft an. Lagen sie davor im großen und ganzen unter dem Diskontsatz, so wurde die jeweilige Höhe des Diskontsatzes von der Zinshöhe für Festgelder mit einer vereinbarten Laufzeit von 3 Monaten kräftig überschritten (im November 1971 sogar um mehr als 1,5 Prozentpunkte), nachdem die Liquiditätsreserven weit unter 10 % des Einlagevolumens gesunken waren. Der These der Deutschen Bundesbank, daß die „Durchschnittsverzinsung von Termingeldern .. sich .. heute eher in Übereinstimmung mit dem Diskontsatz (bewegt), als das früher — wenigstens den offiziellen Höchstsätzen nach, die aber nicht selten auf mehr oder weniger legalen Wegen überschritten wurden — der Fall war“[11], können wir aufgrund der gegebenen Daten nicht zustimmen.

5.1.1.3. Spareinlagen

(1) Der Hypothese, daß die privaten Haushalte ihr Kontensparen von der Unsicherheit über ihre erwartete Einkommensentwicklung bzw. von ihrer Sicherheit in bezug auf den Arbeitsplatz abhängig machen[12], wird von der Entwicklung im Beobachtungszeitraum nicht widersprochen. In den Jahren 1969 und 1970, in denen die Arbeitslosenzahlen sanken, nahm das Kontensparen im Vergleich zum Vorjahr absolut kaum noch zu; sein relatives Gewicht innerhalb der gesamten Forderungsbildung der privaten Haushalte nahm sogar ab. Umgekehrt war die Entwicklung 1967 und 1971 (vgl. Tabelle 7)[13].

(2) In bezug auf die Gewährung von Zinsen für Spareinlagen durch die Banken ist eine gewisse Richtungsgleichheit zwischen der Entwicklung der hier angesprochenen Habenzinsen und der Entwicklung der Sollzinssätze für Kontokorrent- und Wechseldiskontkredite festzustellen[14] (vgl. Tabelle 3 und Tabelle 11). Allerdings machen die Habenzinsen für Spareinlagen die hohen Ausschläge der Sollzinsen nicht mit (vgl. Tabelle 8 und 9), ebensowenig wie sie Diskontsatzerhöhungen im gleichen Maße folgen (vgl. Tabelle 6). Dabei zeigen sich die Zinssätze für Spareinlagen mit 12monatiger Kündigungsfrist noch am flexibel-

[11] *Deutsche Bundesbank*, Veränderungen der Zinsstruktur in der Bundesrepublik seit 1967, *in:* Monatsberichte, 23. Jg. Nr. 10, Oktober 1971, S. 39.

[12] Vgl. oben 3.1.5. (4).

[13] Vgl. dazu auch noch die Entwicklung der Kurzarbeit: oben 4.1.1. (2), 4.1.2. (2), 4.3. (2).

[14] Vgl. oben 3.5.4.1. (2).

Tabelle 7: **Relative Zunahme der Spareinlagen im Vergleich zur Zunahme der Gesamtforderungen der privaten Haushalte und Entwicklung am Arbeitsmarkt 1967 - 1971**

Jahr	Zunahme der Spareinlagen privater Haushalte	Zunahme der Forderungen privater Haushalte	Spalte 1 in v. H. zu Spalte 2	Arbeitslose (saisonbereinigt) im Dez. des jeweiligen Jahres	Zunahme (+), Abnahme (−) der Arbeitslosen gegenüber Dez. des Vorjahres	Offene Stellen (saisonbereinigt) im Dez. des jeweiligen Jahres	Zunahme (+), Abnahme (−) der offenen Stellen gegenüber Dez. des Vorjahres
Spalte	1	2	3	4	5	6	7
	in Mrd. DM	in Mrd. DM	in v. H.	in Tsd.	in v. H.	in Tsd.	in v. H.
1966	—	—	—	296	—	380	—
1967	17,36	31,73	54,5	426	+ 43,7	377	⁒ 0,8
1968	20,68	38,32	54,0	218	⁒ 48,6	616	+ 63,4
1969	20,56	46,10	44,6	159	⁒ 27,0	802	+ 30,2
1970	21,02	50,65	41,6	146	⁒ 8,2	734	⁒ 8,5
1971	27,62	59,62	46,5	225	+ 54,1	569	⁒ 19,9

Quelle: Deutsche Bundesbank.

Tabelle 8

Zinsdifferenzen zwischen Zinsen für Spareinlagen mit gesetzlicher Kündigungsfrist und Zinsen für Kontokorrentkredite unter 1 Mill. DM Juni 1967 bis November 1971[a])

		Spareinlagen mit gesetzlicher Kündigungsfrist in v. H. p. a.	Zinsdifferenzen zu (1) von Kontokorrent-krediten unter 1 Mill. DM
Spalte		1	2
1967[b])	Juni	3,75	+ 3,96
	September	3,52	+ 4,10
	Dezember	3,52	+ 4,09
1968[c])	März	3,50	+ 4,09
	Juni	3,50	+ 4,08
	September	3,50	+ 4,05
	November	3,50	+ 4,02
1969	Februar	3,50	+ 4,00
	Mai	3,50	+ 4,53
	August	4,00	+ 4,95
	November	4,00	+ 5,60
1970	Februar	4,50	+ 5,66
	Mai	5,00	+ 6,58
	August	5,00	+ 6,40
	November	5,00	+ 6,35
1971	Januar	5,00	+ 5,69
	Februar	5,00	+ 5,65
	Mai	4,53	+ 5,33
	August	4,53	+ 5,34
	November	4,52	+ 5,06

a) In Prozentpunkten über (+) den Zinssätzen der Spareinlagen mit gesetzlicher Kündigungsfrist. — b) Ungewichtete arithmetische Mittelwerte. — c) Seit März 1968: Ungewichtete arithmetische Mittelwerte aus der mittleren Streubreite von 90 % der Zinsmeldungen.

Quelle: Deutsche Bundesbank.

sten (vgl. Tabelle 9). Mit den seit Mitte 1969 stark steigenden Sollzinsen (vgl. Tabelle 11) hielten sie, wenn auch mit zeitlicher Verzögerung, noch am ehesten Schritt, wodurch sich die Zinsdifferenz zu den Einlagen mit gesetzlicher Kündigungsfrist um einen halben Prozentpunkt vergrößerte (vgl. Tabelle 10). Dies könnte dadurch bedingt sein, daß sich die Verzinsung für konkurrierende Anlageformen, wie festverzinsliche Wertpapiere aber auch Termineinlagen, im Winter 1969/70 sprunghaft erhöhte (vgl. Tabelle 3 und Tabelle 23).

Tabelle 9

Zinsdifferenzen zwischen Zinsen für Spareinlagen mit einer vereinbarten Kündigungsfrist von 12 Monaten und Zinsen für Kontokorrentkredite unter 1 Mill. DM Juni 1967 bis Nov. 1971[a]

		Spareinlagen mit vereinbarter Kündigungsfrist von 12 Monaten in v. H. p. a.	Zinsdifferenzen zu (1) von Kontokorrentkrediten unter 1 Mill. DM
Spalte		1	2
1967[b]	Juni	4,58	+ 3,13
	September	4,55	+ 3,07
	Dezember	4,54	+ 3,07
1968[c]	März	4,52	+ 3,07
	Juni	4,52	+ 3,06
	September	4,52	+ 3,03
	November	4,52	+ 3,00
1969	Februar	4,52	+ 2,98
	Mai	4,52	+ 3,51
	August	5,00	+ 3,95
	November	5,00	+ 4,60
1970	Februar	6,00	+ 4,16
	Mai	6,47	+ 5,11
	August	6,48	+ 4,92
	November	6,48	+ 4,87
1971	Januar	6,47	+ 4,22
	Februar	6,46	+ 4,19
	Mai	5,90	+ 3,96
	August	5,91	+ 3,96
	November	5,90	+ 3,68

a) In Prozentpunkten über (+) den Zinsen der Spareinlagen mit vereinbarter Kündigungsfrist von 12 Monaten. — b) Ungewichtete arithmetische Mittelwerte. — c) Ab März 1968: ungewichtete arithmetische Mittelwerte aus der mittleren Streubreite von 90 % der Zinsmeldungen.

Quelle: Deutsche Bundesbank.

Tabelle 10

Zinsstrukturen der Habenzinsen: Abstände der Zinssätze für Spareinlagen verschiedener Fristen gegenüber den Zinssätzen von Spareinlagen mit gesetzlicher Kündigungsfrist 1968 - 1971[a)]

	Spareinlagen mit gesetzlicher Kündigungsfrist in v. H. p. a.	Zinsdifferenzen zu (1) von	
		Spareinlagen mit vereinbarter Kündigungsfrist von 12 Monaten	Spareinlagen mit vereinbarter Kündigungsfrist von 4 Jahren und darüber
Spalte	1	2	3
1968 März	3,50	+ 1,02	+ 2,07
Juni	3,50	+ 1,02	+ 2,08
Sept.	3,50	+ 1,02	+ 2,02
Nov.	3,50	+ 1,02	+ 2,00
1969 Febr.	3,50	+ 1,02	+ 2,07
Mai	3,50	+ 1,02	+ 2,07
Aug.	4,00	+ 1,00	+ 1,96
Nov.	4,00	+ 1,00	+ 2,00
1970 Febr.	4,50	+ 1,50	+ 2,50
Mai	5,00	+ 1,47	+ 2,47
Aug.	5,00	+ 1,48	+ 2,37
Nov.	5,00	+ 1,48	+ 2,37
1971 Jan.	5,00	+ 1,47	+ 2,33
Febr.	5,00	+ 1,46	+ 2,31
Mai	4,53	+ 1,37	+ 2,29
Aug.	4,53	+ 1,38	+ 2,33
Nov.	4,52	+ 1,38	+ 2,33

a) Zinsdifferenzen in Prozentpunkten (+) von den Zinssätzen der Spareinlagen mit gesetzlicher Kündigungsfrist.

Quelle: Deutsche Bundesbank.

Damit zeigt sich, daß neben dem Streben der Banken nach einer „auskömmlichen“ Zinsdifferenz zwischen Haben- und Sollzinsen auch die Zinsentwicklung anderer Anlagen, insbesondere dort an Einfluß gewinnt, wo die Kontensparer aufgrund längerer Fristen und höherer Beträge eine gewisse Verhandlungsmacht gewinnen können.

5.1.2. Kreditgeschäfte

5.1.2.1. Kreditgeschäfte der Kreditinstitute insgesamt

(1) Betrachten wir die Bilanzdispositionen der Kreditinstitute gegenüber allen anderen Sektoren, so müssen wir von vornherein feststellen, daß der hypothetisch herausgestellte enge Zusammenhang zwischen Bankenliquidität und Kreditvergabe[15] nicht besteht (vgl. Tabelle 11). Dies kann u. a. damit zusammenhängen, daß die Nachfrage nach Krediten eine andere als die von den Banken gewünschte Entwicklung genommen hat[16].

Während unseres Untersuchungszeitraums fällt zwar in der Aufschwungsphase 1967 bis zum dritten Quartal 1969 die Kreditausweitung mit einer hohen Liquiditätsquote zusammen (vgl. Tabelle 1). Der kräftige Rückgang der Liquiditätsreserven relativ zum Einlagevolumen 1970 läßt auch (gemäß der hypothetisch formulierten Entwicklung) den Umfang der Kreditausweitung zurückgehen. 1971 aber (und dies setzt sich 1972 fort) nimmt die Kreditvergabe wieder in steigendem Maße zu, obwohl die Liquiditätsquote weiter sinkt[17].

Die Entwicklung der Struktur (Aufteilung der Kreditvergabe zwischen kurz- und längerfristigen Krediten) entsprach im Beobachtungszeitraum auch nicht ganz den herausgestellten Hypothesen[18]. Trotz des kräftigen Ansteigens der Liquiditätsreserven bis kurz vor Ende 1969 nahmen die längerfristigen Kredite relativ zur Gesamtkreditvergabe nur in geringem Maße (1969 sogar in sinkendem Maße) zu. Allerdings war auch 1970 und 1971 verglichen mit 1967 und 1968 ein leichtes Sinken des längerfristigen Anteils an den Bankkrediten festzustellen. Die relativ starke Ausweitung der kürzerfristigen Kreditnachfrage 1969

[15] Vgl. 3.5.4.2. (1) und (2).

[16] Vgl. oben 3.5.3. mit dem Hinweis auf die Bestimmungen des Marktvolumens durch Angebot *und* Nachfrage.

[17] Das Mitglied des Direktoriums der Deutschen Bundesbank, *Irmler*, erklärt dies mit den Interbankverflechtungen, die den einzelnen Banken die wahre Liquiditätsbeengung des gesamten Bankensystems verschleiere, da die jeweiligen Einzelbanken ihre kurzfristigen Forderungen gegenüber Korrespondenzinstituten zu ihren eigenen Liquiditätsreserven rechnen würden. Vgl. *H. Irmler*, Kreditrestriktion als aktuelles und strukturelles Problem; Vortrag gehalten auf der 18. Kreditpolitischen Tagung der Zeitschrift für das gesamte Kreditwesen, *in:* Deutsche Bundesbank, Auszüge aus Presseartikeln, Nr. 86 vom 14. Nov. 1972, S. 3.
Eine andere Erklärung hierfür könnte darin liegen, daß die einzelnen Banken aus Konkurrenzgründen gezwungen sind, Kreditzusagen auch dann einzuhalten, wenn ihre Bankenliquidität durch währungspolitische Maßnahmen stark eingeschränkt wird, um nicht einmal zurückgewiesene Kunden für immer zu verlieren.

[18] Vgl. oben 3.5.4.2. (2).

Tabelle 11: **Liquiditätsreserven von Kreditinstituten und Veränderungen in der Kreditgewährung von Kreditinstituten 1967 - 1971**

Jahr	Quartal	Liquiditätsreserven in % des Einlagenvolumens (jeweils Quartalsende)a)	Zunahme der kurzfristigen Bankkredite in Mrd. DM	Veränderung von (2) gegenüber Vorjahr in v. H.	Zunahme der längerfristigen Bankkredite in Mrd. DM	Veränderung von (4) gegenüber Vorjahr in v. H.	Zunahme der Bankkredite insgesamt (2) + (4) in Mrd. DM	Veränderung von (6) gegenüber Vorjahr in v. H.	Anteil der Veränderung der längerfristigen Kredite (6) in v. H.
Spalte		1	2	3	4	5	6	7	8
1966		—	6,79	—	23,80	—	30,59	—	77,8
	IV.	9,1	—	—	—	—	—	—	—
1967	I.	10,0	—	—	—	—	—	—	—
		—	7,98	+ 17,5	24,53	+ 3,1	32,51	+ 6,3	75,5
	IV.	13,6	—	—	—	—	—	—	—
1968	I.	14,0	—	—	—	—	—	—	—
		—	9,84	+ 23,3	36,34	+ 48,1	46,18	+ 42,0	78,7
	IV.	14,0	—	—	—	—	—	—	—
1969	I.	11,3	—	—	—	—	—	—	—
		—	25,18	+ 155,9	47,74	+ 31,4	72,92	+ 57,9	65,46
	IV.	6,8	—	—	—	—	—	—	—
1970	I.	5,3	—	—	—	—	—	—	—
		—	13,97	./. 44,5	43,71	./. 8,4	57,68	./. 20,9	75,8
	IV.	7,8	—	—	—	—	—	—	—
1971	I.	8,4	—	—	—	—	—	—	—
		—	18,95	+ 35,6	53,15	+ 21,6	72,10	+ 25,0	73,7
	IV.	6,6	—	—	—	—	—	—	—

a) Vgl. Tabelle 1.
Quelle: Deutsche Bundesbank.

Tabelle 12

Ausgewählte Sollzinssätze 1967 - 1971a)

	Zinssätze in v. H. p. a.			Zinssätze in % p. M. vom ursprünglichen Kreditbetrag
	Kontokorrentkredite unter 1 Mill. DM	Wechseldiskontkredite (bundesbankfähige Abschnitte v. 5 Tsd. bis 20 Tsd. DM)	Hypothekarkredite auf Wohngrundstücke (Effektivverzinsung)	Ratenkredite
1967				
bis 5. 1.b)	9,5c)	8	—	—
bis 16. 2.b)	9,0c)	7,5	—	—
bis 31. 3.b)	8,5c)	7,0	—	—
Juni	7,71	5,32	7,20	—
Sept.	7,62	5,21	7,18	—
Dez.	7,61	5,14	7,17	—
1968 März	7,59	5,12	7,16	0,39
Juni	7,58	5,05	7,09	0,39
Sept.	7,55	4,97	7,01	0,39
Nov.	7,52	4,92	6,94	0,39
1969 Febr.	7,50	4,86	6,90	0,39
Mai	8,03	5,73	6,99	0,39
Aug.	8,95	6,71	7,40	0,44
Nov.	9,60	7,57	7,49	0,45
1970 Febr.	10,16	8,42	8,06	0,49
Mai	11,58	9,75	8,61	0,55
Aug.	11,40	9,39	8,75	0,55
Nov.	11,35	9,27	8,81	0,56
1971 Jan.	10,69	8,24	8,59	0,55
Febr.	10,65	8,13	8,51	0,55
Mai	9,86	7,13	8,34	0,53
Nov.	9,58	6,71	8,46	0,53

a) Ungewichtete arithmetische Mittelwerte in v. H. p. a. Seit März 1968: Durchschnittssätze als ungewichtetes arithmetisches Mittel aus den innerhalb der Streubreite liegenden Zinsmeldungen errechnet. Die Streubreite gibt an, in welchen Bereich 90 % der gemeldeten Zinssätze fallen, wenn jeweils 5 % der Meldungen mit den höchsten und den niedrigsten Zinssätzen ausgesondert werden. — b) Höchstsätze gemäß Zinsverordnung. — c) Kosten für Gelddarlehen im Rahmen des Kreditvertrages.

Quelle: Deutsche Bundesbank.

Tabelle 13

Zinsdifferenzen zwischen Diskontsatz (Tabelle 2) und ausgewählten Sollzinssätzen (aus Tabelle 12)[a]

	Diskontsatz in % p. a.	*Zinsdifferenzen zum Diskontsatz bei*		
		Wechseldiskontkrediten (bundesbankfähige Abschnitte von 5 Tsd. bis 20 Tsd. DM)	*Kontokorrentkrediten* unter 1 Mill. DM	*Hypothekarkrediten* auf Wohngrundstücken (Effektivverzinsung)
1967[b] bis 5. 1.	5	+ 3	+ 4,5	—
vom 6. 1. bis 16. 2.	4,5	+ 3	+ 4,5	—
vom 17. 2. bis 31. 3.	4	+ 3	+ 4,5	—
1967[c] Juni	3,0	+ 2,32	+ 4,71	+ 4,20
Sept.	3,0	+ 2,21	+ 4,62	+ 4,18
Dez.	3,0	+ 2,14	+ 4,61	+ 4,17
1968[d] März	3,0	+ 2,12	+ 4,59	+ 4,16
Juni	3,0	+ 2,05	+ 4,58	+ 4,09
Sept.	3,0	+ 1,97	+ 4,55	+ 4,01
Nov.	3,0	+ 1,92	+ 4,52	+ 3,94
1969 Febr.	3,0	+ 1,86	+ 4,50	+ 3,90
Mai	4,0	+ 1,73	+ 4,03	+ 2,99
Aug.	5,0	+ 1,71	+ 3,95	+ 2,40
Nov.	6,0	+ 1,57	+ 3,90	+ 1,49
1970 Febr.	6,0	+ 2,42	+ 4,16	+ 2,06
Mai	7,5	+ 2,25	+ 4,08	+ 2,11
Aug.	7,0	+ 2,39	+ 4,40	+ 1,75
bis 17. Nov.	7,0	+ 2,27	+ 4,35	+ 1,81
ab 18.	6,5	+ 2,77	+ 4,85	+ 2,31
1971 Jan.	6,0	+ 2,24	+ 4,69	+ 2,59
Febr.	6,0	+ 2,13	+ 4,65	+ 2,51
Mai	5,0	+ 2,13	+ 4,86	+ 3,34
Aug.	5,0	+ 2,26	+ 4,87	+ 3,58
Nov.	4,5	+ 2,21	+ 5,08	+ 3,96

a) In Prozentpunkten (+) über dem Diskontsatz. — b) Höchstzinssätze gemäß Zinsverordnung. — c) Ungewichtete arithmetische Mittelwerte für Sollzinssätze. — d) Ab März 1968: Durchschnittszinssätze als ungewichtetes arithmetisches Mittel innerhalb eines mittleren Streubereichs 90 % der gemeldeten Zinssätze.

Quelle: Deutsche Bundesbank.

Tabelle 14

Zinsstruktur der Sollzinsen: Zinsdifferenzen zwischen Wechseldiskont-, Kontokorrent- und Hypothekarkreditzinsen (Basis: Wechseldiskontzinssätze) Juni 1967 - November 1971[a)]

	Wechseldiskontkredite (bundesbankfähige Abschnitte von 5 bis 20 Tsd. DM) in % p. a.	Zinsdifferenzen zu (1) von Kontokorrentkrediten unter 1 Mill. DM	Zinsdiff. zu (1) von Hypothekarkrediten (Effektivverzinsung)
Spalte	1	2	3
1967[b)] Juni	5,32	+ 2,39	+ 1,88
Sept.	5,21	+ 2,41	+ 1,97
Dez.	5,14	+ 2,47	+ 2,03
1968[c)] März	5,12	+ 2,47	+ 2,04
Juni	5,05	+ 2,53	+ 2,04
Sept.	4,97	+ 2,58	+ 2,04
Nov.	4,92	+ 2,60	+ 2,02
1969 Febr.	4,86	+ 2,64	+ 2,04
Mai	5,73	+ 2,30	+ 1,26
Aug.	6,71	+ 2,24	+ 0,69
Nov.	7,57	+ 2,03	./. 0,08
1970 Febr.	8,42	+ 1,74	./. 0,36
Mai	9,75	+ 1,83	./. 1,14
Aug.	9,39	+ 2,11	./. 0,64
Nov.	9,27	+ 2,08	./. 0,46
1971 Jan.	8,24	+ 2,45	+ 0,35
Febr.	8,13	+ 2,52	+ 0,38
Mai	7,13	+ 2,73	+ 1,21
Aug.	7,26	+ 2,61	+ 1,32
Nov.	6,71	+ 2,87	+ 1,75

a) In Prozentpunkten über (+) oder unter (−) dem Zins für Wechseldiskontkredite. — b) Ungewichtete arithmetische Mittelwerte. — c) Seit März 1968: Ungewichtete arithmetische Mittelwerte aus der mittleren Streubreite von 90 % der Zinsmeldungen.

Quelle: Deutsche Bundesbank.

könnte mit dem Verhalten der Unternehmen[19] erklärt werden. (Vgl. auch Tabelle 18.) Diese starke Verschiebung zugunsten der kurzfristigen Kreditnachfrage ist aber andererseits um so bemerkenswerter als durch die eingeleitete Restriktionspolitik der Notenbank[20] die Unternehmen eher mit weiteren Zinssteigerungen rechnen mußten. Die in diesem Zusammenhang oft postulierten Zinserwartungshypothesen[21] sind zumindest im Beobachtungszeitraum nicht bestätigt worden.

(2) Betrachten wir die Zinsentwicklung genauer, so stellen wir fest, daß die Sollzinsen (vgl. Tabelle 12) seit der Aufhebung der Zinsverordnung am 1. April 1967 in ihrer Entwicklung nicht voll den Veränderungen des Diskontsatzes folgten, sondern in mindestens ebenso starkem Maße eine Richtungsgleichheit mit der Entwicklung der Liquiditätsreserven hatten (vgl. Tabelle 11 und 13)[22]. Die Einschränkung der Rediskontkontingente ab Mitte 1969[23] sowie die verstärkte Ausnützung der Rediskontierung könnten Erklärungen dafür sein, daß zwischen November 1969 und November 1970 der Abstand zwischen den Zinssätzen für Wechseldiskont- und Kontokorrentkredite (vgl. Tabelle 14) gegenüber dem Vorjahr deutlich geringer war, da durch die restriktive Politik der Bundesbank der Liquiditätseffekt von bundesbankfähigen Wechseln für die Kreditinstitute gemindert wurde[24].

5.1.2.2. Kreditgeschäfte mit den privaten Haushalten

Die Entwicklung der Aufnahme von Bankkrediten durch private Haushalte kann für die Zeit von Ende 1966 bis Ende 1971 nicht durch die oben angegebenen Hypothesen über die Abhängigkeit dieser Entwicklung von der Lage am Arbeitsmarkt (und den darin implizit angesprochenen Erwartungen über die Einkommensentwicklung) in ihrem gesamten Umfang erklärt werden[25].

Die Hypothese der Deutschen Bundesbank[26] traf zumindest für die Erklärung der Zeit von 1969 - 1970 in größerem Maße zu, als trotz sin-

[19] Vgl. oben 3.2.3. (1); nach der dort aufgestellten Hypothese soll im Aufschwung die Ausdehnung der kürzerfristigen Kreditnachfrage relativ stärker sein als die der gesamten Kreditnachfrage. 1969 stieg der Anteil der kurzfristigen Bankkredite an der Gesamtsumme der Bankkredite, die durch Unternehmen aufgenommen wurden auf 51,9 % gegenüber 33,3 % 1968!

[20] Vgl. oben 4.2. (4).

[21] Vgl. oben 2.1.2. und die dort angegebene Literatur. Vgl. auch *F. Holzheu*, S. 31. Das Nichtzutreffen derartiger Erklärungsansätze dieser Phase könnte u. a. mit den 1969 auftretenden Inflationsfaktoren (vgl. 4.2.) begründet werden. Schwindende Geldillusion wäre damit ein weiterer Grund für eine stark steigende, auch kürzerfristige Kreditnachfrage.

[22] Vgl. oben 4.3. (3).

[23] Vgl. oben 4.3. (3).

[24] Vgl. oben 3.2.4.3. (2). Zwischen November 1969 und November 1970 nahmen die Wechseldiskontkredite aller Kreditinstitute mit Ausnahme der Ultimoabwicklung 1969/1970 kaum zu. Sie bewegten sich um 36 Mrd. DM. Vgl. *Deutsche Bundesbank*, Statistische Beihefte, Reihe 1, Februar 1971, S. 3.

[25] Vgl. oben 3.1.2., siehe auch Tabelle 14. Hieran zeigt sich, daß auch einmal (1966/67) zutreffende Aussagen trotz aller *Plausibilität* nicht unbedingt zur fortgesetzten Erklärung herangezogen werden können.

[26] Vgl. oben 3.1.2.

Tabelle 15: **Entwicklung der Bankkredite privater Haushalte, der Arbeitslosigkeit und ausgewählte Zinssätze**[a)]

Jahr	Zu- bzw. Abnahme (–) der kurzfristigen Bankkredite in Mrd. DM	Zu- bzw. Abnahme (–) der länger-fristigen Bankkredite in Mrd. DM	Zu- bzw. Abnahme (–) der Summe von (1) u. (2) in Mrd. DM	Veränderung von (3) gegenüber Vorjahr in v. H.	saisonbereinigte Arbeitslosenquote im IV. Quartal jeden Jahres in v. H.[b)]	Zinssätze für Kontokorrentkredite in % p. a. im November	Zinssätze für Ratenkredite in % pro Monat im November
Spalte	1	2	3	4	5	6	7
1966	– 0,02	0,57	0,55	—	1,1	9,5	—
1967	0,16	0,74	0,90	+ 63,6	2,3	7,61	—
1968	0,69	2,04	2,73	+ 230,3	1,1	7,52	0,39
1969	1,99	1,78	3,77	+ 38,4	0,7	9,60	0,45
1970	1,11	1,98	3,09	– 18,0	0,7	11,35	0,56
1971	2,96	2,29	5,25	+ 69,9	1,0	9,58	0,53

a) Zu den Zinssätzen vgl. Tabelle 12. — b) Errechnet aus den saisonbereinigten Wirtschaftszahlen der Deutschen Bundesbank.
Quelle: Deutsche Bundesbank.

kender Arbeitslosigkeit die zusätzliche Kreditaufnahme der privaten Haushalte relativ (1969) und absolut (1970) zurückging, die Zinsen für entsprechende Kredite aber stiegen. Dagegen läßt sich der Zuwachs der Kreditaufnahme der privaten Haushalte im Jahre 1971 um fast 70 % weder durch sinkende Zinsen (die Zinsen für Ratenkredite gingen nur um dreihundertstel Prozentpunkte, bezogen auf Monatszinssätze, zurück) noch durch eine Abnahme der Arbeitslosigkeit (die saisonbereinigte Arbeitslosenquote stieg an) erklären.

Betrachten wir aber die wachsende Bedeutung des bargeldlosen Zahlungsverkehrs verbunden mit den erweiterten Kreditierungsmöglichkeiten auch für jeden Lohn- und Gehaltsempfänger, die Garantiefunktion des Euroschecks für den privaten Scheckverkehr und die gegenüber 1970 kräftiger gesunkenen Zinsen für Kontokorrentkredite, so können wir in allem zusammen einen Erklärungsansatz für die letzte Beobachtungsphase sehen, ebenso wie für die zukünftige Entwicklung der Privatkredite die Änderung der Zahlungsgewohnheiten der privaten Haushalte wohl eine Rolle spielen dürfte, wenn auch durch die Erhebung von Buchungs- und Scheckgebühren gewisse Hemmnisse aufgebaut worden sind.

5.1.2.3. Kreditgeschäfte mit Unternehmen

(1) Für die Investitionstätigkeit der Unternehmen hatten wir als mögliche Erklärungshypothese auf den Zusammenhang von erwirtschafteten Gewinnen und Abschreibungen einerseits und Sachvermögensbildung andererseits hingewiesen[27]. Dieser Zusammenhang besteht — zumindest der Richtung nach — für den Beobachtungszeitraum (vgl. Tabelle 16). Aus dem Rahmen fällt allerdings das Jahr 1969, in dem zwar hohe Gewinne erwirtschaftet wurden[28], jedoch die einbehaltenen Finanzmittel gegenüber dem Vorjahr kaum zunahmen. Dafür stiegen jedoch die entnommenen Gewinne und Vermögenseinkommen der privaten Haushalte stärker an (Zunahme um fast 17 v. H. gegenüber dem Vorjahr), wobei diese Zunahme nicht durch vermehrte Zinseinkommen aus Forderungsvermögen erklärt werden kann[29].

(2) Veränderungen der Finanzierungsdefizite im Konjunkturverlauf waren nicht gleichgerichtet mit den nominellen Veränderungen des Sozialprodukts, sondern stimmten in weit größerem Maße — der Richtung nach — mit den realen Zuwachsraten des Sozialprodukts überein (vgl. Tabelle 17). Betrachtet man dies im Zusammenhang mit der

[27] Vgl. oben 3.2.1.

[28] Vgl. *Deutsche Bundesbank*, Jahresabschlüsse der Unternehmen für 1969, *in:* Monatsberichte, 23. Jg. Nr. 11, November 1971, S. 40.

[29] Vgl. Tabelle 3 für die Habenzinssätze und Tabelle 23 für die Renditen von festverzinslichen Wertpapieren. Vgl. auch oben 4.2. (2).

Tabelle 16: **Investitionen und erwirtschaftete, verfügbare Finanzmittel von Unternehmen (ohne Wohnungswirtschaft) und deren Veränderung 1965 - 1971**

Jahr	Unternehmen (ohne Wohnungswirtschaft)				Private Haushalte	
	Brutto-Investitionen in Mrd. DM	Veränderung von (1) gegenüber Vorjahr in v. H.	Abschreibungen sowie Ersparnis und Vermögensübertragungen in Mrd. DM	Veränderung von (3) gegenüber Vorjahr in v. H.	Entnommene Gewinne und Vermögenseinkommen in Mrd. DM	Veränderung von (5) gegenüber Vorjahr in v. H.
Spalte	1	2	3	4	5	6
1965	80,94	—	59,98	—	72,87	—
1966	75,89	./. 6,2	59,49	./. 0,8	76,89	+ 5,5
1967	63,67	./. 19,2	60,94	+ 2,4	79,10	+ 2,9
1968	82,41	+ 29,4	73,16	+ 20,1	88,05	+ 11,4
1969	101,74	+ 23,5	73,73	+ 0,8	103,02	+ 16,9
1970	122,89	+ 20,8	89,13	+ 20,9	111,07	+ 7,9
1971	127,12	+ 3,4	88,56	./. 0,6	124,07	+ 11,7

Tabelle 17: **Finanzierungsdefizite von Unternehmen (ohne Wohnungswirtschaft) und Wachstumsraten des Bruttosozialprodukts**

Jahr	Unternehmen (ohne Wohnungswirtschaft)		Bruttosozialprodukt in jeweiligen Preisen		Bruttosozialprodukt in konstanten Preisen	
	Finanzierungsdefizit in Mrd. DM	Veränderung von (1) gegenüber Vorjahr in v. H.	in Mrd. DM	Veränderung von (3) gegenüber Vorjahr in v. H.	in Mrd. DM (Basis 1962)	Veränderung von (5) gegenüber Vorjahr in v. H.
Spalte	1	2	3	4	5	6
1966	16,41	—	490,7	—	431,7	—
1967	2,73	./. 83,4	495,5	+ 1,0	430,8	./. 0,2
1968	9,25	+ 238,8	540,0	+ 9,0	462,3	+ 7,3
1969	28,01	+ 202,8	603,4	+ 11,7	499,0	+ 7,9
1970	33,76	+ 20,5	682,5	+ 13,2	527,0	+ 5,6
1971	38,56	+ 14,2	756,1	+ 10,7	541,5	+ 2,8

Quelle: Deutsche Bundesbank; Statistisches Bundesamt.

Tabelle 18: **Laufzeitenstruktur von Bankkrediten an Unternehmen (ohne Wohnungswirtschaft) und reale Wachstumsraten des Bruttosozialprodukts 1966/67 - 1971**

Jahr	Unternehmen (ohne Wohnungswirtschaft)			
	Zunahme der kurzfristigen Bankkredite in Mrd. DM	Zunahme der längerfristigen Bankkredite in Mrd. DM	Anteil der Veränderung der kurzfristigen Bankkredite an den gesamten Bankkrediten in v. H.	Veränderung des realen Bruttosozialprodukts gegenüber Vorjahr in v. H.
Spalte	1	2	3	4
1966	5,80	7,50	43,6	—
1967	2,86	7,85	26,7	⁒ 0,2
1968	4,84	9,71	33,3	+ 7,3
1969	19,50	18,08	51,9	+ 7,9
1970	11,47	19,54	37,0	+ 5,6
1971	14,06	25,08	35,9	+ 2,8

Quelle: Deutsche Bundesbank; Statistisches Bundesamt.

Gewinnentwicklung[30], so muß man feststellen, daß es den Unternehmen bei zunehmenden inflationären Tendenzen nicht gelang, im gleichen Maße wie die an ihre Beschäftigten gezahlten Einkommen ihre eigenen Einkommen durch Produktivitätssteigerungen und Preiserhöhungen auszudehnen[31]. Damit stiegen die Aufwendungen in dieser inflationären Phase schneller als die Erträge. Die Unternehmen haben ihre Erwartungen demzufolge wohl kaum an den inflationär aufgeblähten Zuwachsraten der Gesamtwirtschaft ausgerichtet.

(3) Ähnlich wie bei den Zuwächsen der Verschuldung war das Verhalten in bezug auf die Struktur der Bankenschuldenaufnahme. Mit steigenden realen wirtschaftlichen Wachstumsraten nahmen die Unternehmen in zunehmendem Maße kürzerfristige Bankkredite auf (vgl. Tabelle 18), während sie bei nachlassenden Steigerungsraten des realen Wachstums zur Konsolidierung ihrer Bilanzen schritten.

---

[30] Vgl. oben unsere jeweiligen Ausführungen im 4. Kapitel: 4.1.1. (2); 4.2. (3); 4.3. (1).

[31] Die Lohnquote (d. h. der Anteil des Brutto-Einkommens aus unselbständiger Arbeit am Volkseinkommen) stieg von 66,9 % 1966 auf 69 % im Jahre 1971, obwohl die Forderungsvermögen der Privaten und damit auch die Zinseinkommen in der Zwischenzeit beachtlich gestiegen waren.

Die Verhaltenshypothesen für den Sektor Unternehmen über Verschuldung und Konjunktur[32] sind demgemäß für unsere Beobachtungsperiode nicht falsifiziert worden.

5.1.2.4. Kreditgeschäfte mit öffentlichen Haushalten

(1) Wie wir oben schon herausgestellt haben[33], sind in diesem Sektor der Ausgaben- sowie Einnahmenarten und -struktur nach unterschiedlichen Körperschaften zusammengefaßt. Die Konsolidierung der finanziellen Forderungen und Verpflichtungen dieser Körperschaften in der Finanzierungsrechnung setzt den Wert des Rechenwerkes für eine Überprüfung von Verhaltenshypothesen dieses Sektors zwangsläufig stark herab. Daher haben wir Nebenrechnungen herangezogen, die zwischen den einzelnen Gebietskörperschaften differenzieren.

(2) *Gemeinden und Gemeindeverbände.* Auffallend bei den Einnahmen der Gemeinden ist, daß zwischen Größen, die der Plausibilität nach sich in etwa parallel entwickeln müßten, größere Diskrepanzen bestehen[34]. Die laufenden Einnahmen der Gemeinden werden durch die verschieden hohen Zuschüsse aus anderen Bereichen verstetigt[35].

Die Hypothese, daß die Verschuldung mit dem Gemeindesteueraufkommen prozyklisch wachse, wird in dieser direkten Form durch das vorliegende Zahlenmaterial im Beobachtungszeitraum nicht gestützt (vgl. Tabelle 19). Ziehen wir aber die Ausgaben der Kapitalrechnung in unsere Beobachtungen mit ein, so stellen wir fest, daß auf Einnahmeerhöhungen mit einem time-lag höhere Investitionsausgaben folgen, die dann auch zu verstärkter Kreditaufnahme bei Banken führen[36]. Diese zeitlichen Verzögerungen ergaben sich wohl aus der Dauer der Objektabwicklung über Planung, Bau und endgültiger Finanzierung. Das Problem der Gemeinden liegt nun darin, daß die echte Belastung

---

[32] Vgl. oben 3.2.3.

[33] Vgl. oben 3.3.

[34] Vgl. Tabelle 19. Hierbei ist allerdings zu bemerken, daß verschiedene Teile des Volkseinkommens unterschiedliche Bedeutung für die Gemeindebesteuerung in der Untersuchungsperiode hatten. Ging die Gewinnentwicklung zurück, so sank auch das Gewerbesteueraufkommen erheblich, ohne daß die Besteuerung steigender Einkommen aus unselbständiger Tätigkeit dafür einen Ausgleich bringen konnte, da gemäß § 3 Absatz 1 des Gesetzes zur Neuordnung der Gemeindefinanzen vom 8. September 1969 (BGBl. I, S. 1597) die Bezugsbasis für die Berechnung des Anteils der Gemeinden auf 8000 bzw. 16 000 DM begrenzt wurde.

[35] So betrug 1969 (einem Jahr mit überdurchschnittlicher Wachstumsrate des Volkseinkommens) die Zuwachsrate der Steuereinnahmen zwar 28,4 %, die laufenden Einnahmen stiegen aber nicht entsprechend (vgl. Tabelle 19).

[36] Die Schuldenaufnahme bei Banken und Sparkassen betrug im Beobachtungszeitraum immer etwas mehr als 80 v. H. der von den Gemeinden aufgenommenen Neuschulden aus Kreditmitteln. Vgl. *Statistisches Bundesamt* (Hrsg.), Statistisches Jahrbuch, lfde. Jahrgänge.

Tabelle 19: **Laufende Einnahmen, Bankschulden und Ausgaben der Gemeinden und Gemeindeverbände von 1966 - 1971 (1970)**[a)]

Jahr	Veränderungsrate des Volkseinkommens in v. H.	Steuereinnahmen der Gemeinden in Mrd. DM	Veränderung von (2) gegenüber Vorjahr in v. H.	Einnahmen der lfd. Rechnung in Mrd. DM[b)]	Veränderung von (4) gegenüber Vorjahr in v. H.	Neuschulden bei Banken und Sparkassen in Mrd. DM[e)]	Veränderungen von (6) gegenüber Vorjahr in v. H.	Ausgaben der lfd. Rechnung in Mrd. DM[c)]	Veränderung von (8) gegenüber Vorjahr in v. H.	Ausgaben der Kapitalrechnung in Mrd. DM[d)]	Veränderung von (10) gegenüber Vorjahr in v. H.
Spalte	1	2	3	4	5	6	7	8	9	10	11
1966	—	12,7	—	32,8	—	22,39	—	24,5	—	16,5	—
1967	⁒ 0,3	12,7	+ 0,0	34,2	+ 4,3	24,52	+ 9,5	25,8	+ 5,3	15,2	⁒ 7,9
1968	+ 10,9	13,4	+ 5,5	35,8	+ 4,7	26,55	+ 8,3	27,4	+ 6,2	15,8	+ 3,9
1969	+ 10,1	17,2	+ 28,4	41,6	+ 16,2	28,83	+ 8,6	30,4	+ 10,9	18,0	+ 13,9
1970	+ 14,6	16,6	⁒ 3,5	43,9	+ 5,5	31,99	+ 11,0	34,6	+ 13,8	21,9	+ 21,6
1971	+ 10,2					38,74	+ 21,1				

a) Gesicherte Zahlen für 1971 über Einnahmen und Ausgaben der Gemeinden lagen bei Abschluß der Arbeit noch nicht vor. — b) Hauptsächlich Einnahmen aus Steuern, aus wirtschaftlicher Tätigkeit, aus laufenden Zuweisungen und Zuschüssen von anderen Bereichen sowie Überschüsse aus sonstigen laufenden Einnahmen (insbesondere Gebühren und Entgelte). — c) Hauptsächlich Personalaufwand und laufender Sachaufwand. — d) Hauptsächlich Baumaßnahmen und Erwerb von Immobilien. — e) Stand jeweils am Jahresende.

Quelle: Statistisches Bundesamt.

durch die Aufnahme der Kredite erst in Phasen erfolgte, in denen die Einnahmen schon wesentlich langsamer wuchsen. Hierauf nahmen dann bei rezessiven Tendenzen die Gemeinden ihre investiven Ausgaben aufgrund der nun vorhandenen Schuldenbelastungen zurück, wodurch der Nachfrageausfall nach Investitionsgütern in solchen Zeiten noch verstärkt wurde.

Das vorliegende Zahlenmaterial weist aber deutlich darauf hin, daß damit die Zunahme der Verschuldung nicht aufhörte[37].

Die Nachfrage nach Bankkrediten stieg aber gerade zu der Zeit (1970 und 1971) in der die Eindämmung der Kreditvergabe Ziel der Bundesbank war und die Kreditnachfrage der Unternehmen zumindest in der ersten Phase (1970) unterdurchschnittlich zunahm[38].

(3) *Länder und Stadtstaaten.* Die Hypothesen über Einnahme- und Ausgabeentwicklung und Richtung und Art der Kreditaufnahme von Ländern, die oben aufgestellt wurden[39], entsprachen für den Beobachtungszeitraum den tatsächlich vorliegenden Zahlen.

Der starke Zuwachs der Steuereinnahmen 1969 führte zu einem Rückgang der Verschuldung in Kreditmitteln (vgl. Tabelle 20), während 1967 das schwache Ansteigen der laufenden Einnahmen durch eine Zunahme des Kreditvolumens um fast 50 % (gegenüber dem Vorjahr) ausgeglichen wurde. Im Rahmen der Verknappung der Rentenmärkte[40] gewann ab 1969 die Kreditaufnahme bei Banken verstärktes Gewicht (vgl. Tabelle 20, Spalte 9).

(4) *Bund.* Die Schuldenpolitik des Bundes entsprach im Betrachtungszeitraum etwa den Überlegungen, die wir oben unter konjunkturpolitischen Gesichtspunkten angestellt haben[41].

Direktkredite bei Banken nahmen zwar von Ende 1966 bis Ende 1969 von 0,59 auf 10,11 Mrd. DM, d. h. in beachtlichem Umfang zu (vgl. Tabelle 21). Verglichen mit der zusätzlichen Kreditaufnahme der Unternehmen (ohne Wohnungswirtschaft) bei Banken im gleichen Zeitraum (+ 62,77 Mrd. DM)[42] war dieser Betrag, insbesondere unter Berücksichtigung der hohen Bankenliquidität, für das Bankenkreditvolumen nicht von übermäßigem Gewicht.

[37] Dies könnte seinen Grund in den stetig anwachsenden *laufenden* Ausgaben haben. Vgl. Spalte 3 und 4 sowie 5 und 6 der Tabelle 19.

[38] Vgl. Tabelle 17 und Tabelle 18.

[39] Vgl. oben 3.3.2.2.

[40] Vgl. unten 5.2.1.

[41] Vgl. oben 3.3.2.1.

[42] Vgl. Tabelle 18.

Tabelle 20: **Laufende Einnahmen und Ausgaben sowie Bankschulden der Länder und Stadtstaaten 1966 - 1971 (1970)[a]**

Jahr	Steuereinnahmen in Mrd. DM	Veränderung von (1) gegenüber Vorjahr in v. H.	Einnahmen der laufenden Rechnung in Mrd. DM[2]	Veränderung von (3) gegenüber Vorjahr in v. H.	Neuschulden aus Kreditmarktmitteln in Mrd. DM[5]	Veränderung von (5) gegenüber Vorjahr in v. H.	Neuschulden bei Banken und Sparkassen in Mrd. DM[5]
Spalte	1	2	3	4	5	6	7
1966	36,3	—	50,0	—	10,0	—	5,03
1967	37,6	+ 3,6	51,4	+ 2,8	14,7	+ 47,0	7,44
1968	40,9	+ 8,8	56,5	+ 9,9	17,3	+ 17,7	8,60
1969	48,3	+ 18,1	63,9	+ 13,1	17,1	./. 1,2	8,99
1970	52,0	+ 7,7	68,2	+ 6,7	19,0	+ 11,1	10,74
1971	—	—			23,5	+ 23,7	13,47

a) - e) Vgl. Tabelle 19.
Quelle: Statistisches Bundesamt.

Tabelle 20 (Fortsetzung)

Veränderung von (7) gegenüber Vorjahr in v. H.	Anteil von (7) an (5) in v. H.	Ausgaben der lfd. Rechnung in Mrd. DM[3]	Veränderung von (10) gegenüber Vorjahr in v. H.	Ausgaben der Kapitalrechnung in Mrd. DM[d]	Veränderung von (12) gegenüber Vorjahr in v. H.	Neuschulden in Form von Schuldverschreibungen in Mrd. DM	Veränderung von (14) gegenüber Vorjahr in v. H.
8	9	10	11	12	13	14	15
—	50,3	42,1	—	15,8	—	3,03	
+ 47,9	50,6	44,3	+ 5,2	15,5	./. 1,9	4,42	+ 45,9
+ 15,6	49,7	47,9	+ 8,1	14,9	./. 3,9	5,48	+ 24,0
+ 4,5	52,6	48,9	+ 2,1	18,2	+ 22,1	5,49	+ 0,2
+ 19,5	56,5	58,4	+ 19,4	19,5	+ 7,1	5,68	+ 3,5
+ 25,4	57,3	—	—	—	—	6,91	+ 19,9

Exkurs

Die Schuldenpolitik des Bundes an mehreren Kreditmärkten

Betrachtet man die Verschuldung des Bundes an verschiedenen Kreditmärkten, so ist erstens festzustellen, daß die Schuldenpolitik am Geldmarkt genau den konjunkturpolitischen Erfordernissen entsprach (vgl. Tabelle 22). Zur Bekämpfung der rezessiven Tendenzen wurden 1967/68 insgesamt über 11 Mrd. DM Geldmarktpapiere plaziert, die bis Ende 1971 dann auf unter 4 Mrd. DM abgebaut wurden.

Hingegen nahm die Neuverschuldung in Anleihen in den Jahren der Hochkonjunktur 1969 - 1971 stärker zu. Jedoch konnte nicht das gesamte Geldmarktvolumen konsolidiert werden, obwohl der Bund 1969 sogar Schulden tilgte. Der kreditmäßige Ausgleich wurde vor allem über die Bankkredite vollzogen, die Ende 1971 fast 45 % der gesamten Neuschulden des Bundes in Kreditmarktmitteln erreichten.

Tabelle 21

Schulden des Bundes bei Banken und Sparkassen (ohne Bundesbank) im Vergleich zu Neuschulden aus Kreditmarktmitteln jeweils am Jahresende 1966 - 1971

Jahr	Neuschulden aus Kreditmarktmitteln in Mrd. DM	Veränderung von (1) gegenüber Vorjahr in v. H.	Neuschulden bei Banken und Sparkassen in Mrd. DM	Veränderung von (3) gegenüber Vorjahr in v. H.	Anteil von (3) an (1) in v. H.
Spalte	1	2	3	4	5
1966	15,98	—	0,59	—	3,7
1967	22,66	+ 41,8	1,10	+ 86,4	4,9
1968	28,96	+ 27,8	5,78	+ 425,5	20,0
1969	26,69	⁒ 7,8	10,11	+ 74,9	37,5
1970	27,33	+ 2,4	12,12	+ 19,9	44,3
1971	28,83	+ 5,5	12,86	+ 6,1	44,6

Quelle: Statistisches Bundesamt.

Tabelle 22: **Schulden des Bundes in Geldmarktpapieren[a)] und Anleihen im Vergleich zu Neuschulden aus Kreditmarktmitteln jeweils am Jahresende 1966 - 1971**

Jahr	Neuschulden aus Kreditmarktmitteln in Mrd. DM	Veränderung (1) gegenüber Vorjahr in v. H.	Neuschulden in Anleihen in Mrd. DM	Veränderung von (3) gegenüber Vorjahr in v. H.	Neuschulden in Geldmarktpapieren[a)] in Mrd. DM	Veränderung von (5) gegenüber Vorjahr in v. H.	Anteil von (3) an (1) in v. H.	Anteil von (5) an (1) in v. H.
Spalte	1	2	3	4	5	6	7	8
1966	15,98	—	6,52	—	2,43	—	40,8	15,2
1967	22,66	+ 41,8	6,86	+ 5,2	9,28	+ 281,9	32,1	41,0
1968	28,96	+ 27,8	7,33	+ 6,9	10,62	+ 14,4	25,3	36,7
1969	26,69	⁒ 7,8	7,75	+ 5,7	5,61	⁒ 47,2	29,0	21,0
1970	27,33	+ 2,4	8,79	+ 13,4	4,73	⁒ 15,7	32,2	17,3
1971	28,83	+ 5,5	10,40	+ 18,3	3,96	⁒ 16,3	36,1	13,7

a) Geldmarktpapiere = verzinsliche Schatzanweisungen + Kassenobligationen + unverzinsliche Schatzanweisungen und Steuergutscheine.
Quelle: Statistisches Bundesamt.

5.2. Wertpapiermärkte

5.2.1. Märkte für festverzinsliche Wertpapiere

5.2.1.1. Überblick

(Vgl. Tabellen 23, 24, 25.) Nachdem im Gefolge der Einführung der Kuponsteuer und dem dadurch zeitweise bedingten Ausfall an ausländischer Nachfrage nach festverzinslichen Wertpapieren sowie durch den Anlageattentismus, insbesondere der privaten Haushalte, der Netto-Erwerb (und damit auch der Netto-Absatz) von festverzinslichen Wertpapieren auf unter 6 Mrd. DM im Jahre 1966 geschrumpft war, gewannen die Anleihen als Finanzierungsinstrument 1967 ihre alte Funktion wieder zurück, d. h. über 10 Prozent der Finanzierungsströme zwischen den Sektoren wurden wieder mit Hilfe von festverzinslichen Wertpapieren abgewickelt (vgl. Tabelle 25).

Der Umschwung war vermutlich bestimmt von den Konsolidierungsbedürfnissen der Unternehmen und einem Nachholbedarf der Realkreditinstitute nach dem „enttäuschenden" Jahr 1966 einerseits sowie einem Anlagebedürfnis der Banken aufgrund hoher Liquidität andererseits. Hinzu kamen noch die Wertpapierkäufe der Bundesbank.

Die Anleihemärkte zeichneten sich zudem in den Jahren 1967 und 1968 durch sinkende Zinsen aus (vgl. Tabellen 23 und 24)[43]. Die absolute und relative Zunahme der festverzinslichen Wertpapiere im Rahmen der Finanzierungsströme hielt so lange an, wie die Emissionsrenditen fallende Tendenz aufwiesen. Die Tendenz kehrte sich in der Zinssteigerungsperiode 1969/70 um. Die Gründe hierfür wollen wir anhand der oben aufgestellten Hypothesen für die einzelnen Sektoren erörtern (vgl. dazu u. a. Tabellen 26 und 27).

---

[43] Vgl. hierzu auch oben 4.1.2. (4).

Tabelle 23

Emissionsrenditen festverzinslicher Wertpapiere (insgesamt)

Jahr/Monat	Rendite in v. H. p. a.	Veränderung von (1) gegenüber Vormonat in Prozentpunkten	Jahr	Rendite in v. H. p. a.	Veränderung von (1) gegenüber Vormonat in Prozentpunkten
Spalte	1	2		1	2
1967 Jan.	7,6	—	1968	6,8	± 0,0
Febr.	7,5	⁒ 0,1		6,8	± 0,0
März	7,3	⁒ 0,2		6,8	± 0,0
April	7,0	⁒ 0,3		6,8	± 0,0
Mai	6,8	⁒ 0,2		6,6	⁒ 0,2
Juni	6,7	⁒ 0,1		6,5	⁒ 0,1
Juli	6,8	+ 0,1		6,5	± 0,0
Aug.	6,8	± 0,0		6,3	⁒ 0,2
Sept.	6,8	± 0,0		6,3	± 0,0
Okt.	6,8	± 0,0		6,3	± 0,0
Nov.	6,7	⁒ 0,1		6,4	+ 0,1
Dez.	6,8	+ 0,1		6,3	⁒ 0,1
1969 Jan.	6,2	⁒ 0,1	1970	7,4	+ 0,3
Febr.	6,2	± 0,0		7,8	+ 0,4
März	6,3	+ 0,1		8,2	+ 0,4
April	6,5	+ 0,2		8,2	± 0,0
Mai	6,6	+ 0,1		8,1	⁒ 0,1
Juni	6,8	+ 0,2		8,4	+ 0,3
Juli	6,9	+ 0,1		8,6	+ 0,2
Aug.	7,1	+ 0,2		8,5	⁒ 0,1
Sept.	7,1	± 0,0		8,5	± 0,0
Okt.	7,3	+ 0,2		8,6	+ 0,1
Nov.	7,2	⁒ 0,1		8,6	± 0,0
Dez.	7,1	⁒ 0,1		8,3	⁒ 0,3
1971 Jan.	7,9	⁒ 0,4			
Febr.	7,7	⁒ 0,2			
März	7,7	± 0,0			
April	7,8	+ 0,1			
Mai	7,9	+ 0,1			
Juni	8,1	+ 0,2			
Juli	8,3	+ 0,2			
Aug.	8,3	± 0,0			
Sept.	8,2	⁒ 0,1			
Okt.	8,0	⁒ 0,2			
Nov.	7,9	⁒ 0,1			
Dez.	7,8	⁒ 0,1			

Quelle: Deutsche Bundesbank.

Tabelle 24

Erwerb (bzw. Absatz) festverzinslicher Wertpapiere von den Sektoren der Finanzierungsrechnung (insgesamt) und durchschnittliche Emissionsrenditen in den Jahren 1966 - 1971

Jahr	Erwerb (= Absatz) festverzinslicher Wertpapiere in Mrd. DM	Veränderung von (1) gegenüber Vorjahr in v. H.	Emissionsrenditen festverzinslicher Wertpapiere (insgesamt) in % p. a.	Veränderung von (3) gegenüber Vorjahr in Prozentpunkten
Spalte	1	2	3	4
1966	5,78	—	7,9	+ 0,9
1967	15,66	+ 170,9	7,0	./. 0,9
1968	21,65	+ 38,3	6,5	./. 0,5
1969	17,61	./. 18,7	6,8	+ 0,3
1970	15,26	./. 13,3	8,3	+ 0,5
1971	19,53	+ 28,0	8,0	./. 0,3

Quelle: Deutsche Bundesbank.

Tabelle 25

Anteil des Erwerbs (bzw. Absatzes) festverzinslicher Wertpapiere der Sektoren (insgesamt) an den Veränderungen der Forderungen (bzw. Verbindlichkeiten) zwischen den Sektoren in den Jahren 1964 bis 1971

Jahr	Anteil in v. H.
1964	14,17
1965	11,26
1966	5,92
1967	13,14
1968	13,71
1969	10,63
1970	6,84
1971	8,45

Quelle: Deutsche Bundesbank.

Tabelle 26: **Absatz festverzinslicher Wertpapiere insgesamt und verschiedener Sektoren 1966/67 bis 1971**

Jahr	Sektoren insgesamt		Absatz festverzinslicher Wertpapiere (verschiedener Sektoren)											
	Absatz[a] festverzinslicher Wertpapiere in Mrd. DM	Veränderung von (1) gegenüber Vorjahr in v. H. (netto)	von Unternehmen in Mrd. DM	Veränderung von (3) gegenüber Vorjahr in v. H.	Anteil von (3) an (1) (brutto) in v. H.	von öffentl. Haushalten in Mrd. DM	Veränderung von (6) gegenüber Vorjahr in v. H.	Anteil von (6) an (1) (brutto) in v. H.	vom Ausland in Mrd. DM	Veränderung von (9) gegenüber Vorjahr in v. H.	Anteil von (10) an (1) (brutto) in v. H.	von Kreditinstituten in Mrd. DM	Veränderung von (12) gegenüber Vorjahr in v. H.	Anteil von (12) an (1) (brutto) in v. H.
Sp.	1	2	3	4	5	6	7	8	9	10	11	12	13	14
1966	+ 5,78 6,33	—	− 0,55	—	— —	+ 1,05	—	16,6	+ 0,51	—	8,1	+ 4,76	—	75,2
1967	+ 15,66	+ 170,9	+ 1,69	—	10,8	+ 4,09	+ 289,5	26,1	+ 0,45	⁒ 11,7	2,9	+ 9,43	+ 98,1	60,2
1968	+ 21,65	+ 38,3	+ 1,04	⁒ 38,5	4,8	+ 2,52	+ 45,0	11,6	+ 3,91	+ 768,9	18,1	+ 14,19	+ 50,5	65,5
1969	+ 17,61 18,04	⁒ 18,7	+ 0,29	⁒ 72,1	1,6	− 0,43	⁒ 117,1	— —	+ 5,16	+ 32,0	28,6	+ 12,58	⁒ 11,3	69,7
1970	+ 15,26	⁒ 13,3	+ 1,45	+ 400,0	9,5	+ 0,75	+ +	4,9	+ 0,85	⁒ 83,5	5,6	+ 12,22	⁒ 2,9	80,1
1971	+ 19,53 20,92	+ 28,0	+ 3,78	+ 160,7	18,1	+ 1,96	+ 161,3	9,4	− 1,39	⁒ 263,5	— —	+ 15,19	+ 24,3	72,6

a) Bei „negativem Absatz" von Anleihen eines Sektors wurde das Marktvolumen um die Tilgungen vermindert. Das gesamte Absatzvolumen der übrigen Sektoren erhöht sich dementsprechend (untere Zeile in Spalte 1). Die Anteilssätze in v. H. werden in diesen Jahren auf das erhöhte Volumen gerechnet.

Quelle: Deutsche Bundesbank.

Tabelle 27: **Erwerb festverzinslicher Wertpapiere insgesamt und verschiedener Sektoren und Untersektoren 1966/67 bis 1971**

Jahr	Sektoren insgesamt		Erwerb festverzinslicher Wertpapiere (verschiedener Sektoren)				
			von privaten Haushalten			von Unternehmen	
	Erwerb[a] festverzinslicher Wertpapiere in Mrd. DM	Veränderung von (1) gegenüber Vorjahr in v. H.	in Mrd. DM	Veränderung von (3) gegenüber Vorjahr in v. H.	Anteil von (3) an (1) in v. H.	in Mrd. DM	Veränderung von (6) gegenüber Vorjahr in v. H.
Spalte	1	2	3	4	5	6	7
1966	+ 5,78	—	2,42	—	41,1	0,64	—
	5,89						
1967	+ 15,66	+ 170,9	2,77	+ 14,5	15,5	0,26	⁒ 59,4
	17,86						
1968	+ 21,65	+ 38,3	3,11	+ 12,3	13,9	1,64	+ 530,8
	22,43						
1969	+ 17,61	⁒ 18,7	5,53	+ 77,8	30,2	1,19	⁒ 27,4
	18,31						
1970	+ 15,26	⁒ 13,3	9,54	+ 72,5	61,4	0,54	⁒ 54,6
	15,55						
1971	+ 19,53	+ 28,0	7,07	⁒ 25,9	35,9	0,55	+ 1,9
	19,70						

a) Bei „negativem" Erwerb festverzinslicher Wertpapiere durch einen Sektor (höhere Verkäufe als Käufe) steigt der Gesamterwerb der übrigen Sektoren entsprechend (untere Zeile). Die Anteilssätze in v. H. werden in diesen Jahren auf das erhöhte Volumen gerechnet.

Tabelle 27 a

Erwerb festverzinslicher Wertpapiere (verschiedener Sektoren)

Jahr	vom Ausland in Mrd. DM	von öffentlichen Haushalten insgesamt in Mrd. DM	von öffentlichen Haushalten von Gebietskörperschaften in Mrd. DM	von öffentlichen Haushalten von Sozialversicherungen in Mrd. DM
Spalte	8	9	10	11
1966	⁒ 0,14	0,01	0,06	⁒ 0,05
1967	⁒ 0,84	⁒ 1,23	0,12	⁒ 1,36
1968	⁒ 0,15	0,16	0,12	0,05
1969	0,18	0,14	0,18	⁒ 0,04
1970	0,81	0,39	0,12	0,27
1971	1,61	1,95	0,15	1,80

Tabelle 27 b: **Erwerb festverzinslicher Wertpapiere (verschiedener Sektoren)**

Jahr	von der Deutschen Bundesbank in Mrd. DM	von Kreditinstituten			von Versicherungen		
		in Mrd. DM	Veränderung von (13) gegenüber Vorjahr in v. H.	Anteil von (13) an (1) (brutto) in v. H.	in Mrd. DM	Veränderung von (16) gegenüber Vorjahr in v. H.	Anteil von (16) an (1) (brutto) in v. H.
Spalte	12	13	14	15	16	17	18
1966	⁒ 0,06	1,49	—	25,3	1,25	—	21,2
1967	1,22	11,70	+ 685,2	65,5	1,78	+ 42,4	10,0
1968	⁒ 0,63	14,59	+ 24,7	65,0	2,70	+ 51,7	12,0
1969	⁒ 0,66	10,10	⁒ 30,8	55,7	2,25	⁒ 16,7	12,3
1970	⁒ 0,27	2,53	⁒ 75,0	16,3	1,74	⁒ 22,7	11,2
1971	⁒ 0,17	5,92	+ 134,0	30,1	2,51	+ 44,3	12,7

5.2.1.2. Kreditinstitute als Hauptemittenten und -nachfrager festverzinslicher Wertpapiere

(1) Das Emittentenverhalten der Kreditinstitute verlief in etwa der Tendenz nach entsprechend der aufgestellten Hypothese[44] (vgl. Tabelle 28). Steigende Zinsen im Hypothekarkreditgeschäft (vgl. Tabellen 12 und 28) führten 1969 und 1970 zu einer Zurücknahme der Neuemissionen durch Kreditinstitute. Die Verminderungsrate des Emissionsvolumens schwächte sich aber 1970 trotz der nunmehr für den Beobachtungszeitraum vergleichsweise hohen Zinsen stark ab, so daß man kaum auf ein kräftiges Zurückfallen der Hypothekenbanken im Aktivgeschäft schließen kann. Insoweit ist die aufgestellte Hypothese, auch wenn sie plausibel ist, von der Realität im Untersuchungszeitraum widerlegt worden. Dadurch, daß die privaten Haushalte, wie hypothetisch von uns vorausgesagt[45], durch steigende Wertpapierkäufe den Nachfragerückgang der Kreditinstitute nach Anleihen (siehe unten) auffingen, blieb ein breiter Absatzmarkt für festverzinsliche Wertpapiere (insgesamt) erhalten, an dem die Kreditinstitute im Jahre 1970 mit (überdurchschnittlichen) 80 % partizipiert haben. 1971 stieg bei leicht sinkenden Zinsen für Hypothekarkredite das Emissionsvolumen der Kreditinstitute wieder an. Die privaten Haushalte waren aber nicht bereit in gleicher Höhe wie im Vorjahre festverzinsliche Wertpapiere zu erwerben. Trotz der gesunkenen Bankenliquidität engagierten sich die Kreditinstitute am Anleihemarkt wieder stärker. Es liegt dabei die Vermutung nahe, daß hier die Geschäftsbanken den mit ihnen verbundenen Realkreditinstituten entgegenkamen, damit diese auch bei zurückgehender Nachfrage der privaten Haushalte nach Pfandbriefen ihre Hypothekenkreditgeschäfte im „Bauboom" finanzieren konnten. Zudem verdoppelten die Ausländer wieder ihre Käufe auf inländischen Geldpapiermärkten (vgl. Tabelle 27) und die Sozialversicherungen engagierten sich erstmals seit ihrer Finanzierungskrise 1966/67 wieder in nennenswertem Umfang am Anleihemarkt (vgl. Tabelle 27).

(2) Während der Jahre 1967 bis 1970 entsprach das Bankenverhalten in bezug auf den Erwerb von festverzinslichen Wertpapieren den oben angegebenen Hypothesen[46]. Die Vergrößerung der Bankenliquidität 1967 und 1968 führte zu steigenden Anleihekäufen. Die sinkende Bankenliquidität 1969 und 1970 ließ den Erwerb von Anleihen durch Kreditinstitute zurückgehen (vgl. Tabelle 29). Die Entwicklung im Jahre 1971, deren Ergebnis steigende Anlagen der Kreditinstitute in festverzinslichen Wertpapieren war, haben wir im vorangehenden Absatz zu erklären versucht. Eine weitere, unterstützende Erklärungshypothese

[44] Vgl. oben 3.5.4.3. (1).
[45] Vgl. oben 3.1.7. (4). Zur Erklärung vgl. 5.2.1.3.
[46] Vgl. oben 3.5.4.3. (2).

Tabelle 28: **Absatz von festverzinslichen Wertpapieren durch Kreditinstitute und Erwerb festverzinslicher Wertpapiere durch private Haushalte und Kreditinstitute sowie ausgewählte Zinssätze 1967 - 1971**

Jahr/Monat	Kreditinstitute				Private Haushalte		Kreditinstitute	
	Absatz festverzinslicher Wertpapiere in Mrd. DM	Veränderung von (1) gegenüber Vorjahr in v. H.	Zinsen für Hypothekarkredite in v. H. p. a.[a)]	Emissionsrenditen für Pfandbriefe in v. H. p. a.	Erwerb festverzinslicher Wertpapiere in Mrd. DM	Veränderung von (5) gegenüber Vorjahr in v. H.	Erwerb festverzinslicher Wertpapiere in Mrd. DM	Veränderung von (7) gegenüber Vorjahr in v. H.
Spalte	1	2	3	4	5	6	7	8
1967	9,43	+ 98,1			2,77	+ 14,5	11,70	+ 685,2
Juni			7,20	6,7				
Sept.			7,18	6,8				
Dez.			7,17	6,9				
1968	14,19	+ 50,5			3,11	+ 12,3	14,59	+ 24,7
März			7,16	6,9				
Juni			7,09	6,7				
Sept.			7,01	6,5				
Nov.			6,94	6,5				
1969	12,58	⁒ 11,3			5,53	+ 77,8	10,10	⁒ 30,8
Febr.			6,90	6,4				
Mai			6,99	6,7				
Aug.			7,40	7,1				
Nov.			7,49	7,1				
1970	12,22	⁒ 2,9			9,54	+ 72,5	2,53	⁒ 75,0
Febr.			8,06	7,6				
Mai			8,61	8,2				
Aug.			8,75	8,2				
Nov.			8,81	8,5				
1971	15,19	+ 24,3			7,07	⁒ 25,9	5,92	+ 134,0
Jan.			8,59	8,0				
Febr.			8,51	7,8				
Mai			8,34	8,0				
Aug.			8,58	8,3				
Nov.			8,46	8,0				

a) Vgl. Tabelle 12, Fußnote a).
Quelle: Deutsche Bundesbank.

Tabelle 29

Erwerb von festverzinslichen Wertpapieren durch Kreditinstitute Liquiditätsquote der Kreditinstitute und Emissionsrenditen festverzinslicher Wertpapiere 1966/67 bis 1971

Jahr/Monat	Emissionsrenditen festverzinslicher Wertpapiere insgesamt in v. H. p. a.	Kreditinstitute		
		Freie Liquiditätsreserven der Kreditinstitute in v. H. des Einlagevolumens	Erwerb festverzinslicher Wertpapiere in Mrd. DM	Veränderung von (3) gegenüber Vorjahr in v. H.
Spalte	1	2	3	4
1966	—	—	1,49	—
1967 Jan.	7,6	9,1		
März	7,3	10,0		
Juni	6,7	10,7		
Sept.	6,8	12,8	11,70	+ 685,2
Dez.	6,8	13,6		
1968 März	6,8	14,0		
Juni	6,5	13,5		
Sept.	6,3	13,6	14,59	+ 24,7
Nov.	6,4	15,6		
1969 Febr.	6,2	12,8		
Mai	6,6	14,4		
Aug.	7,1	10,0	10,10	./. 30,8
Nov.	7,2	8,5		
1970 Febr.	7,8	6,4		
Mai	8,1	6,5		
Aug.	8,5	7,2	2,53	./. 75,0
Nov.	8,6	9,1		
1971 Jan.	7,9	7,6		
Febr.	7,7	8,2		
Mai	7,9	10,2		
Aug.	8,3	6,5	5,92	+ 134,0
Nov.	7,9	7,0		

könnte dieselbe sein, wie diejenige für die Ausdehnung des Kreditgeschäftes trotz sinkender Bankenliquidität[47]. Durch die längere Phase niedriger Bankenliquidität bei weiterhin hohen Interbankverpflichtungen und ohne übertriebene Schwierigkeiten ihren Mindestreserveverpflichtungen nachzukommen, könnten sich die Kreditinstitute über ihre wirkliche Liquiditätslage getäuscht haben.

5.2.1.3. Private Haushalte als Käufer von festverzinslichen Wertpapieren

Die Entwicklung des Erwerbs festverzinslicher Wertpapiere durch private Haushalte entsprach nur in einigen Phasen den o. a. plausiblen Erklärungshypothesen[48] (vgl. Tabelle 17 sowie die Tabellen 2, 7 und 12).

Im Zusammenhang mit der Entspannung an den Finanzmärkten, den steigenden Zuwachsraten des realen Sozialprodukts und sinkender Arbeitslosigkeit nahm der Anleiheerwerb durch private Haushalte den Hypothesen entsprechend zu. Die höchsten Zuwachsraten der Käufe durch private Haushalte wurden aber 1969 und 1970 erreicht (jeweils über 70 % gegenüber dem Vorjahr), obwohl die Zinsen in Verbindung mit restriktiven Maßnahmen der Bundesbank anstiegen und damit die Kurse der alten, zu geringeren Nominalzinsen emittierten Anleihen sanken.

Als 1971 die Emissionsrenditen wieder ein wenig zurückgingen und damit die Kurse der umlaufenden Anleihen anstiegen, d. h. die privaten Haushalte positive Erfahrungen mit ihren Anlagen in festverzinslichen Wertpapieren machten, ging der Erwerb festverzinslicher Anleihen gegenüber dem Vorjahresniveau zurück.

Begründungen für diese Entwicklungen, so wie sie sich in den Ausweisen der Finanzierungsrechnung darstellen, können u. a. in der schon oben angegebenen, problematischen Abgrenzung[49] zwischen den privaten Haushalten und den Unternehmen gesehen werden. So kann z. B. der Rückgang im Kauf festverzinslicher Wertpapiere durch private Haushalte 1971 durch Entscheidungen im Unternehmenssektor von den selbständigen Unternehmern herbeigeführt worden sein, die, anstatt der Anlage ihrer finanziellen Mittel in Anleihen als private Haushalte, lieber Finanzinvestitionen in ihren Unternehmungen vornahmen, um so den gestiegenen Zinsen bei wachsenden Finanzierungsdefiziten zu entgehen.

---

[47] Vgl. oben 5.1.2.

[48] Vgl. oben 3.1.7., insbesondere (4).

[49] Vgl. oben 1.2.3.2. (1).

Die hohen Zuwachsraten 1969 und 1970 andererseits könnten mit den steigenden Einkommen erklärt werden[50], durch die die Anlage auch in kapitalwertunsicheren Forderungstiteln leichter möglich wurde[51]. Dabei müssen wir allerdings berücksichtigen, daß diese Erklärungen nicht monokausal betrachtet werden dürfen, sondern im Zusammenhang mit möglichen anderen Faktoren (Erwartungen in bezug auf das Zinsniveau, vergleichsweise stärkere Unattraktivität anderer Titel usw.), die hier nicht diskutiert werden können, gesehen werden müssen.

5.2.1.4. Die öffentlichen Haushalte als Emittenten und Anleger an den Anleihemärkten

(1) Der Bund betrieb, wie wir oben[52] dargestellt haben, seine Schuldenpolitik im Sinne eines auf konjunkturpolitische Ziele ausgerichteten debt managements. Der hohe Zuwachs in der Emission festverzinslicher Wertpapiere 1967 (vgl. Tabelle 26) läßt sich durch das Verhalten der Länder erklären, deren Neuschulden allein in Anleihen Ende 1967 um 1,4 Mrd. DM größer als Ende 1966 waren[53]. Als 1969 die Einnahmen der laufenden Rechnung der Länder um 13 % und allein die Steuereinnahmen um 18,5 % (ähnlich wie beim Bund) gegenüber dem Vorjahr stiegen, sank auch der Emissionsbedarf der öffentlichen Haushalte.

Die Fundierung der Bundesschulden einerseits und der ansteigende Ausgabenbedarf andererseits, ließen dann 1970 und 1971 das Emissionsvolumen der öffentlichen Haushalte den o. a. Hypothesen entsprechend[54] wieder ansteigen, wobei die Länder allerdings den Bankkrediten den Vorzug gaben[55].

(2) Das Anlageverhalten der Sozialversicherungen an den Märkten für festverzinsliche Wertpapiere entsprach der Hypothese[56], daß die Sozialversicherungen bei liquiditätsmäßiger Anspannung Schuldverschreibungen veräußern (vgl. Tabelle 27).

Die verbesserte Finanzlage der Sozialversicherungen (insbesondere die der Bundesversicherungsanstalt für Angestellte) nach Durchführung des 3. Rentenversicherungs-Änderungsgesetzes und aufgrund des

[50] Vgl. oben 4.2., insbesondere (3) und 4.3. (1).

[51] Hierbei handelt es sich aber lediglich um ad-hoc-Hypothesen.

[52] Vgl. 3.3.2.1. (1) und 5.1.2. (Exkurs).

[53] Vgl. *Deutsche Bundesbank*, Monatsberichte, Statistischer Teil, VII, 5. Die Aussagekraft der Finanzierungsrechnung ist, wie wir oben unter 3.3.1. schon dargestellt haben, wegen der mangelnden Differenzierungen für eine verhaltenshypothetische Untersuchung zu gering.

[54] Vgl. oben 3.3.2.1. und 3.3.2.2.

[55] Vgl. 5.1.2.

[56] Vgl. 3.3.3. (2).

Wirtschaftswachstums sowie steigender Zahlen ausländischer Arbeitnehmer in der BRD bewirkte dann auch wieder Anlagen in festverzinslichen Wertpapieren. Durch die Vergrößerung des Leistungsangebots (flexible Altersgrenze usw.) ab 1973 kann sich die Entwicklung bei Eintreten rezessiver Tendenzen in der Zukunft wieder umkehren. Dadurch könnten dann erneut Belastungen an den Anleihemärkten durch Verkäufe der Sozialversicherungen auftreten.

5.2.1.5. (Individual-)Versicherungen als Käufer von festverzinslichen Wertpapieren

Die Individualversicherungen kauften dann zunehmend festverzinsliche Wertpapiere, wenn sie sich keiner stärkeren Kreditnachfrage der übrigen Sektoren im Zusammenhang mit Kreditmarktanspannungen gegenübersahen und auch dann, wenn die Geldanlagen bei den Versicherungen im Vergleich zu den Vorjahren relativ stark zunahmen (1967, 1968 und 1971).

Umgekehrt hielten sie sich als Anleger in festverzinslichen Wertpapieren zurück, wenn sie die Möglichkeit sahen, Darlehen an die übrigen Sektoren auszuleihen und/oder steigende Termingeldsätze sowie unterdurchschnittliche Zuwachsraten in der Geldanlage bei Versicherungen zu verzeichnen waren (1969 und 1970) (Vgl. Tabelle 32).

Das Verhalten der Versicherungen entsprach damit den o. a. Hypothesen[57].

5.2.2. Aktienmärkte

5.2.2.1. Überblick

(1) Kurs, Dividende, Rendite (vgl. Tabelle 30). Der Kursverlauf der an den Börsen der BRD notierten Aktien (Durchschnittswerte) zeigte einen Anstieg von 1966 bis Ende 1969 und einen Abstieg 1970 sowie starke Schwankungen 1971 bei einem durchschnittlich höheren Niveau als 1970.

Im „Trend" erhöhten sich dabei die Dividenden. Eine Einbuße gab es 1968 als Folge der Wirtschaftslage 1966/67. Insgesamt fielen deshalb bis 1969 die Renditen nicht in dem gleichen Maße zurück wie die Kurse stiegen.

Einige Wirtschaftsfaktoren, die bei der Hypothesenbildung als mitbestimmend angesehen wurden[58], zeigten einen zur Kursentwicklung adäquaten Verlauf (vgl. Tabelle 31 sowie Tabellen 1 und 2).

---

[57] Vgl. oben 3.7.3.

[58] Vgl. oben 3.1.8. (4).

(2) Die Emittenten von Wertpapieren in der BRD waren neben nichtfinanziellen Unternehmen, Kreditinstitute, und in erheblichem Umfang das Ausland (vgl. Tabelle 32). Letzteres tätigte einen großen Teil seines Aktienabsatzes indirekt über Investmentzertifikate.

Tabelle 30: **Durchschnittskurse, -dividenden und -renditen börsennotierter Aktien in den Jahren 1966 bis 1971**[a]

Jahr	Durchschnittskurs für 1 Stück zu DM 100,—	Veränderung von (1) gegenüber Vorjahr in v. H.	Dividende[b]	Rendite	Veränderung von (4) gegenüber Vorjahr in v. H.
Spalte	1	2	3	4	5
1966	279	—	13,25	4,76	—
1967	374	+ 34,1	13,00	3,48	⁒ 26,9
1968	418	+ 11,8	12,55	3,00	⁒ 5,2
1969	480	+ 14,8	13,77	2,87	⁒ 4,3
1970	359	⁒ 25,2	15,74	4,39	+ 53,0
1971	385	+ 7,2	15,32	3,98	⁒ 9,3

a) Jahreszahlen errechnet aus 12 Monatszahlen, die an 4 Bankstichtagen ermittelt wurden. — b) Für die Berechnung ist die jeweils zuletzt bekanntgegebene Dividende (einschließlich 0 %) herangezogen worden.

Quelle: Statistisches Bundesamt.

Während der Absatz von Wertpapieren durch Unternehmen zwar gewisse Schwankungen aufwies, war der Absatz ausländischer Aktien durch einen überragenden Höhepunkt 1969 gekennzeichnet.

Tabelle 31: **Entwicklung von Auftragseingang, Lohnkosten je Produkteinheit und verfügbarem Einkommen 1966/67 bis 1971**

Jeweils IV. Quartal des Jahres Spalte 5 und 6: Jahr	Auftrags-eingang bei der Industrie (Index 1962 = 100)	Veränderung von (1) gegen-über Vorjahr in v. H.	Lohnkosten je Produkt-einheit[a] (Index 1962 = 100)	Veränderung von (3) gegen-über Vorjahr in v. H.	Verfügbares Einkommen der privaten Haushalte in Mrd. DM	Veränderung von (5) gegen-über Vorjahr in v. H.
Spalte	1	2	3	4	5	6
1966	122	—	116,5	—	312,9	—
1967	139	+ 13,9	116,2	⁒ 0,3	320,6	+ 2,5
1968	160	+ 15,1	112,5	⁒ 3,2	342,8	+ 6,9
1969	187	+ 16,9	120,8	+ 7,4	380,8	+ 11,0
1970	190	+ 1,6	132,3	+ 9,5	422,8	+ 11,1
1971	189	⁒ 0,5	142,7	+ 7,9	469,8	+ 11,1

a) Quotient aus dem Index der Bruttoverdienste je Beschäftigten und aus dem Index des realen Bruttosozialprodukts je Erwerbstätigen.
Quelle: Deutsche Bundesbank, saisonbereinigte Wirtschaftszahlen.

Tabelle 32: **Absatz und Erwerb von Aktien ausgewählter Sektoren 1966/67 - 1971**

Jahr	Unternehmen (nichtfinanzielle)				Private Haushalte		Kreditinstitute		Ausland	
	Absatz von Aktien in Mrd. DM	Veränderung von (1) gegenüber Vorjahr in v. H.	Erwerb von Aktien in Mrd. DM	Veränderung von (3) gegenüber Vorjahr in v. H.	Erwerb von Aktien in Mrd. DM	Veränderung von (5) gegenüber Vorjahr in v. H.	Erwerb von Aktien in Mrd. DM	Veränderung von (7) gegenüber Vorjahr in v. H.	Absatz von Aktien in Mrd. DM	Erwerb von Aktien in Mrd. DM
Spalte	1	2	3	4	5	6	7	8	9	10
1966	2,83	—	1,16	—	0,66	—	0,50	—	0,90	0,93
1967	2,31	⁒ 18,4	1,29	+ 11,2	1,25	+ 89,4	⁒ 0,32	⁒ 164,0	1,38	0,79
1968	2,84	+ 22,9	1,54	+ 19,4	1,01	⁒ 19,2	1,73	+ +	2,85	0,87
1969	2,82	⁒ 0,7	2,92	+ 89,6	3,29	+ 225,7	1,67	⁒ 3,5	5,65	0,18
1970	3,32	+ 17,7	3,02	+ 3,4	1,55	⁒ 52,9	1,13	⁒ 32,3	2,68	0,31
1971	4,76	+ 43,4	2,13	⁒ 29,5	1,60	+ 3,2	1,04	⁒ 8,0	1,87	1,40

Quelle: Deutsche Bundesbank.

5.2.2.2. Aktienerwerb durch nichtfinanzielle Unternehmen

Der Aktienerwerb durch Unternehmen, der zu einem Teil zur Kapitalverflechtung zwischen Unternehmen beiträgt[59], war während der Beobachtungsperiode dem Umfang und dem Anteil am gesamten Aktienerwerb nach bedeutend. 1969 überstieg sogar der Aktienerwerb des Unternehmenssektors den Absatz von Aktien dieses Sektors. Die Beteiligung an ausländischen Aktiengesellschaften und an inländischen Aktienbanken und Versicherungen kommt hierin zum Ausdruck.

Sofern die Aktien von selbständigen Unternehmern auch in Form von Investmentzertifikaten erworben wurden, könnte dieser Erwerb auch teilweise den privaten Haushalten zugerechnet werden[60]. Dies dürfte insbesondere während der weltweiten Hausse-Periode 1969 eine Rolle gespielt haben, als ausländische Investmentfonds mit neuen Werbemethoden (z. B. IOS) Absatzerfolge in größerem Umfang erzielten, welche die Finanzierungsrechnung durch das Ansteigen des ausländischen Aktienabsatzes auf 5,65 Mrd. DM (das ist eine Verdoppelung gegenüber dem Vorjahr) ausweist.

Mit zurückgehenden Haussefaktoren (vgl. Tabelle 31) ging dann auch der Aktienerwerb durch Unternehmen zurück, obwohl das Emissionsvolumen inländischer Aktiengesellschaften 1970 und 1971 zunahm. Der in diesen Jahren verbleibende Aktienerwerb dürfte dabei in stärkerem Maße den weitergehenden, oben beschriebenen[61] Beteiligungsinteressen gedient haben.

5.2.2.3. Private Haushalte als Anleger an Aktienmärkten

Das Anlageverhalten der privaten Haushalte entsprach in etwa den oben angegebenen Hypothesen[62] (vgl. Tabelle 30, 31, 32 und 33). Die inländischen Wirtschaftsfaktoren zeigten bis Ende 1969 eine positive Ertragstendenz für inländische Unternehmen an (vgl. Tabelle 32). Die Entwicklung des Jahres 1967 entsprach dabei genau dem hypothetischen Verlauf, da alle Faktoren, einschließlich der Ankündigung von Auftragserteilungen durch den Staat (Konjunkturförderungsprogramme) eine positive Tendenz anzeigten. Zwar schwächte sich der Aktien-

[59] Vgl. oben 3.2.5.2. (1); andere Verflechtungen durch Beteiligungen in GmbH-Anteilen, Gesellschafteranteilen als persönlich haftender Gesellschafter in Offenen Handelsgesellschaften und Kommanditgesellschaften sowie als begrenzt haftende Gesellschafter mit Kommanditisteneinlagen.

[60] Vgl. die Ermittlung und Verteilung des Aktienerwerbs auch über Investmentzertifikate in der Finanzierungsrechnung: *Deutsche Bundesbank,* Zahlenübersichten und methodische Erläuterungen zur gesamtwirtschaftlichen Finanzierungsrechnung . . ., S. 8.

[61] Vgl. 3.2.5.2. (2).

[62] Vgl. oben 3.1.8. (4).

erwerb 1968 nach dem kräftigen Zuwachs des Jahres 1967 ab, die Aktienkäufe nahmen aber relativ zum gesamten Forderungserwerb der privaten Haushalte noch zu (vgl. Tabelle 33; der Anteil des Aktienerwerbs an der gesamten Zunahme der Forderungen stieg von 3,93 im Jahre 1967 auf 4,01 Prozent im Jahre 1968).

Auf die ausländischen Investmentgesellschaften und ihre Verkaufserfolge als Faktoren für die Entwicklung im Jahre 1969 wurde in diesem Kapital schon hingewiesen[63]. In diesem Zusammenhang ist auch die Verdreifachung des Aktienerwerbs 1969 gegenüber 1968 durch die privaten Haushalte zu sehen.

Durch die Währungsunsicherheiten und die 1970 einsetzenden weltweiten Baissetendenzen wurde offenbar, daß Anlagen in ausländischen Aktien (sowie in indirekter Form über Investmentzertifikate) auch nicht jederzeit in der Vergangenhet erzielte Gewinne beibehalten konnten. Der Zusammenbruch des IOS-Konzerns machte dies dann auch Außenstehenden ganz deutlich.

Die Entwicklung in den Jahren 1970 und 1971 entsprach dann auch wieder in etwa den Hypothesen.

Tabelle 33

Anteil des Aktienerwerbs am gesamten Forderungserwerb der privaten Haushalte 1966 - 1971

Jahr	Erwerb von Aktien in v. H. der Veränderung der Forderungen privater Haushalte
1966	2,75
1967	3,93
1968	4,01
1969	7,13
1970	3,06
1971	2,68

5.2.2.4. Aktienerwerb durch Kreditinstitute

Die Aktienkäufe der Kreditinstitute, die gemessen an den Zuwächsen der Forderungen dieser finanziellen Unternehmen eine minimale Rolle spielen, können unter Berücksichtigung der Vielfältigkeit der Anlage-

[63] Vgl. auch *Deutsche Bundesbank,* Die neuere Entwicklung des Investmentsparens, *in:* Monatsberichte, 22. Jg. Nr. 1, Januar 1970, S. 5 ff.

motivationen[64] als nicht im Widerspruch zu den oben abgegebenen Hypothesen[65] angesehen werden.

Die Netto-Verkäufe im Jahre 1967 (die Banken setzten für 380 Mill. DM mehr fremde Aktien ab als sie erwarben) können durch den Absatz von „Zwangsbeteiligungen", die während der schlechten Kapitalmarktlage 1965/66 entstanden sein könnten, erklärt werden[66], da gleichzeitig mit dem Liquiditätszuwachs 1967 der Erwerb festverzinslicher Wertpapiere als „Ersatzanlage" wieder zunahm[67].

1968 rundeten die Banken ihre Aktienportefeuilles bei positiven Ertragserwartungen und hoher Liquidität durch Zukäufe ab, während die Liquiditätsanspannung 1969 den Umfang des Aktienerwerbs durch Kreditinstitute wieder zurückgehen ließ.

5.2.2.5. Versicherungen als Anleger an Aktienmärkten

Auch die Versicherungen verhielten sich bei ihren Aktienkäufen entsprechend den o. a. Hypothesen[68].

Hohe Zuwachsraten von Geldanlagen bei Versicherungen ließen den Umfang des Aktienerwerbs zunehmen, zurückgehende Zuwachsraten der Geldanlagen bei Versicherungen 1969 und 1970 führten zu Einschränkungen der Aktienkäufe durch Versicherungen (vgl. Tabelle 34).

5.3. Finanzmärkte im Zusammenhang mit den Grundgeschäften der (Individual-)Versicherungen

5.3.1. Geldanlagen bei Versicherungen

Die Geldanlagen bei Versicherungen wiesen ein (fast) kontinuierliches Wachstum während der Jahre 1966 bis 1970 auf (vgl. Tabelle 34). Die Förderung des Versicherungssparens durch das 3. Vermögensbildungsgesetz ab 1971 führte zu dem hypothetisch[69] vorausgesagten Ergebnis, nach dem das Versicherungssparen 1971 dann auch stark anstieg. Die Zurückhaltung in bezug auf neue Geldanlagen bei Versiche-

[64] Vgl. oben 3.5.4.3. (2), insbesondere die Beteiligungsmotive und die Übernahme von „Emissionsresten".

[65] Vgl. *ebenda.*

[66] 1965 und 1966 betrug der Wertpapierabsatz inländischer, nichtfinanzieller Unternehmen 7,56 Mrd. DM, das Ausland setzte Aktien in Höhe von 1,31 Mrd. DM ab, die nichtfinanziellen Sektoren insgesamt (einschließlich Ausland) erwarben aber nur Aktien für 8,14 Mrd. DM. Kreditinstitute übernahmen aber trotz restriktiver Notenbankpolitik 1965 für 0,64 Mrd. DM und 1966 für 0,50 Mrd. DM Aktien.

[67] Vgl. oben 5.2.1.2. (2) und Tabelle 29.

[68] Vgl. oben 3.7.3. (1) und (4).

[69] Vgl. oben 3.1.6. (3).

Tabelle 34: **Geldanlagen bei (Individual-)Versicherungen und Finanzanlagen der Versicherungen 1966/67 bis 1971**

Jahr	Geldanlagen bei Versicherungen in Mrd. DM	Geldanlagen bei Versicherungen: Veränderung von (1) gegenüber Vorjahr in v. H.	Finanzanlagen der Versicherungen in: Darlehen der Versicherungen in Mrd. DM	Veränderung von (3) gegenüber Vorjahr in v. H.	festverzinsliche Wertpapiere in Mrd. DM	Veränderung von (5) gegenüber Vorjahr in v. H.	Aktien in Mrd. DM	Veränderung von (7) gegenüber Vorjahr in v. H.	Termingeldern in Mrd. DM	Veränderung von (9) gegenüber Vorjahr in v. H.	Zinsniveau (fallend ⁒, gleichbleibend 0, steigend +)
Spalte	1	2	3	4	5	6	7	8	9	10	11
1966	6,13	—	3,26	—	1,25	—	0,29	—	0,93	—	⁒
1967	6,74	+ 9,9	3,33	+ 2,1	1,78	+ 42,4	0,34	+ 17,2	0,78	⁒ 16,1	0
1968	7,80	+ 15,7	3,23	⁒ 3,0	2,70	+ 51,7	0,75	+ 120,6	0,59	⁒ 24,4	—
1969	8,21	+ 5,3	3,44	+ 6,5	2,25	⁒ 16,7	0,77	+ 2,7	1,55	+ 162,7	+
1970	8,30	+ 1,1	4,07	+ 18,3	1,74	⁒ 22,7	0,48	⁒ 37,7	1,39	⁒ 10,3	+
1971	11,46	+ 38,1	5,69	+ 39,8	2,51	+ 44,3	0,79	+ 64,6	1,94	+ 39,6	⁒ 0

Quelle: Deutsche Bundesbank.

rungen im Jahre 1970 läßt sich in diesem Zusammenhang als Abwarten der gesetzlichen Förderung und ihrer Nutzung im darauffolgenden Jahr erklären.

5.3.2. Darlehen der Versicherungen

Mit der Einengung der Bankenliquidität ab 1970 erfolgte eine kräftige Zunahme der Darlehensvergabe durch Versicherungen. Die Entwicklung entsprach den o. a. Hypothesen[70], die ein relativ hohes Anwachsen der Darlehen von Versicherungen in einen Zusammenhang mit Erschwernissen in der Bankkreditaufnahme stellten.

5.4. Finanzmärkte im Zusammenhang mit den Grundgeschäften der Bausparkassen

5.4.1. Geldanlagen bei Bausparkassen

Das Verhalten der privaten Haushalte in bezug auf die Geldanlage bei Bausparkassen entsprach im großen und ganzen den oben aufgestellten Hypothesen[71]. Die Diskussion um Einschränkungen der Bausparförderung[72] führten 1966 zu einem starken Ansteigen und 1967 zu einem erheblichen Zurückfallen der Geldanlagen bei Bausparkassen durch private Haushalte. Das Jahr 1968 wies eine effektiv stärkere Bausparleistung auf als in der Finanzierungsrechnung ausgewiesen, da aufgrund einer starken Zunahme der Auszahlungen zugeteilter Verträge erhebliche Mittel in den Wohnungsbau flossen und sich damit nicht mehr am Jahresende 1968 als Zuwächse auf dem entsprechenden Forderungskonto der privaten Haushalte niederschlagen konnten[73]. 1969, im Zusammenhang mit der nun vollends gefestigten Beschäftigungslage sowie starken Einkommens- und damit verbundenen Sparzuwächsen, erreichten die Geldanlagen bei Bausparkassen wieder das Niveau von 1966 (vgl. Tabelle 35).

Die Zuwächse 1970 und 1971 lassen sich den Hypothesen entsprechend durch den Ausbau der Sparförderung (624-DM-Gesetz)[74] sowie die ver-

---

[70] Vgl. oben 3.7.3. (2).

[71] Vgl. 3.1.4. (2) und 3.6.2. (3).

[72] Vgl. *Deutsche Bundesbank,* Die Vermögensbildung und ihre Finanzierung im Jahre 1967, *in:* Monatsberichte, 20. Jg. Nr. 4, April 1968, S. 18 ff. und *dieselbe,* Die Vermögensbildung und ihre Finanzierung im Jahre 1966, *in:* Monatsberichte, 19. Jg. Nr. 4, April 1967, S. 14.

[73] Vgl. *Deutsche Bundesbank,* Gesamtwirtschaftliche Finanzierungsrechnung für das Jahr 1968, *in:* Monatsberichte, 21. Jg. Nr. 5, Mai 1969, S. 17.

[74] Vgl. 3. Gesetz zur Förderung der Vermögensbildung der Arbeitnehmer vom 27. 6. 1970 (BGBl. I, S. 925).

stärkte Nutzung der vermögenswirksamen Leistungen aufgrund von Tarifverträgen erklären[75].

Tabelle 35

Geldanlagen bei und Darlehen der Bausparkassen 1966/67 bis 1971

Jahr	Geldanlagen bei Bausparkassen				Darlehen der Bausparkassen	
	insgesamt		Private Haushalte			
	in Mrd. DM	Veränderung von (1) gegenüber Vorjahr in v. H.	in Mrd. DM	Veränderung von (3) gegenüber Vorjahr in v. H.	in Mrd. DM	Veränderung von (5) gegenüber Vorjahr in v. H.
Sp.	1	2	3	4	5	6
1966	4,77	—	4,27	—	4,24	—
1967	2,89	./. 39,4	2,62	./. 38,6	2,42	./. 42,9
1968	2,77	./. 4,2	2,41	./. 8,0	2,11	./. 12,8
1969	4,41	+ 59,2	3,77	+ 56,4	4,52	+ 114,2
1970	6,01	+ 36,3	5,12	+ 35,8	6,53	+ 44,5
1971	5,79	./. 3,7	5,23	+ 2,1	4,69	./. 28,2

Quelle: Deutsche Bundesbank.

5.4.2. Darlehen der Bausparkassen

Die Inanspruchnahme von Bauspardarlehen durch den Sektor Wohnungswirtschaft verlief entsprechend den o. a. Hypothesen[76] (vgl. Tabelle 35).

Die in den Jahren 1967 und Anfang 1968 noch bestehenden Unsicherheitsfaktoren über die Einkommensentwicklung in der Zukunft führten zur Zurückhaltung bei der Neuverschuldung, während die Boomjahre 1969 und 1970 dann erhebliche Zuwachsraten in der Darlehensaufnahme bei Bausparkassen — über die Zuwachsraten der Geldanlagen hinaus — mit sich brachten. Mit der 1971 zu beobachtenden Zunahme der Arbeitslosigkeit (vgl. Tabelle 7) fiel dann trotz des weiter steigenden Bauvolumens der Umfang der Kreditaufnahme bei Bausparkassen zurück.

[75] Vgl. *Deutsche Bundesbank,* Gesamtwirtschaftliche Finanzierungsrechnung sowie Bestand an Geldvermögen und Verpflichtungen 1970, S. 25.

[76] Vgl. oben 3.6.2. (3).

6. Zusammenfassung und Ausblick

(1) Der Untersuchung mußte aufgrund der z. Z. geführten wirtschaftstheoretischen Diskussion über „portfolio"-orientierte Ansätze zur Erklärung von Bilanzdispositionen eine wissenschaftstheoretische Erörterung über den Wert dieser Ansätze vorausgehen.

Das Ergebnis war, daß die Nutzenbetrachtung der diskutierten Portfolio-Selection-Theorie wegen des ihr innewohnenden Zirkelschlusses und dem damit nicht anwendbaren Falsifizierbarkeitskriterium nicht als „Erklärungsmodell" verwendet werden kann. Sie zeigte sich lediglich als individuelles „Entscheidungsmodell" brauchbar, indem sie für den Einzelnen aufzeigt, welche Portefeuille-Zusammensetzung er bei seinen Bilanzdispositionen unter Berücksichtigung seiner ganz individuellen Risiko- und Nutzenerwartungen und bei gegebenen Anlagemöglichkeiten treffen sollte. Dabei gehen in dieses Modell lediglich Liquiditäts- und pekuniärer Ertragsnutzen ein. Prestigenutzen, der aus anthropologischer Sicht in modernen Industriegesellschaften eine immer größere Rolle spielen soll, bleibt dagegen unberücksichtigt[1].

Deshalb wurde von uns nach überprüfbar erscheinenden Hypothesen gefragt, die als Erklärungsansätze für auf das Untersuchungsobjekt „Finanzmärkte" bezogenes Verhalten während eines ganz bestimmten Zeitraums gelten könnten. Die Überprüfung dieser Geltung erfolgte anhand der Finanzierungsrechnung der Deutschen Bundesbank. Wegen der dieser Rechnung innewohnenden Vergröberungen und Schätzungen konnte das Falsifizierbarkeitskriterium und damit die Prüfmethode nur eine Tendenzprüfung, nicht aber eine genaue Quantifizierung beinhalten.

(2) *Die wichtigsten Ergebnisse* dieser Untersuchung, die sich auf Hypothesenfindung und -prüfung für Bilanzdispositionen von — nach Wirtschaftssekoren zusammengefaßten — Wirtschaftssektoren während der Jahre 1967 bis 1971 bezog, sollen hier nun thesenartig wiedergegeben werden:

(1) Es bestand kein enger Zusammenhang zwischen dem Wachstum des Bruttosozialprodukts und dem Wachstum der Geldmenge, definiert als Sichteinlagen und Bargeld.

(2) Termineinlagen können als Durchgangsstadien der Anlage finanzieller Mittel zu anderen Anlageformen und zu Zahlungsmitteln gelten.

---

[1] Vgl. dazu u. a. *A. H. Maslow*, Motivation and Personality, 2nd ed., New York, Evanstan, London 1970, S. 38 ff. und die darauf aufbauende Motivationstheorie.

Sie können deshalb in Verbindung mit der Geldmenge (Sichteinlagen) gesehen werden[2].

Es bestand ein ziemlich enger Zusammenhang zwischen Zinshöhe für Termineinlagen und Umfang der Bankenliquidität.

(3) Ein überproportionaler Zuwachs der Spareinlagenbildung könnte (unter vielen möglichen Gründen) durch die Zunahme von Arbeitslosigkeit und Kurzarbeit und damit der Unsicherheit über zukünftige Einkommen erklärt werden.

Längerfristige Spareinlagen dürften vom Zins her in engeren Substitutionsbeziehungen zu Termineinlagen und festverzinslichen Wertpapieren stehen als kürzerfristige Spareinlagen.

(4) Es bestand kein enger Zusammenhang zwischen dem Umfang der Bankenliquidität und dem Zuwachs des Kreditvergabevolumens — zumindest nicht in Perioden vergleichsweise größerer Bankenliquidität.

Eine Politik der Verknappung der Bankenliquidität führte mit einem time-lag eher zu einer weiteren Zunahme von Krediten und gleichzeitigen Einlagen, wodurch ein Verlassen des Zahlungsgleichschritts aufgezeigt wurde[3].

Die Höhe der Sollzinsen dürfte nicht so sehr von der Höhe des Diskontsatzes als vielmehr vom Volumen der Bankenliquidität abhängen[4].

(5) Wenn der cash-flow (hier definiert als Summe von Unternehmensersparnis und Abschreibungen) nicht in gewohnter Weise anstieg, folgte ein geringeres Wachstum der Kreditaufnahme und insbesondere der kürzerfristigen Kreditaufnahme durch Unternehmen.

(6) Der Bund betrieb eine, von Struktur und Umfang her tendenziell antizyklische Schuldenpolitik.

(7) Während der Beobachtungsperiode wiesen die Länder bei prozyklischen Einnahmeaufkommen ein dem Volumen nach antizyklisches Verschuldensverhalten auf. Bezüglich der Verschuldensstruktur verlagerten sie ihre Kreditnachfrage bei sich verengenden Kre-

---

[2] Vgl. *Deutsche Bundesbank,* Längerfristige Entwicklung des Geldvolumens, *in:* Monatsberichte, 23. Jg. Nr. 7, Juli 1971, S. 11 ff. Definitive Bestimmungsfaktoren für das Volumen der Termineinlagen werden aber auch von der Bundesbank nicht gegeben: vgl. *ebenda,* S. 19.

[3] Vgl. *W. Stützel,* Moderne Kreditpolitik, *zitiert nach:* Geld- und Bankpolitik, hrsg. von *E. Dürr,* 2. Aufl., Köln und Berlin 1971, insbesondere S. 199, wieder abgedruckt aus: Konjunkturpolitik, 5. Jg. (1959).

[4] Die Bankenliquidität würde damit den Preis (Zins) für Kredite bestimmen, wobei dieser Preis aber nicht Angebot und Nachfrage in der sonst üblichen Weise regelt, da für Wirtschaftssubjekte mit Finanzierungsdefiziten Kredite jedweder Art unverzichtbare Güter sind.

ditmärkten aber weg von konsolidierten Verschuldensformen zu den Bankkrediten.

(8) Die Gemeindeverschuldung verlief wie in früheren Perioden — mit einem time-lag — prozyklisch gemäß dem sich verändernden Gemeindesteueraufkommen.

(9) Steigende Zinsen an Märkten für festverzinsliche Wertpapiere bedeuten nicht mehr — wie in vorangegangenen Perioden —, daß bei den privaten Haushalten aufgrund von sinkenden Kursen für nominal niedriger verzinsliche Wertpapiere ein Anlageattentismus entsteht.

Ebenso führen anhaltend, im Vergleich zu Vorperioden, relativ hohe Zinsen für festverzinsliche Wertpapiere nicht mehr dazu, daß das Emissionsvolumen der Kreditinstitute über einen längeren Zeitraum sinkt.

Die starke Geldvermögensbildung und die daraus dauernd fließenden Zinserträge dürften also die Kapitalmärkte dem Volumen nach stabilisiert haben.

Der o. a. Bankenliquidität-Zinsmechanismus schlug aber weiterhin bis auf den Zins für festverzinsliche Wertpapiere durch.

(10) Starke Änderungen im Bau- und Versicherungssparen haben in engem, gleichgerichtetem Zusammenhang mit Änderungen institutioneller Art (Änderungen in der Förderung sowie deren Ankündigungen) gestanden.

(3) Änderungen in den Verhaltensweisen könnten für die Zukunft insbesondere aufgrund der sich abzeichnenden, länger andauernden inflationistischen Tendenz erwartet werden. Hierbei könnte es sich u. a. um eine stärkere Verschuldung der privaten Haushalte handeln. Dies dürfte — aufgrund der von uns aufgeführten Ergebnisse des Beobachtungszeitraums — insbesondere dann eintreten, wenn das politische Vollbeschäftigungspostulat Priorität behalten sollte.

Allerdings könnten dabei auch institutionelle Änderungen (z. B. die z. Z. diskutierte Aufhebung der Besteuerung von Zinserträgen bei höheren Inflationsraten) für das Verschuldens- und Vermögensbildungsverhalten eine Rolle spielen. Ähnliches könnte sich aus der Steuerreform und der damit zu erwartenden Neugestaltung des Sonderausgabenabzugs ergeben.

Hier wären dann die Hypothesen erneut zu überprüfen und im Falle der Falsifikation durch neu zu findende Hypothesen zu ersetzen.

Für die Saldenmechanik zwischen Finanzierungsdefiziten und -überschüssen müßten die Reformvorhaben der öffentlichen Hände an Bedeutung gewinnen, die zu einer zusätzlichen Verschuldung des Sektors der Gebietskörperschaften führen sollen. Bei gleich großer oder sogar größerer Expansion des Unternehmenssektors könnten aber — entgegen den Planungen — temporäre Überschüsse auf seiten des Staates auftreten, ein für die Steuerung der Konjunktur nicht unbedeutendes Problem. Andererseits würden zu geringe Ausgabenüberschüsse der Unternehmen aufgrund negativer Ertragserwartungen die realen Möglichkeiten der staatlichen Ausgabenpolitik begrenzen, obwohl damit saldenmechanisch eine stärkere staatliche Verschuldung einhergehen würde.

Durch die Einführung des Bardepots und eine weitgehende Freigabe des DM-Wechselkurses haben sich — in dieser Arbeit nicht weitergehend behandelte — Probleme der Forderungs- und Verpflichtungsbildung des Auslandes unter Aufwertungserwartungen neu gestellt.

Gerade die Einbeziehung der internationalen Finanzierungsströme und Finanzmärkte in die Betrachtung, die den Rahmen dieser Arbeit gesprengt hätte, erscheint uns als ein weiteres besonders interessantes Feld für die Suche nach (hypothetischen) Erklärungsansätzen über Verhalten an Finanzmärkten.

Zusammenfassung

Das Geschehen an Finanzmärkten wird bestimmt durch Transaktionen der Wirtschaftssubjekte, die einerseits Forderungen erwerben und andererseits sich verschulden. Die sich daraus ergebenden Bilanzpositionen von Wirtschaftssektoren (Private Haushalte, Unternehmen, öffentliche Haushalte; Ausland; Kreditinstitute, Bausparkassen und Versicherungen) in Geldvermögens- und Kredittiteln werden in den Finanzierungsrechnungen der Deutschen Bundesbank aufgezeigt.

Der Versuch, die Dispositionen durch eine allgemeine Theorie zu erklären, wird kritisch untersucht und wegen der darin enthaltenen Tautologien und Zirkelschlüsse und damit wegen seiner wissenschaftstheoretischen Unzulänglichkeiten verworfen. Statt dessen werden plausible und überprüfbare Verhaltenshypothesen für Finanztransaktionen von Wirtschaftssubjekten entwickelt. Dabei wird sowohl nach den Wirtschaftssektoren der Finanzierungsrechnung als auch nach den Finanzmärkten in der Bundesrepublik Deutschland unterschieden.

Zum Abschluß werden die Hypothesen einer Überprüfung an der Realität für die Jahre 1967 bis 1971 unterzogen. Dabei stellt sich heraus, daß einige, auch plausible Hypothesen nicht durch die Entwicklung in der Realität bestätigt wurden und damit als falsifiziert gelten können. Bestätigt wurden hingegen Hypothesen über den engen Zusammenhang von Beschäftigung und Spartätigkeit privater Haushalte, insbesondere in Form des Kontensparens und über eine Beziehung zwischen Bankenliquidität und relativer Höhe der Zinssätze. Ebenso konnte eine Abhängigkeit des unternehmerischen Investitionsvolumens und der unternehmerischen Kreditaufnahme von Gewinn und cash-flow sowie ein Wirkungszusammenhang zwischen Veränderungen in der Subventionierung des Bau- und Versicherungssparens und des Umfangs der Geldvermögensbildung bei Bausparkassen und Versicherungen festgestellt werden.

Summary

The activity on financial markets is characterized by transactions of economic subjects who on the one hand acquire claims and on the other hand contract debts. The resulting national financial balances of various economic sectors (households, enterprises, public authorities, foreign countries, banks, building societies and insurances) of monetary capital and borrowing are shown in the financial statements of the Deutsche Bundesbank.

The attempt to explain dispositions with a general theory is critically examined and invalidated because of its insufficiencies in terms of theory of science due to its inherent tautologies and reasoning in viscious circles. In its place behaviour hypotheses, which are plausible and can be verified, for financial transactions of economic subjects are developed. A distinction is made both in terms of the economic sectors of the financial statements and of the financial markets in the Federal Republic of Germany.

In conclusion, the hypotheses are examined in the light of the realities of the years 1967 - 1971, with the result that some very plausible hypotheses were not confirmed by the development in reality and thus may be considered as falsified. However, hypotheses relating to the close interaction of employment and savings activity of households, particularly in the form of bank account savings, and a relationship between liquidity of banks and the relative level of interest rates were confirmed. A correlation between the investment volume of enterprises and borrowing by enterprises and profit and cash-flow as well as an interdependence between changes in subsidies granted for savings with building societies and insurance companies and the volume of formation of monetary capital assets with these institutions could also be shown to exist

Résumé

Les mouvements des marchés financiers sont déterminés par les transactions de sujets économiques qui font des créances d'une part es des dettes d'autre part. D'où résultent des positions de bilan de secteurs économiques (budgets privés, entreprises, budgets publics, étranger, institutions de crédits, caisses d'épargne et assurances) en titres de biens et de crédits qui sont présentés dans les comptes de financement de la Deutsche Bundesbank.

L'effort d'expliquer les dispositions par une théorie générale est examiné d'un esprit critique et rejeté en raison des tautologismes et cercles vicieux qu'elle contient et par là de ses lacunes scientifiques-théoriques. Au lieu de cela on développe des hypothèses plausibles et vérifiables pour les transactions financières des sujets économiques en distinguant les secteurs économiques du compte de financement ainsi que les marchés financiers en République Fédérale Allemande.

Finalement les hypothèses sont soumises à une vérification de la réalité pour les années 1967 à 1971. Il en ressort que quelques hypothèses, plausibles elles aussi, n'ont pas été confirmées par l'évolution de la réalité et qu'elles peuvent donc être considérées comme fausses. Ont été confirmées, par contre, les hypothèses concernant le rapport étroit qui existe entre l'emploi et le mouvement d'épargne des budgets privés, en particulier sous la forme de l'épargne en dépôt sur compte, et les hypothèses concernant une relation entre la liquidité bancaire et le niveau relatif des taux d'intérêts. De même on a pu constater une dépendance entre le volume des investissements des entreprises et leur acceptation de crédits de gain et de cash-flow ainsi qu'un lien entre les transformations dans la subvention de l'épargne de construction et des assurances et le volume du capital monétaire des caisses d'épargne de construction et des assurances.

Literaturverzeichnis

I. Bücher und Monographien

Albert, Hans: Marktsoziologie und Entscheidungslogik, Neuwied und Berlin 1967

— Traktat über kritische Vernunft, Tübingen 1968

Bargen, Malte von: Vermögensanlage in der deutschen Lebensversicherung, Frankfurt a. M. 1960

Barocka, Egon: Kommunalkredit und kommunale Finanzwirtschaft, Frankfurt a. M. 1958

Baßeler, Ulrich: Finanzierungsrechnung und volkswirtschaftliche Gesamtrechnung (Kieler Studien 119), Tübingen 1971

Baumol, William J.: Economic Theory and Operations Analysis, 2nd edition, Englewood Cliffs, N. J. (1965)

Beckerath, Herbert von: Kapitalmarkt und Geldmarkt, Jena 1916

Claassen, Emil M.: Probleme der Geldtheorie, Berlin 1970

Committee on the Working of the Monetary System: Report (Radcliffe Report), Cmnd. 827, London 1959

Dannemann, Werner: Struktur und Funktionsweise des Kapitalmarktes in der Bundesrepublik Deutschland, Tübingen 1959

Engels, Wolfram: Rentabilität, Risiko und Reichtum, Tübingen 1969

Esenwein-Rothe, Ingeborg: Die Struktur des Bankwesens als Gegenstand wirtschaftsstatistischer Analyse, Berlin 1959

Exo, Reinhold: Die Entwicklung der sozialen und ökonomischen Struktur der Ersparnisbildung in der Bundesrepublik Deutschland, Berlin 1967

Fisher, Irving: The Theory of Interest, New York 1930

Gamerdinger, Dieter: Der Kapitalmarkt in der Bundesrepublik und die Voraussetzungen seiner Funktionsfähigkeit, Diss. Tübingen 1959

Gleske, Leonhard: Die Liquidität in der Kreditwirtschaft, Frankfurt/M. o. J.

Gloth, Hans: Die Entwicklung des Kommunalkredits (Eine Untersuchung der Beziehungen zum Steueraufkommen), Berlin 1967

Götz, Günter: Die Schuldenpolitik der Länder, Diss. Mainz 1969

Gossen, Hermann Heinrich: Entwicklung der Gesetze des menschlichen Verkehrs und der daraus fließenden Regeln für menschliches Handeln, Braunschweig 1854; Reprint Amsterdam 1967

Groß, Richard: Freiheit und Intervention im Kapitalverkehr zwischen Industrieländern, Diss. Mainz 1969

Gutenberg, Erich: Grundlagen der Betriebswirtschaftslehre, 2. Bd.: Der Absatz, 7. Aufl., Berlin / Göttingen / Heidelberg 1964

Gutenberg, Erich: Grundlagen der Betriebswirtschaftslehre, 3. Bd.: Die Finanzen, Berlin / Heidelberg / New York 1969

— Untersuchungen über die Investitionsentscheidungen industrieller Unternehmen, Köln und Opladen 1959

Hagenmüller, Karl Friedrich: Bankbetrieb und Bankpolitik, Wiesbaden 1959

Hartmann, A. und *Martens,* K.: Der Börsenterminhandel in der Bundesrepublik, München 1970

Herold, Hermann: Das Kreditgeschäft der Banken, 15. Aufl., Hamburg 1964

Hicks, J. R.: Value and Capital. An Inquiry into some Fundamental Principles of Economic Theory, 2nd ed., Oxford 1946, reprintes 1948

Hielscher, Udo: Das optimale Aktienportefeuille. Grundlagen der Kapitalanlageplanungen am Aktienmarkt, Frankfurt a. M. 1969

Hintner, Otto: Wertpapierbörsen, Wiesbaden 1960

Holzheu, Franz: Vermögensdispositionen, Kreditmärkte und internationale Kreditbeziehungen, Tübingen 1971

Kitzki, Horst: Zu einer Theorie der Zinsstruktur in der Bundesrepublik Deutschland, Diss. FU-Berlin, Bamberg 1967

Köhler, Claus: Geldwirtschaft; 1. Bd.: Geldversorgung und Kreditpolitik, Berlin 1970

Kommission für die Finanzreform: Gutachten über die Finanzreform in der Bundesrepublik Deutschland, Stuttgart / Köln / Berlin / Mainz 1966

König, Heinz und *Wolters,* Jürgen: Über den Zusammenhang zwischen kurz- und langfristigem Zinssatz: eine Spektralanalyse der westdeutschen Zinsstruktur, Zürich 1969

Kopp, Norbert F. L.: Die Auswirkungen der Notenbankpolitik auf den Kapitalmarkt, Diss. Mainz 1967

Krümmel, Hans-Jacob: Bankzinsen, Köln / Berlin / Bonn / München 1964

Leverkus, Johann Christoph: Das Verhalten der Kleinaktionäre in seiner Bedeutung für die Eigentumspolitik, Berlin 1969

Leverkus, Johann Christoph und *Wieken,* Klaus: Eigentumsbildung und Altersvorsorge bei Angehörigen des selbständigen Mittelstandes, Köln und Opladen 1967

Lipfert, Helmut: Einführung in die Währungspolitik, München 1964

— Der Geldmarkt, 4. Aufl., Frankfurt a. M. 1965

— Unternehmensfinanzierung. Neues zu einem alten Thema, Darmstadt 1965

— Nationaler und internationaler Zahlungsverkehr, Wiesbaden 1960

Luce, Duncan R. und *Raiffa,* Howard: Games and Decisions, 3rd printing, New York 1958

Lutz, Friedrich A.: Zinstheorie, 2. Aufl., Zürich / Tübingen 1967

Maier-Rigaud, Gerhard S.: Makroökonomische Finanzierungsanalysen als Instrument der monetären Wirtschaftspolitik, Diss. Hohenheim (LH) 1970

Malewski, Andrzej: Verhalten und Interaktion, Tübingen 1967

Markowitz, Harry: Portfolio Selection. Efficient Diversification of Investments, New York und London 1959, 3rd Printing 1967

Maslow, A. H.: Motivation and Personality, 2nd ed., New York / Evanstan / London 1970

Mühlhaupt, Ludwig: Strukturwandlungen im Bankwesen, Wiesbaden 1971

Müller, Horst: Portfolio Selection als Entscheidungsmodell deutscher Investmentgesellschaften, Wiesbaden 1970

Münker, Dieter: Das langfristige Kreditgeschäft der Großbanken, Stuttgart 1967

Murtfeld, Martin: Grundsätze und Methoden finanzieller Gesamtrechnungen (unter Berücksichtigung der amtlichen volkswirtschaftlichen Gesamtrechnungen für Frankreich, Norwegen und die Bundesrepublik Deutschland), Diss. Frankfurt a. M. 1963

Myrdal, Gunnar: Das politische Element in der nationalökonomischen Doktrinbildung, Hannover 1963

Neumann, John von und *Morgenstern,* Oskar: Spieltheorie und wirtschaftliches Verhalten, 2. Aufl., Würzburg 1967

Nöll von der Nahmer, Robert: Lehrbuch der Finanzwissenschaft, Bd. 1, Köln und Opladen 1964

Obst / Hintner: Geld-, Bank- und Börsenwesen, 36. Aufl., Stuttgart 1968

Organisation for Economic Co-operation and Development (OECD) (Hrsg.): Capital Markets Study, II Formation of Savings, Paris 1968

o. V.: Börsen- und Wirtschaftshandbuch 1970, Frankfurt a. M. 1970

Overhaus, Manfred: Die Entwicklung des Kapitalmarktes in der Bundesrepublik Deutschland seit 1958, (Kieler Studien, Bd. 103), Tübingen 1969

Pawar, Antil: Kursdeterminanten deutscher Aktien, Frankfurt a. M. 1970

Popper, Karl Raimond: Die Logik der Forschung, 3. Aufl., Tübingen 1969

Prautzsch, Wolf-Albrecht: Die Struktur der Nachfrage von Wirtschaftsunternehmen und privaten Haushalten nach finanziellem Vermögen in der Bundesrepublik Deutschland, Berlin 1971

Priester, Hermann: Kurzfristige zwischenstaatliche Kapitalbewegungen in der Bundesrepublik Deutschland 1960 - 1970, Berlin 1972

Rahmann, John: Praktikum der Finanzmathematik, 2. Aufl., Hamburg 1957

Richter, Rudolf: Volkswirtschaftliche Gesamtrechnung. Volkswirtschaftliche Finanzierungsrechnung. Zahlungsbilanz. Ein Grundriß, Wiesbaden 1966

Ringel, Johannes: Geldtheoretische Ansätze im Lichte der modernen Wissenschaftstheorie, Tübingen 1970

Sachverständigenrat zur Begutachtung der gesamtwirtschaftlichen Entwicklung: Jahresgutachten 1967, Bundestagsdrucksache V/2310

— Jahresgutachten 1971/72. „Währung, Geldwert, Wettbewerb — Entscheidungen für morgen —“, Stuttgart und Mainz 1971

Sharpe, William F.: Portfolio Theory and Capital Markets, New York usw. 1970

Somary, Felix: Bankpolitik, 3. Aufl., Tübingen 1934

Schacht, Hjalmar: Kapitalmarktpolitik, Hamburg 1957

Schirmer, Ulrich: Der Einfluß paramonetärer Institutionen auf die Vermögensbildung, das Kreditangebot und die Geldpolitik, Berlin 1971

Schmalenbach, Eugen: Kapital, Kredit und Zins in betriebswirtschaftlicher Beleuchtung, 4. Aufl., Köln und Opladen 1961

Schmölders, Günter: Finanzpolitik, 2. Aufl., Berlin / Heidelberg / New York 1965

Schneider, Erich: Einführung in die Wirtschaftstheorie. Erster Teil: Theorie des Wirtschaftskreislaufs, 11. Aufl., Tübingen 1964

Scholz, Martin: Der Bankkredit, Frankfurt a. M. 1963

Steinrücke, B. und *Scholze,* H.: Das Konsortialgeschäft der deutschen Banken, Berlin 1956

Stobbe, Alfred: Volkswirtschaftliches Rechnungswesen, 2. Aufl., Berlin / Heidelberg / New York 1969

Stützel, Wolfgang: Bankpolitik, heute und morgen. Ein Gutachten, Frankfurt a. M. 1964

— Volkswirtschaftliche Saldenmechanik. Ein Beitrag zur Geldtheorie, Tübingen 1958

Timmermann, Vincenz: Lieferantenkredit und Geldpolitik, Berlin / New York 1971

Voß, Heinrich: Finanzstruktur und Liquidität, 2. Aufl., Düsseldorf 1966

Willms, Manfred: Zinstheoretische Grundlagen der Geldpolitik, Berlin 1971

Willners, Günter: Die Wertpapieranlage der Kreditbanken und ihre Bestimmungsfaktoren, Wiesbaden 1966

Wissmann, Bernhard: Die Zinsempfindlichkeit der deutschen Sparer, Berlin 1960

II. Aufsätze, Beiträge, Zeitungs- und Zeitschriftenartikel

Albach, Horst: Gewinne bestimmen Investitionen, *in:* Wirtschaftswoche, 25. Jg., Nr. 45 vom 15. 10. 1971, S. 34 - 36

— Kennzahlen deutscher Aktiengesellschaften, *in:* Die Wirtschaftsprüfung, Jg. 20, Nr. 19, 1967, S. 505 - 509

Albert, Hans: Erwerbsprinzip und Sozialstruktur. (Zur Kritik der neoklassischen Marktsoziologie), *in:* Jahrbuch für Sozialwissenschaft, Bd. 19 (1968), S. 1 - 65

— Probleme der Theoriebildung, *in: ders.* (Hrsg.), Theorie und Realität, Tübingen 1964, S. 3 - 70

Arps, Ludwig: Versicherung und Kapitalmarkt, *in:* Enzyklopädisches Lexikon für das Geld-, Bank- und Börsenwesen, 2. Bd., 3. Aufl., Frankfurt a. M. 1967/68, S. 1733 - 1754

Bargen, Malte von: Vertragsversicherung und Kapitalmarkt, *in:* Zeitschrift für das gesamte Kreditwesen, 21. Jg. (1967), S. 422 - 425

Bartels, Hildegard: Das Kontensystem für die Volkswirtschaftlichen Gesamtrechnungen der Bundesrepublik Deutschland, Erster Teil: Das angestrebte Kontensystem, *in:* Wirtschaft und Statistik, N. F., 12. Jg. (1960), S. 317 - 344

Bartels, Hildegard; *Raabe,* Karl-Heinz; *Schorry,* Otto und Mitarbeiter: Das Kontensystem für die Volkswirtschaftlichen Gesamtrechnungen der Bundesrepublik Deutschland, Zweiter Teil: Das ausgefüllte vereinfachte Kontensystem, *in:* Wirtschaft und Statistik, N. F., 12. Jg. (1966), S. 571 - 581

Benning, Bernhard: Art. „Geldmarkt“, *in:* Enzyklopädisches Lexikon für das Geld-, Bank- und Börsenwesen, 1. Bd., 3. Aufl., Frankfurt a. M. 1967/68, S. 589 - 594

Berekoven, Ludwig: Das Leasing, *in:* Handbuch der Unternehmensfinanzierung, hrsg. von *Oswald Hahn,* München 1971, S. 769 - 792

Beyer, Horst-Tilo: Allgemeine Finanzplanung, *in:* Handbuch der Unternehmensfinanzierung, hrsg. von *Oswald Hahn,* München 1971, S. 213 - 282

Bierwag, G. O. und *Grove,* M. A.: A Model of the Term Structure of Interest Rates, *in:* The Review of Economics and Statistics, Vol. XLIX (1967), S. 50 - 62

Brandt, Willy: Aus der Rede von Bundeskanzler Brandt auf der Kundgebung des Bundesverbandes des Deutschen Groß- und Außenhandels am 2. Juni 1970 in Bonn, *in:* Bulletin des Presse- und Informationsamtes der Bundesregierung vom 3. 6. 1970, *zitiert aus:* Deutsche Bundesbank, Auszüge aus Presseartikeln, Nr. 38 vom 5. 6. 1970, S. 6 - 7

Brestel, Heinz: Ein neues Dilemma am Rentenmarkt, *in:* Frankfurter Allgemeine Zeitung, Nr. 92 vom 20. April 1972, S. 13

Bröker, Günther: Art. „Kapitalmarkt“, *in:* Enzyklopädisches Lexikon für das Geld-, Bank- und Börsenwesen, 2. Bd., 3. Aufl., Frankfurt a. M. 1967/68, S. 939 - 958

Bub, N.: Germany, *in:* Capital Markets Study, II Formation of Savings, ed. by OECD, Paris 1968, S. 143 - 177

— Germany, *in:* Capital Markets Study, IV Utilization of Savings, ed. by OECD, Paris 1967, S. 197 - 222

Büschgen, Hans E.: Zum Problem der Planung von Wertpapierbeständen, insbesondere durch Kreditinstitute und Investmentgesellschaften, *in:* Kredit und Kapital, 2. Jg. (1969), S. 1 - 59

Statistisches Bundesamt: Nutzung der staatlichen Sparförderung durch private Haushalte. Ergebnis der Einkommens- und Verbrauchsstichprobe 1969, *in:* Wirtschaft und Statistik, 1971, S. 59 - 62

Deutsche Bundesbank: Neuere Entwicklung des Bausparkassengeschäfts, *in:* Monatsberichte, 18. Jg., Nr. 12 (1966), S. 3 - 14

— Neuere Entwicklung der kommunalen Finanzen, *in:* Monatsberichte, 20. Jg., Nr. 11/12 (1968), S. 14 - 20

— Längerfristige Entwicklung des Geldvolumens, *in:* Monatsberichte, 23. Jg., Nr. 7 (1971), S. 11 - 28

— Die Entwicklung der öffentlichen Investitionsausgaben seit 1961, *in:* Monatsberichte, 24. Jg., Nr. 4 (1972), S. 12 - 20

— Die neuere Entwicklung des Investmentsparens, *in:* Monatsberichte, 22. Jg., Nr. 1 (1970), S. 5 - 12

— Erste Ergebnisse der Erhebungen über Bankzinsen, *in:* Monatsberichte, 19. Jg., Nr. 10 (1967), S. 46 - 51

— Methodische Erläuterungen zu den Berechnungen über die Vermögensbildung und ihre Finanzierung, *in:* Monatsberichte, 13. Jg., Nr. 12 (1961), S. 13 - 25

— Die Ersparnisbildung in Haushalten von Arbeitnehmern, Selbständigen und Rentnern, *in:* Monatsberichte, 20. Jg., Nr. 7 (1968), S. 3 - 8

Deutsche Bundesbank: Gesamtwirtschaftliche Finanzierungsrechnung für das Jahr 1968, *in:* Monatsberichte, 21. Jg., Nr. 5 (1969), S. 9 - 21 und S. 37 - 55 (Tabellenanhang)

— Gesamtwirtschaftliche Finanzierungsrechnung sowie Bestand an Geldvermögen und Verpflichtungen 1970, *in:* Monatsberichte, 23. Jg., Nr. 5 (1971), S. 20 - 53

— Gesamtwirtschaftliche Finanzierungsrechnung sowie Bestand an Geldvermögen und Verpflichtungen 1971, *in:* Monatsberichte, 24. Jg., Nr. 5 (1972), S. 11 - 22 und S. 42 - 63 (Tabellenanhang)

— Die Geschäftsentwicklung der Bankengruppen 1960 - 1970, *in:* Monatsberichte, 23. Jg., Nr. 4 (1971), S. 30 - 54

— Die währungspolitischen Institutionen und Instrumente in der Bundesrepublik Deutschland, Sonderdruck, Frankfurt a. M. 1972, *abgedruckt aus:* Die Währungspolitik der Europäischen Wirtschaftsgemeinschaft — Institutionen und Instrumente — hrsg. von der *Europäischen Wirtschaftsgemeinschaft,* im Erscheinen

— Die Jahresabschlüsse von Unternehmen für 1965 und 1966, *in:* Monatsberichte, 20. Jg., Nr. 11/12 (1968), S. 21 - 51

— Jahresabschlüsse der Unternehmen für 1969, *in:* Monatsberichte, 23. Jg., Nr. 11 (1971), S. 35 - 59

— Die privaten Kreditnehmer der Banken, *in:* Monatsberichte, 22. Jg., Nr. 10 (1970), S. 30 - 40

— Neue kreditpolitische Maßnahmen, *in:* Monatsberichte, 18. Jg., Nr. 5, Mai 1966, S. 3 - 5

— Neue kredit- und währungspolitische Maßnahmen, *in:* Monatsberichte, 20. Jg., Nr. 11/12, November/Dezember 1968, S. 3 - 6

— Struktur und Entwicklung der Bankzinsen, *in:* Monatsberichte, 21. Jg., Nr. 1 (1969), S. 5 - 12

— Veränderungen der Zinsstruktur in der Bundesrepublik seit 1967, *in:* Monatsberichte, 23. Jg., Nr. 10 (1971), S. 36 - 42

— Vermögensbildung und Anlagepolitik der Versicherungsunternehmen seit 1965, *in:* Monatsberichte, 24. Jg., Nr. 1 (1972), S. 15 - 27

— Die Vermögenspolitik und ihre Finanzierung im Jahre 1967, *in:* Monatsberichte, 20. Jg., Nr. 4 (1968), S. 11 - 32

— Die Wirtschaftslage im Winter 1966/67, *in:* Monatsberichte, 19. Jg., Nr. 1 (1967), S. 3 - 55

— Die Wirtschaftslage im Frühjahr 1967, *in:* Monatsberichte, 19. Jg., Nr. 5 (1967), S. 3 - 52

— Die Wirtschaftslage im Sommer 1967, *in:* Monatsberichte, 19. Jg., Nr. 8 (1967), S. 3 - 58

— Die Wirtschaftslage im Herbst 1967, *in:* Monatsberichte, 19. Jg., Nr. 10 (1967), S. 3 - 45

— Die Wirtschaftslage im Winter 1967/68, *in:* Monatsberichte, 20. Jg., Nr. 1 (1968), S. 3 - 52

— Die Wirtschaftslage im Frühjahr 1968, *in:* Monatsberichte, 20. Jg., Nr. 5 (1968), S. 3 - 51

Deutsche Bundesbank: Die Wirtschaftslage im Winter 1968/69, *in:* Monatsberichte, 21. Jg., Nr. 2 (1969), S. 5 - 43

— Die Wirtschaftslage im Winter 1969/70, *in:* Monatsberichte, 22. Jg., Nr. 2 (1970), S. 5 - 43

— Die Wirtschaftslage im Winter 1971/72, *in:* Monatsberichte, 24. Jg., Nr. 2 (1972), S. 5 - 42

Chevallerie, Oskar de la, und *Pohl,* Reinhard: Zur Wirtschaftslage in der Bundesrepublik Deutschland, *in:* Vierteljahreshefte zur Wirtschaftsforschung, laufende Nummern

Claassen, Emil M.: Die Liquiditätstheorie der Zinsstruktur, *in:* Jahrbücher für Nationalökonomie und Statistik, Bd. 177 (1965), S. 201 - 240

Culbertson, J. M.: The Term Structure of Interest Rates, *in:* Quarterly Journal of Economics, Vol. LXXI (1957), S. 485 - 517

— Reply, *in:* Quarterly Journal of Economics, Vol. LXXII (1958), S. 607 - 613

Dorrance, Greame S.: Financial Accounting: Its Present State and Prospects, *in:* IMF, Staff Papers, Vol. XIII (1966), S. 198 - 228

Dudler, Hermann-Josef: Rentenversicherung und Kapitalmarkt, *in:* Blätter für Genossenschaftswesen, Jg. 115 (1969), S. 251 - 255

Duesenberry, James S.: Methods of Testing Aggregate Hypotheses, *in:* Theorie und Realität, hrsg. von *Hans Albert,* Tübingen 1964, S. 151 - 155; *wiederabgedruckt aus: ders.,* Income, Saving and the Theory of Consumer Behavior, Cambridge (Mass.) 1954

Giere, Gustav: Kommunales Schuldenwesen, *in:* Handbuch der kommunalen Wissenschaft und Praxis, hrsg. von *H. Peters,* 3. Bd., Berlin / Göttingen / Heidelberg 1959, S. 186 - 227

Härle, Dietrich: Finanzierungsregeln und Liquiditätsbeurteilung, *in:* Finanzierungshandbuch, hrsg. von *H. Janberg,* Wiesbaden 1964, S. 139 - 153

Hahn, Oswald: Erster Abschnitt: Einführung und Überblick, C. Die Kapitalquellen: Außen- und Innenfinanzierung, *in:* Handbuch der Unternehmensfinanzierung, hrsg. von *demselben,* München 1971, S. 63 - 103

Haller, Heinz: Neue Motivation der Staatsverschuldung?, *in:* Finanz- und Geldpolitik im Umbruch, hrsg. von *demselben* und *Horst Claus Recktenwald* (Robert Nöll von der Nahmer gewidmet), Mainz 1969, S. 301 - 326

Hicks, Earl: The Theory and Use of Financing Accounts, *in:* International Monetary Fund (IMF), Staff Papers, Vol. VII (1959 - 1960), S. 159 - 167

Hölzer, Hartmut: Der begrenzte Bausparwettbewerb, *in:* Wirtschaftswoche, 26. Jg., Nr. 32 vom 11. 8. 1972, S. 77

Hohlfeld, Hans H.: Die Systematik des Kreditmarkts, *in:* Zeitschrift für handelswissenschaftliche Forschung, N. F., 7. Jg. (1955), S. 22 - 36

Irmler, Heinrich: Kreditrestriktion als aktuelles und als strukturelles Problem; Vortrag gehalten auf der 18. Kreditpolitischen Tagung der Zeitschrift für das gesamte Kreditwesen am 10. November 1972 in Frankfurt a. M., *in:* Deutsche Bundesbank, Auszüge aus Presseartikeln, Nr. 86 vom 14. November 1972, S. 1 - 5

Jaschinski, Heinrich: Art. „Bauzwischenkredit“, *in:* Enzyklopädie für das Geld-, Bank- und Börsenwesen, 1. Bd., 3. Aufl., Frankfurt a. M. 1967/68, S. 186 - 191

Jochimsen, Reimut und *Knobel,* Helmut: Zum Gegenstand und zur Methodik der Nationalökonomie, *in:* Gegenstand und Methoden der Nationalökonomie, hrsg. von *denselben,* Köln 1971, S. 11 - 87

Jonas, H.: Der Handelskredit, *in:* Finanzierungshandbuch, hrsg. von *Hans Janberg,* Wiesbaden 1964, S. 195 - 221

Körber, K. O.: Vermögensbildung fördern — aber richtig. Erkenntnisse einer Mafo-Umfrage, *in:* Handelsblatt, Nr. 133 vom 15. Juli 1971, S. 20

Krause, Michael W.: Darlehen — Kontokorrentkredit, *in:* Handbuch der Unternehmensfinanzierung, hrsg. von *Oswald Hahn,* München 1971, S. 597 bis 605

Lehmann, Fritz: Der Mechanismus des Geldmarktes, *in:* Festschrift für Eugen Schmalenbach, Leipzig 1933, S. 213 - 242

Lehmann, Werner: Art. „Bausparkassen", *in:* Enzyklopädisches Lexikon für das Geld-, Bank- und Börsenwesen, 1. Bd., 3. Aufl., Frankfurt a. M. 1967/1968, S. 182 - 185

— Art. „Bausparwesen", *in:* Enzyklopädisches Lexikon für das Geld-, Bank- und Börsenwesen, 1. Bd., 3. Aufl., Frankfurt a. M. 1967/68, S. 185 - 186

Lipfert, Helmut: Art. „Geld- und Kapitalmarkt", *in:* Handwörterbuch der Sozialwissenschaften, 4. Bd., Stuttgart / Tübingen / Göttingen 1965, S. 258 bis 270

— Wandlungen von Kapitalstruktur und Finanzierungsformen deutscher Industrie-Aktiengesellschaften, *in:* Strukturwandlungen einer wachsenden Wirtschaft, hrsg. von *Fritz Neumark,* Schriften des Vereins für Socialpolitik, N. F., Bd. 30/II, Berlin 1964, S. 576 - 639

Lutz, Friedrich A.: Geldschaffung durch Banken, *in:* Weltwirtschaftliches Archiv, Bd. 104 (1970), S. 4 - 19

Markowitz, Harry: Portfolio Selection, *in:* Journal of Finance, Vol. VII (1952), S. 77 - 91

Meimberg, Rudolf: Diskussionsbeitrag zu „Wandlungen von Kapitalstruktur und Finanzierungsformen deutscher Industrie-Aktiengesellschaften" von *Helmut Lipfert, in:* Strukturwandlungen einer wachsenden Wirtschaft, hrsg. von *Fritz Neumark,* Schriften des Vereins für Socialpolitik, N. F., Bd. 30/II, S. 642 - 643

Morgenstern, Oskar: Vollkommene Voraussicht und wirtschaftliches Gleichgewicht, *in:* Zeitschrift für Nationalökonomie, Bd. VI (1935), S. 337 - 357

Mühlhaupt, Ludwig: Ansatzpunkte für eine Theorie der Kreditbank, *in:* Jahrbuch für Sozialwissenschaft, Bd. 12 (1961), S. 132 - 143

Müller, Gerd: Die Anlagepolitik der Versicherung im Konjunkturwandel, *in:* Versicherungswirtschaft, 18. Jg. (1963), S. 398 - 401

Müller, Horst: Portfolio Selection — Entscheidungshilfe bei der Vermögensanlage?, *in:* Bank-Betrieb, 9. Jg. (1969), S. 428 - 434

Neumann, Manfred J. M.: Yield-curve analysis: eine Methode zur empirischen Bestimmung der Zinsstruktur am Rentenmarkt, *in:* Jahrbücher für Nationalökonomie und Statistik, Bd. 182 (1968/69), S. 193 - 203

o. V.: Allianz Leben glaubt nicht an größere Kursrückgänge, *in:* Handelsblatt, Jg. 27, Nr. 75 vom 18. April 1972, S. 15

o. V.: Art. „Bankobligationen“, *in:* Enzyklopädisches Lexikon für das Geld-, Bank- und Börsenwesen, 1. Bd., 3. Aufl., Frankfurt/M. 1967/68, S. 166 - 167

— Brandt gegen Rezession als Mittel der Preisdämpfung, *in:* Frankfurter Allgemeine Zeitung vom 2. Mai 1970, *zitiert aus:* Deutsche Bundesbank, Auszüge aus Presseartikeln, Nr. 31 vom 6. Mai 1970, S. 6 - 7

— Konjunkturpolitische Chronik seit 1967, *in:* Konjunkturberichte (hrsg. vom Rheinisch-Westfälischen Institut für Wirtschaftsforschung), 22. Jg. (1971), Nr. 1, S. 33 - 64

— Art. „Deckungsstock“, *in:* Enzyklopädisches Lexikon für das Geld-, Bank- und Börsenwesen, 1. Bd., 3. Aufl., Frankfurt a. M. 1967/68, S. 336

— Mehr Kommanditanteile als neue Aktien abgesetzt, *in:* Frankfurter Allgemeine Zeitung, Nr. 300 vom 28. Dezember 1971, S. 13

— Hohe Kreditforderung der öffentlichen Hand. 26,8 Milliarden DM Nettokapitalbedarf / steigende Zinsen im Gespräch, *in:* Frankfurter Allgemeine Zeitung Nr. 87 vom 14. April 1972, S. 17

— Art. „Schuldscheindarlehen“, *in:* Enzyklopädisches Lexikon für das Geld-, Bank- und Börsenwesen, 2. Bd., 3. Aufl., Frankfurt a. M. 1967/68, S. 1474 bis 1475

— Siebenprozenter kaum noch zu retten. Benning kritisiert Gangart der Pfandbriefverkäufer, *in:* Handelsblatt, Jg. 27, Nr. 74 vom 17. April 1972, S. 1

— Zinsdruck, *in:* Frankfurter Allgemeine Zeitung, Nr. 51 vom 1. März 1972, S. 17

— Transparente Zinsen und Gebühren, *in:* Wirtschaftswoche, 25. Jg., Nr. 49 vom 3. Dezember 1971, S. 103 - 107

Pohl, Reinhard: Einige Probleme der Saldenrechnung, *in:* Konjunkturpolitik, 4. Jg. (1958), S. 180 - 190

Popper, Karl Raimond: Die Zielsetzung der Erfahrungswissenschaft, *in:* Theorie und Realität, hrsg. von *Hans Albert,* Tübingen 1964, S. 73 - 86

Preiser, Erich: Der Kapitalbegriff und die neuere Theorie, *in:* Die Unternehmung im Markt. Festschrift für Wilhelm Rieger zu seinem 75. Geburtstag, Stuttgart und Köln 1953, S. 14 - 38

Richebächer, Kurt: Diskussionsbeitrag zu „Wandlungen von Kapitalstruktur und Finanzierungsformen deutscher Industrie-Aktiengesellschaften“ von *Helmut Lipfert, in:* Strukturwandlungen einer wachsenden Wirtschaft, hrsg. von *Fritz Neumark,* Schriften des Vereins für Socialpolitik, N. F., Bd. 30/II, Berlin 1964, S. 645

Robinson, Joan: The Rate of Interest, *in:* Econometrica, Vol. 19 (1951), S. 92 - 111

Rodrian, Heiner: Art. „Börse“, *in:* Enzyklopädisches Lexikon für das Geld-, Bank- und Börsenwesen, 1. Bd., 3. Aufl., Frankfurt a. M. 1967/68, S. 241 - 263

Seuß, Wilhelm: Zeig, was Du kannst. Die Lebensversicherungswerbung wird aufgelockert, *in:* Frankfurter Allgemeine Zeitung, Nr. 85 vom 12. April 1972, S. 17

Spiethoff, Arthur: Die äußere Ordnung des Kapital- und Geldmarktes, *in:* Jahrbuch für Gesetzgebung, Verwaltung und Volkswirtschaft im Deutschen Reich (Schmollers-Jahrbuch), 33. Jg., Leipzig 1909, S. 445 - 467

Schäfer, Waldemar: Mietkauf-Modell ein Werbegag?, *in:* Handelsblatt, Jg. 27, Nr. 62 vom 28. März 1972, S. 31

Schlesinger, Helmut: Gesamtwirtschaftliche Finanzierungsrechnung und monetäre Analyse, *in:* Studien zur Geldtheorie und monetäre Ökonometrie, Berlin 1972

Schlösser, Kurt: Eine Lebensversicherung lohnt sich auch in Zeiten der Geldentwertung, *in:* Handelsblatt (Sonderbeilage: Kapitalanlagen), Nr. 235 vom 8. Dezember 1971, S. 9

Schneider, Erich: Zur Frage der Geldschöpfung durch Banken, *in:* Weltwirtschaftliches Archiv, Bd. 105 (1970), S. 174 - 178

Stützel, Wolfgang: Banken, Kapital und Kredit in der zweiten Hälfte des 20. Jahrhunderts, *in:* Strukturwandlungen einer wachsenden Wirtschaft, hrsg. von *Fritz Neumark*, Schriften des Vereins für Socialpolitik, N. F., Bd. 30/II, Berlin 1964, S. 527 - 575

— Art. „Geldstrom-Analyse", *in:* Enzyklopädisches Lexikon für das Geld-, Bank- und Börsenwesen, 1. Bd., 3. Aufl., Frankfurt a. M. 1967/68, S. 596 bis 598

— Moderne Kreditpolitik, *in:* Geld- und Bankpolitik, hrsg. von *Ernst Dürr*, 2. Aufl., Köln und Berlin (1971), S. 193 - 207, (wiederabgedruckt aus: Konjunkturpolitik, 5. Jg. [1959], S. 65 - 81)

— Art. „Liquidität", *in:* Handwörterbuch der Sozialwissenschaften, 6. Bd., Stuttgart / Tübingen / Göttingen 1959, S. 622 - 629

Tichy, Gunter: Die Geldstromrechnung im Rahmen der volkswirtschaftlichen Gesamtrechnung, *in:* Wirtschaftspolitische Blätter, 12. Jg. (1965), S. 102 - 106

Tobin, James: The Theory of Portfolio Selection, *in:* The Theory of Interest Rates, ed. by *F. H. Hahn* and *F. P. R. Brechling*, London 1965, S. 3 - 51

Voigt, Fritz: Aussagefähigkeit und Erkenntnisgrenzen der modernen Wirtschaftstheorie, *in:* Beiträge zur Theorie des Sparens und zur wirtschaftlichen Entwicklung, hrsg. von *demselben*, Berlin 1958, S. 7 - 83

Wagenführ, R. / *Stalf*, E.: Finanzierungsrechnung und volkswirtschaftliche Gesamtrechnung — gezeigt am Beispiel der Bundesrepublik Deutschland, *in:* Statistische Hefte, 9. Jg. (1968), S. 274 - 295

Weber, Wilhelm und *Streissler*, Erich: Art. „Nutzen", *in:* Handwörterbuch der Sozialwissenschaften, Bd. 8, Stuttgart / Tübingen / Göttingen 1964, S. 1 - 19

Wehrle, L. S.: Culbertson on Interest Structure: Comment, *in:* Quarterly Journal of Economics, Vol. LXXII (1958), S. 601 - 606

Wysocki, Klaus von: Diskussionsbeitrag zu „Wandlungen von Kapitalstruktur und Finanzierungsformen deutscher Industrie-Aktiengesellschaften" von *Helmut Lipfert*, *in:* Strukturwandlungen einer wachsenden Wirtschaft, hrsg. von *Fritz Neumark*, Schriften des Vereins für Socialpolitik, N. F., Bd. 30/II, S. 647

Young, Ralph A.: Federal Reserve Flow-of-Funds Accounts, *in:* International Monetary Fund (IMF), Staff Papers, Vol. V (1956/57), S. 323 - 342

Zucker, Michael: Die Finanzierungsrechnung im Rahmen der volkswirtschaftlichen Gesamtrechnung, *in:* Umrisse einer Wirtschaftsstatistik (Festgabe für Paul Flaskämper zur 80. Wiederkehr seines Geburtstages), hrsg. von *Adolf Blind*, Hamburg (1966), S. 314 - 335

III. Geschäftsberichte

Bank für internationalen Zahlungsausgleich: 36. Jahresbericht, Basel 1966

Bundesaufsichtsamt für das Versicherungs- und Bausparwesen: Geschäftsberichte, laufende Jahrgänge

Deutsche Bundesbank: Geschäftsbericht der Deutschen Bundesbank für das Jahr 1966, Frankfurt a. M. 1967

— Geschäftsbericht der Deutschen Bundesbank für das Jahr 1967, Frankfurt a. M. 1968

— Geschäftsbericht der Deutschen Bundesbank für das Jahr 1968, Frankfurt a. M. 1969

— Geschäftsbericht der Deutschen Bundesbank für das Jahr 1969, Frankfurt a. M. 1970

— Geschäftsbericht der Deutschen Bundesbank für das Jahr 1970, Frankfurt a. M. 1971

— Geschäftsbericht der Deutschen Bundesbank für das Jahr 1971, Frankfurt a. M. 1972

Gesamtverband der Versicherungswirtschaft e. V.: Geschäftsbericht, laufende Jahrgänge

IV. Statistiken

Statistisches Bundesamt: Statistisches Jahrbuch für die Bundesrepublik Deutschland, Stuttgart und Mainz, laufende Jahrgänge

Deutsche Bundesbank: Bankenstatistik nach Bankengruppen, Statistische Beihefte zu den Monatsberichten der Deutschen Bundesbank, Reihe 1, laufende Nummern

— Saisonbereinigte Wirtschaftszahlen, Statistische Beihefte zu den Monatsberichten der Deutschen Bundesbank, Reihe 4, Frankfurt a. M., laufende Nummern

— Zahlenübersichten und methodische Erläuterungen zur gesamtwirtschaftlichen Finanzierungsrechnung der Deutschen Bundesbank 1960 bis 1969, Sonderdruck (o. Jg.), erschienen 1970

— Zahlungsbilanzstatistik, Statistische Beihefte zu den Monatsberichten der Deutschen Bundesbank, Reihe 3, Frankfurt a. M., laufende Nummern

V. Gesetze, Verordnungen, Dokumente

Bundesminister für Arbeit und Sozialordnung: Bundestagsdrucksache VI/3186, „Bericht der Bundesregierung über die Auswirkungen der Sparförderung", Bonn, den 23. Februar 1972

Bundesminister der Finanzen: Finanzbericht 1971, Bonn 1970

Statistisches Amt der Europäischen Gemeinschaften: Europäisches System Volkswirtschaftlicher Gesamtrechnungen (ESVG). Dokument 3556/ST/68

Deutsche Gemeindeordnung vom 30. Januar 1935 (RGBl. I, S. 49)

Gesetz zur Änderung des Außenwirtschaftsgesetzes vom 23. Dezember 1971 (BGBl. I, S. 2141)

15. Gesetz zur Änderung des Grundgesetzes vom 8. Juni 1967 (BGBl. I, S. 581)

20. Gesetz zur Änderung des Grundgesetzes vom 12. Mai 1969 (BGBl. I, S. 357)

21. Gesetz zur Änderung des Grundgesetzes (Finanzreformgesetz) vom 12. Mai 1969 (BGBl. I, S. 359)

Bürgerliches Gesetzbuch vom 18. August 1896 (RGBl., S. 195)

Gesetz über die Beaufsichtigung der privaten Versicherungsunternehmen und Bausparkassen (VAG) vom 6. Juni 1931 (RGBl. I, S. 315)

Gesetz über die Deutsche Bundesbank vom 26. Juli 1957 (BGBl. I, S. 754)

Gesetz zur Förderung der Stabilität und des Wachstums der Wirtschaft vom 8. Juni 1967 (BGBl. I, S. 582)

Erstes Gesetz zur Förderung der Vermögensbildung der Arbeitnehmer vom 12. Juni 1961 (BGBl. I, S. 909)

Zweites Gesetz zur Förderung der Vermögensbildung der Arbeitnehmer vom 1. Juli 1965 (BGBl. I, S. 585)

Drittes Gesetz zur Förderung der Vermögensbildung der Arbeitnehmer vom 27. Juni 1970 (BGBl. I, S. 925)

Handelsgesetzbuch vom 10. Mai 1897 (RGBl., S. 219)

Hypothekenbankgesetz vom 13. Juli 1899 i. d. F. vom 5. Februar 1963 (BGBl. I, S. 317)

Gesetz über Kapitalanlagegesellschaften vom 16. April 1957 (BGBl. I, S. 378)

Gesetz über das Kreditwesen vom 10. Juli 1961 (BGBl. I, S. 881)

Gesetz über Maßnahmen zur außenwirtschaftlichen Absicherung gemäß § 4 des Gesetzes zur Förderung der Stabilität und des Wachstums der Wirtschaft (Absicherungsgesetz) vom 28. November 1968 (BGBl. I, S. 1255)

Gesetz zur Neuordnung der Gemeindefinanzen (Gemeindefinanzreformgesetz) vom 8. September 1969 (BGBl. I, S. 1587)

Drittes Rentenversicherungsänderungsgesetz vom 28. Juli 1969 (BGBl. I, S. 956)

Namenregister

Sachregister

Untersuchungen über das Spar-, Giro- und Kreditwesen

Abteilung A: Wirtschaftswissenschaft

Herausgegeben von Fritz Voigt

1. **Beiträge zur Theorie des Sparens und der wirtschaftlichen Entwicklung.** 227 S. 1958. 2. unveränd. Aufl. in Vorbereitung.

2. **Die Liquiditätsverhältnisse der deutschen Sparkassen.** Von Dr. L. Sperk und Dipl.-Vw. Dr. M. Wilsdorf. 184 S. 1956. DM 22,60.

3. **Das Liquiditätsproblem bei den Girozentralen.** Von Dr. D. Golz. 193 S. 1956. DM 29,60.

4. **Auswirkungen der Mindestreservepflicht unter besonderer Berücksichtigung der Sparkassen.** Von Dipl.-Vw. Dr. E. Floss. 70 S. 1956. DM 9,60.

5. **Die Wertpapieranlage der Kreditinstitute.** Von Dr. R. Stützer. 157 S. 1957. DM 22,60.

6. **Einkommensverhältnisse und private Geldkapitalbildung in Westdeutschland 1925 bis 1953.** Von Dr. H. Osthues. 204 S. 1957. DM 33,60.

7. **Der Betriebsvergleich bei Sparkassen.** Von Dipl.-Kfm. H.-G. Bindewalt und Dr. H. Kolbeck. 244 S. 1959. DM 34,80.

8. **Die Verflechtung zwischen Sparkassen und Girozentralen.** Von Dr. A. Dick. 119 S. 1959. DM 19,—.

9. **Die Struktur des Bankwesens als Gegenstand wirtschaftsstatistischer Analyse.** Von Prof. Dr. I. Esenwein-Rothe. 329 S. 1959. DM 51,60.

10. **Die Anwendbarkeit der modernen Kreditschöpfungslehre auf die besondere Art des Sparkassengeschäfts.** Von Dr. H. Feifel. 249 S. 1959. DM 39,60.

11. **Die unterschiedlichen Auffassungen von der Wirkung des Sparens und die moderne Wachstumstheorie.** Von Dr. H. Peters. 120 S. 1960. DM 17,80.

12. **Die niedersächsischen Sparkassen.** Von Dr. W. Weidner. 212 S. 1960. DM 39,60.

13. **Bestimmungsgründe und volkswirtschaftliche Auswirkungen des Verhaltens der Sparkassen im langfristigen Wohnungsbaukreditgeschäft.** Von Dr. M. Wilsdorf. 194 S. 1960. DM 27,—.

14. **Die Mitwirkung der Hausbanken bei der Vergebung und Verwaltung öffentlicher Kredite.** Von Dr. H. Menzel. 212 S. 1960. DM 29,80.

15. **Die Zinsempfindlichkeit der deutschen Sparer.** Von Dr. B. Wissmann. 152 S. 1960. DM 27,60.

16. **Verbrauchen und Sparen.** Von Dr. A. Ghanie Ghaussy. 236 S. 1964. DM 47,60.

17. **Bestimmungsgründe des persönlichen Sparens.** Von Dr. W. Paschke. 223 S. 1961. DM 39,—.

18. **Beiträge zur Geldtheorie und Geldpolitik.** Von Prof. Dr. H.-G. Johnson. Aus dem Amerikanischen übertragen von H. Rudloff. 342 S. 1969. DM 53,60.

19. **Die Staatsaufsicht über die kommunalen Sparkassen.** Von Dr. H. Frick. 250 S. 1962. DM 46,60.

20. **Die Vereinbarungen und Zusammenschlüsse im Kreditwesen.** Von Dr. G. Buschmann. 174 S. 1963. DM 29,80.

21. **Die Rechtsgrundlagen des Reisescheckverkehrs.** Von Dr. O.-R. Heinichen. 157 S. 1964. DM 29,60.

22. **Monetäre Probleme der Konjunkturpolitik in der EWG.** Von Prof. Dr. O. Issing. 163 S. 1964. DM 29,80.

23. **Strukturwandlungen in der Anlagepolitik der Kreditbanken.** Von Dr. H.-H. Stein. 191 S. 1964. DM 34,60.

24. **Die Beziehungen zwischen moderner Wettbewerbstheorie und ökonomischer Realität im Realkreditsektor.** Von Dr. W. Dobrinski. 243 S. 1964. DM 47,60.

25. **Der Einfluß der Gemeinde auf die kommunale Sparkasse.** Von Dr. H. Clausen. 160 S. 1964. DM 29,80.

26. **Die Beziehungen zwischen der Notenbank und den Trägern der Girosysteme.** Von Dr. H. J. Rieken. 170 S. 1964. DM 29,80.

27. **Die internationale Liquidität.** Von Prof. Dr. D. J. Delivanis. 94 S. 1965. DM 17,60.

28. **Leitwährung und internationale Währungsordnung.** Von Prof. Dr. O. Issing. 374 S. 1965. DM 65,60.

29. **Analytischer Vergleich zwischen Verrechnungsscheck und Überweisung vom Standpunkt der Kreditinstitute.** Von Dr. U. Trurnit. 257 S. 1966. DM 59,60.

30. **Marktforschung der Kreditinstitute.** Von Dr. U. Weiss. 307 S. 1966. DM 64,60.

31. **Die Entwicklung der sozialen und ökonomischen Struktur der Ersparnisbildung in der Bundesrepublik Deutschland.** Von Dr. R. Exo. 410 S. 1967. DM 82,60.

32. **Die Beziehungen zwischen dem institutionellen Aufbau des Geld- und Kreditsystems und dem wirtschaftlichen Wachstum.** Von Dr. D. Spaetling. 251 S. 1966. DM 65,60.

33. **Geldversorgung, Preisniveau und reales Wirtschaftswachstum bei alternativen Grundprinzipien der geldwirtschaftlichen Ordnung.** Von Dr. H. Friedrich. 205 S. 1967. DM 46,60.

34. **Außenhandel, wirtschaftliche Expansion und Preisniveau.** Von Dr. M. Hieber. 150 S. 1967. DM 34,60.

35. **Die Bedeutung des staatlichen Sparens für die Kapitalbildung und das Wirtschaftswachstum.** Von Dr. D. Kath. 172 S. 1968. DM 34,60.

36. **Die Entwicklung des Kommunalkredits.** Von Dr. H. Gloth. 230 S. 1967. DM 52,60.

37. **Die Finanzpolitik des Deutschen Reiches im Ersten Weltkrieg.** Von Dr. K. Roesler. 237 S. 1967. DM 53,60.

38. **Die rechtliche Einordnung der Immobilienfondsgesellschaften und das Erfordernis einer gesetzlichen Sonderregelung.** Von Dr. N. Kruhme. 120 S. 1968. DM 23,60.

39. **Die Bedeutung der Finanzgebarung der öffentlichen Hand für den Geldwert in Frankreich nach 1945.** Von Dr. M.-L. Herschtel. 256 S. 1968. DM 59,80.

40. **Die Standortfrage bei Kreditinstituten.** Von Dr. J. D. Siepmann. 377 S. 1968. DM 89,80.

41. **Zahlungsverkehr und Mittelstandsidee.** Von Dr. J. Wysocki. 120 S. 1969. DM 34,60.

42. **Der Verwaltungsrat der Sparkasse.** Von Dr. H. aus der Fünten. 322 S. 1969. DM 67,80.

43. **Die Mechanismen der Zentralbankgeldschöpfung und ihre Kontrollierbarkeit durch die Zentralbank.** Von Dr. B. Gaude. 209 S. 1969. DM 46,80.

44. **Die Aufwertungsspekulation.** Von Dr. W. Steuer. 180 S. 1969. DM 39,80.

45. **Ursachen und Wirkungen der regionalen Differenzierung der privaten Spartätigkeit in Industrieländern.** Von Dr. J. Frerich. 205 S. 1969. DM 54,80.

46. **Die Beschränkungen des Wirkungsbereichs der kommunalen Sparkassen durch die horizontale und die vertikale Kommunalgliederung in Nordrhein-Westfalen.** Von Dr. K. Köhler. 145 S. 1969. DM 32,—.

47. **Vermögensbestand, Sparverhalten und Wirtschaftswachstum.** Von Dr. H. Rudloff. 192 S. 1969. DM 46,80.

48. **Theoretische Unterstützungen zum mikro- und makroökonomischen Kreditangebot.** Von Dr. G. A. Kartsaklis. 205 S. 1970. DM 54,80.

49. **Untersuchungen über den Nutzen kommunaler Wirtschaftsförderungsmaßnahmen.** Von Dr. P. Eichhorn und Dr. P. Friedrich. 98 S. mit 2 Ausschlagtaf. 1970. DM 26,80.

50. **Die Struktur des Sparens in der Bundesrepublik Deutschland von 1950 bis 1967.** Von W. Kaiser und A. Zerwas. 101 S. 1970. DM 32,—.

51. **Die Beeinflussung des Wirtschaftswachstums in Deutschland von 1883 bis 1913 durch das Bankensystem.** Von Dr. E. Eistert. 189 S. 1970. DM 48,80.

52. **Die Sicherheit der Scheckeinlösung.** Von Dr. H.-Ch. Zahrnt. IV, 324 S. 1971. DM 58,60.

53. **Zinstheoretische Grundlagen der Geldpolitik.** Von Prof. Dr. M. Willms. 112 S. 1971. DM 36,60.

54. **Die Struktur der Nachfrage von Wirtschaftsunternehmen und privaten Haushalten nach finanziellem Vermögen in der Bundesrepublik Deutschland.** Von Dr. W.-A. Prautzsch. 151 S. 1971. DM 42,60.

55. **Der Einfluß paramonetärer Institutionen auf die Vermögensbildung, das Kreditangebot und die Geldpolitik.** Von Dr. U. Schirmer. 239 S. 1971. DM 66,60.

56. **Geldtheoretische und geldpolitische Probleme des Eurodollarmarktes.** Von Dr. P. Liepmann. 169 S. 1971. DM 46,60.

57. **Zur Geldtheorie Don Patinkins.** Von Dr. J. D. Jüttner. 231 S. 1971. DM 68,60.

58. **Ansätze und Möglichkeiten der Geld- und Fiskalpolitik als Finanzierungsinstrumente einer gesamtwirtschaftlichen Entwicklungspolitik, dargestellt am Beispiel Persiens.** Von Dr. M. Kiani. 147 S. 1971. DM 38,60.

59. **Akkreditiv und Grundverhältnis.** Von Dr. S. Borggrefe. 125 S. 1971. DM 29,60.

60. **Zur Vermögenssituation der privaten Haushalte in der Bundesrepublik Deutschland.** Von H.-D. Bosch, 2 Teilbände: I: Eine vergleichende sozio-ökonomische Datenanalyse für die Jahre 1960/61 und 1969. 160 S. 1973. DM 52,60. II: Ein tabellarischer Vergleich für die Jahre 1960/61 und 1969 aufgrund statistischer Erhebungen des Deutschen Sparkassen- und Giroverbandes. 212 S. 1971. DM 39,60.

61. **Zielkonforme Ausgestaltung der Mindestreservenpolitik.** Von Dr. P. Voss. 195 S. 1972. DM 46,60.

62. **Änderungen in Bankpolitik und Bankwesen als Teil der Wirtschaftsreformen der DDR.** Von Dr. Ch. Kunze. 200 S. 1972. DM 46,60.

63. **Kurzfristige zwischenstaatliche Kapitalbewegungen in der Bundesrepublik Deutschland 1960—70.** Von Dr. H. Priester. 217 S. 1972. DM 66,60.

64. **Die Bestandskontenreihe im System der Volkswirtschaftlichen Gesamtrechnung.** Von Dr. W. Kaiser. 198 S. 1972. DM 56,80.

65. **Die Kreditfinanzierung im Modell der flexiblen Planung.** Von Dr. A. Riemenschnitter. 109 S. 1972. DM 29,80.

66. **Leistungsveränderungen im Rahmen der Zielkonzeption öffentlich-rechtlicher deutscher Sparkassen.** Von Dr. L. Bauer. 195 S. 1972. DM 46,60.

67. **Die Bedeutung des Bankensystems im wirtschaftlichen Wachstumsprozeß Syriens.** Von Dr. A. T. Said. 112 S. 1972. DM 36,60.

68. **Geldentwertung und monetäre Stabilisierungspolitik.** Von Dr. M. van den Adel. 188 S. 1973. DM 56,—.

69. **Die Zinspolitik der Sparkassen in der Bundesrepublik Deutschland unter wirtschaftspolitischen Gesichtspunkten.** Von Dr. B. Last. 135 S. 1973. DM 38,60.

70. **Probleme der Sparförderung in der OECD.** Von H. Albach, W. Krelle, J. Siebke, W. Wittmann. 192 S. 1973. DM 59,60.

71. **Der Einfluß von Geldwertrisiko und Wertsicherungsklauseln auf die Vermögensdisposition.** Von Dr. N. Euba. 162 S. 1973. DM 42,60.

72. **Zur Theorie und Empirie der Fristigkeitsstruktur der Zinssätze.** Von Dr. H. Faßbender. 231 S. 1973. DM 78,60.

73. **Die Auswirkungen der Liquidität auf die Firmenentscheidungen.** Von Dr. H. Pehle. 139 S. 1974. DM 56,—.

74. **Theorie der Devisenspekulation.** Von Dr. H. Hochgesand. 167 S. 1974. DM 68,60.

75. **Marktstrategien im Hypothekarkreditgeschäft.** Von Dr. H. Kittel. 354 S. 1974. DM 78,60.

76. **Lenkungsmöglichkeiten von Geldangebots- und Kreditmarktprozessen in einer extrem auslandsabhängigen Volkswirtschaft.** Von Dr. H. Rostek. 106 S. 1975. DM 48,60.

77. **Wirkung und Wirkungsprozeß der Geldpolitik.** Von Dr. G. Diekheuer. 304 S. 1975. DM 88,60.

78. **Bankenliquidität und Zins als Orientierungsvariable der Geldpolitik.** Von Dr. H. H. Francke. 222 S. 1975. DM 66,60.

79. **Geldtheoretische und geldpolitische Probleme der potentialorientierten Kreditpolitik.** Von Dr. L. Stirnberg. 183 S. 1975. DM 58,60.

80. **Beiträge zur Geldtheorie und Währungspolitik.** Von Prof. Dr. H. G. Johnson. Aus dem Amerikanischen übertragen von B. Großeschmidt. 353 S. 1976. DM 68,—.

81. **Langfristige Personalplanung im Kreditinstitut.** Von Dr. H. Benölken. 438 S. 1976. DM 78,—.

82. **Kleine deutsche Geldgeschichte des 19. und 20. Jahrhunderts.** Von Prof. Dr. B. Schultz. 294 S. 1976. DM 68,—.